教育部人文社会科学重点研究基地重大项目

贸易投资一体化与长三角开放战略的调整

张二震 马野青 主编

Maoyi Touzi
Yitihua Yu
Changsanjiao Kaifang Zhanlie
De Tiaozheng

人民出版社

策划编辑:郑海燕

图书在版编目(CIP)数据

贸易投资一体化与长三角开放战略的调整/张二震　马野青主编.
-北京:人民出版社,2008.7
ISBN 978 - 7 - 01 - 007081 - 0

Ⅰ.贸…　Ⅱ.①张…②马…　Ⅲ.长江三角洲-地区经济-对外开放-研究　Ⅳ. F127.5

中国版本图书馆 CIP 数据核字(2008)第 076374 号

贸易投资一体化与长三角开放战略的调整

MAOYI TOUZI YITIHUA YU CHANGSANJIAO KAIFANG ZHANLÜE DE TIAOZHENG

张二震　马野青　主编

人民出版社 出版发行
(100706　北京朝阳门内大街166号)

北京龙之冉印务有限公司印刷　新华书店经销

2008 年 7 月第 1 版　2008 年 7 月北京第 1 次印刷
开本:710 毫米×1000 毫米 1/16　印张:27.75
字数:400 千字　印数:0,001 - 3,000 册

ISBN 978 - 7 - 01 - 007081 - 0　定价:55.00 元

邮购地址 100706　北京朝阳门内大街 166 号
人民东方图书销售中心　电话 (010)65250042　65289539

得立项，本书就是这一项目的最终成果。本书以长三角为研究对象，在深入分析当代国际分工贸易新特点的基础上，系统总结了长三角对外开放的成就和经验，提出了长三角开放型经济发展战略调整的对策思路。因此，本书可以看做是国家社科基金项目的后续研究。

在本课题的研究中，我们力求在以下几个方面作出一些具有理论创新价值和实践价值的探讨。

1. 要素分工、贸易投资一体化与发展中经济体的开放思路

改革开放以来，长三角开放型经济发展取得了巨大成就，经济发展水平处于全国领先地位。长三角地区充分利用区位优势、完善的基础设施和廉价优质的劳动力优势，不断扩大对外开放，引进国外先进生产要素，初步建成了国际性的先进制造业基地。为什么长三角取得了如此辉煌的发展成就？其关键就是适应了贸易投资一体化的趋势，融入了全球要素分工体系。

那么要素分工的实质是什么呢？我们认为，要素分工这一现象本身十分复杂，它涉及国际经济学、发展经济学、管理学等多个学科，可以从不同的视角进行研究。这里的研究依然与国际贸易理论所研究的经典问题有关，我们讨论的问题是：谁是要素分工的参与者？参与者需要具备什么样的条件？它对参与者的福利有何影响？在对要素分工的三个要件即跨国公司、比较优势和规模经济进行分别论述的基础上，我们尝试着对要素分工三要件作了一个综合分析。在三要件中，跨国公司是最主要的要件，更准确地说是跨国公司的"价值链管理优势"构成要素分工最核心的部分。随着要素分工不断发展，原先人们认为的价值链中最重要的营销环节、技术研发环节也就是"微笑曲线"的两端变得不再重要，更为重要的是谁掌握了整个生产环节，或者说谁是整个生产环节的组织者，而承担这一任务的恰恰就是跨国公司。跨国公司需要与其他两个要件结合形成要素分工，不同的组合所形成的要素分工的表现也不同。在跨国公司与比较优势共同存在而不具备规模经济的情况下，跨国公司一般通过资本流动方式获得东道国中间产品生产的控制权，以避免中间产品市场不完全所造成的损失。这种方式往往表现为大量的直接投资与较高的对外贸易依存度

前　言

　　20世纪90年代以来，随着科学技术的迅速发展和全球市场经济体制的逐步建立，商品和生产要素全球流动的技术障碍与制度障碍大大降低，经济全球化程度不断加深。由于国际产业分工正在从传统的产业间分工向产业内分工进而向产品内分工转变，产品的价值链被分解了，国与国之间的优势更多地体现为价值链上某一特定环节上的优势，从而导致国与国之间按同一产业或产品的生产环节或工序进行分工的现象。我们把这种分工形式称之为以生产要素为界限的国际分工或"要素分工"。由于国际分工的不断深化，当代国际经济贸易的特点也发生了重要变化，其最重要的变化就是：贸易投资一体化了。贸易投资一体化对国际贸易基础、国际贸易格局、贸易利益分配、贸易政策乃至开放战略等诸多方面产生了重要影响。对此，我们在《贸易投资一体化与中国的战略》（国家哲学社会科学基金项目最终成果，人民出版社2004年版）一书中作了初步的理论分析。该书出版后，在学术界引起一定反响，荣获安子介国际贸易研究奖优秀著作三等奖和江苏省哲学社会科学优秀成果二等奖。但该书的缺陷也是很明显的：理论分析深度不够，缺乏有说服力的实证分析。

　　2005年，我们申请的教育部人文社会科学重点研究基地重大项目"贸易投资一体化与长江三角洲开放型经济发展战略的调整"获

相伴随，我国长三角与珠三角所发生的大量 FDI 伴随大量对外贸易即是如此。在跨国公司与产业层次的规模经济共同存在的情况下，跨国公司一般采用外包的方式获得所需要的中间产品，这时的要素分工通常发生在发达国家之间。当三个要件同时存在时，跨国公司一般采用外包的方式获得中间产品，这时的要素分工通常发生在发达国家与发展中国家之间。近年来，外包方式的要素分工快速发展，特别是随着服务外包的兴起，外包已成为发展中经济体接触跨国公司，获得技术、管理、营销渠道等先进要素的重要途径。由此可见，要素分工的实质，就是跨国公司在全球范围内对生产要素进行组合。发展中经济体要参与全球化，实质上就是要融入跨国公司的全球分工体系，在与跨国公司的合作与竞争中寻找发展的机会。

2. 贸易投资一体化下的长三角内部区域经济一体化与区域协调发展

20 世纪 90 年代以来，区域经济一体化一直是经济学研究的热点问题之一，但已有研究主要侧重于国际间的区域经济一体化，而忽视了国家内部不同地区间的区域经济一体化与区域协调发展问题。长三角区域内部的经济一体化与其经济国际化进程息息相关，并直接关系到其整体及内部不同区域的国内外竞争力。长三角地区经济国际化历程大致可以分为两个阶段：要素集聚阶段和要素整合阶段。在要素集聚阶段，虽然长三角的一体化取得了不少成绩，各种性质的经济主体在科研、生产、金融与资本市场、技术市场等众多领域开展了灵活多样的区域合作，但总体上各地区还是着眼自身来发展开放型经济，并没有把区域经济一体化放在优先位置，也没有深入地从区域分工协作关系上考虑如何将本地区有机耦合成一个整体参与国际竞争，使得各地区在引进外资和产业布局上展开过度竞争，甚至是"优惠政策倾销式"竞争，在产业结构上呈现高度雷同，行政壁垒使得经济发展成本处于高水平，区内经济一体化进展不符合本地经济国际化发展的进程。在贸易投资一体化条件下，面对国际和国内珠三角、环渤海湾地区的双重竞争，尽快地实行区内不同区域间的深层次经济整合，形成长三角地区的整体竞争优势，已成为长三角进一步参与国际间要素

分工、打造国际先进制造业基地和研发中心的紧迫课题。我们认为，在贸易投资一体化条件下，长三角的经济一体化将具备如下特征：它是市场机制不断完善过程中的区域市场一体化，应充分发挥市场机制的协调作用，突破"行政区经济"的束缚；它与本地区经济国际化进程联系密切，长三角地区未来的发展将建立在与跨国公司联系更为紧密的基础上，在一个更全面融入国际经济循环的环境中进行；它是一个从有限一体化到全面一体化的发展过程，应逐步实现市场一体化、产业一体化、交通一体化、信息一体化、制度一体化和生态一体化；它是一个区域内制造业结构激烈调整、重新洗牌的过程，要素和企业会在市场机制的指引下，以价格、成本信号为指针，在区域内自发流动，寻找最有利的生产地点，通过要素和企业在区域内部的重新配置和整合，形成专业化、集聚化的分布。总之，随着区域经济一体化程度的加深，长三角地区生产要素的综合优势将得到充分发挥，整体上的"制造成本＋交易成本"水平将得以降低，对国内外要素的整合能力将不断加强，经济社会发展的质量和国内外竞争力将进一步提高。

3. 在扩大对外开放中不断提高自主创新能力，实现从长三角制造到长三角创造

改革开放以来，长三角地区充分发挥优越的区位优势、完善的基础设施和廉价优质的劳动力优势，特别是紧紧抓住了 20 世纪 90 年代以来新一轮国际产业转移的重大机遇，不断扩大对外开放，凭借自己雄厚的制造业基础，引进国外先进生产要素，初步建成了国际性的先进制造业基地，经济发展取得了巨大成就。例如，在该地区的产业结构和出口商品结构中，机电产品和电子信息产品的比重不断上升，并逐渐居于主导地位。但同时也应看到，长三角的产业结构高度化是通过利用外资、接受国际产业转移实现的，其实质是名义上的高度化，国外跨国公司掌控着品牌和核心技术，处于产品价值链的两端，获取了要素分工的主要利益。而国内企业承担的主要还是劳动密集型的加工组装环节或生产区段，不仅在要素分工格局中处于被支配的地位，获取的利润微薄，而且随着区内劳动成本的上升，面临着国内外低成

本国家和地区（如国外的越南，国内的环渤海湾地区等）的挤压。因此，在要素分工格局下，长三角地区不能一味满足于依靠廉价的劳动力要素优势打造世界的加工制造工厂，而应该随着资本、技术要素的积累，致力于先进要素的培育，加强自主创新，培育自主品牌，实现由长三角制造向长三角创造的转变。

在贸易投资一体化条件下，我们要以开放的观念来看待自主创新问题。在生产要素（包括科技要素）全球自由流动性加强、跨国公司成为全球先进技术主要来源的背景下，发展中经济体的自主创新应是整合全球要素基础上的开放式创新，其自主创新应具有创新内容的开放性、创新主体的多元性和创新模式的区域性。创新内容的开放性是指充分整合国内外创新要素，实现原始创新、集成创新与引进、吸收、消化再创新的结合。创新主体的多元性是指突破技术所有权的限制，通过"官产学研"的结合，发挥科研院所、国有企业、外资企业和私营企业等创新主体的积极性，形成创新的合力。特别地，要辩证看待外资企业的技术创新。在贸易投资一体化、外资经济与我国国内经济日益融合的情况下，外资企业特别是跨国公司在华研发机构和生产过程中的技术创新不仅是我国国内技术创新的有机组成部分，而且理论和实证分析都证明，外资企业通过在华研发、技术转移、人员培训、产业配套等环节，产生了广泛的技术溢出效应，对我国的自主创新和生产技术水平的提高具有不可或缺的促进作用。创新模式的区域性是指一国特别是像中国这样的发展中大国，国内不同区域之间经济、技术发展水平差异很大，创新模式各不相同，分析自主创新必须区分国家层次的国家创新系统和区域层次的区域创新系统。区域创新系统具有区域的临近性、文化的根植性、产业集群性和网络开放性等特征。信息发布的均衡，诚实守信、相互依赖合作氛围的浓厚，区域产业内相关行为主体正式与非正式交流的便捷，都有利于促进分工的细化与成本的降低，有利于竞争的深化和技术的外溢，有利于区域内的优势要素集成，从而形成天然的区域创新体系。因此，在贸易投资一体化条件下，长三角地区应结合自身实际，实行合理分工，充分发挥国内外创新要素的积极性，通过"官产学研"的结合，形成开放

式创新体系，不断提升自己的自主创新能力。

4. 外资主导型产业集聚与本土企业成长的新途径

随着贸易投资一体化的发展，国际分工逐渐细化到产品的价值增值环节，跨国公司通过包括 FDI 和外包在内的多种组织形式在全球范围内配置生产环节、构建全球生产网络。在要素分工下，国际生产网络的一个显著特点是不同特征的价值增值环节在空间上的分散性与相同或相似特征的增值环节的地区集中表现出相互的兼容性。贸易投资一体化下的增值环节的分散是指，信息技术的发展、运输成本的下降以及贸易和投资壁垒的逐步降低和消除，使得原有的产业集群均衡不断被打破，促进了价值增值环节在全球的分散分布；而产业集聚则是指相关产业或要素密集度特征相似的增值环节表现出很强的地域集中性。与传统意义上的产业集聚相比，要素分工下跨国公司主导的产业集聚具有以下新特征：跨国公司主导型产业集聚表现为某产业要素投入特征相似的生产环节的地区集中，而传统的产业集聚往往指同一产业在地区上的集中，且在该地区集中的是较为完整的价值链；跨国公司主导型产业集聚包括国内外不同国家企业的参与；跨国公司主导型产业集聚的升级路径更多地表现为生产环节层次的高度化，例如，从外围低技术含量的生产环节的集聚转向技术含量较高的核心环节的集聚等。

在经济国际化过程中，长三角地区呈现出跨国公司主导的产业集聚趋势。在 1994—2000 年间，医药制造业、金属制品业、普通机械制造业、电气机械及器材制造业、电子及通信设备制造业、仪器仪表及文化办公用品机械制造业这六个行业占全国前四位的省市主要是上海、江苏、浙江和广东，这些行业近年来在东部沿海特别是长三角地区发生了集聚。计量分析表明，FDI 与这些行业具有很强的关联度，并推动了长三角地区产业集聚的形成。以苏南地区及昆山为对象的调查结果表明，在外资主导型的产业集聚中，外资企业和本土企业是可以相互促进的，外向配套是经济增长外资推动型地区提升本土企业竞争力的重要途径。外资主导产业集聚的发展不仅迅速提升了长三角地区的产业结构，而且促进了本土配套企业的发展与生产技术水平和研

发能力的提高，提升了当地开放型经济发展的层次。鉴于产业集聚对区域经济发展的促进作用，在贸易投资一体化背景下，长三角地区应坚持实施价值链引资战略，在吸引外资的产业选择上，应基于本地区的产业发展基础和配套能力，将具有较多的技术上可分的价值增值环节和具有较强的前后向产业联系度的产业作为促进产业集聚形成和发展的目标产业。同时，应特别重视国际大品牌跨国公司的引进，以吸引国外中小配套企业的跟随，提高外资企业在区域内的根植性。

5. 扩大长三角区域服务业开放，承接国际服务外包，逐步实现从"世界工厂"向"世界办公室"的转变

制造业易于标准化、技术扩散能力强，一直是国际产业转移的主要对象。但自20世纪90年代以来，随着经济全球化的不断发展、信息通信技术的广泛应用、新兴市场国家基础设施的改善、劳动力素质的提高，以及全球服务贸易规则的实行，服务业只能局限于一国国内的格局被打破，旨在降低制造业交易成本的生产性服务业开始向外转移。服务业加快了全球产业调整和转移的步伐，出现了服务业结构调整及其转移的新趋势，国际产业转移从制造业向现代服务业延伸。而服务外包则是成长最快的服务业跨国转移方式之一，它大大推动了服务业进入国际分工体系。在要素分工条件下，服务外包是国际生产专业化分工的现实体现和必然结果，生产过程的片段化切割使得游离于生产环节之外的所有服务性环节都可以通过网络实现异地转包。发达国家的经验表明，服务外包逐渐成为企业拆解价值链与整合战略业务、节约成本和降低风险的主要内容。在服务外包的过程中，承接外包不仅是高素质、高水平服务能力的体现，更是真正意义上的生产过程现代化模式的实现，是完整产业链条和系统产业关联的真正体现，对于产业结构的升级具有不可低估的作用。具体来说，承接服务外包降低了一国（地区）实现产业升级所需要的"最小临界条件"，有助于其走出一条阶梯式、渐进式、局部式的产业升级模式；承接国际服务外包有利于一国（地区）充分发挥其比较优势，在动态过程中实现产业结构的升级。

随着市场环境的不断变化，长三角地区的制造业产业升级日益面

临环境、资源等因素的制约，成本和环境压力不断加大。为此，大力发展服务业，尤其是金融服务、信息技术服务、商务流程外包等现代新兴生产性服务业，承接跨国公司的服务外包，在部分区域逐步实现从"世界工厂"向"世界办公室"的转变，将成为长三角地区推进制造业结构转型、发展先进制造业、保持开放型经济可持续发展的重要保障。目前，长三角地区已具备发展现代服务业、承接国际服务外包的产业基础、较为有利的制度环境和熟练而廉价的劳动力优势，应借助适当的税收与外资优惠政策，加强知识产权保护，培育高级要素，吸引跨国公司到区域内设立研发中心和地区中心一类的机构。同时，鼓励长三角本土外包企业的发展，紧紧抓住国际服务外包的发展机遇，打造长三角"世界办公室"。

另外，我们还对长三角、珠三角和环渤海湾地区的开放型经济发展战略做了一些比较研究，期望对其他地区开放型经济的发展战略的调整起到有益的借鉴作用。

目　录

总论　贸易投资一体化与长三角开放型经济发展战略的调整

　　长三角是我国人口最稠密、经济最发达、人民生活最富裕的经济区域。改革开放30年以来，长三角地区充分利用区位优势、完善的基础设施和廉价优质的劳动力优势，不断扩大对外开放，引进国外先进生产要素，初步建成了国际性的先进制造业基地，经济发展取得了巨大成就。在经济全球化趋势不断深入发展的背景下，如何抓住新的发展机遇，不断提升区域对外开放的层次和水平，推动经济结构的升级和转型，从而在全国经济发展中发挥更大的带动作用，是长三角所必须面对的重大课题。因此，系统总结长三角对外开放的成就和经验，深入分析当代国际分工、国际竞争的新特点，适时调整长三角地区对外开放战略，对于抓住今后20年战略机遇期，实现长三角地区由全面小康到基本现代化的宏伟目标，无疑具有极其重要的意义。长三角的开放型经济发展战略调整总的思路是：以科学发展观为指导，更加深入、全面融入到国际分工体系，实现从引进外资和鼓励出口的外向型经济，向"引进来"和"走出去"相结合的双向开放的经济国际化战略转变；从接受国际制造业转移、建立"世界工厂"，向世界先进制造业和现代服务业并举转变；从技术引进向充分利用国际科

技资源增强自主创新能力转变。继续扩大开放领域，优化开放结构，提高开放质量，完善内外联动、互利共赢、安全高效的开放型体系，全面提升区域经济竞争力。

一、贸易投资一体化与长三角开放型
经济的发展环境

20世纪90年代以来，经济全球化深入发展，科技革命加速推进，国际分工出现了不同以往的新趋势。长三角开放型经济发展环境发生了很大变化。

（一）国际分工逐步从以产业和产品为界限的分工向以要素为界限的分工转变，贸易与投资日益一体化

传统的国际分工，是以产业和产品为界限的，国际分工与交换主要发生在不同国家的不同产业之间（产业间分工）或同一产业内部差异化产品在不同国家的不同企业之间（产业内分工）。20世纪90年代以来，随着信息技术的飞速发展和贸易、投资自由化程度的不断提高，要素全球流动的障碍大为减少，跨国公司（Multinational Corporations，MNCs）在全球范围内配置资源、安排生产和贸易的交易成本不断降低，市场规模（无论是最终产品还是中间产品）急剧扩大，这为国际分工的细化提供了条件。国际分工越来越表现为同一产业内部不同环节之间或相同产品内部不同工序、不同增值环节之间的多层次分工，产品生产的国际迂回环节增多、价值链的国际分布不断延伸。这种分工的边界是生产要素，表现为价值链上劳动要素密集型、资本要素密集型、技术要素密集型的各个生产环节之间的分工，我们称之为以生产要素为界限的国际分工或要素分工。

国际分工从以产业和产品为界限的分工向以要素为界限的分工的转变，标志着国际分工基础、形式和性质发生了根本性的变化。以产业和产品为界限的国际分工的基础，是由资源禀赋差异所决定的比较优势或由不完全竞争、规模经济与产品差异化所决定的竞争优势，分

工与贸易的形式是不同国家在不同产业之间或同一产业内部差异化产品之间最终产品的分工与贸易。在这种分工格局下，国际生产与国际贸易是相互独立的生产和流通过程。而以要素为界限的要素分工或曰环节分工的实质是跨国公司在全球范围内进行的资源整合。在要素分工下，跨国公司依据不同国家和地区在不同环节、不同工序上的要素优势，将包括直接生产活动和其他功能性活动的产品价值链，在全球范围内进行更加细密的专业化分工。产品的全球价值链被分解为三大环节：技术环节、生产环节和营销环节。技术环节包括研究与开发、创意设计、生产及加工技术的提高和技术培训等分环节。生产环节包括后勤采购、母板生产、系统生产、终端加工、测试、质量控制、包装和库存管理等分环节。营销环节包括销售后勤、批发及零售、广告及售后服务等分环节。跨国公司借助资本、技术等流动要素，通过国际投资在全球范围内分布产品生产过程的不同环节。如此，各国的生产与贸易经由跨国公司的直接投资形成有机的内在联系，成为跨国公司全球产业的一部分，零部件与中间产品贸易不仅成为贸易的主要形式，同时也成为产品价值增值过程得以最终完成的必要条件。要素分工下的贸易性质发生了根本变化，从原先的为价值实现而贸易转变成为了确保全球生产的正常进行而贸易。跨国公司为全球生产而进行的投资与贸易成为完整生产过程中密不可分的两个环节，贸易与投资完全一体化了。在以要素分工为基础的贸易投资一体化格局下，不同国家和地区的优势主要体现在价值链上某一特定环节上的优势，传统的国际产业转移也因此演变为产业链条、产品工序的分解和全球化配置。

（二）跨国公司成为国际贸易分工的主体，外包成为跨国公司进行国际化生产经营活动的主要方式

　　要素分工下的贸易投资一体化，实质是跨国公司在全球范围内配置资源的经营活动。一国跨国企业的数量及其竞争力的强弱，直接关系到其国际分工地位的高低和贸易利益的多少。这是因为，要素国际流动性的增强使一国企业再也无法独享基于本国资源禀赋的比较优

势，外国跨国公司也可以通过直接投资加以利用，并整合为自己的竞争优势。同时，本国企业也可以利用贸易投资一体化的机遇，在整合全球要素的基础上，创造企业的竞争优势。因此，在贸易投资一体化背景下，一国的比较优势已成为本国及外国都可以利用的经济资源。究竟谁可以对其加以"整合"，取决于哪国拥有更多的有国际竞争力的企业。一国跨国企业借助贸易投资一体化整合全球资源创造的竞争优势，成为当代国际贸易分工的主要基础。

由于在贸易投资一体化下，要素的流动性空前增强，一方面导致国际竞争日趋激烈，另一方面也为跨国公司全球配置资源提供了条件。跨国公司为了提高国际竞争力、获取全球利润最大化，日益专注于核心竞争资产的创造。在产品增值链条中，跨国公司将制造业环节转移到发展中经济体。首先转移的，当然是劳动密集型制造加工环节、工序或零部件，但随着东道国要素禀赋结构的变化，会逐渐向高端加工延伸。"保留擅长的，外包其余的"，成为跨国公司增强国际竞争力的重要手段。随着经济全球化的不断发展、信息通信技术的广泛应用、新兴市场国家基础设施的改善、劳动力素质的提高，以及全球服务贸易规则的实行，服务业只能局限于一国国内的格局被打破，旨在降低制造业交易成本的生产性服务业开始向外转移。服务业加快了全球调整和转移的步伐，出现了服务业结构调整及其转移的新趋势，国际产业转移从制造业向现代服务业延伸。服务外包成为成长最快的服务业跨国转移方式之一，大大推动了服务业进入国际分工体系的步伐。所谓服务外包，是指作为生产经营业的业主将服务流程以商业形式发包给境外服务提供者的经济活动。服务业外包日益成为当今国际分工和产业转移的热点。它是跨国公司借助于高度发达的全球通信网络，从"归核化"战略出发，通过将传统的产业链、价值链进行片段化分割以降低成本、满足日益多样化的市场需求的必然选择。本质上，它是跨国公司在世界范围内整合资源要素、优化配置的结果，是各国按照比较优势原则参与国际生产专业化分工、片段化生产的必然。近年来，跨国公司更倾向于在具有合格、廉价劳动力的发展中经济体建立海外子公司或可控制的离岸中心，向第三方提供服务，或将业务程序以发

包的方式交由离岸的合格承包方负责实施，即离岸外包。根据联合国贸发会议 2006 年世界投资报告，2005 年全球服务外包的市场规模达 3500 亿美元，在未来若干年内将继续保持 20% 到 30% 的增长速度。而据麦肯锡公司的报告，2007 年全球服务外包规模已达 1.2 万亿美元。

相对于发达国家而言，发展中经济体的跨国公司无论在数量上还是竞争力上都处于劣势。目前全球 90% 的跨国公司都集中在发达国家。然而，贸易投资一体化背景下的要素分工有一个重要特点，即不同要素的国际流动性差别很大，资本、技术流动性强，而发展中经济体相对丰富的简单劳动力和自然资源流动性较差，这使得要素分工在一定程度上表现为流动要素对非流动要素的追逐，发展中经济体在要素分工中对跨国公司具有独特的吸引力。就制造环节而言，发展中经济体可以凭借自身的比较优势参与到跨国公司的垂直专业化分工链条中，借助跨国公司的投资弥补资本要素的不足，并通过跨国公司的技术、管理经验的转移与扩散逐步提升自己的技术水平与管理经验，提高加工制造业水平。就服务环节外包而言，由于其本质是企业以价值链管理为基础，将非核心业务通过合同方式发包、分包或转包给本土企业之外的服务提供者，以提高生产要素和资源配置效率的跨国生产组织模式，外包的服务环节往往以跨国公司的非核心商业流程为主，技术含量和附加值相对较低，发展中经济体因而在承接外包服务方面拥有低成本优势。这为广大拥有相对高水平、廉价人力资本的发展中经济体发展面向国际市场的现代服务业提供了新的机遇。早年服务外包的主体，发包方和承接方都以美国、欧洲、日本的跨国公司和国际机构为主。近年来，由于成本优势和日益提高的服务质量，发展中经济体正逐渐成为国际服务外包的主要承接地。其中，亚洲的承接国家最多，约占 45%。印度是亚洲最主要的承接国，其次是中国和东盟。在东盟中，越南、柬埔寨等国家也都相继加入到了承接国际服务外包的竞争行列中。

（三）跨国公司主导的产业集聚与生产国际化并行不悖，成为国际经济发展的新现象

产业集聚的迅速发展是 20 世纪 90 年代以来贸易投资一体化中的

一个突出现象：一方面，在跨国公司主导下，产业链条的分布呈现全球化趋向；另一方面，生产的某些环节甚至某些产业在全球产业转移过程中又呈现出明显的区域集中。产业集聚的发展与全球化中的产业竞争态势和跨国公司的国际投资密切相关。借助产业集聚，相关或相同产业可以共享劳动市场，以最低成本享受专业性服务，降低交易成本，并在企业间、产业间、上下产业链间充分享受技术外溢效应，从而提高国际竞争力。产业集聚的重要性使得注重产业关联成为当今跨国公司对外投资的重要特征，关联产业比较齐全的地区对跨国公司投资往往具有较强的吸引力。为了增强对所在产业的控制力，跨国公司的对外投资从单项投资向系列化投资转变，即对一个产业的上、中、下游各个环节进行纵向的产业链投资或对相关联的环节、企业、行业进行横向的产业链投资，以形成完整的地区生产网络。有的跨国公司还以制造业为基础，向金融保险、商业物流等领域进行渗透。同时，跨国公司的投资也吸引了其原有配套协作厂商的相继跟随，并催生当地中小配套厂商。跨国公司在对外投资中注重产业关联，进一步促进了当地的产业集聚，使当今产业发展呈现了全球化与区域化的局面。

实证研究表明，20 世纪 90 年代以来，跨国公司直接投资的集聚化表现为以下三个方面：一是跨国公司海外公司在国家区位选择上的趋同。在美国，加利福尼亚、纽约、德克萨斯、依利诺依和新泽西是吸引跨国公司投资最多的地区，这五个州占据了美国吸收 FDI 的一半以上。发展中经济体也是如此，在中国，外资存量主要集中在长三角和珠三角地区。二是跨国公司直接投资行业选择的趋同。UNCATD（2001）的研究表明，跨国公司在高科技产业国际直接投资的区位集聚化程度最高。其中，生物技术行业是集聚化程度最高的行业，以食品饮料行业为代表的低技术产业海外投资的集聚程度最低，与 IT 服务、人力资源管理、金融、保险和会计等服务领域相关的国际直接投资也表现出明显的集聚化趋势。三是不同跨国公司的类似职能部门和类似生产环节在区位选择上的趋同。在跨国公司全球生产体系的建立中，跨国公司根据其全球竞争战略和各个国家和地区所具有的不同要素优势，将不同的职能部门和不同的生产环节放置在不同的国家和地

区，但不同跨国公司的类似职能部门和类似生产环节却往往集聚在相同的区域。跨国公司的海外总部通常多设于具有战略性地理区位和信息沟通比较便捷的国家和国际化大都市，如跨国公司在亚洲的总部往往设在新加坡和中国的香港、上海和北京。海外研发中心通常多集中在能为技术创新提供特殊资源的地区，即集中在能够提供大量廉价的研究人员、工程师和技术工人的地区，或者是创新氛围比较浓郁的大学集聚区。而生产环节则会根据不同环节的要素密集度分布在不同的地区，技术密集型生产环节多集中于技术要素丰裕的发达国家，资本密集型环节集中于资本要素丰裕的国家，劳动密集型生产加工环节则基本集中于劳动力丰裕的发展中经济体。

跨国公司直接投资的集聚化导致跨国公司主导型的产业集聚。产业集聚的地点及产业类型主要取决于不同国家和地区所拥有的专门化生产要素的种类和能够获得的要素投入种类及投入效率。发展中经济体由于拥有相对丰富的劳动力要素，主要吸引跨国公司劳动密集型生产环节。但随着资本要素和知识型劳动力要素的累积，他们也容易吸引跨国公司资本和知识密集型产业或产业环节的集聚。跨国公司主导型产业集聚中的企业主体包括不同国家的企业，其中也包括本土企业的参与。因此，吸引跨国公司产业、产业环节到当地集聚，鼓励本地企业与跨国公司配套，成为发展中经济体企业参与全球环节分工、接受跨国公司技术外溢的有效途径。

（四）贸易投资一体化为发展中经济体的自主创新提供了广阔天地

在贸易投资一体化条件下，国际竞争日趋激烈，核心技术资源成为跨国公司确保全球竞争力的关键。发展中经济体希望借助引进外资来引入核心技术是不切实际的。因此，在发挥自身要素优势、积极参与国际分工的同时，实施自主创新，对发展中经济体国际分工地位的提高很有必要。

贸易投资一体化为具备一定创新基础的发展中经济体从事自主创新提供了新的机遇。其一，在参与跨国公司主导的环节分工的过程

中，发展中经济体可以将本土的制造技术与跨国公司的资本和先进技术相对接，在与跨国公司的竞争与合作中提升自己的自主创新能力，在所处配套环节从事"环节创新"或"配套创新"，在提高配套产品的质量、满足跨国公司质量控制要求的同时，不断提升自己所处的分工环节和价值增值能力，逐步摆脱"高端产业低端制造"的陷阱。其二，20世纪90年代以来，贸易投资一体化的一个重要表现是跨国公司借助国际投资进行的科技要素全球范围优化重组和来自专业性研发与设计企业的第三方技术供给出现，跨国公司研究与开发全球化程度不断提高。通过对外直接投资，充分利用国际研发要素，建立国际研发网络或实行全球性的研发外包是跨国公司研发全球化的主要途径。随着部分发展中经济体教育、科技水平的提高，跨国公司越来越多地在中国、印度、新加坡等发展中经济体设立研发中心。这为中国等发展中经济体利用外部资源从事技术创新，以及融入跨国公司的全球研发体系并提升自己的研发水平提供了可能。其三，贸易投资一体化下的产业集聚对发展中经济体自主创新具有积极影响。产业集聚便捷了同行业厂商之间正式和非正式的交流，有利于产业氛围的形成和诀窍等缄默性知识的传播。从创新过程来看，产业集聚有利于相关厂商借助创新网络减少创新过程中的不确定性，及时获得创新所需的前沿性即期研究成果，并利用以往累积的技术成果和历史经验，降低自身创新所需信息成本，加快创新速度。此外，产业集聚地往往有相对健全的创新体制，可以为企业创新提供制度上的保障。因此，开放型的产业集聚区往往是发展中经济体自主创新最具有活力的地区，其创新路径通常表现为从单个创新到集群创新、从简单创新到突破性创新的良性循环。

二、贸易投资一体化背景下长三角开放型经济发展的基本判断

随着20世纪90年代以来贸易投资一体化的发展和中国改革开放的不断深入，跨国公司加快了向中国产业转移的步伐。长三角地区凭

借沿江达海的区位优势，同时发挥劳动力丰富、制造业体系完备、科技资源相对雄厚的比较优势，营造有利的投资环境，吸引国际生产要素前来集聚，从而承接了跨国公司的产业转移，开放型经济发展规模不断壮大，参与国际分工的层次不断提高。

（一）长三角开放型经济发展的成就

1. 长三角利用外资数量不断增加，外资结构不断优化

改革开放以来，长三角利用 FDI 大致经历了四个阶段：一是 1985—1991 年的起步阶段。这一阶段我国对外开放的重点在珠三角，外商制造业基本集中在这一地区。长三角利用 FDI 虽然绝对量不断增加，但占全国利用 FDI 的比重呈倒 U 型结构，由 1985 年的 5.5% 升至 1988 年的最高值 15.6% 后，又不断下降到 1991 年的 11.5%。长三角利用 FDI 增长对全国利用 FDI 增长的贡献率于 1989 年、1990 年分别为 - 0.91% 和 - 0.87%，即长三角利用 FDI 增长落后于全国平均水平。二是 1992—1997 年的高速发展阶段。这一阶段由于中国市场经济体制改革方向的确立，投资环境变得稳定和可预见，内在长三角区位优势的真正体现，加上外在贸易投资一体化时代的来临、跨国公司新一轮产业转移浪潮的出现，FDI 特别是跨国公司纷纷进入中国，并加速向长三角集聚，进一步夯实了长三角的制造业体系基础，提升了长三角制造业体系的层次，长三角利用外资开始进入良性循环阶段。这一阶段，长三角实际利用 FDI 年均增长率达 32.6%。即使在受国家宏观调控影响的 1994—1997 年，长三角利用外资仍保持了年均 19% 的平稳增速，1996 年、1997 年实际利用 FDI 分别突破 100 亿美元和 120 亿美元。三是 1998—1999 年的调整下降阶段。这一阶段受 1997 年亚洲金融危机的影响，国际资本对包括亚洲在内的发展中国家整体投资信心不足，国际资本对进入发展中国家望而却步。长三角利用 FDI 增速和总量双双下滑，年均增速为 - 3.4%，总量净下降 12 亿美元，但此阶段利用 FDI 绝对量仍保持在 100 亿美元之上。四是 2000 年以来的又一轮高速增长阶段。2000 年以后，由于中国政府积极财政政策和稳健货币政策的作用使亚洲金融危机的影响在很大程

度上得以消化，加上 2001 年中国加入世贸组织，对外开放程度提高，长三角累积的制造业基础和对国内市场的辐射能力优势得以发挥，利用 FDI 不仅走出低谷，而且层次提高，跨国公司大量进入。2000—2005 年，长三角实际利用外资数量从 112 亿美元增至 278 亿美元，占全国实际利用外资的比重从 28% 增至 46%，2003—2005 年间长三角实际利用外资数量都超过了珠三角的 2 倍。

在利用外资数量不断增长的同时，长三角利用外资的质量也不断提高、结构不断优化。20 世纪 90 年代以前，长三角的 FDI 投资主体多为中小型企业；20 世纪 90 年代以后，大型跨国公司开始进入；20 世纪 90 年代后期以来，大型跨国公司和高新技术产业投资成为 FDI 的主流。目前，在长三角的制造业整合中，跨国公司已处于主导地位。世界 500 强企业中已有 400 多家在长三角落户，长三角已经成为中国跨国公司最集中的地区。跨国公司的投资多进入电子信息、光机电一体化、生物医药等高新技术产业，极大提升了当地的产业结构和产业竞争力。在贸易投资一体化的环节分工中，该地区作为高新技术产业领域国际制造业基地的地位日益凸显。

2. 长三角对外贸易高速发展，呈现明显的贸易与投资一体化格局

20 世纪 90 年代以来，长三角对外贸易一直保持高速发展态势。以 2000—2005 年为例，长三角进出口总额从 1236 亿美元增加到 5024 亿美元。其中，出口额从 671 亿美元增加到 2759 亿美元，进口额从 565 亿美元增加到 2265 亿美元，5 年间三项指标分别增加了 300% 以上，占全国的比重均达到 35% 左右。长三角地区对外贸易的发展与 FDI 的推动密不可分。根据统计，2005 年江苏和上海外资企业出口占两地出口的比重都达到 70% 左右；浙江虽然利用外资规模相对较小，但这一比重也在稳步提高，2000—2005 年间从 27% 逐渐提高到 35%（由于浙江经济发展以民营经济为主，外资起步相对较晚、比重较低，对外贸易也以一般贸易为主，因此下面主要从苏沪两省市加以分析）。时间序列分析和 Granger 检验结果显示，长三角地区 FDI 与进出口存在稳定的相关关系，分别是进出口增长的 Granger 原因，FDI

对当地的进出口带动作用十分明显。但反过来，进口不是长三角 FDI 的 Granger 原因，说明进入长三角的 FDI 不是"关税引致"型的，与贸易不是相互替代而是相互促进的关系。

对外资企业的对外贸易方式加以考察，可以进一步说明长三角对外贸易的发展与 FDI 推动的环节分工存在高度的相关关系。与要素分工一致，加工贸易方式是 FDI 进入长三角的主要途径，具体表现为加工贸易进出口总额占当地进出口总额比重在苏、沪分别达到 60% 和 50% 左右。特别是包括浙江在内的加工贸易中，进口比重长期大于出口比重，说明 FDI 投资长三角进行加工贸易主要是利用当地的劳动力等比较优势，同时进口大量机器设备、工业原材料等。而在加工贸易 FDI 的基础投资完成后，加工贸易出口比重不断提高，进一步说明了要素分工中，FDI 与长三角比较优势的结合对当地对外贸易的促进作用。由于江苏地区吸引的 FDI 主要参与了国际制造业分工，这种作用更为明显。根据统计，1996—2003 年，江苏省 FDI 企业进出口比重与 FDI 规模均呈较强的相关关系，特别是 FDI 企业出口比重与 FDI 规模相关系数高达 0.896。FDI 每增加 1 个百分点，江苏加工贸易出口额占总贸易的比重增加 0.102 个百分点。

3. 长三角形成了跨国公司主导的产业集群与本土配套企业相互促进的互动局面

对长三角地区的产业集聚，梁琦（2004）利用 Keeble 的方法计算表明，① 1994—2000 年间，医药制造业、金属制品业、普通机械制造业、电气机械及器材制造业、电子及通信设备制造业、仪器仪表及文化办公用品机械制造业这六个行业占全国前四位的省市主要是上

---

① 计算产业集中度或产业集聚程度的 Keeble 方法是：令 $I_s = \dfrac{q_{ij}}{q_i}$，$p_s = \dfrac{q_j}{q}$；其中，$q_{ij}$ 表示地区 j 的行业 i 的产值，$q_j = \sum_{i=1}^{n} q_{ij}$ 是地区 j 的工业总产值，$q_i = \sum_{j=1}^{n} q_{ij}$ 是行业 i 的全国总产值，$q = \sum_{j} \sum_{ij} q_{ij}$ 是全国的工业总产值。以 p_s 为横轴，I_s 为纵轴可以画出洛伦茨曲线，并可计算出工业区位的基尼系数。基尼系数越接近于 0，说明产业的空间分布越均匀；越接近于 1，说明产业的集聚水平越高。

海、江苏、浙江和广东，这些行业近年来在东部沿海特别是长三角地区发生了集聚。而进一步计算 2000 年分地区 FDI 与分地区行业产值相关系数表明，FDI 与这些行业具有很强的关联度。而这些行业又是在长三角地区发生了产业集聚的行业，因此可以推断 FDI 可能推动了长三角地区产业集聚的形成。①

使用 Keeble 的方法，我们计算并比较了江苏省 1999 年和 2003 年 29 个行业的基尼系数值以考察江苏制造业的地理集中程度，发现江苏的石油加工及炼焦业、电子及通信设备制造业、仪器仪表及文化办公用品机械制造业、烟草加工业、饮料制造业、黑色金属冶炼及压延加工业、造纸业、化学纤维制造业、家具制造业 9 个行业呈现集聚状态。且 1999—2003 年间电子及通信设备制造业、仪器仪表及文化办公用品机械制造业、电气机械及器材制造业、普通机械制造业等几个主要行业集聚水平的提升、集中程度特别明显。与此同时，考察江苏制造业 FDI 的行业分布，我们发现，从 1992 年到 2003 年，江苏吸引的 FDI 明显转向了上述集聚行业的劳动密集型环节。特别是江苏的电子及通信设备制造业、仪器仪表及文化办公用品机械制造业、电气机械及器材制造业主要分布于苏州、无锡和南京三地，而这三个产业中以世界 500 强为代表的跨国公司的 FDI 也大多集中于此。因此，我们可以得出结论，即 FDI 和跨国公司对江苏乃至长三角地区的产业发展至关重要，跨国公司主导型产业集聚已经成为 20 世纪 90 年代中后期以来江苏乃至长三角地区产业集聚发展的主要动因。

外资主导产业集群的发展不仅迅速提升了长三角地区的产业结构，而且促进了本土配套企业的发展，促进了当地开放型经济的全面发展。为了分析外资企业进入对本土企业发展的影响，2006 年年底我们对苏州、无锡、常州和南京四个城市的本土企业和外商投资企业进行了问卷调研。调研中本土企业共收回有效问卷 63 份。问卷结果显示，超过 70% 的本土企业存在外向配套业务，其中有 23 家企业外向配套开始于企业建立之初。这在一定程度上说明利用外资企业进入

---

① 梁琦：《产业集聚的均衡性和稳定性》，载《世界经济》2004 年第 6 期。

带来的外向配套机遇是这些本土企业建立的重要动机。在对具体问题加以回答的有效样本土企业中，64.4%的外向配套企业为多家外资企业提供配套，为外资企业配套销售额占企业销售总额比重超过40%的企业达到50%，94%的企业认为外向配套对本土企业技术水平的提升具有重要推动作用，其中55%的本土企业在配套中得到了外资企业的技术指导。以苏南地区及昆山为对象的调查结果表明，外资企业和本土企业是可以相互促进的。外向配套是经济增长外资推动型地区提升本土企业竞争力的重要途径。作为企业发展的第一步，在外向配套的基础上，本土企业通过不断提升自身实力和技术水平，实施技术、市场和产品的拓展，可以逐步摆脱单纯本地外向配套模式，最终借船出海，面向全球市场进行生产，实现企业发展的跨越。

4. 长三角制造业的迅速发展为服务业的发展奠定了坚实基础，并为承接国际服务外包创造了条件

发达的服务业以发达的二次产业为基础。在FDI带动长三角制造业发展的同时，长三角第三产业的发展在全国遥遥领先。根据统计，我国服务业占GDP的比重仅为32%。2006年长三角16个城市服务业比重达41.3%，其中，上海达到50.6%，南京、杭州、宁波分别为47.5%、44.9%、40.1%，均在40%以上。长三角其他城市第三产业的发展速度均高于经济增速，占GDP的比重均不同程度地提高。目前，长三角内部江苏、浙江高度发达的制造产业带和上海高度发达的第三产业尤其是金融、保险、物流以及高端研发中心，使长三角服务业和服务贸易的发展具备了较高的起点，使服务外包具备了现实条件。

例如，就服务外包所需的人才尤其是高水平软件人才储备而言，长三角具有压倒性优势。长三角地区人文荟萃，聚集了众多高等学府和高新技术企业，科教资源丰富，专业技术人才云集，智慧型企业密布，创新机制趋于成熟。仅南京就有48所各类普通高等学校、16个国家重点实验室、10个国家级工程技术中心、131个博士后流动站和工作站、271个高等院校研究机构、174个大中型工业企业技术开发机构，荟萃了专业技术人员56.54万人、高级职称人才5.42万人。

一批智慧型企业在南京集聚，经过认定的高新技术企业累计达到704家。作为智慧产业"龙头"的软件产业销售收入连续5年保持50%以上的高速增长，2006年达到258亿元，在全国省会城市中位居第一。南京软件人才和软件产业的发展已引起外国跨国公司的关注。2007年2月，印度第四大IT外包公司萨蒂扬宣布将在南京软件园建立新的开发基地，基地最终将拥有2500名软件工程师，南京将成为萨蒂扬全球布局的一个重要支点。

在上海，继金桥、张江开发区之后，浦东再次打造吸引境内外知名企业总部进驻的园区，30万平方米的浦江智谷被有关方面喻为最适合办公的节能生态商务园，重点引入国际著名的头脑总部，致力于发展智慧经济，特别是宽领域、多层次、全方位的IT领域。在苏沪服务业和服务贸易不断发展的同时，浙江服务贸易也从起步期进入加快发展期。2000—2004年，浙江服务贸易进出口总额从7.9亿美元增加到43.7亿美元，增长5.5倍，高于同期货物进出口增长的3.4倍。其中，服务贸易出口从2.9亿美元增加到26.7亿美元，年均递增55.9%，大大高于同期货物出口26.2%的增长速度。浙江已经具备了加速发展国际服务贸易的基础和条件。

5. 贸易投资一体化促进了长三角的自主创新，保持了开放型经济发展的活力

贸易投资的一体化不仅带动了长三角地区经济贸易的迅速发展，也促进了该地区的自主创新，使该地区成为我国自主创新最为活跃的地区。以作为创新能力指标之一的专利授权量为例，1987—2003年，该地区三省市的专利授权量从1367项增至40913项。

以上海和苏州为例。上海因其强大的市场辐射能力、先进的产业结构和丰富的人力资源，成为跨国公司在华投资从事研发的首选目的地。据统计，到2006年，上海的外资研发机构已达200多家，其中不少属于跨国公司的全球研发中心或实验室，经上海认定的跨国公司区域研发总部就有40多家。在沪的外资研发投资主体以美欧日跨国公司为主，其研发投资占跨国公司在沪研发投资总额的45%左右，投资领域主要集中于计算机、信息通讯、电子技术、生物医药、精细

化工、设备制造、汽车及相关产业等，提升了上述产业的竞争力。跨国公司的在沪研发投资促进了上海自主创新的发展：其一，跨国公司在沪研发投资约占上海研发投资总额的 50% 左右，弥补了上海研发投资的不足，提高了上海跟踪国际先进科技、保持产业结构先进性的能力；其二，吸引了海内外高科技人才向上海的集聚，使上海成为吸引优秀研发人才的洼地；其三，对当地的研发与生产产生了技术外溢，提升了本土企业的技术创新水平。

而苏州在贸易投资一体化背景下，紧紧围绕自己的比较优势，积极参与国际要素分工与环节分工，大力发展国际化加工制造业，致力于全方位打造长三角自主创新先行区，走出了与上海不同的自主创新之路，初步建成了中外并进的开放型自主创新体系。仅在苏州高新区，截至 2006 年就聚集了跨国公司设立的研发中心 15 家，同时开辟了与美国、俄罗斯、澳大利亚、英国、芬兰、中国香港等国家和地区的科技园区、孵化器、科技机构的合作渠道，研发投入不断增加。仅2004 年，区内企业就投入研发经费 30 多亿元，占企业产品销售收入的 5.1%；与此同时，苏州高新区积极培育本土民营科技创新企业，不断探索和完善创新服务体系，为之提供投资、服务、引资、担保、技术、配套等全方位服务，增强本土企业的创新能力。得力于创新体系的支持，科达科技、震旦电力、东菱振动、国芯科技、福川科技等高科技企业快速发展。2006 年，全区拥有高新技术企业 252 家，授权专利 1500 多项，高新技术企业销售额占全区工业销售总收入的70%。得益于完善的创新体系，苏州高新区形成了外资高科技企业与本土高科技企业齐头并进的局面，国际竞争力不断提升。

（二）长三角开放型经济发展存在的问题分析

毋庸置疑，改革开放以来，FDI 与国际贸易双轮推动了长三角地区经济、贸易、服务、自主创新等全方位发展，使长三角开放型经济的发展不断跃上新的台阶。但与此同时，我们也应该看到，目前长三角开放型经济的发展严格来说还是以发挥要素禀赋的比较优势、吸引国外要素主要是资本要素的集聚、从事加工制造并面向出口为基本特

征的，还没有从根本上摆脱"外向"的性质。根据斯托尔珀—萨缪尔森定理，随着要素禀赋优势的发挥，一国或地区要素禀赋的供求状况、要素价格会发生变化，比较优势理论中国际市场完全自由竞争等前提在现实中又得不到满足，劳动密集型产业领域中的贸易摩擦必然会加剧，长三角开放型经济的可持续发展面临着一些问题。

1. 高级生产要素短缺，要素成本提高，环境压力加大

虽然在目前的贸易分工格局中，长三角机械、电子等高科技产业及其产品已居于主导地位，但不可否认的是，长三角外资企业"高端产业低端环节制造"特征非常明显。该地区进入的主要还是高端产业中的劳动密集型低端环节或产业区段，以及高污染产业或污染环节、污染区段。高增值的资本、技术密集的核心环节仍掌握在跨国公司手中。随着开放型经济发展规模的扩张，该地区土地日益紧缺、污染加重已是不争的事实。同时，随着长三角开放型经济的进一步发展以及国内其他地区投资环境的改善、外向型经济发展的起步或加速，区内外对劳动力的需求不断增加，国内劳动力相对短缺的局面日益加剧。2007 年 5 月 10 日，中国社科院发布报告认为，我国经济发展中的"刘易斯拐点"即将来临，人口红利逐渐耗竭，劳动力将在 2009 年出现短缺。[①] 其实，我国劳动力相对短缺的局面自加入世贸组织以来，随着比较优势的充分发挥就已出现，各地区特别是长三角和珠三角之间对劳动力的争夺日趋激烈，并由此导致劳动力价格的大幅度上涨。根据国际经验，人均 GDP 从 2000 美元到 5000 美元，是一个新的发展阶段。2006 年年底，我国人均 GDP 已达 2004 美元，以廉价劳动力为支撑的比较优势已快到尽头。[②]

劳动力成本的提高已影响到长三角的投资环境。2006 年，中国台湾电机电子工业同业公会公布了《2006 大陆地区投资环境与风险调查》。这是台湾地区工商业界公认较为权威的参考报告，当年 2137

---

① 蔡昉：《中国就业增长与结构变化》，中国社会科学院庆祝建院 30 周年系列讲座报告，2007 年 5 月 10 日。

② 《廉价劳动力还能支撑传统制造业多久》，载《中华工商时报》2007 年 8 月 26 日。

家已赴大陆投资的台湾企业参加了调研。报告显示，长三角区域的投资环境正在恶化，台企的未来布局重点已向环渤海湾北移。报告指出："只要以贴牌生产为主导的产业结构不改变，台企就无法摆脱低成本竞争的宿命，不断寻找低成本投资地点成为必然。"以仁宝笔记本电脑为例，2000 年，它开创了笔记本电脑制造业赴大陆投资的先河，带动一批上下游零部件厂商在长三角建立起产能远超过台湾地区的生产基地。仁宝称，当时台湾地区作业人员的月人均成本约 600 美元，大陆只有数十美元。然而不过五六年时间，大陆员工的人工成本已迅速升至 100—120 美元，而且劳动力以及土地资源获得难度增加。这些已开始影响仁宝的投资计划，以致在未来的产能扩充计划中，公司不得不在是继续投资昆山，还是向内陆省份延伸，甚或直接到越南投资全新制造基地之间进行抉择。在新一轮扩张运动中，台资企业目光已开始从长三角地区移开。根据上海市外经贸委发布的《上海外资结构及其发展趋势》统计，2006 年 1—7 月，台企在沪投资额骤降，仅为 1.63 亿美元。而 2003—2005 年同期这一数额分别为 8.27 亿美元、3.07 亿美元和 2.25 亿美元，近几年来呈明显的逐年下降趋势。[①]

2. "高段产业低端环节"特征明显，外向配套仍然处于较低层次

根据调查，在长三角，参与外向配套的本土企业绝大多数是资产和销售规模都很小的中小型企业，技术实力较弱，总体上处于国际生产网络的边缘，外资企业外包给本土企业的大部分是技术水平较低的加工环节以及组装环节。有的只是为跨国公司配套厂商提供二次配套，技术含量相对较低。较低的配套层次和水平限制了本土企业技术水平和竞争力的提升。

3. 服务业外资流入偏少，生产性服务业发展滞后

长三角虽然是我国吸引外商直接投资的主要地区，但投入到生产

---

① 黄婕：《报告称长三角投资环境恶化，仁宝考虑出走越南》，载《21 世纪经济报道》2006 年 12 月 9 日。

者服务业领域的外资总体上并不多，且苏浙沪存在严重不平衡。在该地区，上海作为总部经济所在地，服务业比重达 50% 左右，集中了长三角生产性服务业领域主要的跨国公司。根据 2007 年长三角统计年鉴，2006 年，上海市实际吸引 FDI 中投入第三产业的外资达 44.16 亿美元，占当年实际吸引外资的 62%。而同期第二产业实际吸引外资 26.83 亿美元，占实际吸引外资总额的比重为 37.8%。上海市第三产业吸引外资金额远远超过第二产业。苏浙两省则基本被跨国公司定位为生产制造基地，而非主要的生产性服务业配置地区和总部经济配置地区。相应地，2005 年，浙江省吸引外资 77.2 亿美元，其中投向生产性服务业的只有 12 亿美元，占比为 15.6%；江苏省当年吸引外资 131.8 亿美元，其中投向生产性服务业的也只有 18.6 亿美元，占比只有 10.3%。苏浙服务业发展的滞后在一定程度上必然影响到制造业领域的产业升级。

与此同时，在承接国际服务外包方面，虽然长三角地区已有比较好的基础，但具有承接服务外包的专业技能和英语能力的专门人才不足。以江苏为例，虽然身为高等教育大省，但江苏大学毕业生中具备接受服务外包专门技能的人才严重不足。例如，富士通在中国的一个分公司把 40 名中国员工送到日本培训，每人每年开支为 3 万美元，他们需要 2 年时间培训才能成为中层工程师，4 年才能成为项目经理。即使经过 3 年培训，也只有 10% 到 20% 的程序员真正达到要求，从而成为程序设计者。长三角要建设国际化服务外包中心，必须具备高水平的国际通用人才。如何抓住国际产业转移从制造业向现代服务业延伸的机遇，积极引进服务业跨国公司以及跨国公司的"服务密集型"环节进入长三角，是推动该地区利用外资进入新阶段的重大任务。

最后，虽然贸易投资一体化促进了长三角整个地区的技术创新，但就经济主体而言，由于多数关键技术研发的主导权受跨国公司操纵，在外商投资趋于独资化、外资出于核心资产保全的需要纷纷加强技术封锁的情况下，FDI 的技术溢出效应及其对本土企业自主创新能力提高的促进作用比较有限。国内的大量实证分析也支持了这样的

结论。

三、长三角开放型经济发展
战略调整的对策建议

基于以上对长三角开放型经济发展现状的基本判断，我们对贸易投资一体化背景下长三角开放型经济可持续发展战略的调整提出以下对策建议。

1. 继续把吸引跨国公司产业转移作为开放型经济发展的重点

跨国公司的进入，使长三角以机械、电子信息产业为代表的高新技术快速发展起来。通过利用外资，追求"所在"是新产业形成和发展的有效之路。但在利用外资促进产业发展达到一定规模以后，追求"所有"亦即推动本土企业在技术密集型产业中的发展应该成为产业发展目标。20世纪90年代以来，长三角地区成功抓住机遇，构筑国际产业资本转移平台，引进国际先进生产要素，迅速形成了现代国际制造业加工制造基地。这条路目前顶多走了1/3，特别是20世纪90年代中后期以来发生的高达2.5万亿美元的国际重化工业向中国大举转移的过程还远远没有结束，长三角地区切不可丧失这个战略机遇。国际经验证明，脱离制造业"超前"发展服务业是不能成功的，那样只能造成制造业的产业空洞化，并最终使服务业因缺乏生产性服务需求而凋谢。另外，鉴于跨国公司主导型产业集聚对区域经济发展的促进作用，在贸易投资一体化背景下，长三角地区应坚持实施价值链引资战略，在吸引外资的产业选择上，基于本地区的产业发展基础和配套能力，将具有较多的技术上可分的价值增值环节和具有较强的前后向产业联系度的产业作为促进产业集聚形成和发展的目标产业。同时，应特别重视国际大品牌跨国公司的引进，以吸引国外中小配套企业的跟随，提高外资企业在区域内的根植性。

2. 积极推进职业技术教育，大力培养技术工人，不断提升外资进入产业和环节的层次

发挥比较优势，吸引国外先进要素，夯实经济发展的实业基础，

是贸易投资一体化和国际产业转移背景下长三角开放型经济发展的现实选择。但与此同时，随着长三角地区土地供应的日趋紧张，劳动力价格的不断上升，资源承载能力的日趋下降，加之劳动密集型产业领域国际贸易摩擦的不断加剧，长三角地区利用廉价的普通劳动力优势，在国际生产网络中从事劳动密集型产业或加工装配环节的发展空间已经不大，产业结构升级势在必行。但是，从贸易理论角度来看，一个国家或地区有什么样的劳动力供给结构，就有什么样的外资产业结构。加强技术教育、提高劳动力的技术水平、培育高级要素，是长三角实现产业链攀升的有效途径和当务之急。

3. 大力发展生产性服务业，积极承接国际服务外包

生产性服务业是制造业高度发展的结果。目前长三角服务业尤其是生产者服务业的发展总体上大大滞后于制造业，引进国外要素在制造业和服务业领域存在严重的不平衡。加快服务业对外开放，提升现代服务业发展水平，对于支撑更高水平的制造业发展并参与国际服务贸易领域的竞争，已经迫在眉睫。

在发展中经济体服务业和服务贸易整体落后的国际竞争格局中，长三角发展现代服务业、构建服务外包中心，关键是要扩大服务业对外开放。一是要放手吸引服务业外资，着力引进跨国集团的地区总部、研发机构、营销中心，力争在这方面取得突破，要像吸引制造业外资那样吸引服务业外资。二是加强区域内苏浙与上海的合作，三省市要加强协调，苏浙主动对接上海。作为国际化经济大都市，上海无疑是高端外包业务的承接者和中转站，由于区位和人才方面的优势，很多服务外包中心很可能落户上海，苏浙可主动承接其中的某些流程或环节。在对接上海的同时，苏浙也可根据各自的比较优势，在服务业与服务外包发展方面有所为，如南京的软件产业与软件外包。由于服务业、服务贸易相对于制造业充满更大的风险，对人才、信息的要求更高，为此，长三角应为服务业和服务外包的发展构建一个良好的法律与制度环境，健全服务体系，提供完善的信息服务、金融服务、法律服务和技术服务，加强对知识产权的保护；对本土服务企业的发展和服务业人才的培训应给予政策鼓励。

4. 积极发展"配套创新",提升本土企业在国际价值链中的层次

由于产品内分工的发展,各国企业只是国际化生产的一个环节、一个阶段。从这种意义上说,国际生产中的贴牌加工即 OEM,已经是普遍的经营模式,代工的效益也未必就低。代工企业也可以成长为国际性企业(如我国台湾的鸿海集团专门致力于代工),中间产品也可以造就品牌。问题不在于是否做代工,而是做哪一个片断、哪一种要素密集型中间产品的代工,以及代工层次是简单代工(OEM),还是包括研发设计在内的代工(ODM),甚至自有品牌的代工(OBM)。长三角应大力推动本土企业发展外向配套,坚持量质并举,在推动外向配套数量增加的同时,提升外向配套的层次和水平,从低技术外围产品配套向具有较高技术水平的关键零部件配套发展,以提升本土企业技术水平。外向配套层次的提升离不开本土企业技术水平的提升,需要先进设备、技术的引进以及在此基础上的消化吸收和再创新。政府要为促进本土企业自主创新和技术水平提升提供必要的财税和金融政策支持。

5. 调整引资政策,鼓励 FDI 技术扩散,促进自主创新能力的提高

在与发达国家现实的技术差距面前,我们必须注重 FDI 对本土企业的技术溢出效应和创新能力促进,积极进行技术引进及其后续研发,这是缩短技术差距、增强国际竞争力的有效模式。同时,必须认识到从依靠外源性技术进步向依靠内源性技术转变、培育内生技术能力是长三角地区自主创新和开放型经济可持续发展的关键。因此,长三角自主创新战略应当合理利用 FDI 技术引进和本土自主研发两种方式,在促进 FDI 技术溢出的同时,注重自主创新能力的培育,增强经济自身的内生增长能力。为此,应对 FDI 的流入实行积极的技术导向。在对外资企业实行国民待遇的同时,对技术先进、技术转移力度大、扩散效果明显的外资企业实行适度的政策优惠。面对跨国公司的技术封锁,本土企业和相关研发机构应加强联合,组成研发联盟,增强自主研发能力。对此,政府可对科研院所和企业在研发合同基础上给予符合 WTO 规则的研发补贴。

6. 鼓励企业"走出去",实现从引进外资和鼓励出口的外向型经

济向"引进来"和"走出去"相结合的双向开放的经济国际化战略转变

根据英国经济学家邓宁的理论，一国人均GDP处于2000—4750美元时，部分企业开始拥有所有权优势和内部化优势，对外直接投资额会迅速增加。长三角地区已经处于这一阶段，企业"走出去"的时机已经成熟。作为资源和市场"两头在外"的长三角地区，鼓励企业"走出去"，更为必要。大致来说，企业"走出去"的目的有三：一是建立稳定的海外资源基地，满足区域乃至国内经济发展中日益增长的资源需求；二是转移产业，将本区域不具备竞争优势的部分产业和过剩生产能力转移到海外，促进企业的国际化经营；三是在海外建立研发中心，充分利用国际科技资源，增强自主创新能力。要推进长三角地区对外投资主体的多元化，除国有企业外，乡镇企业和民营企业也应成为对外直接投资的主力军。积极推进长三角地区企业以并购形式对外直接投资。企业"走出去"，要贯彻"互利双赢"的开放理念，高度重视东道国的利益，平衡各方利益关系。

此外，长三角地区应努力培育具有整合全球资源能力的本土企业。长三角地区是目前我国国际先进生产要素聚集最多的地区，但到目前为止，获益最多的大多是外资企业，本地区还只是以要素优势而不是企业优势去参与国际竞争与合作。在全球化时代，企业的竞争力关键是其吸纳整合资源的能力，培养具有整合全球资源能力的企业和企业家，在学习国际先进技术的基础上不断提高自主创新能力，进而实施品牌战略，是企业努力的方向，也是政府引导和扶持的重点。

参考文献

1. 赵伟、古广东、何元庆：《外向FDI与中国技术进步：机理分析与尝试性实证》，载《管理世界》2006年第7期。

2. 刘志彪、吴福象：《贸易一体化与生产非一体化》，载《中国社会科学》2006年第2期。

3. 张二震、方勇：《要素分工与中国开放战略的选择》，载《南开学报（哲学社会科学版）》2005年第6期。

4. 沈坤荣、耿强：《外国直接投资、技术外溢和内生经济增长》，载《中国社会科学》2001 年第 5 期。

5. 奚君羊、刘卫江：《外商直接投资的贸易效应实证分析》，载《上海财经大学学报》2001 年第 6 期。

6. 赖明勇、包群、彭水军、张新：《外商直接投资与技术外溢：基于吸收能力的研究》，载《经济研究》2005 年第 8 期。

7. 于津平：《外资政策、国民利益与经济发展》，载《经济研究》2004 年第 5 期。

8. 陈宪、黄建锋：《分工、互动与融合：服务业与制造业关系演进的实证研究》，载《中国软科学》2004 年第 10 期。

9. 马野青、林宝玉：《在华 FDI 的知识溢出效应——基于专利授权数量的实证分析》，载《世界经济研究》2007 年第 5 期。

（执笔：张二震、马野青）

第一章 要素分工、贸易投资一体化与发展中国家的开放战略

　　20世纪90年代以来,全球化过程中最为显著的一个特征是,某些产品的生产不再局限于企业与国家的内部,生产环节的不同阶段分布于不同的国家和地区,一件最终产品经常需要由若干国家共同完成。大量的实证研究揭示了这种现象的重要性。根据 Hummels, Ishii 和 Yi(2001)的测算,这种形式的贸易已经占到全球贸易的1/3,并且有不断上升的趋势。Feenstra 和 Hanson(1996)根据美国投入产出表的数据推断美国进口的中间投入品,发现美国进口的中间产品比例从1972年的5.3%增加到1990年的11.6%。Campa 和 Goldberg(1997)的研究表明英国和加拿大都有相同的情况。平新乔(2005),刘志彪、吴福象(2005,2006)的实证研究表明,在我国的出口产品中,来自国外的中间投入部分呈逐年递增之势。

　　无论从世界贸易来看,还是从我国对外开放的实践来看,国际贸易的形态已经发生了显著的变化。传统的国际贸易理论,无论是古典与新古典的"比较优势"理论,还是新贸易理论,其研究对象都是最终产品的贸易,而无法对上述中间产品的贸易给出令人满意的解释。这一新的贸易现象是当前国际经济学领域最热门的研究课题,研

究成果大量涌现，但迄今为止尚未出现有广泛影响并广为接受的理论，这一研究现状体现在对这一现象的定义上，目前并没有统一的术语来描述这一现象①。在我国国内，主要以加工贸易方式参与这种新的贸易形态，在如何看待这一现象上，存在完全对立的两种观点：一种观点认为加工贸易符合我国比较利益，应鼓励加工贸易的发展；另一种观点认为加工贸易价值链短、增加值低，理应进行价值链上的产业升级。尽管从理论上对现有研究成果进行总结还为时过早，但我国对外开放的实践迫切需要回答两个问题：一是这种新的国际贸易分工现象究竟是什么？它与传统的贸易形式有什么区别？二是新的贸易分工现象的福利后果是什么？基于已有的研究，我们尝试从理论上对这种新的贸易分工现象进行刻画，并分析其对发展中国家的意义。

一、国际分工新变化：从产品分工到要素分工

（一）从产品分工到要素分工

1. 从商品交换到生产要素的重新组合

长期以来解释国际贸易现象的主流理论是"比较优势"理论以及新贸易理论，尽管两者强调的因素各不相同，但两者都有一个共同的假设，那就是要素在国家之间不能自由流动。正因为这个假设，国家之间是通过商品交换来参与国际分工的，国际贸易是各个国家参与国际分工的唯一途径。尽管由于国际贸易的多因性，有些国际贸易现象并不是"比较优势"理论以及新贸易理论所能够解释的，但这些理论从其诞生之日起，解释了绝大多数的国际贸易现象。

---

① 这些术语有"价值链切割"（slice up the value chain）（Krugman，1995），"非一体化"（disintegration）（Feenstra，1998），"外包"（outsourcing）（Grossman，2002），"片段化生产"（fragmentation）（Deardorff，2001）等。

　　然而随着实践的发展，特别是经济全球化的深入发展，世界各国在不断降低贸易壁垒的同时，投资的自由化也在不断发展。发达国家的跨国公司纷纷登陆发展中国家，而发展中国家也纷纷给予优惠政策以吸引外资流入。根据联合国贸发会议的资料，20 世纪 90 年代初期，全球直接投资的流量每年大约在 2000 亿美元左右，2000 年突破 1 万亿美元大关，达 1.3 万亿美元。2000 年以后虽有所回落，但在 2004 年以后开始回暖，2006 年全球直接投资总额超过 1.3 万亿美元。要素的全球流动带来生产方式的巨大变化，跨国公司把原本不能流动的资本、技术、管理等要素安排到其他国家，与东道国的要素相结合以完成产品的生产。国家之间已经不再是传统贸易理论所描写的仅仅是简单的商品交换，而是不同国家的不同要素共同参与同一产品的生产过程。

　　2. 从产品分工到要素分工

　　国际贸易理论至少需要解释两个问题：一是贸易产生的原因，二是贸易模式或者说贸易的流向。20 世纪 90 年代以后，大量的国际贸易难以用传统的贸易理论来解释。在国际经济中很容易观察到这样的现象，从资本禀赋不足的国家出口资本密集的产品，一些技术落后的国家出口大量的技术密集产品，这些现象很难用要素禀赋来解释，用新贸易理论所强调的规模经济因素也同样难以给予合理的解释。贸易流向更是难以用传统贸易理论来解释，由于各个国家之间参与生产环节的分工，贸易流向更多受产品流程的制约，而越来越少受制于禀赋差异等因素。之所以经典国际贸易理论在解释当今国际贸易现象时捉襟见肘，那是因为国际贸易的基础——国际分工发生了变化。

　　古典与新古典的"比较优势"理论所解释的是产业间贸易，新贸易理论所解释的是产业内贸易，两者的共同研究对象是最终产品，国际分工的界限是产品。当前全球化的发展使国家之间在生产环节、生产工序上发生分工，这种分工在产品的内部，分工的界限是生产要素。国际分工已经从产品分工发展到要素分工，国际分工更加深化了。对于我们所提出的"要素分工"这一概念，我们还有其他一些

较为详尽的分析。① 值得指出的是，当前产品分工与要素分工两种形态的分工并存，要素分工有不断扩大的趋势。

（二）要素分工的三要件

要素分工这一现象本身十分复杂，它涉及国际经济学、发展经济学、管理学等多个学科，不同的学科均尝试从不同的视角进行研究。这里的研究依然与国际贸易理论所研究的经典问题有关，我们讨论的问题是：谁是要素分工的参与者？参与者需要具备什么样的条件？它对参与者的福利有何影响？鉴于要素分工的复杂性，给予一个优美的数理模型描述不但在技术上存在很大困难，并且这一现象还在不断发展过程中，认识程度还有待于提高，但是对这一现象进行一些抽象的、初步的描述是可能的。

1. 要素分工的组织者：跨国公司

要素分工最直接的表现是中间产品的贸易，实际上中间产品的贸易由来已久。传统意义上的中间产品贸易主要表现在两个方面：一是已经标准化了的中间产品的贸易，二是跨国公司内部中间产品的贸易。第一个方面的中间产品贸易无任何新奇之处，分析这一现象可以采用传统的分析工具，简单地把中间产品看为最终产品，传统的贸易理论依然适用，这些贸易现象还是处于传统贸易理论可以解释的范围。对于第二个方面的中间产品贸易，传统的贸易理论将其归结为跨国公司理论研究的对象，一直处于可解释又难以解释的状态，因为传统的贸易理论和投资理论一直处于割裂状态。问题是，第二个方面的中间产品贸易近年来得到长足的发展，并且发生了变形，跨国公司的内部贸易已经很难概括这种新的贸易形式。

新的贸易形式的第一种依然可见公司内贸易的痕迹。跨国公司以直接投资的方式在母国以外设厂，生产组成最终产品的中间产品，这

---

① 参见张二震：《全球化、要素分工与中国的战略》，载《新华文摘》2005年第22期；张二震、方勇：《要素分工与中国开放战略的调整》，载《南开学报》2005年第6期；张二震、马野青、方勇：《贸易投资一体化与中国的战略》，人民出版社2004年版。

样，在东道国与母国之间就产生了中间产品的贸易。这种方式近年来的发展主要表现在：一件最终产品被分解为更多的中间产品，更多的生产阶段分布在更多的国家，贸易流向变得复杂而不可捉摸，东道国与母国之间可能无贸易流产生。一些内部产权结构复杂的跨国公司产品，许多东道国经常无法分清究竟自己在为谁生产。对于这种贸易，如果仅仅从最终产品的形成过程来观察贸易流向，可能是无序的。实际上，这些看似无序的贸易流动被跨国公司牢牢掌握，跨国公司基于全球竞争策略考虑生产的布局、考虑贸易的流向，以增强跨国公司在全球范围内的竞争力。

新的贸易形式的另一种已经完全脱离了公司内贸易的痕迹。一方面，这种形式的中间产品贸易不需要跨国的资本流动，跨国公司与东道国中间产品生产者不是通过"要素契约"联系在一起，从而跨国公司对中间产品生产者并无绝对的控制；另一方面，两者之间也不是通过"商品契约"联系在一起，两者的关系较市场上的买卖双方更为密切一些；两者通过所谓的介于商品契约与要素契约之间的"超市场契约"联系在一起，跨国公司在全球范围内安排这样的生产，形成庞大的介于市场与企业之间的"第三种组织"。在跨越国界的组织之间的中间产品流动，形成中间产品的国际贸易。这种形式的贸易从起源上来说，源于公司内贸易。随着科学技术的进步，通信成本与运输成本的剧烈下降，市场的"交易成本"大幅度减低，原来只能在企业内部发生的交易通过市场进行交易更加经济；原先因为国际中间产品市场的不完全而只能在跨国公司内部进行的交易，现在可以通过市场来完成，公司内贸易演变为看不出跨国公司痕迹的新形式的贸易。如果中间产品进一步标准化，市场的"交易成本"继续下降，这种形式的贸易将完全脱离跨国公司的痕迹，演变为可以使用传统贸易理论进行分析的贸易。

上述两种形式的中间产品贸易尽管在形式上有所差别，但共同的特点是都在跨国公司的控制之内。在传统的国际贸易中，究竟谁来生产、为谁生产这些问题是由市场来解决的。而在要素分工条件下，看似无序的商品生产与交换实际上由一只"看得见的手"来引导，这

只手就是跨国公司。这就产生了一个有趣的命题，随着全球化的不断发展，全球的生产与交换反而变得越来越有组织。

2. 参与国的"比较优势"

跨国公司在全球范围内安排不同环节的生产，东道国需要具备什么条件呢？我们认为"比较优势"依然发挥作用，但较传统意义上的比较优势又有所发展。

尽管要素分工条件下的贸易方式与传统贸易方式有很大的区别，但这并不意味着比较优势不发挥作用。当跨国公司安排全球生产，需要把一个环节放在某两个国家中的一个，这时比较优势将发生作用，拥有比较优势的国家将获得为跨国公司生产的权利。从总体上说，发展中国家在劳动力要素上具有比较优势，发展中国家参与的也经常是劳动密集型生产环节。

值得重视的是，要素分工条件下的比较优势较传统意义的比较优势有很大的发展。以劳动力资源为例，大部分发展中国家都拥有丰富的劳动力，但仅有少数国家比如中国等获得为跨国公司生产的权力，许多发展中国家的劳动力成本远远低于中国，但在吸引跨国公司产业转移上的能力却远逊于中国。即使在中国内部，跨国公司的产业转移也仅仅是安排在沿海地区，而拥有更低生活成本即更低劳动力成本的广袤的内地却很少能够成功吸引跨国公司的关注。在要素分工条件下，跨国公司要求东道国从事某个环节的生产，这个环节的生产仅仅依靠劳动力要素是不够的，还需要资本要素、技术要素等。此外，出于商业秘密或者技术专利方面的考虑，一国的法律环境也十分重要。比如，对于软件的生产来说，我国在这方面的人才应该是不缺乏的，但在吸引软件的国际外包上，我国远远落后于印度、爱尔兰等国。是不是可以这样认为：尽管我国在多个方面优于印度，但在软件产品的生产上，我国逊于印度的某些方面决定了印度在生产软件上更具比较优势？

参与要素分工一方面需要越来越综合的比较优势，另一方面，比较优势的分解趋势也不断增强，即由于最终产品被分解为越来越多的生产环节，在任何一个生产环节上具有比较优势都可以参与要素分

工。打个比方说：某高中学生参加高考，如果他的文、史、地成绩较好，他可以选择文科；如果他的数、理、化成绩较好，他可以选择理科；所有成绩都好，则遵循"比较优势"原则；如果仅有一门成绩比如物理特别优秀，而其他门成绩很差，他在理科成绩上依然具有"比较优势"，不过他考不上大学；假如现在高考改革，单科成绩也成为录取考生的重要标准，那么这个物理优秀的学生上大学的机会将大大增加。在比较优势的综合趋势与分解趋势共同作用下，跨国公司根据成本最小化的原则权衡考虑。

3. 产业层次的"规模经济"

东道国承接跨国公司生产环节生产的另一个条件是"规模经济"。这里的规模经济是指产业水平上的规模经济，即外部经济。外部经济的产生是因为随着同一产业内生产同类产品的厂商数目的增加，使得单个厂商的成本曲线大大下移。生产成本下降所导致的厂商竞争力提高，使其容易成为跨国公司青睐的对象。除了降低厂商的生产成本外，更为重要的是，产业层次的规模经济可使同一产品的市场容量变大。有关市场容量与分工之间的关系，亚当·斯密最先在《国富论》中提出"市场规模限制劳动分工"假说，这个假说习惯上被经济学家当做定理而较少研究，直到20世纪50年代，斯蒂格勒对此作了进一步的发展，以此来解释企业的垂直一体化行为。"斯密定理"的要义是，随着市场容量的扩大，分工的广度和深度都加大。"斯密定理"可以从两个方面解释外部规模经济对要素分工的作用：第一，跨国公司在全球范围安排中间环节的生产，首先要做的是在全球范围内"搜寻"合作伙伴，"搜寻成本"是影响跨国公司决策的因素之一，市场容量越大，跨国公司越容易寻找到合作伙伴。而且同一产业内的厂商数目越多，愿意按照跨国公司的要求进行生产的企业出现的可能性也越大。第二，市场容量越大，"扼制"（Hold-up）问题越容易解决。对于跨国公司来说，把不同生产环节安排在不同地区生产，任何一环的生产都不能出问题，如果东道国的中间产品生产商以此要挟跨国公司，跨国公司可能会蒙受巨大损失。因此，把生产环节安排在市场容量大的国家或地区以减少东道国企业"敲竹杠"行为，

是跨国公司安排全球生产中的重要决策之一。对于东道国企业来说，按跨国公司的定制要求进行生产，面临一定的风险，东道国企业可以要求跨国公司预付一定比例的定制费用以减少风险。在买方市场状况下，如果跨国公司拒绝预付，并且在产品完成后违约，东道国的生产企业将蒙受损失。市场容量越大，东道国厂商在跨国公司违约后，越容易寻找到其他潜在的买主，以减少损失。总之，一个产业的规模越大，所形成的产品市场的广度与深度越大，越容易成为跨国公司的合作伙伴。

4. 一个简单的综合

在对要素分工的三个要件即跨国公司、比较优势和规模经济作了分别论述的基础上，我们尝试对要素分工三要件作一个综合。在三要件中，跨国公司是最主要的要件，更准确地说是跨国公司的"价值链管理优势"构成要素分工最核心的部分。随着要素分工不断发展，原先人们认为的价值链中最重要的营销环节、技术研发环节也就是"微笑曲线"的两端变得不再重要，更为重要的是谁掌握了整个生产环节，或者说谁是整个生产环节的组织者，而承担这一任务的恰恰就是跨国公司。跨国公司需要与其他两个要件结合形成要素分工，不同的组合，所形成的要素分工的表现也不同。在跨国公司与比较优势共同存在而不具备规模经济的情况下，跨国公司一般通过资本流动方式获得东道国中间产品生产的控制权，以避免中间产品市场不完全所造成的损失。这种方式往往表现为大量的直接投资与较高的对外贸易依存度相伴随，我国长三角与珠三角所发生的大量 FDI 伴随大量对外贸易即是如此。在跨国公司与产业层次的规模经济共同存在的情况下，跨国公司一般采用外包的方式获得所需要的中间产品，这时的要素分工通常发生在发达国家之间；当三个要件同时存在时，跨国公司一般采用外包的方式获得中间产品，这时的要素分工通常发生在发达国家与发展中国家之间。近年来，外包方式的要素分工快速发展，特别是随着服务外包的兴起，FDI 已经不再是东道国接触跨国公司，获得技术、管理、营销渠道等先进要素的唯一媒介。

二、要素分工与贸易投资一体化

当前的国际分工从产品分工发展到要素分工，国际经济活动的基础发生了改变，导致一些新的国际经济现象的出现，贸易投资一体化就是最为重要的一种现象。

（一）贸易与投资——从替代到互补

对外贸易与对外投资历来被看做是企业国际化的两个重要手段，而且两者是一种非此即彼的关系。早期的对外投资理论说明了这一点，比如在影响最广的邓宁的国际生产综合理论中，出口、对外投资、许可证贸易三者是一种要么是你、要么是我的关系。当企业只有所有权而无区位优势和内部化优势时，企业通过许可证安排的方式来获利。如果只拥有所有权优势和内部化优势而无对外投资的区位优势，企业就会在国内投资生产，通过出口贸易来参加国际经济活动。只有兼具以上三种优势，企业才会对外直接投资。蒙代尔则直接研究贸易与投资的关系，从严格的数理推导上论证了贸易与投资是一种替代关系。

随着实践的发展，人们意识到，企业的对外投资行为有时并非与对外贸易相互背离。Helpman（1984）认识到跨国公司的总部服务（管理、销售网络、研发）可以服务于工厂级别的生产，即在公司内部可以把总部服务看成具有非排他性和非竞争性的公共产品。在各国间要素禀赋存在差异的情况下，跨国公司追逐最大利润的要求使得跨国公司把原本在国内的生产转移到国外。Helpman 研究的是垂直型跨国公司的情形；Markusen 和 Venables（1998）则把研究推向水平型跨国公司。如果两国在各方面都很相似，当贸易的成本较大时，公司层次规模经济比工厂层次规模经济更为重要，跨国公司就会在本土以外安排工厂层次的生产。这些理论已经不再把贸易与投资看成是一种对立关系。从直接的表象看，那些双边有着巨大贸易量的国家之间，也经常有着大量的直接投资，大量的实证研究也证实了贸易与投资之

间的互补关系。

这种情况的出现，是因为国际分工从产品分工发展到了要素分工。跨国公司把对外投资当做对中间投入品生产的一种控制，而不再是贸易的替代物。

（二）要素分工与贸易投资一体化的发展

要素分工的发展使得有实力的企业可以在全球范围内安排生产，把不同的生产环节安排到最适合它生产的地方。这些有实力的企业作为"价值链"的组织者，一个最重要的任务就是保持生产过程的流畅。在"福特式"的流水作业中，由于生产集中在同一个工厂内部，监督生产流程较为容易，而把生产流程拆散在全球进行，直接的监督变得不再可能。跨国公司究竟如何管理遍布全球的生产过程？Feenstra（2005）曾以中国为案例用"合约理论"来解释跨国公司对生产过程的控制。跨国公司对生产过程的控制表现在两个方面：一个是对中间产品生产企业所有权的控制，另一个是对进口中间投入品的控制。Feenstra 发现，在中国的跨国公司大多拥有工厂的所有权，而把进口材料的控制权交给中方经理。一方面说明公司对中方经理的激励，激励其进行人力资本、管理、市场知识等方面的投资；另一方面说明在工厂内部的剩余安排中，产品增值更为重要，而经理的管理相对较少，这样跨国公司不但完全有能力控制整个生产过程，而且能有效地激励中方经理。跨国公司对工厂所有权的控制是通过投资来进行的，企业这种微观上的行为从国家的视角来看，就表现为大量的投资伴随大量的贸易，即贸易投资一体化。

通俗地说，贸易投资一体化包含这样的两层含义：一是贸易的扩大促进投资的扩大，二是投资的扩大进一步推动贸易的扩大。一个经济体从封闭到开放，一般先是贸易的开放。在要素分工背景下，随着贸易量的不断增加，其间的中间产品贸易也不断增加。由于中间产品贸易规模的扩大导致中间产品市场交易成本的下降，协调中间产品生产所需要的努力减少，这将会吸引资本流入。跨国企业发现，通过对外投资来取得中间产品生产的控制，尽管在地理距离上变得更加遥

远，但由于各国之间巨大的禀赋差异，而且协调成本不断降低，跨国企业将取得更大的利润。同时，由于大量的资本流入一国从事"加工贸易"，这些流入资本的最初目的就和传统的国际投资理论所揭示的目的有所不同，它们最主要的目的并不是要抢占一国的市场，而是要充分享受东道国的"比较优势"，它所生产的产品注定是要出口的。这样，大量的投资引致大量的贸易。比如在我国的加工贸易出口中，外商直接投资企业所占的份额很大，见表1-1。

表1-1　外商投资企业加工贸易占中国加工贸易的比例

年份	1995	1996	1997	1998	1999	2000	2002	2003	2004	2005
出口比例	0.570	0.758	0.317	0.662	0.672	0.706	0.661	0.787	0.812	0.832
进口比例	0.636	0.667	0.679	0.704	0.715	0.740	0.689	0.809	0.828	0.844
总比例	0.599	0.720	0.467	0.679	0.692	0.720	0.672	0.796	0.818	0.837

资料来源：根据历年海关统计有关资料整理。

（三）贸易投资一体化的三个层次

贸易投资的一体化应该包括三个层次：国际范围的贸易投资一体化、一国国内主要经济区域之间的贸易投资一体化与区域内部的贸易投资一体化。特别对大国（地理大国）而言，后两种一体化与第一种一体化可以说处于同等重要的地位。以上三个层次的一体化在国际上有不同的发展模式：就发达国家而言，由于市场经济体制比较健全，国内基本不存在要素和商品流动的障碍，因此国内的贸易投资一体化先于国际范围的贸易投资一体化。而发展中国家特别是像中国这样的转型经济国家，贸易投资一体化的发展过程与发达国家恰恰相反，国际层次的贸易投资一体化先于国内层次一体化的发展。

1. 国际范围的贸易投资一体化领先于国内的一体化

在发展中国家，国际范围的贸易投资一体化常常优先于国内层次的一体化。在我国国内，关于改革和开放的关系，有一种观点认为，以开放促改革。从我国实行改革开放战略以来，我们看到，我国的对外开放已经处于一个较高的水平，贸易依存度不断上升，外资流入处于较高水平，经常项目已经完全开放，市场化取向的改革也取得较大

的进步。但客观地说，与对外开放所取得的成就相比，我国的改革进程稍显步履维艰，对外开放已经成为推动改革的重要动力。

当前的国际分工已经从产品分工发展到要素分工，作为其重要表现形式的贸易投资一体化是我国对外经济领域最重要的方式。作为我国最先进的两个经济体长三角和珠三角，它们的对外贸易依存度以及外资流入远远高于全国其他经济体。与此同时，这两个最先进的经济体与其他经济体的联系并没有随其经济的持续增长而加强。换句话说，国际范围的贸易投资一体化发展领先于国内的贸易投资一体化。这种情况的出现，我们认为主要有两个原因：一是因为国际交换的交易成本多数情况下小于国内市场的交易成本。尽管经过多年的市场化改革，我国国内还远没有形成一个统一的市场，市场分割较为严重（Young，2001）。财政分权的实施加剧了各地方政府之间的竞争，地方政府有着强烈的保护地方产品的冲动。市场制度建设还不发达，"诚信"体系较为缺乏等，这些都导致国内的交易成本较高。国际市场是经过几百年发展的较为成熟的市场体系，有着一系列的国际惯例与交易规范，并且有处理交易纠纷的专门的国际机构，使得国际市场的秩序要好于国内市场。国际交换的不利之处是距离较远以及贸易壁垒的限制，但因为多轮的贸易谈判和近年来运输成本的大幅度下降，国际交换的不利因素被大大削弱。而且国际市场的规模要远大于国内市场，把产品销往海外，企业容易享受"规模经济"的好处。有一种观点认为我国国内市场规模庞大，没有必要过分依赖国际市场，内向型经济也足以使我国经济得到迅速发展。实际上，尽管我国有众多的人口，潜在的需求的确很大，但我国经济处于相对较低的水平，人均收入还不高，现实的需求还不大。如果仅仅依靠国内市场，受市场规模的限制，我国经济的快速发展将受到制约。二是因为对外开放政策的推动。发展中国家在"起飞"以前，由于生产水平低下，储蓄低，投资匮乏，迫切需要投资资金。各种类型的发展中国家政府都希望通过对外贸易换取外汇，以促进经济发展，对对外开放持鼓励态度，对外贸易政策往往成为压倒一切的重要政策，并且给予多种鼓励措施。这种政策的后果是，尽管国内市场可能还没达到一体化，但对

外贸易已经很发达。与经济改革相适应，我国对外开放采取了渐进开放的政策，沿海地区率先开放，渐次开放沿江与内陆地区。为了避免对国内市场产生冲击，我国的沿海地区实行所谓的"大进大出，两头在外"的加工贸易政策，对进口再加工的产品免征关税，这一方面促进了沿海地区加工贸易的发展，吸引了大量的外资在这些地区从事加工贸易；另一方面也割断了沿海与内地的联系，表现为发达的国际层次的贸易投资一体化和落后的国内层次的贸易投资一体化。

2. 推动国内层次的贸易投资一体化

经过多年的开放型发展，沿海地区的经济水平已经取得很大的进步，有些地方甚至达到中等发达国家的水平。但应该看到，沿海地区的生产成本正在不断上升，如果依然不加强与内陆地区的经济联系，其国际竞争力有可能受到影响。在国际要素分工条件下，一国可以充分利用世界范围内不同国家的比较优势。同时，对于发展中大国来说，由于其国内市场开发较迟，国内层次的贸易投资一体化有更大的发展潜力。

首先是区域间的贸易投资一体化。国际经济学理论把一个国家看成一个整体，而忽略了一国以内的区域差异，因此其对外投资理论讲的是不同国家之间的资本流动。发展经济学和区域经济学研究区域差异和区域协调时，谈的是产品分工条件下的事，较少注意到要素分工的情况。我国各个区域之间存在巨大的禀赋差异，发展区域之间的要素分工不仅对于各个区域是有利可图的，还有利于消除或缓解我国各区域间产业结构同构状况。一讲到吸引外资，通常讲的就是外国的投资，实际上对于我国的中西部地区来说，吸引本国发达地区的投资可能更直接也更有效。可喜的是，在实践中我们已经看到这种趋势，即中西部地区对来自沿海的投资持同样的欢迎态度。近期政府出台的一些关于"加工贸易"的政策也旨在促进沿海地区的资本向内地流动。对于沿海地区的企业来说，一谈到"走出去"，就是在国外建立生产基地，实际上，在某些情况下，到内地投资可能会比到海外投资获得更多的利益。

其次是区域内部的贸易投资一体化。我国不同区域间的经济联系

较弱，在同一区域内部经济上的一体化程度也不高。比如最发达的长三角地区，没有证据显示江苏与浙江两省之间存在较强的经济联系，中国两个最为发达的省份的发展模式存在很大的差异，"苏南模式"与"温州模式"的差别就是这种发展模式差异的缩影，这种差异从一个侧面反映了两省之间缺乏经济联系。发展要素分工，推动区域内的贸易投资一体化，可以使区域内的企业享受"规模经济"的好处，从而降低成本，提高其在世界市场的竞争力。

三、新型分工模式下发展中国家的开放战略

杨小凯（2000）在批评比较优势理论时曾举过这样一个例子，在3个国家2种产品的李嘉图经济中，3个国家中的1个很有可能被排除在分工之外。他还以命题的形式总结了这个例子，并且认为这个命题有着很强的解释力，可以协调克鲁格曼和萨克斯观点的冲突。克鲁格曼强调自由贸易，而萨克斯强调国家竞争力，这两种观点实际上是杨小凯提供的可以让被排除在分工之外的国家参与国际分工的两种途径。自由贸易即杨小凯倡导的提高"交易效率"。被排除在国际分工之外的国家很可能是因为最初的保护政策造成较高的交易成本，从而无法参与国际分工。提高竞争力可以提高一个国家的潜在比较优势，从而使被排除的国家加入到国际分工中来。

降低贸易壁垒实行自由贸易已经成为越来越多发展中国家的共识。然而，经过多年的对外开放实践，发展中国家已经越来越不满足于发挥自身"比较优势"，而创造后天比较优势提高国家竞争力成为越来越流行的观点，萨克斯的方法在发展中国家更加受到青睐。洪银兴（1997）认为，发展中国家以劳动力资源和自然资源参与国际分工，虽然在短期可以获利，但这种贸易结构不能持久，并且会跌入"比较优势陷阱"。发展中国家应大力发展高科技产业，发展战略性产业，以在国际竞争中占据优势。张幼文（2005，2006）在一系列论文中提出"新开放观"概念，认为在以要素全球流动为特征的全球化背景下，培育"稀缺要素"是一个国家能够长期获利的关键。

要素分工已经成为当前全球化的标志性特征，并且对国际贸易产生重要影响，国际贸易展现出一系列新特点，所谓的"竞争优势"已不再是获取最大利益的唯一途径。对于发展中国家来说，参与要素分工不仅可以获得静态利益的提高，更为重要的是获得动态利益的提高。

（一）国际贸易的新特点

近年来，随着全球化的不断发展，国际贸易呈现出两个显著的新特点：一是世界市场交换的中间产品比重大大增加，二是发达国家与发展中国家的贸易比例不断上升。

1. 中间产品贸易不断增加

当前全球化过程中最为显著的一个特征是：某些产品的生产不再局限于企业与国家的内部，生产环节的不同阶段分布于不同的国家和地区，一件最终产品经常需要由许多国家共同完成。比如美国波音飞机由 100 多个国家生产，一架波音飞机包含来自 100 多个国家的价值，并且最终产品所包含的别国价值量呈现不断上升的趋势。根据 Hummels 等人（2001）的计算，20 世纪 60 年代以来，OECD 国家以及新兴工业化国家（地区）的对外贸易依存度不断上升，一个重要原因就是出口产品中所包含的别国成分越来越多，从而导致中间产品贸易比重的不断提高，见表 1–2。

表 1–2　OECD 国家及新兴工业化国家（地区）
垂直分工对总出口的贡献率[①]

国家（地区）	起止年份	对外贸易依存度增加率	垂直分工贡献率
澳大利亚	1968，1989	0.06	16.2
加拿大	1971，1990	0.08	50.9
丹麦	1972，1990	0.17	30.8
法国	1972，1990	0.11	32.4

[①] Hummels 等人（2001）把这种生产环节分布在不同国家的现象称为"垂直专业化"。

续表

国家（地区）	起止年份	对外贸易依存度增加率	垂直分工贡献率
德国	1978，1990	0.09	22.2
日本	1970，1990	0.03	6.1
荷兰	1972，1986	0.1	48.2
英国	1968，1990	0.15	31.7
美国	1972，1990	0.07	14.1
爱尔兰	1964，1990	0.27	33.5
韩国	1963，1990	0.16	34.6
墨西哥	1979，1997	0.19	40
台湾（中国）	1961，1994	0.27	51.8

资料来源：Hummels, David, Jun Ishii and Kei-Mu Yi, "The Nature and Growth of Vertical Specialization in World Trade", *Journal of International Economics*, 2001, 54, pp. 75 – 96.

　　1996 年以来，我国加工贸易迅速发展，加工贸易出口在出口总额中的比重一直保持在 50% 以上。加工贸易包含重复计算，不过一些更为精确的计量研究表明（平新乔，2005；刘志彪、吴福象，2005，2006），在我国的出口产品中，来自国外的中间投入部分呈逐年递增之势，图 1-1 给出了平新乔的实证结果。

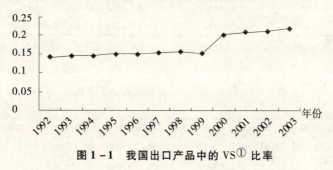

图 1-1　我国出口产品中的 VS[①] 比率

　　2. 发达国家与发展中国家的贸易不断扩大

　　由于新贸易理论的盛行，产业内贸易被高度关注，发达国家间的国际贸易被认定为世界贸易的主流。然而，从数据统计上可以看出一

————————

① "VS" 是 vertical specialization 的英文缩写，意即垂直专业化。

个明显被忽略的事实是，发达国家之间的贸易量在总贸易中的比例在不断减小，而发达国家与发展中国家的贸易在扩大。表1-3、表1-4与表1-5给出了证据，美国、日本、欧盟三大经济体之间的贸易比例在不断缩小。

表1-3　美国与发达国家贸易占总贸易比例

（单位:%）

	1963 年		1973 年		1983 年		1993 年		2003 年		2005 年	
	出口	进口	出口	进口	出口	进口	出口	进口	出口	进口	出口	进口
欧盟	29.7	27.5	28.8	27.6	26.8	21.1	24.9	20.1	23.3	21.6	22.7	20.0
日本	7.5	8.8	11.4	13.8	10.1	16.1	10.3	18.3	7.2	9.3	6.1	8.2
合计	37.2	36.3	40.2	41.4	36.9	37.2	35.2	38.4	30.5	30.9	28.8	28.2

资料来源：WTO：*International Trade Statistics 2006*，pp. 30 – 32.

表1-4　日本与发达国家贸易占总贸易比例

（单位:%）

	1963 年		1973 年		1983 年		1993 年		2003 年		2005 年	
	出口	进口	出口	进口	出口	进口	出口	进口	出口	进口	出口	进口
北美	30.7	37.6	29.2	30.2	32.4	24.6	32.2	26.9	27.3	18.1	25.5	14.9
欧盟	13.3	10	17.9	10.6	15.8	8.8	18.3	15.5	17	14.5	15.7	12.7
合计	44	47.6	47.1	40.8	48.2	33.4	50.5	42.4	44.3	32.6	41.2	27.3

资料来源：WTO：*International Trade Statistics 2006*，pp. 30 – 32.

表1-5　欧盟与发达国家贸易占总贸易比例

（单位:%）

	2000 年		2001 年		2002 年		2003 年		2004 年		2005 年	
	出口	进口	出口	进口	出口	进口	出口	进口	出口	进口	出口	进口
北美	10.5	8.3	10.4	8	10.3	7.2	9.5	6.3	9.1	5.8	9.1	5.7
日本	1.7	3.3	1.7	2.8	1.6	2.6	1.5	2.5	1.5	2.4	1.4	2.2
合计	12.2	11.6	12.1	10.8	11.9	9.8	11	8.8	10.6	8.2	10.5	7.9

资料来源：WTO：*International Trade Statistics 2006*，pp. 30 – 32.

如果新贸易理论家们坚持认为中间产品贸易依然属于产业内贸易，依然可以使用新贸易理论来解释，那么，发达国家与发展中国家

贸易比重不断提高的事实明显对新贸易理论构成巨大挑战。

　　国际贸易近年来所表现的两个新特征表明，国际贸易的形态已经发生了显著的变化。当代最有影响的国际贸易理论家纷纷发展新的理论对这一现象进行解释，说明这是一种世界性的现象。我国参与全球化的深度与广度不断提高，而长三角与珠三角远远领先于全国，因此也更能反映当前全球化的特征。正是这种地缘上的优势，使长三角的学者在国内较早地对此问题展开研究。如张二震（2005）、张幼文（2005）几乎同时提出"要素分工"这一概念，来解释这一现象。他们认为，当前全球化最主要的特点是要素的跨国流动，国际分工的界限已经从产品向要素发展，一国在国际分工中的地位以及获利多寡取决于一国拥有什么样的要素。与国外的定义相比，要素分工具有较为浓厚的古典经济学色彩，这是西方学者的定义所缺乏的。要素分工这一定义也反映了国际贸易学在我国的发展特点，我们在谈论国际贸易时强调国际分工的基础作用，而西方的国际贸易理论基本上是脱离分工来谈的。因此，要素分工这一定义体现了国内国际贸易理论的传承关系，也比较容易为学界接受。

　　需要指出的是，要素分工的含义还需要包含这样的现象，除了要素的国际流动外，发达国家的跨国公司还经常使用"外包"这一形式来完成全球范围的生产配置，并且"外包"正在成为跨国公司整合资源的越来越重要的手段。实际上，要素分工这一定义依然可以使用，"外包"的部分是最终产品的一个环节或一个片段，不同的国家生产不同的环节或片段，这些环节或片段是组成最终产品的"元素"，也可称为"要素"。这样要素分工就涵盖两层含义：一是不同国家以不同的要素参与国际分工，这些要素是劳动、资本、土地等；二是不同的国家生产最终产品的不同环节，国家之间发生生产环节、生产工序的分工。

　　正是由于要素分工的发展，使得国际贸易中的中间产品比例不断提高。要素分工的发展也使发达国家与发展中国家的联系越来越紧密，双边贸易量不断增加。关于要素分工的文献发展较快，但距离建立成熟的理论体系恐怕还有很长的路要走。西方学者的研究兴趣主要

表现在两个方面：一是致力于合约理论与国际贸易理论融合的尝试；二是对发达国家劳动力市场的关注，而从发展中国家的视角进行研究的文献较少。我们将在下一部分尝试对经典的李嘉图模型进行扩展，借此来分析要素分工对于发展中国家的意义，并进一步阐明要素分工对于发展中大国的含义。

（二）要素分工与发展中国家的发展机遇

回到杨小凯的例子。为了便于分析，我们给出模型的细节。3个国家 1，2，3；生产两种产品 A 和 B；生产 A 的单位成本分别为 a_1，a_2，a_3；生产 B 的单位成本分别为 b_1，b_2，b_3；A 与 B 的相对价格为 R_0。假设：

$$a_1/b_1 < a_2/b_2 < R_0 < a_3/b_3$$

即国家 1 在 A 产品上的比较优势最大，国家 3 在 B 产品上的比较优势最大。这时候国家 2 很有可能被排除在专业化分工之外，分工模式为国家 1 专业化生产 A，国家 3 专业化生产 B。我们看看在要素分工情况下，会发生什么。为了简单起见，假设产品 A 发生了要素分工，其他条件均不变。这样国家 3 生产情况不变，可以把讨论集中在国家 1 和国家 2 之间。假设产品 A 分成 C 和 D 两种部件生产，国家 1 和国家 2 生产 C 的成本分别为 c_1，c_2；生产 D 的成本分别为 d_1，d_2。不失一般性：

$$c_1/d_1 < c_2/d_2$$

即国家 1 在部件 C 的生产上具有比较优势，国家 2 在部件 D 的生产上具有比较优势。再一次使用比较优势原理，在要素分工前，国家 1 和国家 2 在本国内部生产 C 和 D 两种部件，再组装成 A；要素分工发生后，原本只能在企业和国家内部进行的生产，现在可以在企业外部甚至本国以外生产。根据比较优势，国家 1 专业化生产部件 C，国家 2 专业化生产部件 D，这样两个国家的福利都得到提高。

向更为一般的情况扩展十分容易。在 m 个国家 n 个产品的扩展的李嘉图模型中，也有某些国家被排除在国际分工之外的可能性，这些排除在分工之外的国家，只要在任何产品的某个生产环节上具有比

较优势，就可以参与国际分工并从中获利。我们以命题的形式对上述推导过程进行总结：

命题：在要素分工条件下，原本被排除在国际分工之外的国家有了参与国际分工并从中获利的机会，同时也提高了其他国家的福利水平。

基于以上分析，发展中国家应当采取的战略是：

第一，参与要素分工，获取静态经济增长利益。

发展中国家参加要素分工的主要形式是加工贸易，但由于其增加值低而饱受批评，认为其对国民经济的促进作用不如一般贸易（沈利生，2006）。实际上应该看到，发展中国家的一般贸易至少受到来自两个方面的压力：一是来自于发达国家的贸易保护压力，出于保护国内就业以及其他目的，发达国家与发展中国家的贸易摩擦越来越多，对发展中国家十分不利；二是来自于发展中国家相互之间的竞争压力，利用更为低廉的劳动力成本，一些后进的发展中国家不断向原先的发展中国家的产品市场施加压力，导致出口产品价格不断下降，这对于发展中国家整体都是不利的。可见，在当前国际环境下进一步发展一般贸易已经越来越困难。在要素分工条件下，发展中国家一方面需要积极参与国际要素分工，另一方面，对于发展中大国来说，更需要积极发展国内要素分工。

要素分工的发展使国际分工向产品内部延伸，产品的生产集变大，可供选择进行生产的产品增加，国家间的互补性增强。一件产品经常需要由若干国家协作完成，国家间的竞争性减弱。比如在东亚经济体内部这种产品内部的分工发展十分迅速，1984—1996年间，亚洲向全球出口的中间产品增加了5倍，同时期的总出口增加了3倍，从全球的中间产品进口增加了10倍。东亚经济体所生产的中间产品不但出口欧盟与美国，而且在区域内部各个国家间相互提供中间产品。这种经济之间的互补性对于整个地区的经济增长无疑具有重要意义。可以说，在要素分工条件下由于国家间竞争性减弱、互补性增强，参与要素分工是发展中国家保持开放型经济可持续发展的重要手段。

对于我国来说，国际范围的要素分工要领先于国内范围的要素分工。在表面上，我国有着广阔的国内市场，实际上国内市场分割十分严重（Young，2000）。一项实证研究表明，对外贸易的发展促进我国经济增长，而国内贸易则阻碍经济增长（沈坤荣，2001）。国内市场分割造成沿海发达地区的对外贸易比较发达，而与内地的经济联系较弱。这种情况有两个弊端：一是随着劳动力成本的上升以及其他发展中国家的竞争，同时又缺少内地的有力支持，沿海地区的产品在国际市场受到一定程度的挑战，开放型经济略显动力不足；二是内陆地区试图通过开放经济来达到经济增长的愿望难以实现，由于我国存在严重的产业结构趋同问题，沿海地区由于率先发展，产品竞争力较强，内陆地区的产品则步步落后，无论在国内市场还是国际市场上都缺乏竞争力。大国的发展离不开对外开放，而更为重要的是，庞大的国内市场应该得到开发，在国际要素分工深入发展的同时，更应该积极谋求国内的要素分工。

那么沿海地区与内陆地区应如何形成有效的要素分工呢？我们认为首先必须破除一种观念，那就是内陆地区的发展要依靠承接发达地区的产业转移，沿海地区与内陆地区形成一种梯度转移关系。尽管发展经济学强调"增长极"，强调发达地区对落后地区的辐射作用，但实际上，在我国经济多年的发展过程中并没有看到这种梯度转移迹象；即使在经济较为发达的长三角内部，我们似乎也很难看到这个迹象，上海作为龙头与江苏、浙江的关系与其说是互补的，不如说是竞争的。近些年来我国沿海地区开放型经济的成功，得益于参与了亚洲地区的要素分工，中国对发达国家的贸易顺差，实际上体现了东亚整个区域与发达国家的贸易关系问题，而并不是完全体现了中国的竞争力。如果把我国沿海地区与亚洲其他国家之间的要素分工转换为与我国内陆地区的分工，至少存在两个好处：一是对其他国家的依赖性减少，降低了风险。众多国家之间的互补关系可以使每个国家都从中获利，同时也加大了风险，在要素分工条件下，任何一个生产环节出现问题，所有的生产都将出现问题，而在一国以内进行要素分工的风险则大大降低。二是可以减少与发达国家间的贸易摩擦。中国从亚洲其

他国家进口中间产品，加工后向发达国家出口，对发达国家的顺差表现得很大。如果与内陆地区形成生产环节的分工，则可以减少从亚洲其他国家的进口同时减少对发达国家的出口。因为根据一般均衡理论，内陆地区一旦作为生产者参与了生产，也必将作为消费者消费产品，这样可以减少对发达国家的出口，减少贸易摩擦。因此，内陆地区未必一定要承接发达地区的产业转移，而只需把发达地区从国外进口的生产环节逐渐转移过来。内陆地区生产的也不必是比沿海地区落后的生产环节，也可能是较发达的环节。在要素分工条件下，那些认为落后地区在生产环节上一定要处于发达地区下端的观念是错误的。在要素分工条件下，更为重要的是对整个价值链的管理和掌控。

落后地区参与要素分工，可以通过引资来完成。应该看到我国的中西部地区在劳动力以及土地方面都存在较大的比较优势，各地政府在投资环境建设上也花费了不少力气，投资环境不断改善。引资的方向应该是可以与发达地区形成互补关系的环节，比如发达地区最初从韩国进口某种产品，落后地区可以把韩国的产品引到内地来，完成这样的过程需要发达地区生产企业的配合。

第二，参与要素分工，获取动态利益。

要素分工背景下，国际分工深化到产品的内部，我们在上面已经证明这产生了一次性的静态利益，分工参与者都能够获得福利水平的提高。实际上，应该认识到，发展中国家不仅可以从要素分工中获得静态的利益，而且可以获得动态利益。在要素分工没有发生以前，国际交换的产品主要是最终产品，这些最终产品多是用来直接供消费者消费的。而在要素分工发生后，国际间交换的中间产品比例不断提高，这些中间产品不能直接消费，而是供生产者使用的。众所周知，国际贸易是知识传播的重要载体，而作为生产资料的中间产品则可能会承载更多的知识。对于发展中国家来说，由于其发展水平与发达国家存在巨大的差异，知识存量之间的落差很大，更容易发生知识从发达国家向发展中国家传播。我们认为，要素分工的动态利益主要表现在以下几个方面：

要素分工促进自主创新。对于发展中国家而言，进口作为知识载

体的中间产品，是获取知识的重要途径。对外开放为企业提供从国际市场获取知识的机会，是否会降低企业自主创新的努力，从而二者的关系是替代的？亦或进口的知识需要相应的自主研发配套，从而二者的关系是互补的？在要素分工条件下，发展中国家参与某个生产环节的生产，这个生产环节一般是发展中国家具有比较优势的生产环节。但这并不意味着这个环节的生产是一成不变的，一旦最终产品的市场需求发生变化或者生产厂商主动对产品进行升级，就要求中间产品的生产作相应的调整，准确地说，意味着中间产品生产者生产函数的改变，这就需要相应的研发投入来改变原来的生产函数。同时，中间产品生产者有着自主创新的内在积极性，一旦自主创新取得成功，将会获得很大的收益。比如由于中间产品质量提高而对整个最终产品有所改善，这将会锁定"下包方"，增强讨价还价的力量，并且还可以创造许多额外的需求。我们认为，在要素分工背景下，发展中国家不但有着自主创新的要求和积极性，并且还有自主创新的现实可能性，在某个生产环节上的创新毕竟要比整个产品的创新容易得多。

要素分工与产业升级。在要素分工背景下，我国产业升级有可能走与日韩完全不同的道路。在开放条件下，特别是在贸易投资一体化条件下，产业的生命周期发生变化，发达国家"夕阳产业"的寿命变长，发展中国家新兴产业建立所需要的时间路径很可能大大缩短。所谓从 OEM 到 ODM 再到 OBM 的产业升级道路，是对日韩产业升级过程的一个描述，很可能并不适合我国的实践。我国在经济快速发展时期，特别是 20 世纪 90 年代以后，FDI 发挥了极为重要的作用。而日韩在其 20 世纪 50 年代到 70 年代的快速发展时期对 FDI 是有十分严格的限制的，其升级过程完全是各种国内力量互相作用的结果。我国的各个产业在 FDI 的作用下迅速建立，其速度是远远快于日韩的。对于这种状况，国内众多学者担心这种经济会不会是"候鸟"经济，一旦国内经济环境有所风吹草动，"候鸟"就会远飞。我们认为，一方面，我国经济的长期持续增长局面会得到维持；另一方面，在 FDI 主导的产业升级中，各个产业中的内资企业会迅速成长，内资企业可以充分利用要素分工和贸易投资一体化的有利条件，这是当年日韩企

业所不具备的。如果必须强调一条升级道路的话，我们认为，首先是伴随 FDI 的大量流入，一批新兴产业迅速建立起来，然后是内资企业的迅速成长，在各个产业内形成与外资企业相互竞争的产业格局。

促进生产性服务业发展。要素分工的发展使得制造业可以把效率较低的一部分需要服务性投入的环节外包出去，而专注于效率较高环节的发展，提高制造业的生产效率，并且可以避免所谓的"鲍莫尔病"（Baumol's Disease）① 的产生。有证据显示，服务外包的发展使得服务业的发展呈现加速之势，并且由于"规模效应"，服务业的生产率增长较快，这些都为服务业特别是生产性服务业的发展提供了千载难逢的机会。服务业效率的提高将导致制造业把更多的服务环节外包出去，制造业的效率提高更快，反过来进一步促进服务业规模经济的发挥，促进服务业的发展。对于我国来说，国内层次的贸易投资一体化落后于国际层次的贸易投资一体化，表明国内生产性服务业的发展受到一定限制，同时也意味着国内有着更为广阔的发展空间。特别是对于长三角和珠三角来说，制造业的迅速发展急需生产性服务业的支撑，可以考虑把这些产业建立在劳动力成本、土地成本等较低的中西部地区。

要素分工是信息技术革命的产物。信息技术革命所带来的人类在生产生活方式上的变革是十分巨大的，就目前而言，这种影响方兴未艾。同样，要素分工对于世界经济的影响，特别是对于发展中国家"赶超经济"的影响远未展现。随着实践的发展以及研究的深入，我们相信，要素分工的动态利益将会表现在更多方面。

综上所述，我们可以得出这样的结论：在信息技术革命的推动下，国际分工已经从产品分工发展到当前的要素分工。本文尝试提出要素分工的三个要件，即跨国公司、比较优势与产业层次的规模经济，并对三个要件进行了综合：（1）在东道国具有某个生产环节的

----

① 早在 20 世纪 60 年代，鲍莫尔发现，制造业把服务环节外包出去以后，制造业的生产效率得到提高，但服务业的效率变化不大，这样就加大了制造业与服务业的生产率差异，形成"鲍莫尔病"。

比较优势而不具备产业层次的规模经济的情况下，跨国公司一般通过资本流动方式获得东道国中间产品生产的控制权，以避免中间产品市场不完全所造成的损失。（2）若东道国仅具备产业层次的规模经济，则跨国公司一般采用外包的方式获得所需要的中间产品，这时的要素分工通常发生在发达国家之间。（3）若东道国同时具备比较优势与产业层次的规模经济，跨国公司一般采用外包的方式获得中间产品，这时的要素分工通常发生在发达国家与发展中国家之间。

贸易投资一体化现象是要素分工的重要表现形式之一，它是发展中国家参与要素分工的主要形式。对于发展中国家来说，国际层次的贸易投资一体化要领先于国内层次的贸易投资一体化。对于发展中大国来说，不仅要以贸易投资一体化的形式积极参与世界范围的要素分工，同时应该大力推动国内层次的贸易投资一体化。由于要素分工背景下的国际贸易是以交换"生产资料"（中间投入品）为主要目的的贸易，其动态利益可能远远大于一次性的静态利益，我们认为，随着实践的发展以及研究的深入，要素分工的动态利益将会表现在更多方面。

参考文献

1. Campa, J. M. and Goldberg, L. S., "The Evolving External Orientation of Manufacturing: a Profile of Four Countries", *Fed. Reserve Bank New York Econ. Policy rev.*, 1997, 3 (July), pp. 53 – 81.

2. Deardorff, Alan V., "Fragmentation in Simple Trade Models." *North American Journal of Economics and Finance*, 2001, 12, pp. 121 – 137.

3. Feenstra, Robert C., "Integration of Trade and Disintegration of Production in the Global Economy", *The Journal of Economic Perspectives*, 1998, 12 (4), pp. 31 – 51.

4. Feenstra, Robert C. and Gordon H. Hanson, "Globalization, Outsourcing, and Wage Inequality", *The American Economic Review*, 1996, 86 (2), pp. 240 – 245.

5. Feenstra, Robert C. and Gordon H., "Ownership and Control in

Outsourcing to China：Estimating the Property-right Theory of the Firm"，*The Quarterly Journal of Economics*，2005，120（2），pp. 729 – 780.

6. Grossman，Gene M. and Helpman，Elhanan ，"Integration Versus Outsourcing in Industry Equilibrium."*Quarterly Journal of Economics*，2002，117（1），pp. 85 – 121.

7. Helpman，Elhanan，"A Simple Theory of International Trade with Multinational Corporations"，*The Journal of Political Economy*，1984，92（3），pp. 451 – 471.

8. Hummels，David，Jun Ishii and Kei-Mu Yi，"The Nature and Growth of Vertical Specialization in World Trade"，*Journal of International Economics*，2001，54，pp. 75 – 96.

9. Krugman，paul，Cooper，Richard N. and Srinivassan，T. N.，"Growing World Trade：Causes and Consequence."*Brookings Papers on Economic Activity*，1995，1，pp. 327 – 376.

10. Markusen，James R. and Venables，Anthony J.，"Multinational Firms and the New Trade Theory"，*Journal of International Economics*，1998，46，pp. 183 – 203.

11. Young ，Alwyn，"The Razor's Edge ：Distortions and Incremental Reform in the People's Republic of China"，*The Quarterly Journal of Economics*，2000，Vol . 115（Nov. ），pp. 1091 – 1135.

12. 洪银兴：《从比较优势到竞争优势——兼论国贸比较优势理论的缺陷》，载《经济研究》1997 年第 6 期。

13. 刘志彪、吴福象：《全球化经济中的生产非一体化》，载《中国工业经济》2005 年第 7 期。

14. 刘志彪、吴福象：《贸易一体化与生产非一体化》，载《中国社会科学》2006 年第 2 期。

15. 平新乔：《垂直专门化、产业内贸易与中美贸易关系》，北京大学中国经济研究中心工作论文 2005 年。

16. 杨小凯、张永生：《新兴古典经济学和超边际分析》，中国人民大学出版社 2000 年版。

17. 沈利生、王恒：《增加值率下降意味着什么》，载《经济研究》2006 年第 3 期。

18. 沈坤荣、李剑：《中国贸易发展与经济增长影响机制的经验研究》，载《经济研究》2003 年第 5 期。

19. 张二震、马野青、方勇：《贸易投资一体化与中国的战略》，人民出版社 2004 年版。

20. 张幼文：《从廉价劳动力优势到稀缺要素优势》，载《南开学报》2005 年第 6 期。

21. 张幼文：《对外开放的科学发展与发展阶段》，载《上海行政学院学报》2006 年第 9 期。

（执笔：徐毅）

第二章 长三角开放型经济的发展：历程、特点及效益

从长三角的发展历程来看，1990 年开始的浦东开发开放是长三角地区历史上的一个重要转折点。浦东的开发，给浦东、上海带来了新的发展机遇；浦东的开放，给浦东、上海带来了新的发展空间。上海地区的蓬勃发展也给其近邻江苏省和浙江省带来了新的发展机遇，三地的合作日益紧密，日益形成以上海为龙头、苏浙为两翼的城市群发展态势，成为中国经济最具活力的地区，被公认为全球第六大都市群。目前，长三角地区是我国人口最稠密、经济最发达、人民生活最富裕的经济区域。总之，以浦东开发开放为起点的长三角开放型经济发展战略取得了巨大的成功。

一、长三角开放型经济圈的形成和发展

长三角是一个具有三重意义的概念。（1）地理概念。万里长江由西向东奔向大海，江水滔滔直下，所携带的泥沙在入海口不断淤积，沧海桑田，历经千万年，终于形成坦荡、宽阔的三角形的陆地。（2）工业经济概念。以上海为龙头的苏中南、浙东北工业经济带。

这里是我国目前经济发展速度最快、经济总量规模最大、最具有发展潜力的经济板块。（3）城市经济概念。即苏浙沪毗邻地区的 16 个市组成的都市群。长三角城市包括：上海市；江苏省的 8 个市：南京、苏州、扬州、镇江、泰州、无锡、常州、南通；浙江省的 7 个市：杭州、宁波、湖州、嘉兴、舟山、绍兴、台州。这里所讲的长三角指的是长三角地区 16 个市所构成的经济圈。[①]

长三角经济圈概念的形成跨越了 20 多年极不平凡的历程。1982 年 12 月 22 日，国务院发出《通知》，决定成立上海经济区。这是"长三角"经济圈概念的最早雏形。1983 年 3 月 22 日，上海经济区规划办公室正式成立。当时的上海经济区的范围是：以上海为中心，包括长三角的苏州、无锡、常州、南通和杭州、嘉兴、湖州、宁波、绍兴 10 城市。在后来的几年中，安徽、江西和福建三省先后主动申请加入。1983 年 8 月 18 日上海经济区规划工作会议在上海召开，决定建立经济区省市长会议制度。1984 年 12 月 6 日上海经济区省市长会议在上海召开，安徽省首次作为经济区成员与会。由于多种原因，1988 年 6 月 1 日国家计委发出通知，撤销上海经济区规划办公室。1988 年 7 月上海经济区最后一次省市长会议在上海召开，处理各项善后工作。直到 1997 年，由原上海经济区城市经协办牵头，成立了长三角城市经济协调会（1996 年新成立的地级泰州市加入），长三角经济圈概念第一次被明确提出。长三角城市经济协调会每 2 年召开 1 次会议。2003 年在南京召开的第四次会议上，浙江台州加入"长三角"城市经济协调会，使"长三角"城市由传统的 15 个扩展为 16 个，首次突破长三角地理概念，使之成为真正意义上的经济圈概念。

目前，长三角区域经济合作会议主要有三个层次：副省（市）长级别的"沪苏浙经济合作与发展座谈会"；长三角 16 个城市市长级别的"长三角城市经济协调会"；长三角各城市政府部门之间的协

①　目前，安徽省合肥、马鞍山、滁州和芜湖，浙江省金华、衢州，江苏省盐城、淮安、徐州、连云港 10 个城市都向长三角城市经济协调会常设办公室提交了入会"申请书"。但国家发改委正在编制的长三角区域规划中，长三角区域被明确界定为已有的 16 个城市，并没有为其他城市打开一扇门。

调会。副省（市）长级别的"沪苏浙经济合作与发展座谈会"，主要是决策。而长三角16个城市市长级别的"长三角城市经济协调会"，则侧重于落实决策。长三角城市经济协调会，渐渐演变为长三角区域经济合作最具有代表性质的机构和方式。长三角城市经济协调会第五次会议，决定成立长三角城市经济协调会办公室，驻地上海，负责协调、组织和实施长三角区域经济合作日常事务。从1983年的上海经济区规划办公室，到2004年的长三角城市经济协调会办公室，21年的演变，实质内容只有一个：长三角经济圈。

根据区域合作过程和经济发展机制，改革开放以来长三角地区城市之间的合作发展经历了三个阶段①：（1）20世纪80年代苏浙沪相对分散、计划经济为主导的发展阶段。（2）20世纪90年代以上海浦东为龙头带动、计划经济向市场经济过渡的发展阶段。（3）21世纪之初以一体化为主要趋向、市场经济加速发展阶段。

毫无疑问，目前上海是长三角地区首屈一指、名副其实的中心城市。然而，从长三角地区形成及嬗变的数千年历史来看，上海的这种中心城市地位的确立却也只是近百余年的事情。在数千年的历史发展过程中，长三角地区的中心城市曾经历过数次重大变迁。长三角地区的第一个中心城市是苏州（古时称吴县），第二个中心城市是今天的湖州市，第三个中心城市是扬州（古时称治广陵县），还有后来的嘉兴。上海的经济中心地位直到19世纪才开始确立。新中国成立后，在20世纪80年代初期，上海才迎来了新的发展期。

中国改革开放以后，广东得风气之先，率先发展，一派生气。而上海则面临世界新技术革命的严峻挑战和国际、国内两个市场的激烈竞争，同时资金不足、资源短缺、城市臃肿、交通拥挤、住房紧张、环境污染等一系列问题又制约着经济的发展，亟须做出新的战略决策。

中共中央、国务院十分关心上海经济和社会的发展。1984年12

---

① 《长三角地区发展历史与现状分析》，http：//www.sdpc.gov.cn/dqjj/qygh/t20070308_120235.htm，2007年3月8日。

月，上海市政府和国务院改造振兴上海调研组联合向国务院、中央财经领导小组上报《关于上海经济发展战略的汇报提纲》，正式提出开发开放浦东的战略设想，并提出上海的城市和工业布局"重点是向杭州湾和长江口南岸南北两翼展开，创造条件开发浦东、筹划新区的建设"。这一意见得到了国务院的肯定。

在国务院批准的《关于上海经济发展战略的汇报提纲》中，对上海的经济发展，明确了以下指导思想①：

1. 上海应当成为中国"四化"的开路先锋。这是由上海在全国、全世界所处的地位决定的。上海应当充分发挥优势，依托经济区，服务全中国，面对太平洋，通向全世界，勇当全国"四化"建设的开路先锋。这是党中央、国务院对上海的殷切期望，也是历史赋予上海人民的重任。

2. 上海要充分发挥对外开放和多功能的中心城市的作用。上海要振兴，不能继续走过去的老路，必须走发挥以对外开放为重点的、多功能的中心城市作用的新路。全国经济的发展，对上海提出了更高的要求，除了通过传统工业的改造和新兴工业的开发，把老工业基地的作用大大提高一步外，还应成为利用外资、引进国外先进技术的主要门户，以及消化吸收后向内地转移先进技术和管理方法的桥梁；成为全国最大的商品集散地和最重要的外贸口岸；成为全国重要的金融市场和经济技术信息中心；成为面向全国培训科学技术人员、经营管理人员和高级技工，广泛提供咨询服务的重要基地；努力建设成为开放型的、多功能的、产业结构合理的、经济繁荣、文化昌盛、科技发达的社会主义现代化的中心城市。

3. 上海近期工作的重点要放在改革、开放和理顺经济上。上海一定要为全国"翻两番"做出最大的贡献。为此，上海必须调整产业结构，推进技术进步，完善城市基础设施，并使各方面协调发展。"七五"计划期间上海产值的增长应当在保证实现经济发展战略转变

———————————

① 《上海经济发展战略》，上海市地方志办公室网站，http：//www.shtong.gov.cn/node2/index.html。

的前提下争取最大值，不要只为了追求 1990 年产值翻一番而去维持那些宏观效益差、没有发展前途的行业和产品，妨碍战略目标的实现。考核上海的经济工作，仅仅考核工农业总产值的增长速度是不够的，应把上海为全国四化服务所做出的贡献，把包含"第三产业"产值在内的国民生产总值的增长速度作为主要指标。

4. 进行体制改革是实现上海经济发展战略目标的基本保证。上海必须解脱各种条条框框的束缚，大力发展社会主义有计划的商品经济。上海必须切实贯彻执行党的十二届三中全会通过的关于经济体制改革的决定，积极进行城市经济体制的全面改革，而且把改革的步子迈得更大一些，走在全国的前面，为实现我国城市经济体制改革的伟大任务做出应有的贡献。

直到 20 世纪 80 年代末，开发浦东的条件日臻成熟。1990 年 2 月 26 日，中共上海市委、市政府向中共中央、国务院上报《关于开发浦东的请示》，并得到批准。根据中共中央、国务院"允许在浦东新区实行经济技术开发区和某些经济特区的政策"指示精神，1990 年 5 月 4 日，中共上海市委、市政府在《关于开发浦东、开放浦东的请示》中提出浦东开发开放的方针政策是：（1）总体规划，分步实施。（2）引进项目的起点和产品结构的层次要高一些。主要发展新型原材料、元器件工业、深度加工业和高技术产业。（3）以外向型为主，采取多种形式吸引国外资金。（4）把浦东新区开发和浦西地区改造有机地结合起来。

1990 年 9 月，外高桥保税区、陆家嘴金融贸易区、金桥出口加工区率先成立，浦东开发进入实质性启动阶段。这也是上海以及长三角地区经济迅速发展的起点。在浦东开发的过程中，国务院以及地方政府不断赋予浦东新区一系列的功能性政策，增强了浦东在中国改革开放中的优势，为浦东开发的成功做出了巨大的贡献。

从 1990 年开始，浦东的开发开放掀起了国际产业向长三角转移的浪潮，外商投资带动了经济的高速发展，加速了产业布局一体化的进程。目前，长三角地区已形成以上海为龙头、苏浙为两翼的城市群发展态势；已经成为中国经济发展速度最快、经济总量规模最大的区

域之一，在全国经济发展中占有举足轻重的地位；已经成为我国最大的经济核心区，且自然条件优越，区位优势明显，经济基础良好，科技和文化教育事业发达，被公认为全球第六大都市群和最具活力的地区之一。

二、长三角开放型经济发展的特点：
与珠三角的比较

目前，我国有两大引人注目的经济圈，除了长三角之外，另外一个就是对外开放最早的珠三角地区（珠三角）。珠三角这个早在 1985 年 1 月就经中央正式确立的经济发展区有 4 市（广州、深圳、东莞、珠海）12 县，包括广东省中南部珠江下游以及入海口的广袤地区。它环绕广东省中心城市广州市，南接深圳、珠海经济特区，东遥汕头市，西望湛江市。目前，关于珠三角的地理区域界定有三个概念：(1)"小珠三角"。包括广州市、深圳市、珠海市、东莞市、中山市、佛山市、江门市，以及惠州市的市区和惠阳、惠东、博罗，还有肇庆市的端州区、鼎湖区和四会、高要，合计包括 14 个市县，也就是通常所说的广东珠三角。(2)"大珠三角"。在小珠三角的基础上，增加了地理上同属一个三角洲的香港和澳门，即广东、香港和澳门三地。(3)"泛珠三角"。包括福建、江西、广西、海南、湖南、四川、云南、贵州和广东 9 省区，加上香港和澳门，通常被称为"9＋2"模式。

改革开放后，珠三角与长三角创造了区域经济发展的奇迹，是我国经济发展最快的地区，也是中国最具经济活力、世界上最具活力和发展前景的经济区域。目前，两个地区初步形成了比较雄厚的经济基础和区域竞争优势，形成了各自具有时代、地缘和文化特色的经济运行模式和产业结构特点，对我国经济实力的提升起着十分重要的作用，是我国经济发展的主要推动力。因此，可以通过对二者进行比较和分析，来研究长三角开放型经济发展的特点。

与珠三角相比，长三角经济发展的特点主要表现为以下几个

方面：

（一）发展模式不同

珠三角主要是通过引进外资，特别是港澳地区的资金，以外部的资本、技术与国内的劳动力等要素相结合推进区域经济的发展，实施外资推动型区域经济发展模式。该模式的主要特点是通过吸引外资，接收外部产业转移，通过外部生产要素的引入，改进内部生产要素配置与经济结构，实施具有"大进大出"特征的加工贸易，使内部市场与国际市场相联系（其中，香港与内地的珠三角地区形成了"前场后店"的特殊关系）。这种模式是典型的外向型经济发展模式，具有明显的"飞地效应"和"孤岛经济"特征。

与珠三角的发展模式不同，在对外开放的过程中，长三角早期以发展乡镇企业和民营企业为突破口，选择走内向资本积累型区域经济发展模式，最典型的代表就是江苏的"苏南模式"和浙江的"温州模式"。苏南模式，通常是指江苏省苏州、无锡和常州（有时也包括南京和镇江）等地区通过发展乡镇企业实现非农化发展的方式。其主要特征是以地方政府与社区政府为主要推动力，以集体所有制乡镇企业为基本经济活动主体，直接推动区域经济发展。温州模式的特点是由私人发动，以家庭私营工商业为主要经济活动主体。苏南地区通过发展乡镇企业，走的是一条先工业化、再市场化的发展路径；温州模式则是一种典型的利用民营化和市场化推进工业化和城市化的区域经济发展模式。① 其后，长三角地区不断进行经济发展模式转型。进入新世纪新阶段之后，苏南人民全面建设小康社会的创新性实践，则被概括为"新苏南模式"。"新苏南模式"在过去"苏南模式"的基础上实现了新的突破，新苏南模式的内涵主要有②：以开放为基础的外资、民资和股份制经济的所有制结构；制造业与服务业并举的产业

---

① 史晋川等：《制度变迁与经济发展：温州模式》，浙江大学出版社 2002 年版。

② 洪银兴：《新苏南模式及其对建设全面小康社会的意义》，载《江苏社会科学》2006 年第 2 期。

结构；规模企业为主的企业结构；城乡一体协调发展的城乡结构；市场管经济发展，政府管社会发展的调节结构。由苏南模式转向新苏南模式，既体现了发展模式中的路径依赖，又反映了发展阶段的创新。

自从 20 世纪 90 年代中期以后，长三角地区也开始大力吸引外资，但是利用外资的政策与珠三角不同。长三角没有走珠三角单纯外向型经济的发展模式，而是在积极利用外资的基础上，面向国内国外两个市场，促使外资落地生根，并注重承接具有较高价值链地位的国外产业，从而促使区域经济可持续发展、提高区域的国际竞争力。总的来说，长三角地区的发展模式内向型特征一直比较明显。

可见，珠三角发展模式偏向于外向型，长三角发展模式偏向于内向型。有关统计数据表明①：2003 年珠三角出口外贸依存度为105.9%，远远高于长三角的49.2%；2004 年珠三角出口外贸依存度为112.6%，远远高于长三角的59.9%。

（二）一体化程度不同

随着中国对外开放程度的不断深化、开放范围的日益广化，竞争形式已经从单个地区之间的竞争转变为区域之间的竞争。近年来，珠三角发展势头不如长三角，其中一个很重要的原因就是珠三角一体化程度落后于长三角。

目前，珠三角内部基本上还处于各自为政甚至是无序竞争的状况，较大的城市主要有广州、深圳和香港。其中，广州是广东的省会；深圳既从属于广东，又是经济特区，具有特殊性；香港由于制度原因没有与内地经济一体化，限制了香港作为特大城市对珠三角的主导功能；三者之间互不相让且各有特定的优势以及特殊性，导致群龙无首，进而导致整个区域的一体化进程比较慢。

相反，近年来，上海龙头地位明确，其他地区围绕上海进行资源的整合和配置，长三角地区的经济一体化不断提高。上海明确把"建设三角洲大都市圈"作为基本战略之一，着手推进三角洲经济的

---

① 2004 年和 2005 年《长三角和珠三角及港澳统计年鉴》，中国统计出版社。

紧密化、一体化。在方式上，由过去单一的横向配套合作逐步向整合生产要素、共同进行制度创新发展。在领域上，由过去单一的产品加工营销，逐步向商贸、旅游、房地产等领域延伸。在机制上，由过去单一的企业自发行为逐步向政府协调、企业推进、市场运作的方向发展。① 目前，在政府层面，上海、江苏、浙江已经有了常务副省长（常务副市长）之间一年一度的定期交流。在产业层面，信息资源、高速公路、铁路、航空、港口码头、旅游、人力资源等领域的一体化程度日益加深。另外，2006 年的《长三角区域规划》，着重研究解决了区域内分工协调、区域各省共同关注但单一省市难以自行解决的重大问题，以及区域合作的政策措施。江苏、浙江掀起了"接轨上海"活动的新高潮。长三角各市纷纷举办"接轨上海论坛"、"接轨上海活动周"、"融入大上海"展览展销活动等。

　　上海市政府合作交流办表示，近年来，长三角 16 个城市已在 30 多个领域开展合作，其中在规划、科技、信息、产权、人才、旅游、海关、港口、协作 9 大领域取得了积极的进展。可以预见，在珠三角一体化停滞不前的同时，长三角将紧跟时代的潮流，快速推进经济一体化的进程，整合地区之间的资源，进而带动地区经济的快速发展。

（三）发展动因不同

　　珠三角发展的动因主要有两个：一个是政策因素，一个是地理优势。在改革开放的初期，珠三角以经济特区、改革开放试验田的身份实施政策和制度"先行一步"的措施，再加上珠三角依靠毗邻港澳的独特地理位置，充分发挥其信息优势和侨乡众多的人文优势，以较低的土地价格和充足的廉价劳动力成功承接了国际产业的转移，特别是吸引了港澳台制造业的大规模转移，使"三资"企业在珠三角城乡迅速发展起来。20 世纪 80 年代，以"三来一补"（来料加工、来样制作、来件装配、补偿贸易）为主要贸易形式的外向型经济企业遍及城乡。经过几十年的发展，目前，珠三角已经成为全国经济发展

---

① 2005 年《长三角和珠三角及港澳统计年鉴》，中国统计出版社。

最为活跃、经济实力最为强大、充分利用国际科技资源增强自主创新能力的地区，并形成了典型的"珠三角发展模式"。

上海的发展，开始于20世纪90年代初期的浦东开发，滞后于深圳经济特区的发展。长三角的发展也滞后于珠三角的发展。与珠三角的发展动因不同，上海以及长三角的发展取决于良好的工业基础和"后发优势"。早在新中国成立前，上海以及江苏、浙江等地区的工业和经济，就在全国具有举足轻重的地位，这为浦东大开发奠定了坚实的工业基础。在浦东开发的过程中，在上海的带动和辐射下，长三角地区逐步形成经济一体化；同时经济体制不断完善、投资环境日益改善、政府的发展理念不断更新，根据世界经济、国家经济的变化以及本地经济的发展进程，不断调整经济发展战略，逐渐成为内地经济最发达、发展最迅速的区域。最近几年，长三角正在成为外商投资者的投资热选地，龙头企业纷纷进驻，甚至不少珠三角的外商也蜂拥北上。曾因改革开放先行一步而成为沿海明珠的珠三角，正面临着来自长三角的强势挑战。

（四）辐射范围不同

总的来说，珠三角发展的辐射范围是区域性的，长三角则具有明显的带动长江流域乃至全国发展的效应。

珠三角地区的经济辐射力主要局限于广东省的辖区范围内，到目前为止主要还是自成体系，对相邻省份周边地区辐射不够。主要原因是一体化程度不够，各个城市各自为政，追求自身利益，相互封闭，各自发展，都建立"小而全"的经济体系，不能形成规模经济，与全球分工从产品分工到要素分工、价值链分工的发展路径不符。这就大大降低了其与周边地区的产业关联和要素关联，不仅影响了区域范围内的资源整合，还严重影响了经济发展对周边地区的辐射效应和带动作用。

由于地理位置和交通上的优势，上海从近代以来就对全国形成扇形辐射，对整个长江流域的辐射则延伸到包括中上游的整个流域地区。沪宁高速公路的开通和扩建、京沪铁路的提速，也进一步加强了

上海对全国的辐射力；从区域经济一体化的趋势看，上海主动推动与江苏、浙江甚至与安徽的互动和合作，形成了泛长三角体系和一定的区域整合优势。这与上海龙头城市地位的确立以及周边城市对它的认可密切相关。

从长三角内部来看，目前，长三角诸城市以上海为中心，围绕着上海这个区域增长极，形成几个经济实力圈层，经济以空间形态扩散。第一扩散圈层是苏州、无锡、杭州和宁波，第二扩散圈层是南京、嘉兴、绍兴、常州和镇江，第三扩散圈层是扬州、南通和舟山。三个圈层的经济发展水平和城市化程度形成一定的落差，基本上呈梯次扩散。各城市均从不同角度要求呼应上海，主动接受上海辐射的发展策略。随着各个城市产业结构的调整，区域内的产业分工趋势将得到加强，这种区内的紧密联系更有助于上海增长极的经济扩散和整个长三角城市群的形成和发展。①

从与周边地区的合作来看，长三角地区与周边地区的产业联系日益紧密。在一项针对杭州、宁波、嘉兴、湖州、绍兴、舟山和台州7个市450家工业企业开展的长三角地区工业企业关联度调查结果显示②：半数左右企业的原材料供应和生产线配置在长三角地区内实现，其他半数左右在长三角周边地区实现；在被问及企业生产用原料或半成品的主要来源地时，有32.7%的企业回答来自本部所在地，来自其他长三角地区的占19.2%，两者合计即来自于长三角地区内的达到51.9%，来自长三角以外苏浙地区和境外的分别占15.2%和12.3%，另有20.5%来自其他地区；有28.4%的企业其生产所需的生产线和生产工具来自企业本部所在地，18.5%的企业来自其他长三角地区，两者合计为46.9%，来自境外的占19.9%，来自长三角以外苏浙地区和其他地区的分别占14.5%和18.6%。

① 徐康宁等：《长三角城市群：形成、竞争与合作》，载《南京社会科学》2005年第5期。
② 陈耀：《中国长三角地区的制造业集聚与分工》，载《学习与实践》2006年第8期。

（五）主导产业不同

珠三角致力于发展传统产业和电子信息产业。目前，珠三角已经形成了家电产业集群和 IT 产业集群，以及陶瓷、纺织、服装、玩具为代表的传统产业的产业集群。其中，以珠三角为中心的高新技术产业带已经成为电子信息产品加工密集地区，聚集了大量国际知名的电子信息产品制造企业，两岸已经形成了两大经济簇群，以深圳、东莞、惠州为主的东岸电子信息产品产业群和以广州、佛山、江门、珠海为主的西岸电器产品产业群。珠三角的主要优势领域为通信设备、计算机、家用电器、视听产品和基础元器件，其产品规模和技术水平在全国都具有举足轻重的地位。产值居全国同类产品前 5 名的有程控交换机、微机、电话机、彩电、激光视盘机电子器件。① 在 2001—2004 年中国名牌产品即知名品牌的评选中，电话机评出的 5 个中国名牌全部属于珠三角企业；全国电视机知名品牌共 8 个，珠三角占 3 个；微波炉全国知名品牌共 2 个，珠三角占 1 个；燃气热水器全国知名品牌共 7 个，珠三角占 4 个；建筑及卫生陶瓷全国知名品牌共 10 个，珠三角占 7 个。在电话机、燃气热水器、微波炉、手表、黄金首饰、铝合金建筑型材、建筑及卫生陶瓷、实木复合地板等 11 类产品中，珠三角的知名品牌在全国知名品牌中所占的比例均等于或超过 50%。② 可见，珠三角企业品牌建设在家电、建材等行业表现非常突出，家电行业中的电话机、电视机、微波炉、电冰箱等产品具有较为明显的优势。

长三角致力于重化工业和信息产业的发展。目前，长三角已经形成了 8 大产业集群：汽车、石化、机械、电子、钢铁、纺织、服装、食品产业。由于历史的原因，目前国内的石化工业、汽车制造业、钢铁工业基本上是沿长江流域和渤海地区建设，大型跨国企业对中国重

---

① 王芬、陈益文：《长江三角洲与珠江三角洲电子信息产业发展的比较分析》，载《中国信息导报》2005 年第 10 期。

② 卫海英、赵礼民：《珠三角与长三角品牌建设现状比较分析》，载《统计研究》2005 年第 2 期。

工业投资方面的项目基本也集中在上海、南京、天津等地。珠三角地区钢材、原煤、汽车产量占整个中国大陆的比重不到3%。长三角的电子信息产业主要集中在上海及周边地区和江苏、浙江两省，形成了集成电路产业、计算机产业、软件产业三大产业基地，代表性的产品是集成电路、笔记本电脑、硬盘驱动器、显示器、打印机、扫描仪等。①

另外，无论是《上海优先发展先进制造业行动方案》、《浙江省先进制造业基地建设纲要》，还是江苏的沿江开发战略，汽车、石化、电子信息产业等均高频率出现。在长三角16个城市中，选择汽车作为重点发展产业的有11个城市，选择石化产业的有9个城市，选择电子信息业的有12个城市。在食品饮料、纺织、印刷、塑料、办公机械设备等产业方面，三地的产业同构率高达80%以上。但是，有关调研发现②：各地在产业选择和布局上虽有雷同，但产品的差异十分明显，大产业门类同构率达90%以上，而产品的同构率低于30%。同是汽车制造，产业同构率大于90%；但在产品上，上海以中高档轿车生产为主，江苏扬州以大型客车为主，浙江则以中档客车和特种行业用车为主。同是纺织产业，江苏与浙江的产业同构率在80%以上，但浙江绍兴以服装面料生产为主，海宁以工业用布为主；江苏的无锡以高档面料为主，苏州以丝织品为主，产品结构呈明显的差异性。

可见，长三角地区在发展过程中，各地区重视专业化分工，实施错位发展，各地区发展同一门类不同档次的产业，这样既可以避免地区之间的恶性竞争，又可以提高区域的整体竞争力。

（六）发展潜力不同

近年来，与珠三角相比，长三角的发展势头更猛、发展潜力更

---

① 王芬、陈益文：《长江三角洲与珠江三角洲电子信息产业发展的比较分析》，载《中国信息导报》2005年第10期。

② 单海琴：《长三角产业趋同导致恶性竞争——谬论》，人民网，http://www.people.com.cn/GB/24649/3331903.html，2005年4月19日。

大。例如，从对外贸易情况来看，2003 年长三角进出口贸易总额达2769.9 亿美元，珠三角为 2712.5 亿美元，这是自从改革开放以来长三角进出口贸易总额首次超过珠三角，成为中国最大的对外贸易基地。2004 年长三角进出口贸易首次双双高于珠三角地区。2005 年长三角对外贸易总额占全国的比重从 2001 年的 27.09% 上升到35.33%，而珠三角从 33.04% 下降到 28.88%。[①]

发展潜力不同主要由投资环境变化、商务成本变化以及经济发展模式不同等原因导致。随着我国对外开放步伐的加快和程度的加深，外资越来越重视投资环境因素。经过近 20 年的经济转轨和对外开放，长三角地区的投资环境已经有了革命性的改变。一项调查显示：根据自然环境、基础建设、公共设施、社会环境和法政环境五项要素的加权分析，大陆地区的 30 多个城市中，投资环境排在前 11 位的城市均位于长三角地区。这使得长三角成为海外资本进入中国市场的首选落脚点，而使以利用外资为主发展经济的珠三角地区面临严峻的挑战。另外，由于工业用电、水、土地价格和劳动力成本都在迅速提高，使珠三角对外资的吸引力更是"雪上加霜"，进而导致珠三角经济发展潜力降低。

另外，与以前相比，全球新一轮转移的产业是技术含量比较高的高端产业，包括很多研发中心。这就对投资地区的投资环境提出了更高的要求，其中最重要的就是人才因素。以前转移的产业比较低端且是加工贸易型的，产品面对国外市场，投资商看重的是大量的廉价劳动力和容易出口的地区；而这一轮高端产业转移，投资商不仅看重当地的高级人才，而且还看重国内的市场并积极准备开拓。

从长三角和珠三角的现实情况来看，长三角在教育领域优势明显，从而为新一轮国际产业的转移奠定了基础。长三角地区拥有 150 多所高等院校和 1000 余个科研机构，科研力量强大，在首批进入"211 工程"的 7 所全国一流的、教学科研型的高等院校中，长三角地区就占了 4 所，反映出该地区教学科研的基础甚为雄厚。该地区研

---

① 2006 年《长三角和珠三角及港澳统计年鉴》，中国统计出版社。

发机构的科技人才数，约为全国的 1/7，科学家、工程师数接近全国的 1/6，而高、中级技术人员，约为全国的 1/5。[①] 2004 年，广东省人才工作协调小组办公室对外公布：与北京、上海、浙江等 10 省市相比，广东省人才队伍形势甚忧，专业技术人才密度低，仅排第 9 位，特别是高级、中级职称人才比例不高，仅占专业技术人才总数的 4.51% 和 31.7%，在 10 省市中居第 10 位和第 9 位。2005 年，长三角拥有各类专业技术人员 436.98 万，珠三角拥有 187.47 万，长三角是珠三角的 2.33 倍。[②]

三、长三角开放型经济发展效益的实证分析

在中国改革开放的宏观环境下，浦东开发开放战略的实施，促使上海、江苏和浙江在改革、开放、开发的过程中，充分发挥各自的比较优势，充分利用国内外两种资源、两个市场，日益形成具有特色的开放型经济发展战略，这种发展战略给长三角地区以及全国都带来了巨大的效益。

（一）经济持续增长，经济总量增加，对全国经济的贡献度日益提高

自从长三角地区实施开放型经济发展战略以来，长三角地区各市都一直保持持续、稳定、高速的发展，发展速度均高于同期全国的总体发展速度。从表 2-1 可以看出，在 2000—2004 年间，从总体来看，长三角地区经济增长率都在 10% 以上，且表现为逐年升高的趋势，2004 年增长率为历年最大，达 15.6%，年均增长率为 13.2%。从各地区来看，16 个市历年的增长率都在 10% 以上（2001 年的扬州除外），且表现为逐年升高的态势，2004 年南京、苏州和无锡地区的增长率都在 17% 以上，其中，苏州市增长率最

---

① 根据历年《中国城市统计年鉴》整理计算。
② 根据 2006 年《长三角和珠三角及港澳统计年鉴》整理计算。

高为 17.6%，另外，年均增长率也是苏州最高，为 15%。可见，长三角地区整体以及各地区的发展速度都高于同期全国 8.6% 的年平均增长水平。

表 2-1　2000—2004 年长三角 GDP 增长率

（单位:%）

	2000 年	2001 年	2002 年	2003 年	2004 年	2000—2004 年年均增长率
长三角	11.6	11.3	12.6	14.8	15.6	13.2
上海市	10.8	10.2	10.9	11.8	13.6	11.5
南京市	12.3	11.1	12.8	15.0	17.3	13.7
苏州市	12.6	12.3	14.5	18.0	17.6	15.0
无锡市	11.2	11.5	12.8	15.4	17.4	13.6
常州市	11.0	12.0	12.4	14.5	15.5	13.1
镇江市	10.3	11.0	12.3	14.0	14.7	12.4
南通市	10.9	10.1	11.1	13.4	15.6	12.2
扬州市	10.5	8.1	11.1	13.4	14.7	11.5
泰州市	11.0	11.0	11.6	13.4	14.7	12.3
杭州市	12.0	12.2	13.2	15.2	15.0	13.5
宁波市	12.0	12.1	13.2	15.6	15.5	13.7
嘉兴市	12.3	12.3	13.8	16.9	16.5	14.3
湖州市	12.0	11.6	12.3	15.0	15.4	13.2
绍兴市	12.1	11.6	13.8	15.0	15.3	13.6
舟山市	12.0	11.8	12.6	15.5	17.0	13.8
台州市	11.9	11.9	13.9	14.9	13.6	13.2

资料来源：根据历年《长三角和珠三角及港澳统计年鉴》的相关数据整理计算。

高速发展的结果就是长三角地区的国内生产总值日益增加。从表 2-2 可以看出，在 1990—2005 年间，长三角地区整体的 GDP 以及各市的 GDP 都在成倍增加：从总体来看，1990 年长三角整体的 GDP 为 2416 亿元，2000 年增加到 15955 亿元，2005 年首次突破 30000 亿元，达到 33963 亿元，在 1990—2005 年间增加了大约 14 倍。从各地区来看，1990 年 GDP 超过 1000 亿元的城市没有一个，上海最高，也只有 756 亿元，到 2005 年，有 11 个市的 GDP 超过 1000 亿元，其中，上海最高，达到 9154 亿元，相当于 1990 年 16 个市 GDP 总和的 3 倍多。

在 1990—2005 年间，各市的 GDP 都增加了 10 倍以上，其中，苏州增加的倍数最多，大约为 20 倍，绍兴增加了 18 倍，无锡和宁波增加了大约 16 倍。

表 2－2　1990—2005 年长三角以及各地区 GDP 情况

	1990 年 （亿元）	2000 年 （亿元）	2004 年 （亿元）	2005 年 （亿元）	2005 年/1990 年
长三角	2416.28	15954.8	28775.4	33963.15	14
上海市	756.45	4551.2	7450.3	9154.18	12
南京市	176.52	1021.3	1910	2411.11	14
苏州市	202.14	1540.7	3450	4026.52	20
无锡市	160.44	1200.2	2350	2804.68	17
常州市	94.87	600.7	1100.6	1303.36	14
镇江市	65.32	452	781.2	871.67	13
南通市	134.25	736.4	1226.1	1472.08	11
扬州市	89.05	472.1	788.1	922.02	10
泰州市	84.21	405.3	705.2	822.26	10
杭州市	189.62	1382.6	2515	2942.65	16
宁波市	141.4	1175.8	2158	2449.31	17
嘉兴市	81.33	538.4	1050.6	1159.66	14
湖州市	54.99	343.4	590.7	644.25	12
绍兴市	82.38	745	1313.9	1447.47	18
舟山市	24.57	114.9	212	280.16	11
台州市	78.74	675	1173.8	1251.77	16

资料来源：根据历年《长三角和珠三角及港澳统计年鉴》的相关数据整理计算。

目前，长三角地区在全国经济中具有举足轻重的地位。表 2－3 的数据表明：从总量来看，继 2003 年突破 20000 亿元后，2005 年长三角地区生产总值再次迈上新的台阶，突破 30000 亿元大关，达到 33963 亿元。从长三角地区 GDP 占全国的份额来看，所占份额日益增加，1990 年所占份额为 12.94%，2000 年增加到 16.08%，2005 年进一步增加到 18.55%。也就是说，占全国土地 1.1%、全国人口 6.3% 的长三角地区创造了全国近五分之一的 GDP。

表 2-3 1990—2005 年长三角地区 GDP 情况

	1990 年	2000 年	2002 年	2003 年	2004 年	2005 年
长三角地区 GDP 增长率（%）	—	11.6	12.6	14.8	15.6	13.5
长三角地区 GDP 总量（亿元）	2416.28	15954.75	19983.29	23789.34	28775	33963
全国总量（亿元）	18667.8	99214.6	120332.7	135822.8	159878.3	183084.8
长三角地区 GDP 占全国的比重（%）	12.94	16.08	16.61	17.51	18.00	18.55
人均 GDP（元）	2794	17823	22358	26558	35040	40612

资料来源：根据历年《中国统计年鉴》、《长三角和珠三角及港澳统计年鉴》整理计算。

（二）利用外资的数量不断增加、质量日益提升

自从实施开放型经济发展战略以来，长三角地区在不放弃自主发展的同时，大力吸引外资，特别是 21 世纪以来，上海和江苏加大了利用外资的力度，浙江也开始重视并加快利用外资的步伐。到目前为止，长三角地区利用外资的数量不断增加，利用外资的质量日益提升，最终使地区的技术水平和竞争力都大大提升。具体分析如下：

利用外资的数量不断增加。在 2000—2005 年间，表 2-4 的数据显示：

实际利用外资额。从整体来看，2000 年长三角地区实际利用外资 105.6 亿美元，2005 年增加到 263.3 亿美元，2005 年利用外资的数量是 2000 年的 2.49 倍；从各地区来看，16 个市都保持增加的态势，其中，南通增加幅度最快，2005 年利用外资的数量是 2000 年的 10.72 倍，2005 年上海实际利用外资的规模最大，为 68.5 亿美元。

外资企业的个数。从整体来看，2000 年长三角地区外资企业数为 9409 个，2005 年外资企业数为 18732 个，2005 年大约是 2000 年的 2 倍；从各地区来看，16 个市都保持增加的态势，其中，湖州市增加幅度最快，湖州 2005 年外资企业的数量是 2000 年的 5.28 倍，2005 年上海外资企业数最多，为 5582 个，约占长三角地区的

1/3。

另外，从表2-5也可以看出，长三角地区利用外资的数量不断增加。表2-5中的数据显示：在2000—2005年间，长三角实际利用外资的数量从2000年的112亿美元增加到2005年的278亿美元，占全国实际利用外资的比重从2000年的27.5%增加到2005年的46.03%。而珠三角实际利用外资的数量变动幅度不大，占全国的份额表现为下降的趋势，占全国实际利用外资的比重从2000年的27.7%下降到2005年的20.5%。长三角实际利用外资的数量在2003—2005年间都是珠三角的2倍多。可见，全国超过1/3甚至是一半的外资都在长三角地区。

表2-4 2000—2005年长三角地区实际利用外资情况

	实际利用外资额（万美元）			外资企业数（个）			外资工业总产值（亿元）		
	2000年	2005年	2005年/2000年	2000年	2005年	2005年/2000年	2000年	2005年	2005年/2000年
长三角	1056437	2633271	2.49	9409	18732	1.99	7355	27677	3.76
上海市	316000	685000	2.17	4716	5582	1.18	3492	9789	2.80
南京市	81277	141778	1.74	418	617	1.48	470	1587	3.38
苏州市	288338	511596	1.77	982	2947	3.00	1185	6628	5.59
无锡市	108240	200713	1.85	436	1022	2.34	397	1892	4.77
常州市	55977	73120	1.31	268	607	2.26	169	721	4.27
镇江市	28925	59590	2.06	153	432	2.82	125	449	3.59
南通市	14292	153162	10.72	362	920	2.54	237	806	3.40
扬州市	6654	52579	7.90	139	295	2.12	63	408	6.48
泰州市	10196	45647	4.48	116	223	1.92	73	180	2.47
杭州市	43093	171274	3.97	514	1324	2.58	399	1725	4.32
宁波市	62186	231079	3.72	629	2331	3.71	360	1786	4.96
嘉兴市	15318	115666	7.55	248	981	3.96	154	671	4.36
湖州市	8205	65072	7.93	58	306	5.28	39	157	4.03
绍兴市	11598	90095	7.77	214	758	3.54	128	596	4.66
舟山市	1055	3120	2.96	14	35	2.50	9	53	5.89
台州市	5083	33780	6.65	142	352	2.48	55	229	4.16

资料来源：根据历年《长三角和珠三角及港澳统计年鉴》的相关数据整理计算。

表 2-5　2000—2005 年长三角与珠三角、全国实际利用外资情况

	2000 年	2001 年	2002 年	2003 年	2004 年	2005 年
长三角（亿美元）	112.0	134.2	175.4	210.1	209.9	277.7
珠三角（亿美元）	112.8	119.3	113.3	78.2	100.1	123.6
全国总计（亿美元）	407.2	468.8	527.4	535.1	606.3	603.3
长三角占全国的比重（%）	27.50	28.62	33.25	39.26	34.62	46.03
珠三角占全国的比重（%）	27.70	25.45	21.49	14.61	16.51	20.50
长三角/珠三角	0.99	1.12	1.55	2.69	2.10	2.25

注：此处长三角的数据是指上海、江苏和浙江三省的合计。

利用外资的质量日益提升。长三角地区利用外资质量的提升，表现在两方面：

第一，在长三角地区投资的跨国公司总部以及研发中心越来越多。《中国总部经济发展报告》日前披露，世界 500 强企业中已有 400 多家在长三角落户，长三角已成为中国跨国公司最集中的地区。长三角地区还初步形成了"一个中心上海—两个副中心南京、杭州"的总部经济发展模式。以上海为例，截至 2007 年 3 月，落户上海的外资企业总数达到 500 家，其中，跨国公司地区总部 154 家、外资投资性公司 150 家、外资研发中心 196 家。上海成为中国内地"总部经济"数量最多的城市。到 2010 年，在上海安营扎寨的"总部经济"外资企业有望达到 610 家，其中跨国公司地区总部 200 家、外资投资性公司 180 家、外资研发中心 230 家。另外，杭州老城区已引入 150 多家公司总部，涉及商贸、旅游、制造等各个行业。世界 500 强企业已有 100 多家在南京投资。

第二，跨国公司投资的效益越来越好。从表 2-4 可以看出，在 2000—2005 年间，从整体来看，2000 年长三角地区外资工业总产值为 7355 亿元，2005 年增加到 27677 亿元，2005 年是 2000 年的 3.76 倍；从各地区来看，各市外资工业总产值也都表现为增长的态势，大部分都增加到了原先的 4 倍多、5 倍多，甚至是 6 倍多。值得注意的是，大部分地区的外资工业总产值增加速度大于同期外资企业数、实际利用外资额的增加速度，这说明外资企业的效益在提高。

　　总之，外资利用规模的扩大，极大地促进了长三角地区的经济发展，无论是对资本形成、技术进步和管理效率，还是对产业竞争力的提高，都起到了积极的作用。外资质量不断提高，外商在长三角地区的投资越来越多地投向了技术密集度高的高新技术产业，极大地促进了长三角地区高新产业的发展，提高了当地的技术水平。目前，外资在电子信息、光机电一体化、生物医药高新技术产业的投资力度明显加大，尤其是电子信息产业的聚集，已使长三角地区成为全球电子信息产业的重要生产基地之一。长三角地区占全国经济的比重迅速提高，对全国经济增长的贡献迅速增大，国际制造业基地的地位日益凸显，区域竞争力日益提高，在国内和国际日益受到关注。

　　长三角地区区域竞争力的提高，主要表现在：

　　首先，从整体来看，长三角地区是中国目前最具活力、发展速度最快的地区，外商投资最青睐的地区。商务部研究院发布的《2005—2007 年跨国公司对华产业投资趋势调研报告》对跨国公司对华投资进行了预测。报告显示：从投资区位变化趋势上看，长三角、环渤海湾地区、珠三角三地区将是跨国公司未来三年直接投资首选地区；跨国公司对西部投资主要采取渐进式推进战略。从选择投资区域企业数分布看，长三角占 47%，环渤海经济圈占 22%，珠三角占 21%，东北地区占 9%。可见，长三角以 47% 的压倒性优势，成为跨国公司投资首选。

　　其次，从各地区来看，在这片不到 10 万平方公里的土地上，充满活力的大型城市群正在不断崛起："超级巨人"上海，年国内生产总值超 5000 亿元，位列全国第一；"重量级巨人"苏州、杭州、无锡、宁波、南京，年国内生产总值在 1000 亿元；"小巨人"绍兴、南通、常州、嘉兴、镇江，年国内生产总值在 500 亿元以上。另外，为"长三角"都市圈带来丰富性和层次感的县域经济，极具竞争力。从全国百强县的数量来看，2000 年，国家统计局农调总队从发展水平、发展活力、发展潜力三方面组织实施了中国县（市）社会经济综合指数测评，浙江有 22 个县市进入中国最发达 100 强县市。

2001 年，又增加了象山、奉化、东阳、新昌 4 个县市，达 26 个，占了全国百强的 1/4 强。2003 年则增加到 30 个，比上年又增加 4 个，在全国处于绝对领先的地位。在 2000—2003 年间，江苏入选数量始终在浙江之后，位居第二。但在十强县市排名中却是成绩骄人，2003 年昆山、江阴、张家港等苏南 "六小虎" 携手上榜。2005 年，百强县市分布在全国的 16 个省市中，整体格局变化不大。其中，浙江 30 个，江苏 17 个。从十强县市的分布来看，江苏仍然以 6 席的成绩独占鳌头，广东和浙江各占两席。① 另外，最近几年，江苏的昆山市一直位居百强县市之首，成为名副其实的华夏第一县。但是，要指出的是：这些地区经济的发展与当地大力吸引外资、利用外资紧密相关。

（三）对外贸易一直保持高速发展，进出口商品结构不断优化

长三角地区对外贸易一直保持高速发展的态势。在 2000—2005 年间，表 2-6 的数据显示：从贸易额来看，长三角各市的贸易额都表现为增加的态势。其中，在进出口总额方面，上海增加的绝对金额最大，增加值大约为 1300 亿美元，苏州增加的速度最快，增加了大约 6 倍；在出口总额方面，上海增加的绝对金额最大，增加值大约为 650 亿美元，苏州增加的速度最快，增加了大约 6 倍；在进口总额方面，上海增加的绝对金额最大，增加值大约为 660 亿美元，苏州增加的速度最快，增加了大约 6 倍。从年增长率来看，以 2005 年为例，长三角进出口总额的平均增长率为 26.84%。其中，泰州最高，为 53.5%，其次是苏州 36.2%，湖州 33.8%，其他大部分地区都在 20% 左右；长三角出口总额的增长率为 34.03%。其中，苏州最高，为 43.3%，其他大部分地区都在 30% 以上。

---

① 2005 年的十强县 11 个，这是由于太仓和吴江的综合发展指数相同，并列第 9。

表 2 - 6 2000—2005 年长三角对外贸易情况

指标 年份 地区	进出口总额			出口总额			进口总额		
	2000 （亿美 元）	2005 （亿美 元）	2005 /2000	2000 （亿美 元）	2005 （亿美 元）	2005 /2000	2000 （亿美 元）	2005 （亿美 元）	2005 /2000
长三角	1236.2	5025.4	4.07	671.2	2760.9	4.11	565.02	2264.57	4.01
上海市	547	1864	3.41	253.5	907.4	3.58	294	956	3.25
南京市	91	271	2.98	53.7	142.5	2.65	37	128	3.46
苏州市	201	1406	7.00	104.8	728	6.95	96	678	7.06
无锡市	60	292	4.87	33.7	156	4.63	26	136.5	5.25
常州市	28	83	2.96	18.6	62.2	3.34	9.6	22.1	2.30
镇江市	15	40	2.67	6.6	20.3	3.08	8	19.3	2.41
南通市	32	85	2.66	20.4	58	2.84	11.2	27.3	2.44
扬州市	11	28	2.55	6.1	19	3.11	5.1	8.85	1.74
泰州市	4.5	19.3	4.29	3.3	13.4	4.06	1.2	5.86	4.88
杭州市	105	299	2.85	69.7	198	2.84	35	101	2.89
宁波市	75	335	4.47	51.7	222.3	4.30	24	113	4.71
嘉兴市	27	99	3.67	18.9	70.4	3.72	8.4	28.8	3.43
湖州市	7	23	3.29	4.6	20	4.35	2.3	2.75	1.20
绍兴市	16.6	105	6.33	12.8	81.4	6.36	3.9	23.4	6.00
舟山市	4.7	12.1	2.57	4.1	10	2.44	0.56	2.14	3.82
台州市	11.4	64	5.61	8.7	52	5.98	2.76	11.57	4.19

资料来源：根据历年《长三角和珠三角及港澳统计年鉴》的相关数据整理计算。

经过多年的高速发展，目前，长三角地区的进出口贸易在全国具有十分重要的地位。从表 2 - 7 可以看出：在 2000—2005 年间，长三角地区进出口总额从 2000 年的 1236 亿美元增加到 2005 年的 5025 亿美元，占全国的比重日益增加，从 2000 年的 26.1% 增加到 2005 年的 35.3%；出口额从 2000 年的 671 亿美元增加到 2005 年的 2759 亿美元，占全国的比重从 2000 年的 26.9% 增加到 2005 年的 36.2%；进口额从 2000 年的 565 亿美元增加到 2005 年的 2265 亿美元，占全国的比重从 2000 年的 25.1% 增加到 2005 年的 34.3%。可见，进出口总额以及进口、出口总额都增加了 3 倍多，占全国的份额都超过

1/3。

表 2 - 7 2000—2005 年部分年份长三角对外贸易在全国的地位

	2000 年	2001 年	2003 年	2004 年	2005 年
进出口总额（亿美元）	1236	1381	2770	4012	5025
占全国的比重（%）	26.1	27.1	32.5	34.8	35.3
出口额（亿美元）	671	641	1413	2083	2760
占全国的比重（%）	26.9	24.1	32.3	35.1	36.2
进口额（亿美元）	565	740	1357	1929	2265
占全国的比重（%）	25.1	30.4	32.9	34.4	34.3

资料来源：根据历年《长三角和珠三角及港澳统计年鉴》的相关数据整理计算。

其实，在对外贸易规模日益扩大的同时，长三角地区的对外贸易商品结构也在不断优化。这里仅以江苏省为例，进行具体分析。

从江苏省出口商品结构来看，在 1998—2004 年间（见表 2 - 8），初级产品在出口中所占的比例呈下降趋势，1998 年所占比例为4.53%，2001 年下降到 3.26%，2004 年下降到 1.58%。工业制成品在出口中占绝对垄断地位且有日益加剧的态势，1998 年所占比例为95.47%，2001 年上升到 96.74%，2004 年上升到 98.42%。其中，按原料分类的制成品所占的比例一般都在 15%—20% 之间，但是表现为下降的趋势，所占份额从 1998 年的 20.38% 下降到 2004 年的14.98%；机械及运输设备所占的比例最大且表现为上升的趋势，所占份额从 1998 年的 31.54% 上升到 2004 年的 55.21%，2000 年首次成为出口最多的商品，2003 年所占出口份额首次超过 50%，在我国出口中占据并保持绝对的主导地位。

表 2 - 8 江苏省出口的商品结构

（单位:%）

	1998 年	1999 年	2000 年	2001 年	2002 年	2003 年	2004 年
总额	100	100	100	100	100	100	100
初级产品	4.53	4.13	3.26	3.26	2.51	1.92	1.58
食品及活动物	2.44	2.35	1.71	1.51	1.23	1.00	0.71
饮料及烟类	0.06	0.01	0	0	0	0.01	0.01

续表

	1998 年	1999 年	2000 年	2001 年	2002 年	2003 年	2004 年
非食用原料	1.25	1.14	0.98	0.87	0.71	0.55	0.46
矿物燃料、润滑油及有关原料	0.66	0.62	0.54	0.85	0.54	0.34	0.39
动植物油、脂及蜡	0.18	0.02	0.02	0.02	0.02	0.02	0.01
工业制成品	95.47	95.87	96.74	96.74	97.49	98.08	98.42
化学成品及有关产品	8.88	8.49	7.51	7.20	6.50	5.46	5.22
按原料分类的制成品	20.38	19.73	19.04	18.40	17.15	14.88	14.98
机械及运输设备	31.54	33.26	37.62	41.11	47.68	53.76	55.21
杂项制品	34.68	34.39	32.57	30.02	26.17	23.98	23.00

资料来源：根据历年《江苏统计年鉴》的相关数据整理计算。

从江苏省进口商品结构来看，在1998—2004年间（见表2-9），初级产品在进口中所占的比例呈下降趋势，1998年所占比例为12.33%，2002年下降到10.3%，2004年下降到9.28%。工业制成品在我国进口中占绝对垄断地位且有日益加剧的态势。1998年所占比例为87.67%，2003年上升到91.69%。其中，化学成品及有关产品所占的比例从1998年的11.01%上升到2004年的12.69%；按原料分类的制成品所占比例表现为大幅度下降的趋势，所占份额从1998年的19.74%下降到2004年的9.75%，下降了大约10个百分点；机械及运输设备所占的比例最大但表现为下降的趋势，所占份额从1998年的51.63%下降到2004年的48.85%，在我国进口中占据并保持绝对的主导地位；杂项制品所占份额从2000年之前的5%左右急剧上升到2003年的16.07%，2004年更高达19.43%，目前是我国第二大进口商品。

表2-9 江苏省进口的商品结构

（单位:%）

	1998 年	1999 年	2000 年	2001 年	2002 年	2003 年	2004 年
总额	100	100	100	100	100	100	100
初级产品	12.33	14.92	12.25	12.02	10.30	8.31	9.28
食品及活动物	1.16	0.90	0.35	0.34	0.28	0.21	0.24

续表

	1998 年	1999 年	2000 年	2001 年	2002 年	2003 年	2004 年
饮料及烟类	0.01	0.01	0	0	0	0	0
非食用原料	8.77	10.45	10.04	10.22	8.43	6.65	7.24
矿物燃料、润滑油及有关原料	1.95	3.14	1.65	1.30	1.23	1.10	1.28
动植物油、脂及蜡	0.45	0.42	0.20	0.15	0.37	0.35	0.52
工业制成品	87.67	85.08	87.75	87.98	89.70	91.69	90.72
化学成品及有关产品	11.01	15.28	15.40	15.06	13.81	12.39	12.69
按原料分类的制成品	19.74	20.87	18.21	16.11	12.87	10.84	9.75
机械及运输设备	51.63	43.75	48.75	49.86	50.85	52.40	48.85
杂项制品	5.25	5.16	5.38	6.93	12.17	16.07	19.43

资料来源：根据历年《江苏统计年鉴》的相关数据整理计算。

从上面的分析可以看出，江苏省的进出口结构日益集中于工业制成品，也可以说，我国进出口商品结构日益优化，特别集中于机械及运输设备，在进出口中占据绝对的主导地位。

（四）就业增加，工资水平提高，人民生活水平提高，政府财政收入增加

长三角地区的就业数量日益增加。从表 2 - 10 的数据可以看出：从就业人数来看，长三角地区的就业总人数从 1990 年的 4076 万人增加到 2000 年的 4640 万人，到 2005 年已经突破 5000 万，达到了 5097 万人；在 16 个市中，大部分地区的就业人数都增加了，少部分地区的就业人数下降了。从增加幅度来看，在 2000—2005 年间，长三角地区整体就业增加了大约 10%。其中，常州增加幅度最大，增加了大约 35%，其次是苏州增加了 27%，嘉兴增加了 24%，其他地区也都增加了不同的幅度（舟山和台州除外）。

表 2 - 10 1990—2005 年长三角地区就业情况

	1990 年（万人）	2000 年（万人）	2005 年（万人）	2005 年/2000 年
长三角	4076.47	4639.81	5096.71	1.10
上海市	787.77	828.35	863.32	1.04
南京市	277.29	266.77	316.69	1.19
苏州市	346.74	313.89	398.18	1.27
无锡市	244.99	221.07	289.2	1.31
常州市	186.06	179.36	241.46	1.35
镇江市	149.85	140.82	148.46	1.05
南通市	477.47	441.46	444.4	1.01
扬州市	244.32	221.93	236.45	1.07
泰州市	272.68	250.19	254.58	1.02
杭州市	363.49	408.11	481.1	1.18
宁波市	—	354.9	415.1	1.17
嘉兴市	213.32	193.73	240.83	1.24
湖州市	150.55	140.09	157.72	1.13
绍兴市	—	274.45	284.83	1.04
舟山市	54.71	64.21	55.72	0.87
台州市	307.23	340.48	268.67	0.79

资料来源：根据历年《长三角和珠三角及港澳统计年鉴》的相关数据整理计算。

长三角地区的人均 GDP 日益提高。从表 2 - 11 的数据可以看出：长三角地区整体的人均 GDP 从 1990 年的 2794 元增加到 2000 年的 19816 元，2005 年达到 37155 元，自从 1990 年以来，长三角地区整体的人均 GDP 增加了大约 12 倍。在 16 个市中，自从 1990 年以来，人均 GDP 增加倍数最多的地区是苏州，增加了大约 17 倍，增加倍数最少的地区是扬州市，增加了大约 9 倍，其他地区也都增加了 10 多倍。2005 年人均 GDP 最高的地区是上海，高达 67492 元，最低的地区是泰州，为 16366 元。

表 2 – 11　1990—2005 年部分年份长三角各地区人均 GDP 情况

	1990 年（元）	2000 年（元）	2004 年（元）	2005 年（元）	2005 年/1990 年
长三角	2794	19816	35040	37155	13
上海市	5910	34547	55307	67492	11
南京市	3472	18546	33050	40887	12
苏州市	3617	26692	57992	66766	18
无锡市	3865	27653	52825	60326	16
常州市	2935	17635	31665	37207	13
镇江市	2540	16967	29235	32597	13
南通市	1736	9374	15806	19060	11
扬州市	2048	10515	17359	20389	10
泰州市	1528	8082	14014	16366	11
杭州市	3310	22342	38858	44853	14
宁波市	2845	21786	39173	44156	16
嘉兴市	2582	16279	31506	34706	13
湖州市	2247	13445	22966	25030	11
绍兴市	2002	17237	30254	33283	17
舟山市	2538	11675	21855	28936	11
台州市	1531	12390	21177	22438	15

资料来源：根据历年《长三角和珠三角及港澳统计年鉴》的相关数据整理计算。

就业的增加和人均 GDP 的提高，直接导致了工资水平和居民可支配收入的提高，生活水平进一步提高，生活质量进一步改善。以 2005 年为例，长三角的情况是：长三角地区整体的在岗职工平均工资水平达到 24460 元。其中，上海最高为 31940 元，泰州最低为 15090 元，除镇江、南通和扬州之外，其他地区的数值都超过 20000 元。长三角各市居民可支配收入均超过万元。2005 年，长三角 16 个城市居民人均可支配收入全部突破万元大关。其中，上海居民的可支配收入水平最高，人均达到 18645 元；泰州居民收入水平最低，人均为 11122 元。常州市居民人均可支配收入达 14589 元，绝对额被南京（14997 元）超过，在 16 个城市中居第 12 位。除上海和南京外，其余可支配收入高于常州市的城市有台州（18313 元）、宁波（17408

元）、绍兴（17319 元）、杭州（16601 元）、苏州（16276 元）、无锡（16005 元）、湖州（15561 元）、嘉兴（15555 元）、舟山（15524 元）。在 2001—2005 年间，长三角地区城镇居民人均可支配收入从 2001 年的 10132 元增加到 2005 年的 15607 元，均高于同期全国的平均水平，一直是全国平均水平的 1.4 倍以上；长三角地区农村居民人均纯收入也从 2001 年的 4886 元增加到 2005 年的 7109 元，均高于同期全国的平均水平，一直是全国平均水平的 2 倍以上（见表 2 - 12）。

表 2 - 12　城镇居民人均可支配收入、农村居民人均纯收入情况

		2001 年	2002 年	2003 年	2004 年	2005 年
城镇居民人均可支配收入	长三角（元/人）	10132	10762	12087	13795	15607
	全　国（元/人）	6860	7703	8472	9422	10493
	长三角/全国	1.48	1.40	1.43	1.46	1.49
农村居民人均纯收入	长三角（元/人）	4886	5195	5604	6290	7109
	全　国（元/人）	2366	2476	2622	2936	3255
	长三角/全国	2.07	2.10	2.14	2.14	2.18

资料来源：根据历年《长三角和珠三角及港澳统计年鉴》的相关数据整理计算。

与此同时，政府的财政收入也在逐年增加。在 2000—2005 年间，长三角地区整体的财政收入从 2000 年的 1047 亿元增加到 2005 年的 3174 亿元，增加了 3 倍多。长三角各地区都表现为增加的态势，其中，上海增加的绝对金额最大，增加了大概 1000 亿元；其次是苏州和杭州；另外，湖州增加的速度最快，增加了大概 3 倍多，其他地区也都增加了 2 倍左右（见表 2 - 13）。

表 2 - 13　2000—2005 年长三角地区财政收入情况

	2000 年（亿元）	2005 年（亿元）	2005 年/2000 年
长三角	1046.7	3174.4	3.03
上海市	485.4	1417.4	2.92
南京市	89.1	211.1	2.37
苏州市	80.4	316.8	3.94
无锡市	55.9	181.7	3.25

续表

	2000 年（亿元）	2005 年（亿元）	2005 年/2000 年
常州市	32.3	95	2.94
镇江市	17.4	47.2	2.71
南通市	28.5	72	2.53
扬州市	16.3	50	3.07
泰州市	17	47	2.76
杭州市	69.2	250.5	3.62
宁波市	69.2	212.4	3.07
嘉兴市	19.2	66.8	3.48
湖州市	9.9	39.7	4.01
绍兴市	24.5	76.2	3.11
舟山市	6.2	18.2	2.94
台州市	26.2	72.4	2.76

资料来源：根据历年《长三角和珠三角及港澳统计年鉴》的相关数据整理计算。

从与珠三角、全国的对比来看，长三角地区财政收入的增加速度也是比较快的，在全国的地位日益提高。表 2 – 14 的数据显示：在 2001—2005 年间，长三角地区财政收入从 2001 年的 1322 亿元增加到 2005 年的 3174 亿元，珠三角地区的财政收入从 2001 年的 736 亿元增加到 2005 年的 1211 亿元，长三角每年的财政收入均大于珠三角，且二者的差距越来越大，2001 年长三角是珠三角的 1.8 倍，2005 年扩大到 2.62 倍；长三角地区财政收入占全国的比重从 2001 年的 8.07%增加到 2005 年的 10.04%，珠三角地区财政收入占全国的比重从 2001 年的 4.49%下降到 2005 年的 3.83%。

表 2 – 14　2001—2005 年长三角地区财政收入与珠三角、全国的比较

	2001 年	2002 年	2003 年	2004 年	2005 年
长三角（亿元）	1322	1553	1960	2413	3174
珠三角（亿元）	736	769	863	936	1211
全　国（亿元）	16386	18904	21715	26396	31628
长三角占全国的比重（%）	8.07	8.22	9.03	9.14	10.04
珠三角占全国的比重（%）	4.49	4.07	3.97	3.55	3.83

续表

	2001 年	2002 年	2003 年	2004 年	2005 年
长三角/珠三角	1.80	2.02	2.27	2.58	2.62

资料来源：根据历年《长三角和珠三角及港澳统计年鉴》的相关数据整理计算。

（五）地区间分工日益明确，集聚经济与特色经济日益形成

在对外开放的过程中，长三角地区之间不断加强合作，地区间分工日益明确，形成了各地经济合作紧密且各具特色的局面。在这个过程中，上海随着外资特别是大型跨国公司的大量进入和江苏、浙江两省民营经济的大量兴起，淘汰了大量纺织、服装、日用工业品等传统产业，迅速发展了电子信息、汽车制造、医药工业等新兴产业，提升了钢铁、石化、装备制造等重化工业。江苏在实施经济国际化战略以后，引进了大量外资企业，一方面提升了轻工、纺织等传统产业和机械制造工业水平，另一方面迅速发展了电子、通信、计算机及设备制造等新兴产业，并扩大了原有钢铁、化工等产业的规模。浙江则主要以民营经济为主，大力发展传统产业。

长三角各个城市已形成了具有自身比较优势的产业体系，如上海的以金融、证券、信息为代表的高层次服务业和以信息、汽车、电子、生物工程为代表的新兴工业，南京的石化、电子业，杭州的轻纺、旅游业，宁波的石化，舟山的海水捕捞和养殖都已经具有相当规模。从 16 个城市看，城市的专业化指数很高。例如，扬州和嘉兴的化学纤维制造业的专业化指数分别高达 11 和 10 以上，这表明化纤工业成为这些城市工业的重要支柱；还有舟山的农副食品制造业（专业化指数在 10 以上）、嘉兴的皮革制造业（专业化指数在 7 以上）、绍兴的纺织业（专业化指数在 6 以上）、泰州的医药业（专业化指数在 5 以上）、镇江的造纸业（专业化指数在 5 以上）等。[1] 可见，在这些城市区域已经形成了各类专业分工明晰的产业集群。

---

[1]　陈耀：《中国长三角地区的制造业集聚与分工》，载《学习与实践》2006 年第 8 期。

从三省市来看，目前，各地区均已形成了各具特色的聚集经济①：（1）浙江。全省目前已有 500 多个产业集群区。浙江在全省 28 个特色优势制造业中，销售收入占全国同行业比重超过 20% 的行业有 4 个，超过 10% 的达 13 个。"领带之乡"嵊州年产领带 2.8 亿条，占世界领带市场的 1/3；诸暨市大唐镇每年生产袜子 90 亿双，是全球最大的袜业基地；乐清市柳市镇在国内低压电器市场的占有率超过 1/3。（2）江苏。在以沪宁线为主干，两侧外延 50 公里左右、长约 300 公里的区域内形成了最有特色的产业集群区——宁沪信息产业带。在这个集群里，密集分布着苏州高新区、苏州工业园区、南京江宁开发区、无锡高新区、昆山开发区、吴江开发区、南京珠江路科技园区等一批以电子信息类项目为主体、年销售收入超过百亿元的信息产业园区。江苏全省八成以上的信息产业产值、15% 的工业总产值均出于此。近年江苏纺织服装出口平均每年增长 40% 以上，已形成一个庞大的纺织服装生产集群。（3）上海。上海制造业已形成四大集聚区，即东部微电子产业带、南部化工工业区、西部国际汽车城、北部精品钢材基地。上海化工区总投资金额超过了 80 亿美元，30 家企业几乎全是外商独资或中外合资，世界三大化工巨头英国石油、德国拜耳和巴斯夫公司在该园区集聚投资。浦东微电子产业带，目前建成或在建的微电子项目达到 66 个。其中，有 8 家投资额过亿美元的企业，分别是中芯国际（30 亿美元）、宏力（16.3 亿美元）、华虹 NEC（12 亿美元）、泰隆（10 亿美元）、英特尔（5 亿美元）、IBM（3 亿美元）、威宇（2 亿美元）、贝岭（1.3 亿美元）。

目前，对长三角地区制造业结构有一种主流观点，即"严重同构"。但是，通过对大量统计资料进行分析，有关研究发现②：严重同构只存在于长三角地区三次产业结构这样的宏观层次上，而制造业结构这样的中观层次并没有"严重同构"，充其量只是出现了一定程

---

① 陈耀：《中国长三角地区的制造业集聚与分工》，载《学习与实践》2006 年第 8 期。

② 靖学青：《长三角地区制造业结构趋同分析》，载《改革》2004 年第 2 期。

度的趋同现象；如果深入到制造业产品结构，则这种趋同现象程度更轻。

综上所述，自浦东开发开放以来，长三角地区的开放型经济得到了飞速发展，事实上已经形成了有别于珠三角的、以上海为龙头、苏浙为两翼的世界级先进制造业聚集区域，在中国经济乃至世界经济中都扮演了重要的角色。

参考文献

1. 陈耀：《中国长三角地区的制造业集聚与分工》，载《学习与实践》2006 年第 8 期。

2. 樊纲、张泓骏：《长三角与珠三角经济发展与体制改革的比较研究》，载《学术研究》2005 年第 4 期。

3. 方勇、张二震：《长三角跨国公司主导型产业集聚研究》，载《世界经济研究》2006 年第 10 期。

4. 靖学青：《长三角地区制造业结构趋同分析》，载《改革》2004 年第 2 期。

5. 王芬、陈益文：《长三角与珠三角电子信息产业发展的比较分析》，载《中国信息导报》2005 年第 10 期。

6. 王益澄：《长三角与珠三角经济发展特征比较》，载《长江流域资源与环境》2001 年第 2 期。

7. 卫海英、赵礼民：《珠三角与长三角品牌建设现状比较分析》，载《统计研究》2005 年第 2 期。

8. 徐康宁等：《长三角城市群：形成、竞争与合作》，载《南京社会科学》2005 年第 5 期。

9. 张二震、安礼伟：《长三角地区跨国公司发展态势研究》，载《南京师大学报》2006 年第 5 期。

10. 张二震、方勇：《长三角一体化与苏南竞争力》，载《江海学刊》2005 年第 5 期。

（执笔：魏浩）

第三章 贸易投资一体化格局下区域内部经济协调发展

　　根据联合国贸发会议资料显示，20 世纪 90 年代初期，全球直接投资的流量每年大约在 2000 亿美元左右，到 1995 年就上升到 3250 亿美元，1997 年突破 4000 亿美元，2000 年突破 1 万亿美元大关，其后虽然有所下降，但 2005 年直接投资流量还是达到 7787 亿美元。国际投资的发展速度超过了国际贸易的发展速度，而且两者还表现出高度融合、相互依赖、共生发展、合为一体的趋势，贸易投资一体化（张二震等，2004）的格局在全球已经初步形成。

　　在中国，经济最为发达的长三角经济区，从 1983 年的上海经济区，即以上海为中心，包括长三角的苏州、无锡、常州、南通和杭州、嘉兴、湖州、宁波、绍兴 10 城市，到 2003 年浙江台州最后加入，前后共经历了 20 年。漫长的历史沿革过程和区域一体化过程的扩张，使得这一经济圈的整体实力与日俱增。如表 3 - 1 所示，从总量来看，长三角地区，利用 FDI 将近全国的半壁江山，进出口总额占 1/3 强，固定资产投资约 6%，创造的 GDP 近乎 1/5。这样的成绩在中国经济发展史上不能不谓之"奇迹"。

表 3 - 1　2006 年主要经济指标比较

	全国	长三角	长三角占全国的比重（%）
GDP（亿元）	209407	39526	18.88
固定资产投资（亿元）	109870	6257.17	5.70
进出口（亿美元）	17607	6257.17	35.54
FDI（亿美元）	694.7	315.58	45.43

数据来源：根据 2006 年国家及 16 个城市《国民经济和社会发展统计公报》的相关数据计算而得。

　　然而，在长三角地区作为一个整体经济高速增长的同时，也出现了很多国际区域一体化进程中所面临的地区发展不均衡问题。2006年，上海 GDP 超万亿元，达 10297 亿元，而舟山为 333 亿元，仅占上海的 3%；舟山固定资产投资 219 亿元，仅占上海的 5.6%。外向型经济指标水平更是大相径庭，2006 年，长三角内部 FDI 最高的上海是最少的舟山的 50 多倍，进出口贸易总额舟山仅为上海的 1%。①面对如此悬殊的经济发展水平和利用外资水平，长三角经济圈整体是否具有长期稳定的均衡状态呢？成员之间的经济差异性和不均衡的发展速度，究竟会呈发散还是收敛状态呢？这是本章重点研究的问题。

一、长三角贸易投资一体化程度的实证分析

　　贸易和投资都呈现出快速增长的势头，是否就可以断定贸易和投资存在共生发展、互为因果，表现出贸易投资一体化的趋势呢？由于贸易和投资是时间序列数据，都呈现出随时间变换而上升的趋势，因此为防止它们之间存在谬误回归，必须要对按照时间序列的数据处理方式进行 Granger 因果检验来确定两者之间的关系。Jun 和 Singh（1996）研究了 1969—1993 年间 11 个世界最大引资国的出口和 FDI 之间的关系。其中有四个国家，即泰国、厄瓜多尔、葡萄牙和希腊都

———————

　　①　2006 年，上海市实际利用外资和进出口贸易额分别为 71.07 亿美元和 2274.89 亿美元，舟山仅为 1.3 亿美元和 27.1 亿美元。

显示出口是 FDI 的 Granger 原因，而只有一个国家，即新加坡显示出口是 FDI 显著的 Granger 原因。其余六国：哥伦比亚、哥斯达黎加、埃及、马来西亚、墨西哥以及尼日利亚显示出口和 FDI 之间不存在显著的 Granger 因果关系。Pfaffermayr（1994）运用 Granger 因果关系模型，发现奥地利的 FDI 和出口之间存在显著的互补关系。Goldberg 和 Klein（1998）研究日本和美国的对外直接投资对拉美国家和东南亚国家进出口的影响，发现资本流动与双边贸易之间存在互补性。联合国贸易和发展委员会为研究 FDI 流入量和出口效果的关系，就 52 个发达国家和发展中国家的 1995 年截面数据进行计量分析。研究结果表明，FDI 与制成品出口有显著的正相关关系。Zhang（2001）研究结果表明，在高 FDI 的沿海地区，FDI 与出口有着显著的双向因果关系；在中 FDI 地区，出口或出口潜力引起了 FDI；而在低 FDI 地区，FDI 对于出口发展起决定作用。这些研究结果表明，贸易投资一体化的格局在全球特别是发达国家和新兴发展中国家已经形成。

利用上述方法，我们对长三角地区进行实证分析，以确定长三角地区贸易投资一体化发展的程度。本节对于 FDI 与进出口贸易的实证分析将按以下顺序进行：

1. 对所有时间变量序列进行相关性检验。

2. 对保留的时间序列变量进行平稳性检验，本文采用的是 ADF（Augmented Dickey-Fuller）单位根检验。

3. 如果第二步的检验结果是平稳的，则利用 VARL（Vector Autoregression in Levels）模型，进行 Granger 因果关系检验；如果结果是非平稳的，则进行协整关系检验。如果协整关系存在，则利用 VEC（Vector Error Correction）模型进行 Granger 因果关系检验，并分析变量间存在的长期和短期因果关系；如果协整关系不存在，则对时间序列数据进行差分，利用 VARD（Vector Autoregression in Differences）模型进行因果关系检验。

4. 对于存在因果关系的变量，根据因果关系的顺序，确定自变量和因变量，进行回归分析，确定 FDI 与进出口贸易之间的关系。

（一）长三角地区 FDI 与进出口贸易的相关性检验

我们选择外商直接投资（FDI）、进出口（FT）、出口（EX）、进口（IM）四个变量进行研究，首先来分析不同变量之间的相关性，以便为后面的分析做准备。

我们通过 Eviews5.0 软件得出如表 3－2 的相关系数矩阵。由表 3－2我们可以看出，在我们所选的变量中，其原始数量对数化后都呈现高度的相关性，这说明改革开放使得长三角地区外向型经济变量之间的联系紧密。

表 3－2 下半部分反映的是变量自然增长率之间的相关关系，我们可以清晰地看到其明显低于与原始数量之间的相关系数。

表 3－2 原始数量以及自然增长率之间相关性矩阵

变量	*LEX*	*LFDI*	*LFT*	*LIM*
LEX	1.0000	0.8514	0.9995	0.9972
LFDI	0.8514	1.0000	0.8556	0.8631
LFT	0.9995	0.8556	1.0000	0.9991
LIM	0.9972	0.8631	0.9991	1.0000
变量	*RLEX*	*RLFDI*	*RLFT*	*RLIM*
RLEX	1.0000	0.0417	0.8797	0.4177
RLFDI	0.0417	1.0000	0.1476	0.2511
RLFT	0.8797	0.1476	1.0000	0.7986
RLIM	0.4177	0.2511	0.7986	1.0000

数据来源：根据《江苏统计年鉴》、《浙江统计年鉴》和《上海市统计年鉴》1991—2006 年的相关数据，利用 Eviews5.0 软件计算而得。*LEX*、*LFDI*、*LFT*、*LIM* 分别表示出口、FDI、进出口和进口的对数值；*RLEX*、*RLFDI*、*RLFT* 和 *RLIM* 则表示对应变量的自然增长率。

（二）长三角 FDI 与进出口贸易的平稳性检验

传统上，我们在考察时间序列模型的时候，一般先从已知的相关理论出发设定模型形式，再由样本数据估计模型中的参数。这种方法使建模过程对相关理论有很强的依赖性。20 世纪 70 年代末起，以英国计量经济学家 Hendry 为代表，将理论和数据信息有效结合，提出

了动态计量经济学的理论和方法，为时间序列模型的发展带来了巨大的动力。由于有些时间序列自身非平稳，如果直接对其进行回归处理，则很可能导致谬误回归，这就对时间变量序列的平稳性提出了新的要求。这里，我们采用的是 ADF（Augmented Dickey-Fuller）单位根检验。

1. ADF 单位根检验方法

如果一个时间序列的均值或自协方差函数随时间而改变，那么这个序列就是非平稳时间序列。我们采用的 ADF 检验方法是 DF 检验的扩展式。是基于序列存在高阶滞后相关而破坏了随机扰动项 ε_t 是白噪声的假设。扩展后的 DF 检验方程假定 y_t 服从 p 阶自回归过程，检验方程为：

$$\Delta y_t = \gamma y_{t-1} + \xi_1 \Delta y_{t-1} + \xi_2 \Delta y_{t-2} + K + \xi_{p-1} \Delta y_{t-p+1} + \varepsilon_t \qquad (3.1)$$

p 为滞后阶数，一般选取能保证 ε_t 是白噪声的最小的 p 值。此方程也可以进行截距项和时间趋势项的扩展：

$$\Delta y_t = c + \gamma y_{t-1} + \xi_1 \Delta y_{t-1} + \xi_2 \Delta y_{t-2} + K + \xi_{p-1} \Delta y_{t-p+1} + \varepsilon_t \qquad (3.2)$$

$$\Delta y_t = c + \delta_t + \gamma y_{t-1} + \xi_1 \Delta y_{t-1} + \xi_2 \Delta y_{t-2} + K + \xi_{p-1} \Delta y_{t-p+1} + \varepsilon_t \qquad (3.3)$$

2. 各时间序列变量的单位根检验

我们通过 Eviews 软件进行分析，发现 *LEX*、*LFDI*、*LFT* 和 *LIM* 都有非零均值和明显的时间趋势。因此，我们选取包含截距项和时间趋势项的检验方程（3.3）。结果如表 3-3。

从单位根检验的结果我们可以看出，对应变量的一阶差分序列都是单整序列 $I(1)$，可以直接利用 VARL 进行因果关系检验。而原始变量只有 FDI 对数序列滞后一期为 $I(0)$，其他的外向型经济变量都是非平稳序列，考虑到我们研究的需要，接下来我们对原始变量的对数序列进行协整分析和 Granger 因果关系检验。

表 3-3　原始变量及其一阶差分序列 ADF 单位根检验结果

变量	检验类型	*ADF* 统计量	临界值 1%	临界值 5%	临界值 10%	*AIC* 值	*D.W.* 值	结果
LEX	$(C, T, 5)$	-2.8714	-5.2735	-3.9948	-3.4455	-2.6413	2.7323	非平稳
LFDI	$(C, T, 1)$	-9.5256	-4.8025	-3.7921	-3.3393	-0.8198	1.3013	平稳***

续表

变量	检验类型	*ADF* 统计量	临界值 1%	临界值 5%	临界值 10%	*AIC* 值	*D. W.* 值	结果
LFT	$(C, T, 1)$	-2.3820	-4.8025	-3.7921	-3.3393	-1.9809	1.9525	非平稳
LIM	$(C, T, 1)$	-2.3826	-4.8025	-3.7921	-3.3393	-1.3504	2.2021	非平稳
RLEX	$(C, 0, 6)$	-2.8845	-4.4613	-3.2695	-2.7822	-1.7480	1.8858	平稳*
RLFDI	$(C, T, 1)$	-4.1809	-4.8870	-3.8288	-3.3588	-0.6448	2.2369	平稳**
RLFT	$(C, 0, 1)$	-2.9625	-4.0681	-3.1222	-2.7042	-1.7631	1.9682	平稳*
RLIM	$(C, 0, 1)$	-3.2302	-4.0681	-3.1222	-2.7042	-1.0451	1.7690	平稳**

注：检验类型中 (C, T, P) 分别表示包含常数项、趋势项和滞后的阶数；*LEX*、*LF-DI*、*LFT*、*LIM* 分别表示出口、FDI、进出口和进口的对数值；*RLEX*、*RLFDI*、*RLFT* 和 *RLIM* 分别表示对应变量的自然增长率（即一阶差分）；*、**、*** 分别表示在 10%、5% 和 1% 的显著水平上拒绝零假设。

（三）长三角 FDI 与进出口贸易的协整分析

我们研究的时间序列 *LEX*、*LFDI*、*LFT* 和 *LIM*，虽然它们自身非平稳，但其一阶差分序列却平稳，即为一阶单整序列。这个线性组合反映了变量之间长期稳定的比例关系，称为协整关系。如果对存在相关性的一组序列进行差分处理，则可能会使结果产生严重偏差，因为显示序列自身重要性的水平项将被剔除在外。（Engel 和 Granger，1987）

1. 协整的定义及检验方法

Engle 和 Granger（1987）提出，如果时间序列 y_{1t}，y_{2t}，L，y_{nt} 都是 d 阶单整，即 $I(d)$，存在一个向量 $\alpha = (\alpha_1, \alpha_2, L, \alpha_n)$，使得 $\alpha y'_t: I(d-b)$，这里 $y_t = (y_{1t}, y_{2t}, L, y_{nt})$，$d \geq b \geq 0$。则称序列 y_{1t}，y_{2t}，L，y_{nt} 是 $(d-b)$ 阶协整，记为 $y_t: CI(d, b)$，α 为协整向量。

Engel 和 Granger（1987）提出的两步法仅能处理两个同阶单整序列之间的协整关系，而无法实现多变量之间的协整关系的检验。Johansen 和 Juselius（1990）提出的最大似然法是目前最可靠的检验多重变量协整关系的方法。其协整方程可以由 p 阶 VAR 模型推导而得。

对 p 阶 VAR 模型有：

$$y_t = A_1 y_{t-1} + L + A_p y_{t-p} + BX_t + \varepsilon_t \qquad (3.4)$$

其中，y_t 是 m 维非平稳 I（1）序列，X_t 是 d 维确定性变量，ε_t 是 Innovation 向量，经过变形可以将其改为：

$$\Delta y_t = \sum_{i=1}^{p-1} \Omega_i \Delta y_{t-1} + \Phi y_{t-1} + BX_t + \varepsilon_t \qquad (3.5)$$

其中，$\Omega_i = -\sum_{j=i+1}^{p} A_j \qquad \Phi = \sum_{i=1}^{p} A_i - I_m$

由于经过一阶差分的内生变量向量中各序列都是平稳的，所以，若构成 Φy_{t-1} 的各向量都是 I（0）时，才能保证 ε_t 是平稳过程。因此，可得系数矩阵的秩满足 $0 < R（\Phi）= r < m$，此时，存在两个 $m \times r$ 阶矩阵 α 和 β，使得

$$\Phi = \alpha\beta' \qquad (3.6)$$

其中，两个分解矩阵的秩都是 r。我们接下来使用的检验方程和前面的单变量时间序列一样，可以分为以下五类：

（1）序列 y 没有确定性趋势且协整方程无截距项：

$$H_2(r): \Phi y_{t-1} + BX_t = \alpha\beta' y_{t-1} \qquad (3.7)$$

（2）序列 y 没有确定性趋势且协整方程有截距项：

$$H_1^*(r): \Phi y_{t-1} + BX_t = \alpha(\beta' y_{t-1} + \rho_0) \qquad (3.8)$$

（3）序列 y 有确定性趋势，但协整方程只有截距项：

$$H_1(r): \Phi y_{t-1} + BX_t = \alpha(\beta' y_{t-1} + \rho_0) + \alpha^* \gamma_0 \qquad (3.9)$$

（4）序列 y 和协整方程都有线性趋势：

$$H^*(r): \Phi y_{t-1} + BX_t = \alpha(\beta' y_{t-1} + \rho_0 + \rho_1 t) + \alpha^* \gamma_0 \qquad (3.10)$$

（5）序列 y 有二次趋势且协整方程有线性趋势：

$$H(r): \Phi y_{t-1} + BX_t = \alpha(\beta' y_{t-1} + \rho_0 + \rho_1 t) + \alpha^* (\gamma_0 + \gamma_1 t)$$

$$(3.11)$$

其中，α^* 是 $m \times（m-r）$ 阶矩阵，并且满足 $\alpha'\alpha^* = 0$ 且 $rank$（$|\alpha|\alpha^*|$）$= m$。

2. 检验结果分析

我们首先利用 Eviews5.0 软件建立 VAR 模型，然后对其结果进行协整关系检验。按照 Engle 和 Granger 提出的"两步法"以及

Johansen 和 Jeselius 提出的最大似然法分别对双变量和多变量进行协整关系检验,结果如表 3 - 4 和表 3 - 5。

表 3 - 4　长三角地区外向型经济变量对数值双变量协整关系检验结果

协整变量	模型	滞后阶数	特征值	似然比	临界值 5%	临界值 1%	协整方程个数
(LEX , LFT)	5	(1, 1)	0.76	25.20	18.17	23.46	r = 0**
			0.32	5.49	3.74	6.40	r≤1*
(LEX , LIM)	5	(1, 1)	0.71	21.85	18.17	23.46	r = 0*
			0.29	4.72	3.74	6.40	r≤1*
(LFDI , LFT)	5	(1, 1)	0.95	45.25	18.17	23.46	r = 0**
			0.27	4.48	3.74	6.40	r≤1*
(LFDI , LIM)	5	(1, 1)	0.94	44.20	18.17	23.46	r = 0**
			0.27	4.42	3.74	6.40	r≤1*
(LFT , LIM)	5	(1, 1)	0.68	20.34	18.17	23.46	r = 0*
			0.26	4.19	3.74	6.40	r≤1*

注:根据《江苏统计年鉴》、《浙江统计年鉴》和《上海市统计年鉴》1991—2005 年的相关数据,利用 Eviews5.0 软件计算而得;*、** 分别表示在 5% 和 1% 的显著水平下拒绝零假设;r = 0 表示零假设为不存在协整关系,r≤1 表示零假设为存在最多一个协整关系。

从表 3 - 4 检验结果可以看出,我们所选择的外向型经济变量之间,其似然比全部超过显著水平为 5% 的临界值,有超过 50% 的超过显著水平为 1% 的临界值。这说明他们之间都存在协整关系。接下来我们检验多变量协整关系,我们在协整变量的选取上采用了 LFDI 和其余三个变量随机组合的方法,由于样本空间的限制,我们仅能选取 3 个变量进行组合,即每一组变量都包含 LFDI,然后在余下的三个变量中选取两个。检验结果如表 3 - 5。我们发现,同表 3 - 4 的双变量协整相比,与 FDI 相关的变量都与 FDI 呈现更强的协整关系。所有变量组都能在 1% 的显著水平上拒绝最多一个协整关系的零假设,这说明,FDI 与任意两个外向型经济变量之间都存在长期均衡关系。这就为我们接下来的 Granger 因果关系检验做了很好的前期准备工作,大大减轻了我们后续的工作量。

表 3 − 5　长三角地区外向型经济变量对数值多变量协整关系检验结果

协整变量	模型	滞后阶数	特征值	似然比	临界值 5%	临界值 1%	协整方程个数
(LFDI, LFT, LEX)	5	(1, 1)	0.95	72.54	34.55	40.49	r = 0 **
			0.82	29.67	18.17	23.46	r ≤ 1 **
			0.34	5.75	3.74	6.40	r ≤ 2 *
(LFDI, LEX, LIM)	5	(1, 1)	0.95	70.26	34.55	40.49	r = 0 **
			0.80	27.52	18.17	23.46	r ≤ 1 **
			0.31	5.29	3.74	6.40	r ≤ 2 *
(LFDI, LFT, LIM)	5	(1, 1)	0.95	69.12	34.55	40.49	r = 0 **
			0.78	26.38	18.17	23.46	r ≤ 1 **
			0.31	5.19	3.74	6.40	r ≤ 2 *

注：根据《江苏统计年鉴》、《浙江统计年鉴》和《上海市统计年鉴》1991—2005 年的相关数据，利用 Eviews5.0 软件计算而得；*、** 分别表示在 5% 和 1% 的显著水平下拒绝零假设；r = 0 表示零假设为不存在协整关系，r ≤ 1 表示零假设为存在最多一个协整关系，r ≤ 2 表示零假设为存在最多两个协整关系。

（四）长三角 FDI 与进出口贸易的 Granger 因果关系检验

我们前面检验了变量之间的相关关系和协整关系，强相关性并不一定说明与其趋势值相关，有可能这种相关性完全来自于变量之间的短期关联，也就是说，强相关性并不意味着变量之间必然存在某种长期稳定的协整关系，这也就是我们刚刚进行协整检验的缘由。我们在前面检验了变量之间的协整关系，但是谁因谁果仍然无法确定。因果检验可以看出变量之间是长期稳定的还是短期波动的关系，因为协整关系是长期关系，而因果关系可以是长期的也可以是短期的，长期稳定的因果关系是协整关系，短期波动的因果关系可能不具备因果关系。

接下来我们利用 VEC 模型进行 Granger 因果关系检验，以便确定变量之间的因果方向，为接下来进行回归分析确定被解释变量和解释变量的顺序。

在接下来的分析中，我们会涉及一些表示因果关系的方法，提前定义如下：

"A⇒B" 表示 A 是 B 的 Granger 原因，"A⇔B" 表示 A 和 B 互为

Granger 因果。

变量与 FDI 之间因果关系检验结果如表 3 - 6。表 3 - 6 综合了 FDI 与出口、进口和进出口三对因果关系的检验结果，下面我们逐一进行分析。

第一，FDI 与出口 EX 之间的长短期因果关系。从 VEC 模型 I 来看，F 统计值均大于 5% 置信度的 F 值（3.69），对数似然函数值也较高，表明模型整体拟合优度较高。模型中代表长期稳定的协整关系且因果顺序为 FDI⇒出口的误差修正项 $CointEq1$ 为 0.86，且 t 值为 3.63，大于 1% 置信度的 t 值（2.90），而因果顺序为出口⇒FDI 的误差修正项为 0.07，t 值也仅为 1.29，统计不显著。综合分析表明，长三角地区 FDI 是出口的 Granger 原因，回归系数较大说明出口受 FDI 波动影响较大，说明长三角地区 FDI 在相当程度上投资于出口型行业，对当地的出口带动作用十分明显。模型中代表短期关系且因果顺序为 FDI⇒出口的回归方程交叉项 D（$LFDI$（-2））的 t 值（1.57）大于 D（$LFDI$（-1））（1.01），这表明滞后两期的 FDI 对出口的影响要明显，这说明外商投资企业从外资到账到实际运作之间存在较长的过渡期，大约为两年。而因果顺序为出口⇒FDI 的交叉项 D（LEX（-2））和 D（LEX（-1））统计不显著，不存在因果关系。

第二，FDI 与进出口之间的长短期因果关系。从 VEC 模型 II 来看，F 统计值显著，对数似然函数值足够大，方程整体拟合较好。模型中代表长期稳定的协整关系且因果顺序为 FDI⇒进出口的误差修正项 $CointEq1$ 为 - 0.08，且 t 值为 - 2.49，绝对值大于 5% 置信度的 t 值（1.86），而因果关系为进出口⇒FDI 的误差修正项 t 统计值不显著。综合分析表明，长三角 FDI 是进出口的 Granger 原因，系数不大说明进出口受 FDI 波动影响不大，而前面分析认为出口受 FDI 影响较大，这似乎前后矛盾。然而，我们认为这正好说明 FDI 通过其进口的稳定作用，可以熨平进出口总额的波动。而代表短期关系且因果关系为 FDI⇒进出口的回归方程交叉项 D（$LFDI$（-2））t 统计值（2.79）较 D（$LFDI$（-1））t 值（- 0.69）大，这说明滞后两期的 FDI 对进出口的短期影响要显著于滞后一期的效果，这同样说明 FDI

真正投产运行需要一定的过渡期。

表 3-6　VEC 模型因果关系检验结果

VEC 模型 I	CointEq1	D (LEX (-1))	D (LEX (-2))	D (LFDI (-1))	D (LFDI (-2))	F 统计值	对数似然函数值
D (LEX)	0.86	0.12	-0.40	0.10	0.10	5.46	15.87
t 值	3.63	0.42	-1.30	1.01	2.57		
D (LFDI)	0.07	0.13	0.63	0.27	-0.06	4.23	10.35
t 值	1.29	0.30	1.35	1.82	-0.60		

VEC 模型 II	CointEq1	D (LFDI (-1))	D (LFDI (-2))	D (LFT (-1))	D (LFT (-2))	F 统计值	对数似然函数值
D (LFDI)	-0.52	0.28	0.06	-0.51	0.58	7.66	13.44
t 值	-0.45	-0.07	-0.58	-1.24	-1.38		
D (LFT)	-0.08	0.01	0.06	0.29	-0.43	6.69	15.26
t 值	-2.49	-0.69	2.79	-0.80	-1.18		

VEC 模型 III	CointEq1	D (LFDI (-1))	D (LFDI (-2))	D (LIM (-1))	D (LIM (-2))	F 统计值	对数似然函数值
D (LFDI)	-0.50	0.34	0.22	-0.94	-0.16	7.20	13.10
t 值	-1.69	4.03	1.52	-2.03	-0.44		
D (LIM)	-0.24	0.12	0.09	-0.52	-0.34	1.63	14.07
t 值	-2.39	1.55	0.68	-1.20	-1.03		

资料来源：根据《江苏统计年鉴》、《浙江统计年鉴》和《上海市统计年鉴》1991—2006 年的相关数据，利用 Eviews5.0 软件计算而得。

　　第三，FDI 与进口之间的长短期因果关系。从 VEC 模型 III 来看，F 统计值只有 D (LFDI) 显著，对数似然函数值足够大，方程整体拟合较好。模型中代表长期稳定的协整关系且因果顺序为 FDI⇒进口的误差修正项 CointEq1 为 -0.24，t 统计值为 -2.39，在 5% 的水平上显著，说明 FDI 是进口增长的原因。对应的因果顺序为进口⇒FDI 的误差统计项 CointEq1 为 -0.50，t 统计值为 -1.69，统计不显著，说明进口不是 FDI 的 Granger 原因，进而说明进入长三角的 FDI 不是"关税引致"型，与贸易不是相互替代关系。代表短期关系且因果方

向为 FDI⇒出口和进口⇒FDI 的回归方程交叉项都不显著,说明 FDI 与进口之间不存在短期因果关系。

实证研究表明,长三角地区 FDI 既是该地区出口贸易的 Granger 原因,也是进口贸易的 Granger 原因。这说明,长三角地区大量引进的 FDI 促进了该地区进出口贸易的发展。这些趋势表明长三角地区的贸易投资一体化格局已经初步形成。

二、贸易投资一体化背景下长三角内部经济收敛性分析

目前,长三角地区贸易投资一体化已显端倪,长三角地区通过吸引外资极大地促进了其经济发展。但是,在贸易投资一体化背景下,长三角地区内部的经济发展是否平衡,抑或是扩大了内部的经济发展差距?为了讨论这个问题,首先得按照一定标准对长三角内部进行板块划分。如表 3-7 所示,我们按照 16 年来,实际利用 FDI 的总量规模将 16 个城市划分为五大板块:上海、苏州为第一板块,其实际利用 FDI 总量超过 200 亿美元;无锡、宁波、南京为第二板块,其实际利用 FDI 总量在 100 亿—200 亿美元之间;杭州、常州、南通、镇江为第三板块,其实际利用 FDI 总量在 50 亿—100 亿美元之间;嘉兴、扬州、绍兴、湖州、泰州为第四板块,其实际利用 FDI 总量在 10 亿—50 亿美元之间;台州、舟山为第五板块,其实际利用 FDI 总量不足 10 亿美元。

表 3-7 长三角地区按实际利用 FDI 总量规模划分板块

(单位:亿美元)

第一板块	上海	584.418		嘉兴	46.143
	苏州	456.317		扬州	36.750
第二板块	无锡	182.803	第四板块	绍兴	36.645
	宁波	122.287		湖州	26.101
	南京	121.130		泰州	19.340

					续表
	杭州	81.573		台州	3.030
第三板块	常州	71.311	第五板块		
	南通	68.578		舟山	2.201
	镇江	59.708			

资料来源：根据《中国统计年鉴》、《江苏统计年鉴》、《浙江统计年鉴》和《上海市统计年鉴》1991—2006 年的相关数据计算而得。

（一）长三角内部五大板块的具体分析

根据表 3 - 7 的划分结果，我们将各板块的动态演进情况体现在图 3 - 1 至图 3 - 5 的双轴线中，根据各板块对应的图示逐一进行分析。

第一板块，上海、苏州两地。在整个长三角地区中，这两个城市是最具有经济领导作用的，这一作用不仅表现在开放程度和投资环境的领先，还表现在总量的庞大和由此导致的局部变动对于整体影响效果很明显。上海，在整个长三角，甚至是全国的经济发展中占据了得天独厚的优势——地理上的和政策上的，这一龙头带动作用在实际利用 FDI 上同样十分明显；苏州，作为中国最富活力和经济最发达的城市之一，由于昆山、张家港、常熟、吴江、太仓外向型经济全面开花，使得这一地区和上海在长三角经济圈中共同担当了利用 FDI 的领头羊角色。我们可以从图 3 - 1 中清晰地看到这种龙头作用：两地区的总量变化趋势和长三角整体的演变有着惊人的一致性，同样经历了五个阶段性调整过程。这一现象在很大程度上说明，无论是宏观经济政策的变动还是外部经济环境的变动带来的经济波动，首先影响的是在一地区经济发展中最具影响力的地区；同时，由于此类经济体在总体中的影响非同寻常。因此，其波动对整体经济的影响也是巨大的。

第二板块，无锡、宁波、南京三地。这三个城市的经济发展和对外开放程度都与历史有着深厚的渊源。无锡作为中国民族资本诞生地之一，从发展的初期就具有了交换的要求，受外部经济影响相对较早；宁波在鸦片战争后的《南京条约》中被开辟为五大通商口岸之一，客观上加快了其对外开放的进程；南京作为历史上长江中下游的

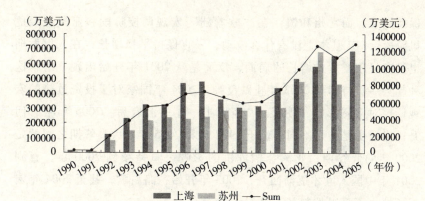

图3－1　200亿美元规模以上地区实际FDI演变趋势

资料来源：根据《江苏统计年鉴》和《上海市统计年鉴》1991—2006年的相关数据计算而得。

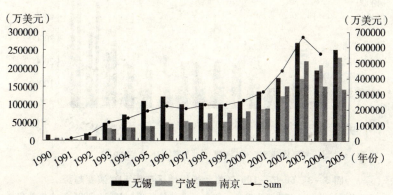

图3－2　100亿—200亿美元规模地区实际FDI演变趋势

资料来源：根据《江苏统计年鉴》和《浙江统计年鉴》1991—2006年的相关数据计算而得。

政治、经济中心，其地位不言而喻。历史的积累在改革开放政策的作用下将该板块推至长三角经济圈的龙颈位置。其实际利用FDI的动态变化趋势和总体还是基本一致的，基本体现了1990年以来不同的政策和外部经济波动对于FDI的影响。

第三板块，杭州、常州、南通、镇江四地。这一板块与前两板块明显不同，其波动除了总体符合五大阶段性特点之外，还呈现出具有自身特点的非稳态变化。其中，杭州的动态变化基本上和长三角总体

保持同步；而常州和镇江在"软着陆"宏观调控阶段和亚洲金融危机阶段，FDI基本上没有什么波动，一直保持平稳增长，在入世后期也没有呈现爆发式增长的局面，反而是从2001年开始出现下滑，这种趋势一直持续到2003年止跌反弹，2004年国家对于投资过热的宏观调控对常州影响很明显，① 经历了一年的沉寂后，2005年略有回升；南通更是与众不同，位于1997年和2005年两大高峰期之间的是2000年的低谷期，亚洲金融危机的影响一直持续到2000年，直到2001年中国入世才逐渐回升，2003年开始一路高歌，甚至2004年宏观调控也不足以控制其上升的势头。

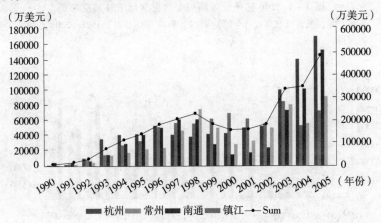

图3－3　50亿—100亿美元规模地区实际FDI演变趋势

资料来源：根据《江苏统计年鉴》和《浙江统计年鉴》1991—2006年的相关数据计算而得。

　　第四板块，嘉兴、扬州、绍兴、湖州、泰州五地。该板块受历史和现实因素影响，没有经历高速起步的阶段，其FDI总量在2002年之前一直少于5亿美元，2002年猛增至17亿美元，其后就一直走高。最明显的是嘉兴、扬州和绍兴三地。

　　第五板块，台州和舟山两地。这是长三角地区FDI规模最小的两

---

　　① 常州由于"铁本事件"对钢铁扩张叫停，使得FDI的步伐也出现了放缓的态势。

个地区。这一地区融资机制的灵活性使得民间资本在相当程度上被充分利用在经济发展过程中。我们从 2005 年长三角 16 个城市 GDP 的排名就可以看出，尤其是台州，FDI 虽然仅有 3 亿美元，但其经济总量位居第十位，在嘉兴、扬州、镇江、泰州、湖州和舟山之前。

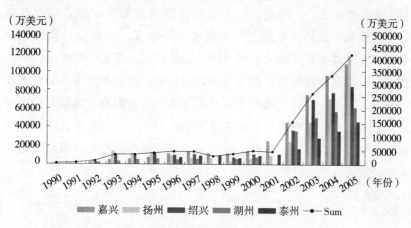

图 3 - 4　10 亿—50 亿美元规模地区实际 FDI 演变趋势

资料来源：根据《江苏统计年鉴》和《浙江统计年鉴》1991—2006 年的相关数据计算而得。

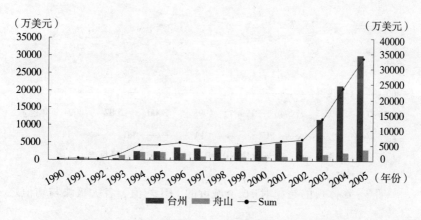

图 3 - 5　10 亿美元规模以下地区实际 FDI 演变趋势

资料来源：根据《浙江统计年鉴》1991—2005 年的相关数据计算而得。

通过上面的分析，我们可以看出第三、第四、第五板块 FDI 的动态变化存在与第一、第二板块明显不同的特点。由此引申开来，我们可以对经济整体的类似变化形态做以下的分析：宏观经济政策对于小经济体①的作用往往存在滞后性，一旦政策开始奏效，则其惯性会很大。这就产生了一个悖论：对于宏观经济而言似乎存在"船小难调头"的现象。虽然从表面上看来有些不可思议，但是假如我们仔细分析，就不难发现其中的关键原因，即任何波动都是一种风险，小经济体由于受到自身资金、技术等原因的约束，缓冲余地很小，熨平波动的能力不足。因此，如果受到负的外部效应的影响，其恢复到之前的状态所需要的过程相比大经济体要长；而在这个过程中，即使出现有利的外部效应，对于这些小经济体而言也很难抓住这些机遇、迅速恢复经济元气。

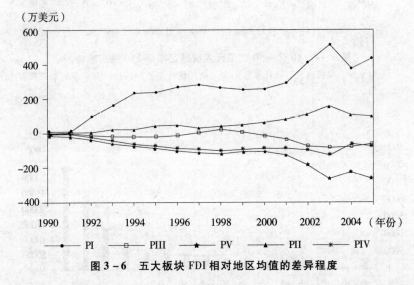

图 3-6 五大板块 FDI 相对地区均值的差异程度

图 3-6 体现的是相对 16 个城市的 FDI 均值，各大板块与均值之

---

① 这里"小经济体"的说法是套用国际贸易中的"小国"的概念，不是指地区面积和人口数量的大小，而是指其在样本整体中的作用力的大小，也就是其边际变化对整体的影响效果的大小。

间的差距，我们可以清晰地看出，第四、第五板块位于水平线下方，而且越随着时间的延伸，这种差距越明显，第一、第二板块位于水平线上方，而且第一板块要远远超过均值水平，第三板块只有 1997 年、1998 年、1999 年三年略微超出均值，其余年份都小于均值。FDI 差距如此之大，除了与各地区的产业结构、配套环境等具有相关性之外，还与各地大力推行的招商引资政策密不可分，这些都将作为我们下面研究的事实依据。

（二）研究的理论依据

新古典封闭经济（Closed Economies）增长模型（Ramsey，1928；Solow，1956；Cass，1965）中，人均增长率同初始的产出水平或人均收入水平呈负相关关系，尤其是在经济体的偏好和技术都相似的情况下，落后经济体的增长速度要快于先进经济体，亦即现实中存在某种推力使得人均产出或人均收入趋同或者收敛（Convergence），无论其初始状态的差异有多大，这种收敛也称为 β - 收敛。

另外一种意义上的收敛为 δ - 收敛，指一组经济体人均真实① GDP 差异随时间变化而趋于下降的状态。β - 收敛和 δ - 收敛反映了两种不同的趋同方式，前者体现的是给定收入分布组内不同个体经济的迁移速度，而后者考察的则是横截面意义上收入水平差异是否随时间推移而缩小。可见，β - 收敛是 δ - 收敛的必要而非充分条件。

然而，β - 收敛的推导过程所依赖的新古典增长理论有一个关键的假设前提是，经济增长过程中唯一不同之处在于经济体的初始资本存量，资本的边际报酬率递减，即初始资本存量越小的经济体资本边际报酬率越高，反之则越低。② 这一严格的假设条件与现实经济状况相差甚远，因为经济体之间在技术水平、边际储蓄倾向以及人口增长率等指标上往往存在差异。Sala-i-Martin（1996）通过实证检验了

---

① 根据 Sala-i-Martin（1996）的解释，所谓"真实"（Real）的含义是指剔除了通货膨胀因素后的人均 GDP。

② 这一假设等于说，随着经济体增长过程中资本存量的增加，其增长率必然会下降，到达稳态时下降为 0。

110 个国家 30 年间的经济增长后，发现这些经济体并非是绝对 β - 收敛，因此，他提出了控制使经济处于稳态的条件后达到收敛的概念：条件 β - 收敛，并利用 OECD 国家、美国 48 个州、日本 47 个府、欧洲 90 个地区等的数据进行了验证，都支持了条件收敛假说。国内外众多学者对地区经济发展过程中的平衡性和差异性进行了大量的经验分析（Barro，1991、1998；林毅夫、蔡昉、李周，1998；刘夏明、魏英琪、李国平，2004；徐现祥、舒元，2004 等），这些研究在统计上基本支持了条件 β - 收敛的假说。同时，另外一些使用 OECD 样本（Ben-David，1998；Barro 和 Sala-i-Martin，1992）或初始状态相似地区样本（蔡昉、都阳，2000）的研究则支持了俱乐部收敛的假说。[1]

图 3 - 7 体现的是 1990 年以来，长三角 16 个城市人均 GDP 的差异性，即 δ - 收敛所考察的指标。从图中我们可以较清晰地看出，δ 值，从 1990 年的 0.15 增加到 2005 年的 0.19，尽管幅度不大，其中也出现过一些波动，但整体呈现出 δ - 发散（Divergence）的态势，即 16 年以来，长三角各地区之间的经济增长差距拉大了！

图 3 - 8 体现的是长三角各地区初始（1990 年）经济水平与其经济增长速度之间的关系，即 β - 收敛所考察的指标。横轴表示 1990 年的人均 GDP 的对数值，纵轴表示 1990—2005 年的增长率，从图中我们可以明显地看出，经济增长速度与初始的经济水平之间呈明显的负相关关系。这说明长三角地区经济增长整体上存在 β - 收敛。

关于经济体增长的平衡性及收敛性的研究方法主要有两种：一种是通过计量分析，估计收敛速度 β 或时期 $(t, t+T)$ 的人均 GDP 的标准差 $\delta_{t,t+T}$；另一种是采用泰尔熵（Theil Entropy）、基尼系数、变异系数（Coefficient of Variance）、阿特金森指数（Atkinson Index）等

---

① 所谓俱乐部收敛，它指的是初期经济发展水平接近的不同经济系统之间，在具有相似的结构特征的前提下趋于收敛。换言之，经济较落后区域和经济发达区域各自内部存在着条件收敛，而不同经济发展水平的区域之间却不存在收敛。

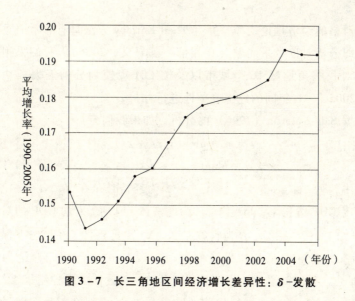

图 3 - 7　长三角地区间经济增长差异性：δ - 发散

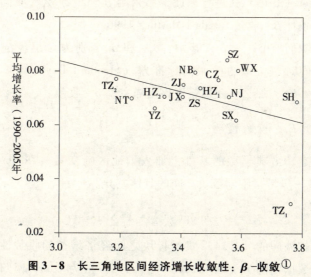

图 3 - 8　长三角地区间经济增长收敛性：β - 收敛①

统计指标，对经济区域差距及其变动进行水平测度和因素分解，由此观察区域经济差距的变动趋势及影响因素。由于目前对后者的具体操

---

① 图中，TZ_1、TZ_2、HZ_1、HZ_2 分别代表泰州、台州、杭州和湖州。

作缺乏严格的经济理论支撑，并且 Theil Entropy 方法具有非常严重的缺陷，即分析对象数量问题（金相郁、郝寿义，2006）。我们采用前者分别对长三角地区 16 个城市以及按 FDI 规模划分的五大板块在 1990—2005 年 16 年间的经济收敛性进行分析。

根据 Sala-i-Martin（1996）的分析，如果我们有：

$$\gamma_{i,t,t+T} = \alpha - b\log(y_{i,t}) + \varepsilon_{i,t,t+T} \qquad (3.12)$$

$$\gamma_{i,t,t+T} = \alpha - b\log(y_{i,t}) + \psi X_{i,t} + \varepsilon_{i,t,t+T} \qquad (3.13)$$

其中，$\gamma_{i,t,t+T} = \log(y_{i,t+T}/y_{i,t})/T$ 为经济体 i 在 $(t, t+T)$ 时期的年度 GDP 增长率，$\log(y_{i,t})$ 为经济体 i 时期 t 人均 GDP 的对数值，$b = (1 - e^{-\beta T})/T$，β 为收敛速度，$X_{i,t}$ 是经济体 i 在稳态下保持不变的一组变量向量。如果我们对（3.12）式进行回归，结果为 $\beta > 0$，那么，我们就说该组样本呈绝对的 β - 收敛；如果控制了 $X_{i,t}$ 的情况下，对（3.13）式进行回归，结果为 $\beta > 0$，那么，我们就说该组样本呈条件 β - 收敛（Sala-i-Martin，1996）。

如果我们有 $\delta_{T+t} < \delta_t$，其中，δ_{T+t} 和 δ_t 分别为该组经济体时期 $T+t$ 和 t 的 $\log(y_i)$ 的横截面标准差（Standard Deviation）（Sala-i-Martin，1996），那么，我们就说该组样本呈 δ - 收敛。

（三）β - 收敛检验

我们在新古典模型的基础上加入了地区哑变量（Dummy Variable）以进一步考察不同板块之间的具体差异。

$$\gamma_{i,t,t+T} = \alpha - b\log(y_{i,t}) + X_i \sum_{i=1}^{4} D_i + \varepsilon_{i,t,t+T} \qquad (3.14)$$

利用扩展后的（3.14）式对板块之间经济增长的收敛性进行数量检验，数据期间为 1990—2005 年，回归方法为 OLS，回归结果见表 3 - 8。从表 3 - 8 可以看出，方程整体拟合优度不高，与我们采用混合截面数据有很大关系，所有参数在 5% 以上的统计水平上显著，D. W. 检验显著，残差分布见图 3 - 9。加入地区哑变量后的回归效果相对原模型要好，体现了地区差异在长三角经济增长中的显著作用，根据（3.12 式）和（3.13 式）回归的结果计算的 β 值分别为

0.88%和2.55%，说明在考虑了FDI地区差异后，板块之间的收敛速度明显快于混合状态下的速度。而且这一收敛速度略低于OECD国家和日本的理论估计值2.9%和2.7%，高于美国的2.1%，欧洲的2%（Sala-i-Martin，1996），却明显高于我国东、中、西三大区域之间的收敛速度1.4%（张茹，2006）。板块内部除了第四、第五两大板块异常之外，其余收敛速度都远远超过板块之间的收敛速度。尤其是第二板块，收敛速度高达14%，其余两板块为7.6%。这除了说明我们在板块划分上采用FDI指标具有一定的合理性之外，更重要的一点是，说明长三角内部存在典型的俱乐部收敛特征：即利用外资水平相近的地区之间呈收敛态势！

上述结果与此前我们的统计性描述的结论基本吻合，说明各地区在FDI上差距比较明显，但是经济整体呈现收敛的增长态势，不同板块之间的差距正在缩小。

表3-8　板块间及板块内 β-收敛回归结果

解释变量	被解释变量：Growth Rate of GDP						
	模型1	模型2	Plate I	Plate II	Plate III	Plate IV	Plate V
截距项	0.0755*** (4.9289)	0.1180*** (5.7567)	0.3428*** (4.3672)	0.3516*** (5.036)	0.3205*** (5.3540)	-0.1348** (-2.1082)	0.4360** (4.2480)
log (y)	0.0174*** (4.2349)	0.0390*** (4.7227)	0.0621** (-3.3971)	0.0662*** (-3.9444)	0.0621** (-4.1642)	-0.0445*** (2.8685)	0.0929*** (-3.5406)
Derived β	**0.0088**	**0.0255**	**0.0776**	**0.1437**	**0.0776**	**-0.0163**	**NA**
D_1	—	0.0522*** (2.9512)	—	—	—	—	—
D_2	—	0.0462** (2.7741)	—	—	—	—	—
D_3	—	0.0423** (2.6522)	—	—	—	—	—
D_4	—	0.0429** (2.6872)	—	—	—	—	—
R-squared	0.1972	0.2900	0.2919	0.2657	0.2302	0.1606	0.3093
Ad R-squared	0.1862	0.2386	0.2666	0.2486	0.2169	0.1411	0.2846
D. W. Stata	1.9655	2.1440	1.1363	1.2521	1.1488	1.4904	1.5039
Prob (F-statistic)	0.0001	0.0002	0.0021	0.0003	0.0001	0.0064	0.0014

续表

解释变量	被解释变量：Growth Rate of GDP						
	模型 1	模型 2	Plate I	Plate II	Plate III	Plate IV	Plate V
S. E.	0.0269	0.0260	0.0309	0.0375	0.0393	0.0181	0.0425
Obs.	75	75	30	45	60	45	30

注：＊＊＊，＊＊分别表示在 1% 和 5% 的水平上统计显著；括号内为对应回归系数的 t 值；*Obs.* 表示样本观测值，*Obs.* ＝ $(T-1) \times N$，$T=16$，N 为板块内部成员个数，不同板块由于成员数目不同而不同，第四板块由于包含泰州，其行政区划调整始于 1996 年，1996 年之前的数据不可得，因此只有 45（（10-1）×5）个，这有可能是推导出 $\beta < 0$ 结果的原因之一；β 值是根据 $b = (1 - e^{-\beta T})/T$ 这一公式利用估计的 b 值计算而得，只有第七列为负值，第八列无法求解，其余都为正值，说明长三角板块之间存在绝对 β - 收敛，利用外资前四大板块内部存在绝对 β - 收敛。

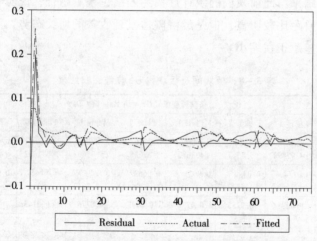

图 3-9 模型 2 回归残差、真实值、拟合值分布图

为了进一步验证经济处于稳态下的一些控制变量对收敛性的影响，根据以往的文献（林毅夫等，1998；蔡昉、都阳，2000）以及我们研究的需要加入对外开放、信息化程度、投资环境、技术创新四大控制变量，以考察板块之间是否存在条件 β - 收敛。

对外开放（Open）：采用各地区进出口贸易占 GDP 的比重作为衡量指标。

信息化程度（Information Degree）：采用各地区邮电业务总量①作为衡量指标；此参数在以往文献中很少涉及，但在开放条件下对经济增长的影响作用却是日益显著。

投资环境（Investment Environment）：采用地方财政支出占 GDP 比重作为衡量指标；一般认为，公共产品对于投资环境的影响作用明显，而公共产品主要由政府通过财政支出提供。

技术创新（Technology Innovation）：采用各地区当年专利申请数量②作为衡量指标，理论上认为技术进步和创新对经济增长的影响效果应为正。

为了体现区分板块之间的差异性，我们仍然在模型中加入板块哑变量 D_1、D_2、D_3 和 D_4，利用（3.15）式进行条件 β - 收敛 OLS 回归，结果如表 3 – 9。

$$\gamma_{i,t,t+T} = \alpha - blog(y_{i,t}) + f(Open, ID, IE, TI) + X_i \sum_{i=1}^{4} D_i + \varepsilon_{i,t,t+T}$$

$$(3.15)$$

在回归过程中，我们采取逐次加入变量的方法，即在保留基本的 $\log(y)$ 项和地区参数哑变量的前提下，逐次加入控制变量，这样有助于更好体现每个变量单独，以及若干个变量共同的影响效果。通过不同的配对，我们一共对 10 个模型进行了回归。

从表 3 – 9 可以看出，加入了对外开放、信息化程度、投资环境、技术创新四大控制变量后，$\log(y)$ 项的回归结果仍然很理想，根据公式 $b = (1 - e^{-\beta T})/T$ 推导的 β 值处于 1.7%—3.1% 之间，包含了表 3 – 8 模型 2 的回归结果，说明我们划分的五大板块之间存在一定程度的条件 β - 收敛，之所以称之为一定程度上，是因为我们加入的

---

① 1998 年，邮电系统改革，邮政与电信分家，因此，2000 年以后的邮电业务总量，采用二者的算术加总。

② 根据《中国统计年鉴》2006 年主要统计指标解释，专利是对发明人的发明创造经审查合格后，由专利局依据专利法授予发明人和设计人对该项发明创造享有的专利权。包括发明、实用新型和外观设计。其反映拥有自主知识产权的科技和设计成果情况。

控制变量除了技术创新和对外开放之外，其余两大变量在统计上和经济意义上鲜有同时显著的情形，而且技术进步的回归系数不明显异于0。因此，我们认为，经验分析的结果并不能十分有利地证明条件 β - 收敛的存在性。说明在长三角板块之间所谓的"使经济处于稳态的条件"存在很大的差异，这也为我们提出了另一个分析的思路：或许正是这些"条件"之间的差异性，使得各板块尽管在 FDI 上存在巨大的差异，但是其经济增长过程中各地区通过不同的市场的、法律的或行政的措施进行熨平和调控，以尽可能消除 FDI 的波动和外资不足的负面影响，进而确保经济平稳地发展。

表 3 - 9   板块间条件 β - 收敛检验结果

解释变量	被解释变量：Growth Rate of GDP									
	模型 1	模型 2	模型 3	模型 4	模型 5	模型 6	模型 7	模型 8	模型 9	模型 10
截距项	0.118*** (5.756)	0.090*** (5.604)	0.090*** (5.511)	0.121*** (5.692)	0.111*** (5.277)	0.122*** (5.963)	0.098*** (4.158)	0.088*** (3.557)	0.117*** (5.295)	0.092*** (3.727)
log (y)	-0.044*** (-4.308)	-0.036*** (-3.292)	-0.038*** (-3.593)	-0.042*** (-4.264)	-0.029*** (-2.632)	-0.034*** (-3.411)	-0.036*** (-3.664)	-0.030*** (-2.720)	-0.031*** (-2.752)	-0.033*** (-2.983)
Open	0.098* (0.827)	—	—	—	—	—	2.057** (2.023)	0.493* (1.661)	—	0.616** (2.008)
ID	—	-1.9E-05 (0.368)	—	—	-3.2E-04* (-2.498)	—	—	-4.0E-04* (-2.954)	-1.6E-04 (-0.709)	-1.6E-04 (-0.705)
IE	—	—	-3.5E-06 (-0.244)	—	—	-1.0E-04* (-2.564)	-1.4E-04* (-3.244)	—	-6.3E-05 (-0.896)	-1.0E-04 (-1.439)
TI	—	—	—	3.8E-07** (2.623)	3.9E-06* (2.552)	4.6E-06* (2.632)	3.3E-06* (1.792)	2.4E-06 (1.382)	4.7E-06** (2.650)	3.4E-06* (1.815)
D_1	0.067** (2.665)	0.045** (1.698)	0.048** (1.904)	0.061** (2.684)	0.021 (0.772)	0.029* (1.171)	0.043* (1.679)	0.031* (1.132)	0.022 (0.812)	0.036 (1.294)
D_2	0.061** (2.502)	0.039* (1.548)	0.042* (1.730)	0.055** (2.538)	0.015 (0.562)	0.020 (0.823)	0.035 (1.396)	0.027 (1.004)	0.014 (0.538)	0.029 (1.090)
D_3	0.059** (2.309)	0.035* (1.358)	0.038* (1.551)	0.051** (2.369)	0.011 (0.417)	0.018 (0.753)	0.039 (1.503)	0.027 (0.984)	0.012 (0.435)	0.032 (1.160)
D_4	0.060** (2.299)	0.035* (1.370)	0.038* (1.536)	0.052** (2.386)	0.012 (0.439)	0.016 (0.617)	0.039 (1.415)	0.031* (1.078)	0.010 (0.377)	0.033* (1.161)
Derived β	0.031	0.022	0.024	0.029	0.017	0.021	0.022	0.017	0.018	0.020
R-squared	0.297	0.291	0.291	0.294	0.354	0.357	0.395	0.380	0.362	0.399
Ad R-squared	0.235	0.229	0.228	0.232	0.287	0.290	0.321	0.305	0.285	0.316
D. W.	2.122	2.170	2.159	2.112	2.323	2.314	2.426	2.420	2.346	2.460
F-statistic	4.791	4.662	4.644	4.721	5.250	5.317	5.379	5.060	4.681	4.800

注：***、**、* 分别表示在 1%、5% 和 10% 的水平下统计显著。括号内为对应回归系数的 t 值。β 值是根据 $b = (1 - e^{-\beta T})/T$ 这一公式利用估计的 b 值计算而得。

　　图 3-10 考察了不同板块之间的差异性，为了便于比较，我们将图 3-7 合并于图中。从图中可以看出，与图 3-7 表现的地区之间单纯的发散状态不同，按 FDI 利用规模划分的五大板块在经济增长上的差异呈现出先收敛后波动发散的态势。1990 年，δ 值为 0.209，从 1993 年降至 0.169 开始，δ 值就在 0.18—0.20 之间波动徘徊，虽然没有明显的收敛迹象，但是，相对初期已经表现出缩小的趋势。①

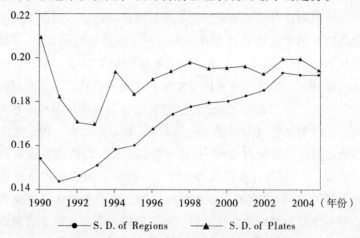

　　图 3-10　五大板块之间经济增长差异性：δ 先收敛后发散

　　结合前述对 β - 收敛的考察结果，我们可以看出，板块之间呈现明显的 β - 收敛，即板块的发展速度与该板块初始的人均 GDP 水平成负相关关系；同时由于 $\delta_{T+t} < \delta_t$，因此，可以证实，在贸易投资一体化背景下，板块之间的差距的确正在缩小，各板块呈现收敛的发展态势。这就从另外一个角度说明，实际利用 FDI 上的差距并没有放大经济增长上的差距，相反，各板块之间通过内部的调控机制熨平了 FDI 波动带来的消极影响，确保了经济的平稳较快发展。这从经验的

---

　　① 相对图 3-7 而言，板块之间波动的幅度要远远高于地区之间的波动，这主要是由于没有考虑 FDI 规模的影响因素。但是，我们所考察的是标准差的变化趋势，而不是变化幅度。因此，我们可以认为板块之间的差距相对期初明显缩小。

角度再次论证了，宏观经济调控对于平滑市场因素带来的非常规性波动具有极其重要的作用。无论是中央政府还是地方政府，在经济发展过程中，都不可能是一个旁观者，谨慎而果断地运用非市场力量稳定经济态势在很多情况下都是切实有效的。

三、结论与政策建议

我们通过对长三角地区这一中观的区域经济体内部以及板块之间经济增长的收敛性和差异性分别进行了描述性统计和 β - 收敛、δ - 收敛以及条件 β - 收敛检验，前后检验的结果一致：在贸易投资一体化的背景下，尽管长三角内部实际 FDI 水平差异巨大，波动剧烈，然而，地区之间、板块之间的经济增长呈现明显的收敛性。整体 β - 收敛存在说明初始资本存量（包括 FDI）较低的地区，增长速度要超过较高的地区；板块内部 β - 收敛存在说明长三角内部呈现明显的俱乐部收敛；δ - 收敛存在说明各地区、各板块之间的差距呈现缩小的态势；条件 β - 收敛存在，但不是很显著，说明各地区经济处于稳态的外部条件差异性巨大。通过对 β 值的测算，我们证明了在考虑地区差异的模型中，长三角地区经济收敛的速度在 2.5% 左右，基本上接近 OECD 国家的收敛速度。

整体分析表明，长三角内部经济发展的自主性和内生性正在加强，长三角内部各地区在通过内部协调机制熨平和缓解外部波动和不稳定因素对经济带来的负面影响的能力正在提高。当然，要实现长三角地区的快速发展并保持区域内部经济协调发展，我们不得不重新审视这种拼土地、拼劳动力、靠投资拉动的外延式增长方式对经济的长期驱动作用。

长三角地区这种"粗放型外延式"增长模式主要体现在以下几个方面：一是产业结构总体层次不够高：城市之间制造业结构接近，主导产业雷同，造成部分行业重复投资、过度竞争；现代服务业增加值比重和水平普遍很低。二是技术创新能力不强：科技成果转化和技术创新不充分，缺乏核心技术及其应用能力；国际性制造业基地建设

还处在组装、装配阶段，尚未成为以研究与开发为支撑的制造基地；高新技术引进多而消化更新少，拥有自主知识产权的强势产业和企业很少，高新技术产品多处于"三来一补"型的低级阶段，附加值较低，出口效益不高。三是经济发展与资源、环境不够协调：高能耗、高物耗、高污染的第二产业占国民经济的比重偏高，造成资源供给紧张，环境污染加重，直接影响到投资环境和可持续发展。

新时期要提高长三角对外开放水平、实现长三角区域内部协调和可持续发展，就必须实现"三外"增长方式由粗放型、外生性向集约型、内生性转变，实现从贸易大区向贸易强区的转变，而非仅仅关注在原来基础上简单的数量扩张。针对上述问题，结合前面的实证研究结果，我们提出以下几点对策建议：

（一）鼓励自主创新，突破低质量"长三角制造"

在过去的 20 多年中，长三角地区谋求的"制造业基地"在相当程度上是承接了国际低端制造业资本的转移，依赖的是传统上的劳动力、原材料和土地的低成本优势。然而，随着近年来原材料成本上升、土地等生产资料稀缺、能源运力吃紧、环境承载能力削弱、欧美市场的技术壁垒、反倾销诉讼越来越频繁，"长三角制造"逐渐陷入骑虎难下的境地。在新的竞争环境中，传统的比较优势已经逐渐失去其具有的力量，要想实现经济的持续发展，必须从根本上突破这种低质量的制造模式，从抓自主、抓创新入手，逐渐摆脱对国际制造业低端产业链的过度依赖。具体说来，抓自主创新要处理好以下三对关系：

一是要处理好技术创新与制度创新的关系。对于类似我国这样处于过渡时期的发展中国家而言，政府创新对于技术创新尤为重要。在我国当前的体制下，促进自主创新还存在一定的体制障碍。政府不仅要通过改革和创新来消除这些障碍，还需要通过体制改革和制度创新为自主创新提供良好的制度环境。从长三角的实际出发，增强自主创新能力迫切需要进行制度创新，以形成有利于自主创新的法制环境、管理体制、市场体系、服务体系、文化环境。一些学者在研究长三角

地区技术创新与制度创新的关系上，也提出了制度重于技术的观点。要防止片面的就事论事、重技术创新轻制度创新的行为。地方政府要把工作重点放在制度创新上，保障有利于自主创新的制度供给。自主创新的主体是企业，政府应重点通过制度创新来规范技术创新活动的市场行为，把该管的事管好，不该管的事，交由市场去调节和引导。

二是要处理好原始创新、集成创新和在引进先进技术基础上的消化吸收再创新三者的关系。三者构成了一个地区增强自主创新能力的主要内容，但三者的实施条件各有不同，各个地方、各个企业、科研机构自身的条件和自然资源禀赋各有特色，应区分不同的情况分别对待。特别是由于此前我国在实施"以市场换技术"策略上的经验教训，需要长三角地区对在引进先进技术基础上消化吸收再创新有一个新的认识并进行新的相应的规范，切实保障引进的先进技术有利于消化吸收再创新。从企业的角度说，小企业应该成为原始创新的重要力量；大企业由于在技术力量、企业联盟和产业链条控制上的优势，具有集成创新的强势力量。因此，长三角地区在战略布局和政策扶持上应有所区别，针对各自不同的情况采取不同的工作策略，更好地打造国际制造业基地。

三是处理好增强自主创新能力与加强知识产权保护二者之间的关系。这两者是相辅相成的。一方面，增强自主创新能力，要求从立法、执法和司法等方面激励创新活动、保护创新成果；另一方面，完善的法规制度和知识产权保护，对促进自主创新又起到积极的推动作用。知识产权保护对于鼓励自主创新、提升企业与区域核心竞争力的意义是不言而喻的，保护的目的不仅仅是为解决贸易摩擦，事实上，它已逐渐成为一国、一地区自身发展的迫切需要和必然选择，政府必须及时出台相关的知识产权保护措施，保护自主创新的专利成果；制定《反垄断法》以应对跨国公司不断挥舞知识产权保护利器对相关企业的施压；树立法律的尊严和威慑力量，尤其是需要尽快改变一些知识产权保护案件起诉难、判决难、执行难的状况。因为，在技术发展日新月异的今天，专利诉讼案件审理周期如果一拖几年，那么专利保护可能早就没有意义了。跨国公司研发中心向长三角地区转移的趋

势越来越明显，其对知识产权保护的诉求将在一定程度上推动政府对知识产权保护法规的完善，进而促进长三角地区自主创新的浪潮，实现内生经济增长。

（二）实施区域协调，转变低效益"诸侯式"招商

"长三角"是一个地理概念，一个经济概念，绝对不是一个行政概念。16 个城市因为同处于这一地理区域，才造就了这一经济圈。但是，成员内部由于分属不同的行政区划，其经济行为必然服从于当地政府的意志。尤其是在各个城市均把"招商引资"作为工作重点的时期，为了同一个项目，不惜内部反目，甚至一再对外商让步，提供"超国民"的政策优惠进行恶性竞争。这种"诸侯式"招商带来的直接结果就是招商层次的低水平和产业结构的趋同化，间接结果就是持有资本的跨国公司大赚其钱，国家利益严重受损。要从根本上改变这一低效率的招商模式，必须建立长三角协调机制。我们建议建立省/市长联席会议制度，每五年（即五年规划制定前夕）召开一次总体协调会议，对长三角内部进行阶段性的总体产业统筹规划，合理协调各地区的招商，逐渐形成科学合理、层次清晰的招商模式；每年召开一次例行会议，对短期内出现的引资或招商矛盾进行协调，及时补救，实现错位招商、差别竞争。

当然，联席会议机制除了直接对招商和产业规划进行统筹之外，还要对基础设施建设和利用、劳动力的培训和保障、土地的节约开发与环境保护等间接影响招商和产业布局的要素进行统筹协调。首先，要着力解决区内公共设施建设协调程度低的现状。长三角地区近十余年来在基础设施建设方面取得了令人瞩目的成就，但是，完整、高效、统一的交通运输网络还远未形成，道路、机场、码头建设各自为政的现象十分突出，导致有些交通设施闲置、利用率低下，财政资源浪费十分严重。究其原因，一个重要的方面就是缺乏统一的区域发展规划。其次，要着力解决劳动力培训的短视和保障的不到位。长三角地区各城市在用工制度上各自为政，培训体制相对单一化，往往只是针对各地区自己的产业发展需要进行短期培训，迁移到区内其他城市

就失去了技能上的优势，这样对于区内人员的流动和技术的扩散都产生了一定的限制；对外来务工人员的保障也很不到位，经常出现员工合法利益得不到保障的情况。这些都需要协调机制制定统一的规则来进行管理。再次，要着力解决土地开发的混乱和环境保护的各自为政。尽管长三角各城市都意识到节约开发土地、提升生态环境质量的重要性，但从整体上看，长三角在土地开发利用和环境保护方面的低效率也是十分明显的。在土地的开发，尤其是某些开发区土地的使用上，优惠政策互相攀比，地区间恶性竞争严重，补偿标准不尽相同，使得投资者深受其益，政府人民深受其害；环保方面，行政边界上的截污、排污工程随处可见，行政边界附近地区"脏、乱、差"现象像毒瘤一样难以清除。这些都是缺乏统一协调的直接后果，也是间接影响招商效果和产业布局的重要原因。在缺乏协调规划的情况下，地区间产业严重趋同导致的重复建设和恶性竞争将会造成资源的严重浪费和市场结构的严重失调，对开放型经济的发展将会留下严重的隐患。

（三）扶持民资发展，摆脱持续性"外资型依赖"

统计资料显示，长三角整体的外资依存度为 87.78 美元/万元人民币，依存度最高的苏州达 195.43 美元/万元人民币，而全国 2005 年外资依存度仅为 33.07 美元/万元人民币。这种区域全方位的高外资依存度，使得经济整体形成对外资的过度依赖，虽然浙江的民营资本对外资存在一定的"挤出效应"，但是由于政府在利用外资和利用民资的政策上并不是等价的，这就造成外资对民营资本的"政策性挤出"，这种现象在江苏苏南地区尤为明显。因此，要彻底摆脱这种"依赖性"，必须加大对民营资本的政策扶持力度，拓宽融资渠道，鼓励民营资本进入允许外资进入的行业和领域。

首先，要从政策上减少甚至取消对民营资本发展的种种限制，加强制度设计，放宽进入领域并制定统一的规划，在鼓励民营资本发展的同时，防止出现个体、小规模"原子式"发展的模式；其次，探索符合民营企业融资需求的民间金融体系，与准入领域开放的步骤相

结合，积极扩展民营资本进入金融领域的深度，构建有利于民营资本创业的融资体制，化零为整，积少成多；再次，提供优惠政策，创造激励机制。在保证公平的基础上，政府可以考虑设计一套面向民营资本的激励制度，提供不同程度的优惠条件和奖励措施。比如，对于所有民营资本，为其投资项目安排一定额度的财政贴息资金和税费政策方面适当的优先或优惠待遇；对于投资于政府重点项目，或者年投资额、对外投资余额达到特定标准的民营资本，为其提供更高标准的优惠措施；对于资本经营活跃、为地方经济建设做出突出贡献的民营资本龙头企业，除享受最高级别优惠政策、进行表彰嘉奖之外，对其产业经营也给予适当扶持，以消除其后顾之忧。

（四）转变增长方式，警惕资源性"恶化型增长"

长三角地区整体经济增长，在很大程度上是投资拉动型、出口带动型，而这两种增长方式都是依靠优势资源（土地、劳动力、原材料等）的投入。国际贸易和增长理论中有一个重要的命题——"福利恶化型增长"，即由于某种原因导致某一产业或经济的增长后，贸易条件恶化所造成的利益损失超过增长本身带来的利益增加，增长出现"恶化"。这种理论上的可能性虽然与现实少有一致，但是却是经济发展，尤其是开放型经济发展过程中不得不力求避免的"雷区"。

在目前的竞争环境中，无疑长三角地区劳动力和土地的低成本优势已经逐渐弱化，对于经济发展的长期支撑作用越来越不稳定。对于整个国家而言，很难完成从贸易大国向贸易强国的转变；对于长三角地区而言，同样难以担此重任。因此，必须要意识到"恶化型增长"和"比较优势陷阱"的危害。主动转变贸易增长方式，逐渐由比较优势向竞争优势转变，由粗放型、资源型增长向集约型、技术型增长转变。要实现这些转变最根本的就是要抓好应用型技术的革新和推广，抓好高新技术的研发，从而抓住竞争的主动权。

（五）坚持以人为本，牢固树立"科学发展观"

科学发展观不是一句空洞的口号，其丰富的理论内涵揭示了经济

发展新阶段的重大问题——如何实现可持续发展。十六届三中全会提出"坚持以人为本，树立全面、协调、可持续的发展观，促进经济社会和人的全面发展"的科学发展观，提出按照"统筹城乡发展、统筹区域发展、统筹经济社会发展、统筹人与自然和谐发展、统筹国内发展和对外开放"的要求推进各项事业的改革和发展。其实，科学地实施发展战略的关键还是要依靠经济发展的微观主体，对于一个国家而言，就是各个省、市、自治区；对于长三角经济圈而言，就是16个地方政府。只有立足本地区的实际情况，制定科学合理的发展战略，才能实现经济的可持续发展。

党中央提出按照"统筹国内发展和对外开放"的要求"深化涉外经济体制改革，全面提高对外开放水平"。这实际上是凸显了中央在外向型经济发展的政策导向上从抓微观主体的水平建设向抓宏观主体的制度建设转变、从量的扩张向质的提高转变、从注重国内市场向开发国际市场转变。开放型经济对长三角地区经济发展存在明显的促进作用，在"十一五"期间，仍然要积极利用外资、加快外贸增长方式转变、加大开发区建设的力度，加快"走出去"的步伐。但是，鉴于长三角地区外贸依存度和外资依存度呈现逐渐趋高的态势，使得地区经济增长对于国际市场和国际资本过度依赖。在全球经济一体化的大背景下，国际经济的变动对长三角地区的影响将出现"牵一发而动全身"的"蝴蝶效应"，而且，过高的依存度势必造成经济的被动增长。因此，长三角地区在进一步发展开放型经济的过程中要以科学发展观为指导，强调加工贸易转型和一般贸易提升相结合、劳动力密集型产品出口和自主创新技术密集型产品①相结合、积极合理利用外资并进一步鼓励外资和民营资本相结合。只有在利用国外技术的同时加快开发国内技术、在利用国际资本的同时积极利用国内资本、在利用国际市场的同时积极开拓国内市场，才能实现长三角地区开放型经济的可持续发展，才能实现长三角地区和谐社会的构建。

---

① 我国目前所出口的许多机电产品在相当程度上仍是以低附加值的组装和加工环节为特征的劳动密集型产品。

参考文献

1. Balasubramanyam, V. N. , Salisu, M. and Sapsford, D. , "Foreign Direct Investment and Growth in EP and IS Countries. " *The Economic Journal*, 1996, 106, pp. 92 – 105.

2. Barro, R. J. , "Government Spending in a Simple Model of Endogenous Growth. " *Journal of Political Economy*, 1990, Vol. 5, pp. 407 – 443.

3. Barro, R. J. and Sala-i-Martin, X. , "Technological Diffusion, Convergence and Growth. " *Journal of Economic Growth*, 1997, Vol. 2, pp. 1 – 26.

4. Bhagwati, Jadish N. , "The Theory of Immiserizing Growth: Further Application", *International Trade and Money*, the Press of Toronto University, 1973, pp. 45 – 54.

5. Blomström, M. and Persson, H. , "Foreign Investment and Spillover Efficiency in an Underdevelopment Economy: Evidence from the Mexican Manufacturing Industry", *World Development*, 1983, Vol. 11, No. 6, pp. 493 – 501.

6. Blomström, M. , Fors, G. and Lipsey, R. E. , "Foreign Direct Investment and Employment: Home Country Experience in the United States and Sweden", *The Economic Journal*, 1997, Vol. 107, pp. 7987 – 7997.

7. Blomström, M. and Kokko, A. , "Multinational Corporations and Spillovers", *Journal of Economic Surveys*, 1998, Vol. 12, pp. 247 – 277.

8. Blomström, M. and Wolff, E. , "Multinational Corporations and Productivity Convergence in Mexico", in W. Baumol, R. Nelson and Wolff, E. (eds.), *Convergence of Productivity: Cross-national Studies and Historical Evidence*, Oxford: Oxford University Press, 1994.

9. Borensztein, De Gregorio and Lee, "How does Foreign Direct Investment Affect Economic Growth?", *Journal of International Economic*, 1998, Vol. 45, pp. 115 – 136.

10. Cantwell, J. , "Technological Innovation and Multinational Corpo-

rations", Oxford: Basil Blackwell, 1989.

11. Caves, R. E., "Multinational Firms, Competition, and Productivity in Host Country Markets", *Economica*, 1974, Vol. 41, NO. 162, pp. 176 – 193.

12. Easterly, W., *The Elusive Quest for Growth: Economists' Adventures and Misadventures in the Tropics*. MIT Press, Cambridge MA, 2001.

13. Engel, R. F. and Granger C. W. J., "Cointegration and Error Correction: Representation and Testing", *Econometrica*, 1987, Vol. 55, pp. 251 – 276.

14. Goldberg, L. S. and Klein, M. W., "International Trade and Factor Mobility: An Empirical Investigation", NBER Working Papers W7196.

15. Globerman, S., "Foreign Direct Investment and 'Spillover' Efficiency Benefits in Canadian Manufacturing Industries", *Canadian Journal of Economics*, 1979, Vol. 12, NO. 1, pp. 42 – 56.

16. Haddad, M. and Harrison, A., *Are There Positive Spillovers from Direct Foreign Investment? Evidence from Panel Data for Morocco*, mimeo, Cambridge, MA: Harvard University; Washington, D. C.: World Bank, 1991.

17. Johnson H. G., "International Factor Movement and the Theory of Tariff and Trade", *Quarterly Journal of Economics*, 1967, Vol. 81, pp. 1 – 35.

18. Kokko, A., "Technology, Market Characteristics and Spillovers", *Journal of Development Economics*, 1994, Vol. 43, NO. 2, pp. 279 – 293.

19. Lucas, R., "On the Mechanics of Economic Development", *Journal of Monetary Economics*, 1988, Vol. 22, pp. 3 – 42.

20. MacDougall, G. D. A., "The Benefits of and Costs of Private Investment from Abroad: A Theoretical Approach", *Economic Record*, 1960, pp. 13 – 35.

21. Markuson, James R. and James R. Melvin, "Factor Movements and Commodity Trades as Complements", *Journal of international Economics*, 1983, Vol. 13, pp. 341 – 356.

22. Nadiri, M. I., *US Direct Investment and the Production Structure of the Manufacturing Sector in France, Germany, Japan and the UK*, mimeo, New York, NY: New York University; Cambridge, MA: NBER, 1991.

23. Olson, M., "Big Bills Left on the Sidewalk: Why Some Nations are Rich and Others Poor", *Journal of Economic Perspectives*, 1996, Vol. 10, pp. 3 – 24.

24. Qing Zhang, "Bruce Felmingham: The Relationship Between Inward Direct Foreign Investment and China's Provincial Export Trade", *China Economic Review*, 2001, Vol. 12, pp. 190 – 202.

25. Romer, P., "Endogenous Technological Change", *Journal of Political Economy*, 98 (Part Ⅱ), 1990, S71 – S102.

26. Romer, P. M., "Two Strategies for Economic Development: Using Ideas and Producing Ideas", In Proceedings of the Annual World Bank Conference on Development, Washington, 1993.

27. Romer, P. M., "Idea Gap and Object Gaps in Economic Development", *Journal of Monetary Economics*, 1993, Vol. 32, No. 3, pp. 543 – 573.

28. 蔡昉、都阳：《中国地区经济增长的趋同与差异——对西部开发战略的启示》2000 年工作论文系列。

29. 杜江、高建文：《外国直接投资与中国经济增长的因果关系分析》，载《世界经济文汇》2002 年第 1 期。

30. 方勇、张二震：《长三角地区外商直接投资与地区经济发展》，载《中国工业经济》2002 年第 5 期。

31. 江小涓：《中国出口增长与结构变化：外商投资企业的贡献》，载《南开经济研究》2002 年第 2 期。

32. 金相郁、郝寿义：《中国区域发展差距的趋势分析》，载《财

经科学》2006 年第 7 期。

33. 林毅夫、蔡昉、李周：《中国经济转轨时期的地区差距分析》，载《经济研究》1998 年第 6 期。

34. 刘夏明、魏英琪、李国平：《收敛还是发散？——中国区域经济发展争论的文献综述》，载《经济研究》2004 年第 7 期。

35. 奚君羊、刘卫江：《外商直接投资的贸易效应实证分析》，载《上海财经大学学报》2001 年第 6 期。

36. 徐现祥、舒元：《中国省区经济增长分布的演进（1978—1998）》，载《经济学》（季刊）2004 年第 3 卷第 3 期。

37. 杨迤：《外商直接投资对中国进出口影响的相关分析》，载《世界经济》2000 年第 2 期。

38. 于津平：《外资政策、国民利益与经济发展》，载《经济研究》2004 年第 5 期。

39. 张二震、马野青、方勇等：《贸易投资一体化与中国的战略》，人民出版社 2004 年版。

40. 张二震、方勇：《长三角一体化与苏南竞争力》，载《江海学刊》2005 年第 5 期。

41. 张茹：《中国经济增长地区差异的实证研究》，2006 年第六届中国经济学年会入选论文。

（执笔：梁俊伟、张二震）

第四章 产业资本转移与长三角国际先进制造业基地的发展

　　资本的国际间转移和流动是由资本的逐利性所决定的，而产业资本的国际间转移是当今发达工业国家资本对外输出优势和发展中国家有利于产业资本获取最大利润共同作用的结果，中国长三角地区先进工业制造业的发展得益于国际产业资本向该区域的转移与集聚，而国际产业资本向该区域的转移与集聚也分享了这一区域经济快速发展的成果，但两者间的因果关系如何是值得探讨的课题。

一、国际产业资本转移的规律与趋势

（一）国际产业资本转移的一般规律

　　国际产业资本转移的最直接方式是制造业的国际间转移，是指发达工业国家或地区将某些制造业、产品或部件、生产加工环节转移到不发达国家和地区。在制造业国际转移过程中一般要经过三个阶段：第一阶段是首先在发展中国家设立加工基地，输出装配技术设备和中间产品，在发展中国家开始发展加工装配业。第二阶段是随着发达国

家资本、技术、管理等优势要素与发展中国家低成本要素的结合，发展中国家由加工装配过渡到最终产品生产和出口，发达国家对发展中国家的最终产品出口减少。第三阶段是随着发展中国家生产技术提高，中间产品生产配套能力加强，零部件和原材料当地采购率增加，发达国家减少对发展中国家的零部件和中间产品出口，直到中间产品大部分在当地采购，最终实现发展中国家向发达国家反出口最终产品。①

以上所分析的制造业国际转移三个阶段与邓宁的产品周期理论较为相似，但邓宁的产品周期理论只对某产品而言，而制造业的国际转移理论分析了制造业转移的全过程。伴随制造业国际转移三个阶段，其转移的内容也不断发生变化，首先是发达国家或地区将自己不具有竞争和比较优势的产业向发展中国家转移。比如由于发达国家劳动力成本的提高，劳动密集型产业失去比较优势，所以首先将劳动密集型产业、产品、零部件生产或产品的生产过程向发展中国家转移，以利用发展中国家的劳动力和资源优势。轻纺、食品加工、电子产品装配业等都是首先被转移的对象。对于发展中国家来说，为了适应和迎接制造业的国际转移便建立了"出口加工区"和实行"三来一补"的加工贸易发展模式，仅获得加工费用收益，但发展中国家产品生产和出口结构却由资源密集的初级产品提高到以劳动力密集型产品为主的工业制成品。随后，由于发达国家对本国生存和发展环境质量要求的提高，以及为国内更具竞争优势的产业留出发展空间，便将耗费资源、污染严重的一些资源密集型和资本密集型重工业转移出去。而此时发展中国家参与了一段时间的以加工贸易为主的国际经济分工，积累了一定的生产、管理技术和国内工业配套生产能力，客观上要求对国内工业结构进行调整和升级，同时也具备了迎接发达国家更高级制造业转移的物质条件，所以当然地，发展中国家便成为发达国家资源、资本密集型重工业转移的目的地。如 20 世纪 80 年代后，发达国家纷纷将本国的钢铁、冶金、石化、造船等产业向发展中国家转移，

---

① 杜晓君：《制造业的国际转移规律和趋势》，载《经济理论与经济管理》2003年第 6 期。

就是这一国际产业分工形势下的结果。

上述讨论的是整个产业或产品国际转移的情形，但在国际经济分工不断细化的新形势下，产品生产加工过程逐步从整个产品制造的研发设计、生产加工和销售服务系统独立分化出来，可以游离于整个系统之外，独立地转移到具有生产加工条件的国家和地区，但生产加工仍受上游的设计研发和下游的营销控制，出现了制造业生产过程国际间转移的新情况。对于发达国家来说，其在产品的研发、设计、生产和销售等环节中，生产环节最没有比较优势，所以随着发达国家将资本和技术投入到其更具备竞争优势的产品的研究、设计和营销过程，便将生产过程全部或部分转移到发展中国家，实现发达国家与发展中国家在产品生产不同过程的分工。与产业间分工一样，产品生产环节的分工转移也是以比较优势原则为基础的。中国改革开放20多年的加工贸易实践和亚洲、拉丁美洲等新兴工业国家的经济发展实践都是国际产业转移和国际经济分工由产业间分工向产品分工、要素分工和生产过程分工不断深化的具体体现。

伴随着国际产业转移阶段的变化，转移的产业结构也不断升级，对产业转移目标地的要求也有所不同，表现为在产业转移第一阶段，以劳动力和资源密集产业为主，目标国要具有资源和劳动力比较优势；在第二阶段，以转移资本和劳动力密集产业为主，要求目标国具有劳动力比较优势和市场优势；第三阶段以转移资本密集和技术标准化产业为主，要求目标国具有劳动力比较优势和一定的技术水平。

制造业转移的外在形式是发达国家或地区将某些制造业或产品生产加工环节转移到具有制造加工优势的发展中国家或地区，其目的是使产业资本在国际范围内整合利用其他国家的具有比较优势的生产要素，以提高产品的竞争优势。而国际产业资本转移的载体是跨国公司，根据国际直接投资理论，设 G 为国际产业资本转移的目标地函数，S 为跨国公司的内部化优势和垄断优势，L 为东道国的区位优势（包括东道国的要素优势），P 为东道国的贸易和投资政策。则：

$$G = G \ (S, \ L, \ P) \qquad (4.1)$$

其中 S 决定了跨国公司对外进行产业资本转移的能力，L 决定了

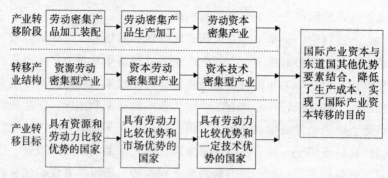

图 4 - 1 制造业国际转移机理图

东道国对国际产业资本的吸收利用能力和国际产业资本转移的方向，P 决定了东道国政府对国际产业资本的态度，可以在一定程度上改变国际产业资本的流向。

伴随着国际产业资本的转移，世界制造业的生产加工能力也从发达国家向发展中国家转移和扩散，最后在具有制造业生产加工优势的发展中国家集聚，形成新一代世界制造业的生产加工中心，所以，以跨国公司为载体的国际产业资本转移加快了发展中国家工业制造业生产加工能力的提高和新一代世界制造中心的形成。

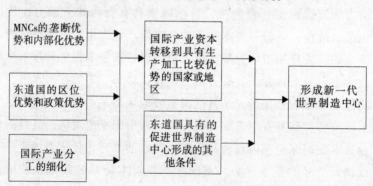

图 4 - 2 产业资本转移与新一代世界制造中心形成关系图

（二）国际产业资本转移的发展趋势

制造业的整个价值创造过程可以分为一系列相对独立但又互相关

联的经济活动，包括产品的研究开发、设计、原材料的采购、生产制造、市场营销和售后服务等，这些经济活动对产品的增值都产生贡献，其贡献总和构成了产品价值增值。在 20 世纪 50 年代以前，由于国际政治、经济、技术等条件的限制，使一国必须将产品增值的全过程或大部分都置于国内，这样就形成了在产品价值增值链中最关键环节具有竞争优势的产品就是一国具有比较优势的产品，并以此产品进行国际生产分工。二战后，国际政治、经济和技术条件发生了巨大变化，为产品增值环节的外部转移创造了新的环境，所以许多国家将自己不具有比较优势的产业或生产阶段向国外转移。

20 世纪 90 年代以来，随着世界制造业生产技术水平不断提高，生产制造过程也不断细化，各个生产环节可分割性不断加强，不同生产制造环节的国际分工更加深化，表现为在制造业转移过程中首先对整个产品价值链增值过程、技术或工艺流程拆分成各个更细小的部分，然后再按比较优势原理将这些过程、技术或工艺流程在全球范围内进行分工。所以国际制造业的转移也随着国际产业分工的不断细化而变化，由最初的产业转移，到同一产业各不同产业部门转移，再到同一产业部门不同产品生产的转移，然后再到同一产品不同生产阶段的转移，国际产业转移越来越细化。也正是在这一国际产业转移新背景下，中国的劳动力和资源比较优势得以充分发挥，这正是中国成为世界劳动密集产业资本和生产环节转移目标地的原因，也是中国形成新一代世界制造中心的重要因素。

从历史上已形成的三代世界制造中心来说，英国、美国和德国形成于工业化完成之后，日本则形成于工业化结束信息化开始之时。但从历史统计数据来看，虽然每一代世界制造中心生产产品的数量绝对值都大大增加，但占同期世界总产值的比重却不断下降，说明了世界制造中心在世界经济中地位下降。特别是日本作为世界制造中心时并没有如美国取代英国那样，在全部产业上居领先地位，日本只是在部分产业上超过美国，没有完全取代，也就是说这一时期在世界范围内呈现双世界制造中心局面。但必须注意，因为世界制造中心与工业化紧密相联，当一些发达国家进入后工业化或信息化时代，其产

业比较优势也发生了变化。制造业虽然是国民经济的基础，但它毕竟还仅仅是产品研发、生产、营销等系统中的一个环节，这一环节随着生产技术的成熟、学习效应的提高和制造业内外部成本的扩大，很容易被转移到具有比较优势的其他国家，从而引发世界制造中心的分散和转移。对于发达国家来说，通过所有权优势、内部化优势和区位优势以FDI形式将制造业向其他国家转移或通过"虚拟工厂"方式实行生产活动的外包，将产品生产的上游的研发、中游的管理和下游的营销置于国内，更符合其国内比较优势，所以在后工业化或信息化时代，世界制造中心将更多地形成于一些具有制造业比较优势的发展中国家（如具有制造业所必需的要素资源和基本配套产业等）。

经济全球化过程本身就是世界各国在全球范围内以比较优势为基础进行研究、管理、生产、销售的分工，制造业从后工业化国家向正在进行工业化国家的转移正是世界范围内比较优势发挥作用的体现，而这一转移的载体就是具有充分理性和经济人意识的跨国公司，其主要方式就是产业资本以FDI形式流入具有比较优势的国家和地区。可以认为，发达国家的所谓"产业空心化"与发展中国家的形成新的世界制造中心是同一个问题的两个方面，是世界工业化发展的必然现象，发达国家不必为国内的所谓"产业空心化"而悲观，发展中国家也不必因为形成新的世界制造中心而忽视新的国际经济形势下世界制造中心地位和作用的下降。因为对于发达国家来说，其经济发展和产业结构已达到一定的水平，与发展中国家相比，虽然其在产品的研发、制造、管理、营销等各个方面都具有绝对优势，但是其比较优势在于研发、管理和营销，制造环节已不具有比较优势，因为制造环节需要大量的廉价劳动力和对生存环境的破坏。对于发展中国家来说，由于产品的生产技术已成熟，生产活动的学习成本降低，加之发展中国家具有丰富的劳动力优势，所以制造业向发展中国家转移是跨国公司遵循比较优势原则在全球范围内追求利润的自觉行动。

126

二、国际产业资本向中国和
长三角地区转移的特点

（一）中国利用外商直接投资的特征及发展趋势

从改革开放初的 1980 年到 2006 年年底，通过外商独资、合资、合作等方式，中国共批准外商直接投资（FDI）项目 590105 个，协议（合同）利用外资 8280.59 亿美元，实际利用外资 6846.96 亿美元；有 18 万多家外商投资企业，就业人数超过 2500 万。从 1984 年到 2006 年的 22 年间，中国协议利用 FDI 增长了 35.3 倍，年均增长率为 20.5%，实际利用 FDI 增长了 47 倍，年均增长 23.2%。从 1993 年起中国已连续 14 年成为 FDI 最多的发展中国家，2002 年我国利用 FDI 达 527.43 亿美元，并首次超过美国成为全球利用 FDI 最多的国家[1]，2006 年我国利用 FDI 已达 694.68 亿美元。下面主要对中国利用 FDI 过程中的经济和政策特征进行研究，并对中国 FDI 的下一步发展趋势进行分析。

1. 中国利用外商直接投资的简要历程

从改革开放初期到 2002 年年底，中国利用外商直接投资大体上经历了五个阶段：

一是 1979 年至 1986 年的起步阶段。这一阶段全国共协议利用外资 194.13 亿美元，年均约为 27.2 亿美元，实际利用外资 83.04 亿美元，年均约为 11.9 亿美元。该阶段中国利用 FDI 的特点是外商直接投资主要来自港澳地区，其中，香港地区流入中国大陆的 FDI 占全国 FDI 的 49.8% 左右，占发展中国家和地区流入中国 FDI 的 90% 以上。

---

[1] 2002 全球利用 FDI 最多的前十个国家是：卢森堡（1257 亿美元）、中国（527 亿美元）、法国（515 亿美元）、德国（380 亿美元）、美国（300 亿美元）、荷兰（292 亿美元）、英国（249 亿美元）、西班牙（210 亿美元）、加拿大（206 亿美元）、爱尔兰（190 亿美元），由于卢森堡是一特殊小国，所以一般材料中都称 2002 年中国为利用 FDI 最多的国家。

在这些 FDI 中，以投资于劳动力密集的加工项目和宾馆、服务、旅游等第三产业项目为主，资本技术型工业制造业较少，这些外资企业大部分集中在广东、福建两省及其他沿海省市，内地吸收利用外资刚起步。

二是 1987 年至 1991 年的稳步发展阶段。从 1987 年至 1991 年，全国利用外商直接投资协议金额为 331.79 亿美元，年均 66.4 亿美元，年均增长 34.1%，实际利用外资 167.5 亿美元，年均 33.5 亿美元，年均增长 17.3%。这一阶段中国利用 FDI 的特点是外商直接投资的区域和行业有所扩大，台商开始对大陆投资，外商的投资结构也有较大改善，生产性项目和产品出口企业大幅度增加，旅游服务项目比重下降。

三是 1992 年至 1993 年的高速发展阶段。这一阶段利用外资的特点是外资总体规模和项目平均规模迅速扩大，协议和实际利用 FDI 年均增长率均在 150% 以上。新的投资领域增加，而作为中国新兴的房地产业利用外资增长最快。中西部地区利用外资步伐加快。在这些 FDI 中，来自发达国家的 FDI 占全国 FDI 的比重下降，来自发展中国家和地区的 FDI 大多投资于中小企业。

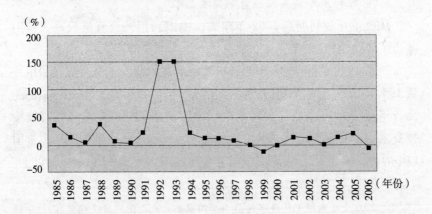

图 4 - 3　实际利用 FDI 增长率变化图

四是 1994 年至 1998 年的调整发展阶段。这一阶段虽然中国实际

利用 FDI 的绝对量不断增加，但协议利用 FDI 的绝对量在不断减少。此间实际 FDI 的年均增长率为 7.8%，收敛于国民经济增幅，与前三个阶段利用 FDI 的年均增幅相比出现较大的回落。该阶段利用外资的重点由数量扩张转向注重外资质量和投资结构优化，表现为越来越多的西方大型跨国公司进入中国，外商投资企业的资本结构和技术结构进一步改善，资本与技术密集型的大项目和基础设施项目增加。外商投资的平均项目规模不断扩大，外商投资的产业结构日趋合理，许多第三产业开始利用外资试点。比如，这一阶段 FDI 投资的项目平均资金为 135.9 万美元，而 1992—1993 年高速增长期仅为 29.1 万美元，1979—1991 年为 59 万美元。在地理区域上中西部地区利用 FDI 增长速度快于东部沿海地区。

五是 1999 年至 2006 年的恢复增长期。1999 年中国 FDI 首次出现负增长，比 1998 年下降了 11.3 个百分点，2000 年开始复苏，2001 年和 2002 年进入较快增长期，这 4 年协议 FDI 年均增长率为 26.2%，实际利用 FDI 年均增长 9.4%。2006 年实际利用外资金额 694.68 亿美元，同比下降 4.06%。其中，全国非金融领域（不含银行、保险、证券）新设立外商投资企业 41473 家，同比下降 5.75%，但是实际使用外资金额 630.21 亿美元，同比增长 4.47%。这期间外资广泛进入中国的第二和第三产业，发达国家的跨国公司大举进入中国的资本和技术密集型制造业领域，制造业在区域上呈现集群化和规模化趋势，出现了长三角、珠三角、京津及环渤海湾地区产业群、产业带，第三产业的商贸、金融和服务成为 FDI 投资的重点。

2. 中国利用国际直接投资的经济特征

（1）中国利用 FDI 总量不断增加，占世界 FDI 比重呈波动态势

中国利用 FDI 的总体规模从 1983 年的 9.6 亿美元到 2006 年的 694.68 亿美元，23 年间增长了 72.36 倍，年均增长率达 23%。特别是 1992 年直接利用外资出现跳跃式突破，由 1991 年的 43.62 亿美元快速增加到 1992 年的 110.08 亿美元，1993 年达到 275.15 亿美元，这两年实际利用 FDI 的增长率分别为 152.13% 和 149.93%，使我国利用外资在规模上上升到一个新的平台。从 1994 年起虽然实际利用

FDI 的增幅回落,但总量一直增加。1993 年起,中国成为全球利用 FDI 最多的发展中国家和世界利用 FDI 第二大国,2002 年至今一直是全球利用 FDI 最多的国家。

中国利用外资占世界对外直接投资的比重呈波动态势。从 1991 年占世界比重的 2.26% 迅速增加到 1994 年的 13.45%,达到历史最高。随后于 1995 年和 1996 年稳定在 11% 左右。2000 年出现大幅下降,仅为 3.2%,成为自 1992 年来的最低,与全球对外直接投资的大幅上涨明显不符。但从 2001 年开始,又出现大幅上升的趋势。

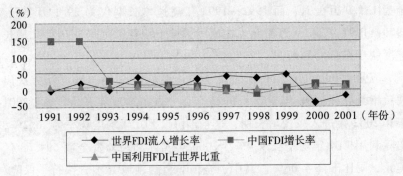

图 4-4 中国利用 FDI 增长率及占世界比重

中国利用 FDI 占流入亚洲的 FDI 于 1994 年达到最高值 60.5%,目前仍保持在 50% 以上,占流入发展中国家 FDI 的比重保持在 30% 左右。[1]

1997 年以来中国利用 FDI 年均增幅与世界 FDI 增长的背离与中国利用 FDI 的方式有较大的关系,因为在 20 世纪 90 年代跨国并购式的 FDI 成为投资的主要方式,而中国国内没有企业跨国并购立法和政策,限制了此类投资的进入。

(2) 发展中国家 FDI 占主导地位

---

① 发达国家是指 1982 年国际货币基金组织年度报告中列入的 21 个市场经济工业国家,包括:美国、日本、前联邦德国、英国、法国、意大利、加拿大、爱尔兰、西班牙、新西兰、奥地利、澳大利亚、荷兰、比利时、卢森堡、丹麦、芬兰、挪威、瑞典、瑞士和冰岛。为统计方便,将除此以外的国家和地区计为发展中国家。

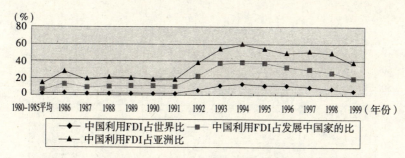

图 4-5　中国利用 FDI 占世界、发展中国家和亚洲的比重变化

　　由于中国国内政治经济条件的特殊性和亚洲的中国香港特区、中国台湾地区、新加坡、韩国等发展中国家和地区与中国的地缘关系，中国利用 FDI 首先从香港开始，随后台湾、新加坡、韩国等亚洲国家和地区的 FDI 纷纷进入中国，以香港、台湾、新加坡、韩国为代表的发展中国家和地区对华直接投资在中国利用外商直接投资中一直居于主要地位。

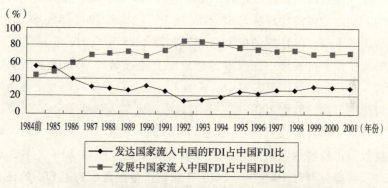

图 4-6　发达及发展中国家流入中国 FDI 比重变化

　　图 4-6 表明，在 1985 年以前，发达国家对中国的 FDI 占中国利用 FDI 的 50% 以上，随后一路下降，而发展中国家和地区的比重则不断上升，1992 年发展中国家对华 FDI 占中国利用 FDI 的 84.4%，随后其比重出现下降，但目前仍保持在 70% 左右。发达国家对华直接投资占中国利用外商直接投资的比重由 1986 年的 50% 下降到 1992 年的最低点 15.6%，随后不断上升，目前保持在 30% 左右。

图 4-7　香港地区、台湾地区、新加坡、韩国等流入中国 FDI 比重变化

在对华直接投资的发展中国家和地区中，中国香港、中国台湾、新加坡、韩国占主要部分。其中香港对华 FDI 又一直居主要地位，其对华 FDI 占全国的比重从 1985 年的 48.8% 增加到 1992 年的 68.2%，随后出现下降，但目前仍在 35% 以上。在 1988 年以前，香港对中国大陆直接投资占发展中国家和地区对华直接投资的 90% 以上，随后台湾、新加坡、韩国等国家和地区加入对华直接投资行列，使香港的相对比重下降。但在 2001 年，香港对中国大陆直接投资占发展中国家和地区对华直接投资的比重仍保持在 50% 左右，台湾对中国大陆直接投资占发展中国家和地区对华直接投资的比重在 10% 左右，新加坡、韩国分别占 7% 左右。2001 年它们占中国大陆利用 FDI 的比重分别为 35.7%、6.4%、4.6% 和 4.6%。

在对华进行直接投资的发达国家中，美国、日本、欧盟等国家和地区占主要地位。在整个 20 世纪 90 年代，美国、日本、欧盟对中国的 FDI 占全国的比重平均在 20% 左右，占发达国家和地区对中国 FDI 的比重在 90% 以上，2001 年美国、日本、欧盟对中国直接投资占发达国家对华直接投资的 93.4%。

在这三个发达国家和地区中，美国对华直接投资开始一直持续保

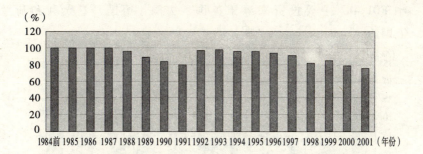

图 4 – 8　香港地区、台湾地区、新加坡、韩国及东盟四国对
中国 FDI 占发展中国家和地区对中国 FDI 比重变化①

图 4 – 9　美国、日本、欧盟对中国 FDI 占中国利用 FDI 比重变化

持上升态势，到 2001 年年底，其对华直接投资占中国利用外商直接
投资比重在 10% 左右。日本对华直接投资中间出现反复和波动，
1999 年对华直接投资出现大幅下降，当时占中国利用外商直接投资
的比重为 7.37%，但 2001 年又出现大幅上升，比重达 9.28%。从开
始对华进行直接投资以来，欧盟对华直接投资总规模也呈不断扩大态
势，但在 1992 年和 1993 年占全国利用 FDI 比重下降，随后逐步回
升，2001 年占中国利用外商直接投资的比重为 8.92%。而在欧盟对

①　东盟四国指马来西亚、印度尼西亚、泰国、菲律宾。

华 FDI 中，主要投资来源于英国、法国、德国、意大利和荷兰五国。①

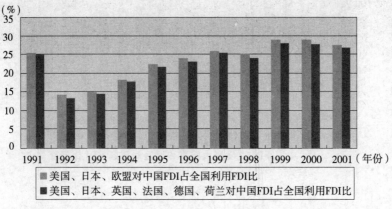

图 4 – 10　主要发达国家对中国 FDI 占全国利用 FDI 比重变化

　　从 1992 年到 2002 年年底，对华直接投资最多的地区是香港，实际对中国大陆直接投资额达 2048.75 亿美元，占中国利用外商直接投资的 45%；第二位是美国，到 2002 年年底其对华实际直接投资额达 398.90 亿美元，占中国利用外商直接投资的 8.9%；第三位是日本，实际对华直接投资额达 363.40 亿美元，占 8.11%；第四位是中国台湾，实际投资额为 331.10 亿美元，占 7.39%。其中香港、美国、日本等对华直接投资前 10 名的国家和地区对华直接投资占中国利用外商直接投资的 89.16%，前 5 名占 76.27%，前 3 名占 63.44%，表明对华直接投资的资金来源主要集中在香港、美国、日本和台湾等国家和地区，但若将欧盟视为一个整体，其对华 FDI 也占重要地位。

　　在发展中国家对华直接投资中，其投资主要流向商贸服务和房地产业，工业制造业的比重较小，且其投资的项目平均规模较小。而发达国家的 FDI 主要投资于资本技术密集的工业制造业，项目平均规模较大。如 2001 年香港的平均项目规模为 208.8 万美元，台湾为 70.72

───────────────

　　①　这里指的欧盟包括：英国、德国、法国、比利时、卢森堡、爱尔兰、荷兰、芬兰、希腊、意大利、丹麦、瑞典、葡萄牙、西班牙、奥地利 15 国。

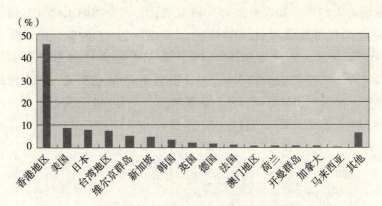

图 4 – 11 世界各经济体对中国直接投资占中国利用 FDI 比重

万美元，新加坡为 317.03 万美元，韩国为 74.0 万美元，而美国为
170 万美元，日本为 215 万美元，欧盟为 344.3 万美元。

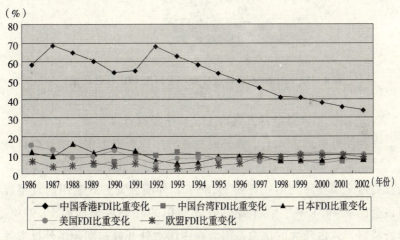

图 4 – 12 主要对华 FDI 国家和地区比重变化

（3）第二产业特别是制造业成为利用 FDI 最多的行业，第三产
业比重上升，第一产业比重下降

在投资流向上，外商直接投资主要流入第二产业的工业制造业，
第三产业利用外资近年呈不断上升趋势，而第一产业则呈下降趋势。
到 2005 年年底，第一产业共计协议利用外商直接投资项目 15521 个，

占全国的 2.81%，协议资金 251.43 亿美元，占全国的 1.96%；第二产业协议利用外资项目 401849 个，占全国的 72.68%，协议资金 8544.9 亿美元，占全国的 66.44%；第三产业协议利用外资项目 135569 个，占全国的 24.52%，协议资金 4064.4 亿美元，占全国的 31.6%。协议利用外资项目平均规模第一产业为 162 万美元，第二产业为 213 万美元，第三产业为 230 万美元。

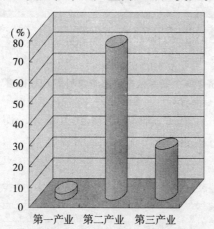

图 4－13　到 2006 年年底三次产业利用 FDI 项目比重

（4）独资和合资经营方式为主，合作经营方式为辅

在利用外资的方式上，以外商独资和中外合资为主，中外合作经营为辅。截至 2006 年年底，以中外合资经营方式利用的外商实际直接投资占全国实际利用外资的 39.86%，外商独资方式利用的直接投资占全国的 40.15%，合作经营方式利用的外资占全国的 19.99%。合资经营方式占较大的比重是因为在中国对外开放初期，国外投资者对中国国内投资环境有一个熟悉和适应过程，希望以合资方式与国内企业联合经营，更有利于在陌生的环境中开展业务。当发达国家的大型跨国公司对中国进行直接投资时，由于其在技术上具有垄断优势，在所有权方面具有内部化优势，不愿意将企业的技术及管理知识外溢，所以大多采取独资新建企业的"绿地"投资的经营方式。由于中国国内目前仍没有对国内国有企业兼并收购的法规文件，所以，以

股权收购方式的合作经营占很小比重，与国际直接投资的最新发展趋势不相吻合。

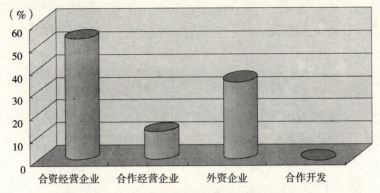

图 4-14　按经营方式分类 FDI 项目比重

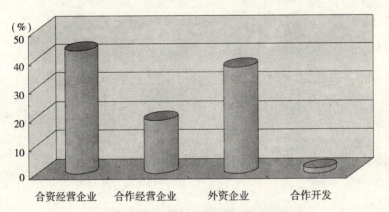

图 4-15　按经营方式分类 FDI 金额比重

（5）FDI 主要分布于东部沿海等经济发达地区

改革开放 20 多年来，外商对华直接投资区域流向很不平衡，到 2005 年年底，东部地区利用外资的项目占全国的 87.33%，实际利用外资占全国的 85.79%；中部地区利用外资的项目占全国的 7.84%，实际利用外资占全国的 10.13%；西部地区利用外资的项目占全国的 4.83%，实际利用外资占全国的 4.07%。这一严重的不平衡与中国的区域开放政策、地理区位、文化背景等因素密切

相关。

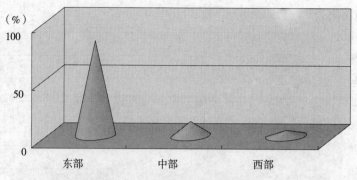

图 4 – 16　按区域分 FDI 项目比重

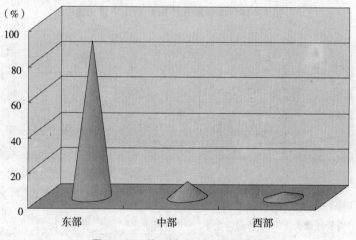

图 4 – 17　按区域分 FDI 金额比重

3. 中国利用 FDI 的政策特点

（1）主动性与非制度性

回顾中国对外开放的过程，可以发现中国的对外开放和利用 FDI 具有自身的特点：一是主动性开放，二是政策性开放。① 所谓主动性开放就是指中国对外开放在区域选择、程度控制、政策制定、时序排

---

① 张二震：《加入 WTO 与我国对外开放战略的转变》，载《南京大学学报》2000 年第 3 期。

列上都完全由中国自己决定，较少受到国外因素的影响。如在区域选择上基本上采取由东向西、由沿海到内地的渐进梯次开放战略，首先在东部经济发达地区积累经验，然后推广到全国，避免了全国各地一哄而起的混乱局面。在开放内容上，引导外资主要流向我国具有比较优势的产业和行业，带动劳动密集型产品的生产和出口。在开放程度上，首先从劳动密集型产品的加工贸易开始，然后进行进口替代和出口导向，最后实现机电等资本、技术密集型产品的一般性出口贸易。在开放政策制定上，采取适当的贸易和投资保护政策，限制外资企业产品的内销比例，以保护国内市场，同时限制外资进入服务性第三产业和一些特殊行业。在开放时序安排上，将对外开放与我国的经济体制改革进程紧密结合，以开放促改革，以改革带动开放，使改革和开放成为我国经济发展两个不可分割的重要手段。所谓政策性开放是指在对外开放过程中，以对不同地区、行业进行区别的政策倾斜和政策优惠为手段，而不是对所有区域实行体制性的政策统一。如国家经济特区、技术开发区、保税区给予的种种优惠与其他地区的特殊政策和减免税收、降低土地使用价格等外资企业政策，这些政策倾斜为不同区域和不同企业创造了不平等的政策环境。世界经济发展的历史表明，这一方法曾应用于一些先进工业国家，今天也被许多发展中国家所使用。

（2）中国利用 FDI 的政策与 WTO 有关规定存在冲突

中国在对外开放中的主动性与政策性是中国改革开放能够取得成功的重要保证，但必须承认中国利用 FDI 的政策与世界范围内的多边贸易与投资规则存在严重冲突，比如中国对外资企业的出口外销比例、产品国产化率、技术转让、外汇平衡和 FDI 行业、区域等都提出种种要求和限制。那时中国不是 WTO 成员国，国际社会对中国开放过程中的政策只能容忍；但在中国成功加入 WTO 后，过去所实行的一些法规政策就必须作适当调整，主动性将被符合国际条例的被动性、政策的非制度性将被规范的制度性所替代，即中国在开放区域、行业、时间顺序等方面的安排必须在 WTO 法律框架下进行，对外资企业的种种限制将被取消，中国利用 FDI 的政策将受到国际社会更多的影响。同时，中国政府在过去利用 FDI 中实行的区域性、行业性和

内外资企业的歧视政策将被更加公平、非歧视的规章制度所取代，政府在开放中的作用将集中于不断完善社会主义市场经济法律、法规，创造出符合 WTO 多边贸易和投资规则的政策环境。

（3）优惠政策与限制政策同在，缺少中性政策

政策优惠和政策限制是许多国家在利用 FDI 中常见的做法，是与一国的经济发展水平和经济开放程度紧密联系的。改革开放 20 多年来中国 FDI 政策的重要特点是对外资企业的政策优惠和政策歧视共存，缺少内外资企业公平平等的中性政策。表现为一方面对允许 FDI 投资的行业领域实施税收、外汇资金、财政信贷资金、物资供应、环境管理等方面的优惠，享受超国民待遇。比如在税收方面外资企业可以享受免税进口生产资料、免征所得税、再投资退税、预提所得税减免等优惠政策。在外汇管理方面，外资企业可以享受全额持有所创外汇、自由选择买卖外汇、直接向外资银行借贷外汇等优惠。而另一方面又对 FDI 投资企业的外销出口比例、产品国产化率、外汇平衡、技术转让和外资比例有严格的限制，比如在我国禁止外资企业投资广播影视文化产业、新闻产业、武器制造业、贸易金融业等。对 FDI 企业实行"以产顶进"和"替代进口"政策，限制 FDI 企业的产品进口，在大部分产业都对外商出资比例限制在 49% 以下等，使 FDI 投资企业完全独立于整个工业管理体系之外，形成另一体系。政策优惠和政策限制是一国利用 FDI 的两种极端做法，各有正负效应，但这又是一国政府根据本国经济发展和开放水平采取的相机措施。但在中国加入 WTO 后，政策优惠和政策歧视的范围将大大缩小，符合 WTO 框架的中性 FDI 政策性将是利用 FDI 的政策主体。

（二）长三角地区利用外商直接投资的历程和特点

从长三角地区利用 FDI 的过程来看，改革开放以来长三角利用 FDI 基本经历了四个不同阶段，各具不同的特征。一是 1985 年至 1991 年，长三角地区工业基本上是以上海的重工业、苏南的乡镇集体工业和浙江东北地区的个体加工业为主，三个区域的产业分工较为清晰。由于这一阶段我国对外开放的重点放在珠三角的深圳、珠海、

广州、汕头及周边的厦门等地区，外商制造业也基本集中在这些地区。在这一阶段长三角利用 FDI 占全国的比重不高。从 1985 年到 1991 年间长三角地区利用 FDI 虽然在绝对数量上不断增加，但占全国利用 FDI 的比重呈现倒 U 型结构，由 1985 年的 5.5% 上升到 1988 年的最高值 15.6%，随后不断下降到 1991 年的 11.5%。而且长三角地区利用 FDI 的增长率对全国利用 FDI 增长的贡献率在 1989 年、1990 年分别为 - 0.91% 和 - 0.87%，即长三角利用 FDI 增长已落后于全国平均水平。二是 1992 年至 1997 年的 FDI 大规模高速进入阶段。这一阶段长三角地区利用 FDI 上了一个新的台阶，具体表现为：首先是利用 FDI 的绝对数量大幅增加。如 1992 年长三角地区实际利用 FDI 近 30 亿美元，1993 年超过 60 亿美元，1994 年超过 85 亿美元，1995 年超过 90 亿美元，1996 年超过 100 亿美元，1997 年超过 120 亿美元。其次是利用 FDI 的年均增长率大大高于全国平均水平。1992 年至 1997 年长三角地区实际利用 FDI 年均增长率为 32.6%，其中 1992 年、1993 年分别达到 152.1% 和 150%。再次是利用 FDI 对全国利用 FDI 增长贡献率保持较高的水平。从 1992 年到 1997 年长三角利用 FDI 增长率对全国的贡献率虽然呈波动态势，但总体上仍保持在较高水平，其中 1992 年贡献率达到 74%，1996 年达到 52.5%。三是 1998 年至 1999 年的调整下降阶段。由于受到亚洲金融危机的影响，1998 年全国利用 FDI 的绝对数量虽然有所增加，但增幅较小，仅为 0.5%，而长三角地区利用 FDI 则出现了负增长，其中 1998 年为 - 0.5%，1999 年为 - 7.2%，对全国利用 FDI 增长的贡献率分别为 - 25.3% 和 - 17%，但是这一阶段利用 FDI 的绝对数量仍保持在 100 亿美元之上。四是 2000 年以来的再一次高速增长阶段。2000 年长三角地区利用 FDI 走出低谷，当年增长了 4%，对全国 FDI 增长的贡献率为 111%，随后的 2001 年、2002 年和 2003 年利用 FDI 的年均增长率均保持在 20% 以上，且呈逐年快速上升之势，特别是 2003 年在全国利用 FDI 增长率仅为 1.44% 的情况下，长三角的增长率达到 49.4%，对全国增长的贡献率高达 1681%，并且在绝对数量上超过 250 亿美元，达到 262 亿美元，占全国的比重接近 50%。

表4-1 长三角地区利用 FDI 情况

年份	长三角实际利用 FDI（亿美元）	全国实际利用 FDI（亿美元）	长三角占全国比重（%）	年份	长三角实际利用 FDI（亿美元）	全国实际利用 FDI（亿美元）	长三角占全国比重（%）
1985	0.91	16.61	5.46	1996	113.08	417.25	27.1
1986	1.34	18.74	7.16	1997	121.04	452.57	26.75
1987	2.85	23.14	12.32	1998	116.08	454.63	25.33
1988	4.97	31.94	15.55	1999	107.70	403.19	26.71
1989	4.79	33.92	14.11	2000	112.0	407.15	27.51
1990	3.67	34.87	10.52	2001	136.2	468.78	29.05
1991	5.00	43.66	11.46	2002	178.0	527.43	33.75
1992	29.56	110.1	26.85	2003	262.0	535.02	49.0
1993	63.52	275.15	23.09	2004	241.96	606.3	39.9
1994	85.52	337.67	25.33	2005	263.33	603.25	43.7
1995	92.88	375.21	24.76	2006	334.14	694.68	48.1

资料来源：根据《中国统计年鉴》、《江苏统计年鉴》、《上海统计年鉴》、《浙江统计年鉴》各期的相关数据计算。以下图表未注明资料来源的，资料来源均与此表相同。

表4-2 长三角地区利用 FDI 增长率对全国利用 FDI 增长率的贡献

年份	长三角实际利用 FDI 增长率（%）	全国实际利用 FDI 增长率（%）	长三角利用 FDI 增长对全国增长的贡献率（%）	年份	长三角实际利用 FDI 增长率（%）	全国实际利用 FDI 增长率（%）	长三角利用 FDI 增长对全国增长的贡献率（%）
1986	47.3	14.72	23	1997	7.04	8.46	22.3
1987	113	3.12	446	1998	-0.5	0.5	-25.3
1988	74.4	38.03	30.4	1999	-7.2	-11.3	17.0
1989	-0.4	6.23	-0.91	2000	4.0	0.99	111.1
1990	-23	2.77	-87.4	2001	21.6	15.1	41.6
1991	36.2	25.21	16.5	2002	30.7	12.5	82.9
1992	419	152.1	74.0	2003	49.4	1.44	1681.0
1993	115	150.0	17.7	2004	-7.6	13.32	-56.3
1994	34.6	22.72	38.6	2005	8.83	19.4	33.8
1995	8.6	11.12	19.1	2006	26.9	-4.06	67.3
1996	21.7	11.20	52.5	—	—	—	—

图 4 - 18　长三角利用 FDI 增长率与全国比较

从长三角地区利用 FDI 的来源地来看，1985 年以来长三角地区
的 FDI 主要来自中国香港、中国台湾、日本、美国、新加坡、韩国、
英国、德国、法国、荷兰 10 个国家和地区，这 10 个国家和地区在长
三角地区的直接投资占江苏、上海、浙江利用 FDI 的比重分别为
76.9%、72.4% 和 87.9%。其中香港地区在江苏、上海、浙江的直
接投资比重分别为 25%、29.9% 和 42.3%，台湾地区在江苏、上海、
浙江的直接投资比重分别为 10.1%、5.2% 和 10.6%，日本在江苏、
上海、浙江的直接投资比重分别为 10.7%、12.8% 和 10.6%，美国
在江苏、上海、浙江的直接投资比重分别为 8.9%、12.3% 和
10.2%。特别值得注意的是，新加坡在江苏的直接投资占有重要的地
位，仅次于香港地区，达到 11.2%。

表 4 - 3　长三角地区实际利用 FDI 的主要来源地及比重

（单位:%）

来源地	江苏	上海	浙江
中国香港	25	29.9	42.3
中国台湾	10.1	5.2	10.6
日本	10.7	12.8	10.6
新加坡	11.2	4.3	2.4
韩国	3.5	1.1	3.3

来源地	江苏	上海	浙江
英国	2.3	2.4	3.1
德国	2.3	3.8	3.2
法国	1.2	0.6	2.2
荷兰	1.7	—	—
美国	8.9	12.3	10.2
合计	76.9	72.4	87.9

从长三角地区 FDI 的行业产业流向来看，FDI 主要进入了工业制造业，但在不同省市之间存在一定差别。比如从 1999 年到 2003 年，江苏利用的 FDI 有 85% 以上进入了工业制造业，大大高于全国平均水平；上海有 52% 以上进入了工业制造业，低于全国平均水平；浙江在 70% 左右，和全国平均水平相当。说明 FDI 主要利用江苏和浙江两省的制造业资源优势，将江苏和浙江作为跨国公司的产品生产制造和加工基地，而投资于上海的 FDI 一部分进入产品研发和金融、保险等现代服务业，将上海作为产品研发和营销服务基地。

表 4-4　长三角地区制造业利用 FDI 比重

（单位：%）

年份	江苏	上海	浙江	全国平均
1999	87.4	52.3	74.3	62.5
2000	89.4	54.2	76.2	63.4
2001	91.2	58.3	78.9	65.9
2002	87.9	62.2	82.1	69.8
2003	85.4	63.7	80.4	70.1
2004	82.8	57.5	77.6	71
2005	79.6	48.4	80.8	70.4

从长三角地区不同省市利用 FDI 的相互影响来分析，基本上可以认为三个省市在利用 FDI 上竞争性大于互补性。具体表现为三个省市之间利用 FDI 的增长率呈现出"此增彼减"和"你增我降"的趋势，比如 1989 年江苏利用 FDI 增长率为 -55.3%，而同年上海和浙江的

增长率分别为 15.9% 和 73.3%；1990 年江苏利用 FDI 增长率为 204%，而同期上海和浙江的增长率为 - 57.3% 和 - 7.7%。从 1985 年以来除去个别年份如 1992 年全国利用 FDI 均大幅增长外，其余年份江苏、上海、浙江三个省市利用 FDI 均表现为相互竞争关系，表明 FDI 在长三角地区不同省市间具有选择性和流动性，也表明三个省市间在利用 FDI 上具有较强的竞争关系。

表 4 - 5　长三角地区不同省市利用 FDI 增长率比较

年份	江苏		上海		浙江		全国	
	实际利用 FDI（亿美元）	增长率（%）	实际利用 FDI（亿美元）	增长率（%）	实际利用 FDI（亿美元）	增长率（%）	实际利用 FDI（亿美元）	增长率（%）
1986	0.18	50	0.98	58.1	0.19	18.8	18.74	14.72
1987	0.50	178	2.12	116	0.23	21.1	23.14	3.12
1988	1.03	106	3.64	71.7	0.30	30.4	31.94	38.03
1989	0.46	- 55.3	4.22	15.9	0.52	73.3	33.92	6.23
1990	1.4	204	1.8	- 57.3	0.48	- 7.7	34.87	2.77
1991	2.3	64.2	1.8	0	0.92	91.7	43.66	25.21
1992	14.0	509	12.6	600	2.94	220.0	110.1	152.1
1993	30.0	114	23.2	84.1	10.3	250	275.15	150.0
1994	41.8	39.3	32.3	39.2	11.4	10.7	337.67	22.72
1995	47.8	14.4	32.5	0.06	12.6	10.5	375.21	11.12
1996	50.7	6.1	47.2	45.2	15.2	20.6	417.25	11.20
1997	57.9	14.2	48.1	1.91	15.0	- 1.3	452.57	8.46
1998	66.5	14.9	36.4	- 24.3	13.2	- 12	454.63	0.5
1999	64.0	- 3.8	28.4	- 22.0	15.3	15.9	403.19	- 11.3
2000	64.3	0.5	31.6	11.3	16.1	30.9	407.15	0.99
2001	71.2	10.7	42.9	35.8	22.1	37.3	468.78	15.1
2002	103.7	45.6	42.9	- 0.05	31.6	43.0	527.43	12.5
2003	158.0	52.4	54.7	28.1	49.8	61.7	535.02	1.44
2004	121.38	- 23.18	65.41	19.58	66.81	34.16	606.3	13.32
2005	131.83	8.61	68.5	4.72	77.23	15.59	603.25	- 0.5
2006	174.71	32.53	71.07	3.75	88.9	15.11	694.68	15.2

三、国际产业资本与长三角先进制造业基地的形成

（一）FDI 与长三角地区制造业增长关系研究

FDI 对长三角地区工业制造业发展的贡献之一，表现为在 20 世纪 90 年代中期以前，FDI 使制造业增加值占 GDP 的比重不断增加。20 世纪 90 年代中期以后，虽然工业制造业的相对比重下降，但总体规模不断增大。通过相关性分析可以发现，若选取 1990—2005 年的 16 个样本进行研究，则长三角地区的三个省市制造业增加值占 GDP 比重与其利用 FDI 的规模几乎没有相关性；但是从全国范围来说，却呈现高度相关。这是因为在 20 世纪 90 年代中期以前长三角地区利用的 FDI 主要促进了制造业规模的扩大，而进入 20 世纪 90 年代中期以后，长三角地区的 FDI 一部分进入了工业制造业的前期研发和后期的营销服务领域；同时，长三角地区的一些劳动资源密集型制造业转移到中西部欠发达地区。这也是全国范围内 FDI 与工业制造业比重呈高度相关的原因，说明中国利用 FDI 促进了工业制造业增加值占 GDP 比重的提高。若选取 1990—1995 年的 6 个样本进行相关性分析，可以发现长三角地区的江苏、浙江两省的制造业比重与利用 FDI 规模呈高度相关，表明在 20 世纪 90 年代中期以前，FDI 在江苏和浙江主要从事产品生产加工业；但上海市的制造业比重与 FDI 呈负相关，这表明 FDI 从一进入上海就主要从事研发、营销、金融服务业，而不是一般的产品生产加工制造业。

综合分析表明，从 1996 年以后长三角地区江苏和浙江两省利用的 FDI 对区域工业制造业发展的影响由以前的规模扩大型转变为质量提高型；而对于上海市来说，FDI 扩大了现代服务业的规模，减少了工业制造业的比重；但对于全国来说，目前 FDI 对提高工业制造业的规模和占全部经济的比重仍然具有较大的促进作用。

表 4-6　长三角地区制造业比重与实际利用 FDI 比较

年份	江苏		上海		浙江		全国	
	工业制造业增加值比值(%)	实际利用 FDI（亿美元）	工业制造业增加值比值(%)	实际利用 FDI（亿美元）	工业制造业增加值比值(%)	实际利用 FDI（亿美元）	工业制造业增加值比值(%)	实际利用 FDI（亿美元）
1990	44.8	1.4	57.7	1.8	40.5	0.48	37.0	34.87
1991	45.3	2.3	59.1	1.8	40.5	0.92	37.4	43.66
1992	47.7	14.0	57.1	12.6	42.6	2.94	38.6	110.1
1993	48.4	30.0	55.9	23.2	45.8	10.3	40.8	275.15
1994	49.3	41.8	54.2	32.3	46.4	11.4	41.4	337.67
1995	47.9	47.8	52.7	32.5	46.3	12.6	42.3	375.21
1996	45.9	50.7	49.6	47.2	47.4	15.2	42.8	417.25
1997	45.2	57.9	47.0	48.1	48.6	15.0	43.5	452.57
1998	43.9	66.5	44.6	36.4	49.0	13.2	42.6	454.63
1999	44.0	64.0	43.6	28.4	49.0	15.3	42.8	403.19
2000	44.8	64.3	43.0	31.6	47.7	16.1	43.5	407.15
2001	44.9	71.2	42.8	42.9	46.5	22.1	43.5	468.78
2002	45.9	103.7	42.8	42.7	45.9	31.6	43.7	527.43
2003	48.2	158.0	42.0	54.7	45.8	49.8	45.3	535.02
2004	50.2	121.4	44.5	65.4	47.9	66.8	46.2	606.30
2005	60.0	131.8	45.1	68.5	48.3	77.2	47.5	603.25

若选取 1990—2005 年的 16 个样本数据作相关性分析，结果如表 4-7。

表 4-7　FDI 与制造业增加值占 GDP 比重相关系数（1990—2005 年）

江苏省	上海市	浙江省	全国
0.463	-0.752	0.446	0.977

资料来源：根据相应年份统计数据，利用 SPSS 统计软件计算得出。

但若选取 1990—1995 年的 6 个样本数据进行相关性分析，结论如表 4-8。

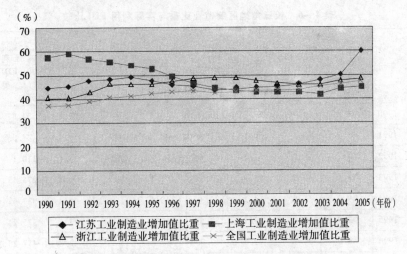

图 4 – 19　长三角地区工业制造业增加值比重比较

表 4 – 8　FDI 与制造业增加值占 GDP 比重相关系数（1990—1995 年）

江苏省	上海市	浙江省	全国
0.852	– 0.947	0.988	0.996

资料来源：根据相应年份统计数据，利用 SPSS 统计软件计算得出。

为了定量分析外商直接投资与长三角制造业的关系，选取
1990—2005 年的数据资料，建立如下回归模型：

$$city_i = C + aFDI_i + b \qquad (4.2)$$

（4.2）式中，$city_i$ 表示江苏、浙江、上海、全国制造业增加值
占 GDP 的比重，$i = 1、2、3、4$，FDI_i 表示江苏、浙江、上海的各年
外商直接投资，b 为随机变量。分析外商直接投资对长三角制造业增
加值占 GDP 比重的影响，结果如表 4 – 9。

表 4 – 9　长三角不同省市经济发展与 FDI 关系比较

省市	c	FDI_i	R-square	F-statistic	D. W.
江苏	44.705 （28.12）	0.04 （1.95）	0.215	3.83	0.64
浙江	44.93 （49.89）	0.053 （1.87）	0.199	3.49	0.26

续表

省市	c	FDI_i	R-square	F-statistic	D. W.
上海	57.35 (25.44)	−0.24 (4.27)	0.56	19.25	0.39
全国	36.47 (94.57)	0.016 (17.05)	0.95	290.61	1.49

由输出结果可以得到 $t(FDI_4)$ = 17.05，$t(FDI_3)$ = 4.27，均大于 t 的临界值 2.131，故解释变量的影响是显著的。同时 F 检验值为 290.61 和 19.25，大于 F 临界值 4.54，意味着在 95% 的置信水平下模型显著，即 1990—2005 年间，FDI 量的变动能够较好解释制造业增加值占 GDP 比重的变动。对于上海，FDI 每增加 1 个百分点，上海市制造业增加值占 GDP 比重下降 0.24 个百分点；对于全国，FDI 每增加 1 个百分点，制造业增加值占 GDP 比重上升 0.016 个百分点；对于江苏和浙江，FDI 量的变动能否较好解释制造业增加值占 GDP 比重的变动，还需进一步探讨。

但若选取 1990—1995 年的 6 个样本数据进行回归分析，结果如表 4 - 10。

表 4 - 10　长三角不同省市经济发展与 FDI 关系比较

省市	c	FDI_i	R-square	F-statistic	D. W.
江苏	45.49 (66.39)	0.076 (3.254)	0.726	10.59	1.41
浙江	40.45 (124.8)	0.502 (12.71)	0.976	161.54	2.027
上海	58.87 (101.88)	−0.158 (−5.928)	0.898	35.11	1.58
全国	36.73 (229.09)	0.015 (21.79)	0.992	474.98	1.902

由输出结果可以看出，四个模型的 T 统计量的值均通过检验，F 统计量也显著大于临界值 6.61，即在 95% 的置信水平下，模型均通过检验，FDI 量的变动能够较好解释制造业增加值占 GDP 比重的变动。1990—1995 年间，FDI 每增加 1 个百分点，江苏省制造业增加值

占 GDP 比重增加 0.076 个百分点，浙江省制造业增加值占 GDP 比重增加 0.502 个百分点，上海市制造业增加值占 GDP 比重下降 0.158 个百分点，全国制造业增加值占 GDP 比重上升 0.015 个百分点。

FDI 对长三角地区工业制造业发展的贡献之二，表现为 20 世纪 90 年代以来，FDI 使长三角地区工业制造业保持较高的增长率。从表 4－11 来看，1990—1997 年长三角地区的江苏、浙江两省的工业增长率与全国工业平均增长率基本保持相同走势，呈倒 U 型结构，但江苏与浙江的增长率绝对值高于全国平均值，在此期间上海的工业增长率呈现波动起伏走势且增长率绝对值小于全国平均水平。1998 年以后，长三角地区的江苏、上海两省市工业增长率与全国平均水平一致，基本呈平稳状态，但浙江省工业增长率在 1998—1999 年间出现较大幅度的波动。此阶段长三角的工业增长率均高于全国平均工业增长水平。

从相关性分析结果来看，若选取 1990—2005 年的 16 个样本分析，则长三角三个省市和全国利用 FDI 规模与工业增长率间几乎没有相关性。这是因为在 1995 年以前 FDI 高速度进入中国及长三角地区时大大促进了工业增长率的提高，但 1996 年后 FDI 对工业增长的促进作用趋于平稳，所以在 1990—2005 年间两者相关性不强。若选取 1990—1995 年的 6 个样本分析，则呈较高的相关关系，表明在 1995 年以前长三角地区及全国的工业增长率大部分是由 FDI 带动的，1996 年以后全国及长三角地区的各省市虽然在利用 FDI 的整体规模上不断扩大，但对工业增长的带动作用趋于平稳，对工业的贡献由促进规模增长转变为促进工业结构优化和产业升级等方面。

表 4－11　长三角地区制造业增长率与 FDI 比较

年份	江苏		上海		浙江		全国	
	制造业增长率（%）	实际利用 FDI（亿美元）	制造业增长率（%）	实际利用 FDI（亿美元）	制造业增长率（%）	实际利用 FDI（亿美元）	制造业增长率（%）	实际利用 FDI（亿美元）
1990	5.9	1.4	2.7	1.8	5.5	0.48	3.4	34.87
1991	8.8	2.3	8.8	1.8	18.4	0.92	14.4	43.66

续表

年份	江苏		上海		浙江		全国	
	制造业增长率（%）	实际利用FDI（亿美元）	制造业增长率（%）	实际利用FDI（亿美元）	制造业增长率（%）	实际利用FDI（亿美元）	制造业增长率（%）	实际利用FDI（亿美元）
1992	30.8	14.0	17.8	12.6	26.6	2.94	21.2	110.1
1993	23.2	30.0	10.9	23.2	35.3	10.3	20.1	275.15
1994	22.9	41.8	14.2	32.3	28.0	11.4	18.9	337.67
1995	15.4	47.8	14.3	32.5	17.8	12.6	14.0	375.21
1996	11.0	50.7	10.4	47.2	15.8	15.2	12.5	417.25
1997	11.3	57.9	10.2	48.1	13.3	15.0	11.3	452.57
1998	10.8	66.5	7.8	36.4	2.0	13.2	8.9	454.63
1999	11.4	64.0	9.6	28.4	24.0	15.3	8.5	403.19
2000	12.2	64.3	10.2	31.6	12.0	16.1	9.8	407.15
2001	11.5	71.2	12.1	42.9	11.0	22.1	8.7	468.78
2002	13.9	103.7	12.7	42.7	13.6	31.6	10.0	527.43
2003	17.8	158.0	13.2	54.7	13.5	49.6	12.8	535.02
2004	17.8	121.4	16.1	65.4	17.0	66.8	11.5	606.30
2005	16.7	131.8	11.8	68.5	18.1	77.2	11.6	603.25

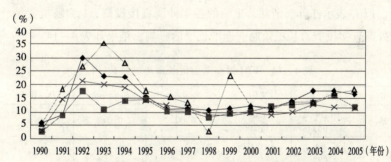

图4-20　长三角地区工业制造业增长率比较

若选取 1990—2003 年的 14 个样本进行相关性分析，结果如表 4-12。

表 4 – 12　FDI 与制造业增长率相关系数（1990—2003 年）

江苏省	上海市	浙江省	全国
0.055	0.396	– 0.078	– 0.202

资料来源：根据相应年份统计数据，利用 SPSS 统计软件计算得出。

但若选取 1990—1995 年的 6 个样本进行相关性分析，结果如表 4 – 13。

表 4 – 13　FDI 与制造业增长率相关系数（1990—1995 年）

江苏省	上海市	浙江省	全国
0.635	0.612	0.781	0.44

资料来源：根据相应年份统计数据，利用 SPSS 统计软件计算得出。

为了定量分析外商直接投资与长三角制造业的关系，选取 1990—2005 年的数据资料，建立如下回归模型：

$$city_i = C + aFDI_i + b \qquad (4.3)$$

（4.3）式中，$city_i$ 表示江苏、浙江、上海制造业增长率，$i = 1$、2、3，FDI_i 表示江苏、浙江、上海的各年外商直接投资，b 为随机变量。分析外商直接投资对长三角制造业增长率的影响，结果如表 4 – 14。

表 4 – 14　FDI 对制造业增长率影响系数

省市	c	FDI_i	R-square	F-statistic	D. W.
江苏	14.59 (5.03)	0.008 (0.206)	0.003	0.042	1.076
浙江	17.64 (5.69)	– 0.029 (– 0.293)	0.006	0.086	1.204
上海	8.882 (4.976)	0.071 (1.615)	0.157	2.608	1.454
全国	14.322 (5.097)	– 0.005 (– 0.773)	0.041	0.597	0.706

由输出结果可以看出，在 95% 的置信水平下，T 统计量和 F 统计量均不能通过检验，模型不成立，因此 1990—2003 年，外商直接

投资对长三角制造业增长率的影响大小有待于进一步探讨。

但若选取 1990—1995 年的 6 年样本数据进行回归分析，结果如表 4 – 15。

表 4 – 15 FDI 对制造业增长率影响系数比较

省市	c	FDI_i	R-square	F-statistic	D. W.
江苏	13. 236 (2.094)	0. 20 (0.93)	0. 178	0. 865	1. 595
浙江	15. 425 (2.411)	1. 01 (1.297)	0. 296	1. 683	1. 047
上海	7. 46 (2.326)	0. 23 (1.548)	0. 375	2. 396	1. 92
全国	11. 57 (2.488)	0. 019 (0.989)	0. 197	0. 979	1. 177

结果同样表明，回归分析得出与相关性分析类似的结论。选取 1990—1995 年的 6 个数据的 D. W. 值更为理想，但 R-square 值仍然不够高，可能与样本年份过少有关，但总体拟合程度明显高于 1990—2005 年的数据，也说明了 1995 年以前长三角地区及全国的工业增长率大部分是由 FDI 带动的，1996 年以后全国及长三角地区 FDI 对工业增长的带动作用趋于平稳。

FDI 对长三角地区工业制造业发展的贡献之三，表现为在 20 世纪 90 年代中期以来，FDI 使长三角地区工业制造业占全国工业制造业的比重不断增加。从长三角工业产值占全国工业产值的比重变化来说，1996—2005 年间江苏工业占全国工业比重呈现稳步上升态势，而上海市和浙江省工业产值占全国比重在 2001 年以前也呈现稳步上升态势，2001 年以后则出现了下降的走势。但从长三角整体来看，则保持逐步上升的态势。从长三角地区利用 FDI 与工业产值占全国比重的相关性分析来看，江苏、浙江和整个长三角地区利用 FDI 与工业产值占全国比重呈现较强的相关关系，但上海市则呈现负相关关系，表明江苏、浙江和长三角整个地区利用的 FDI 对提高地区工业的比重有较大促进作用，但上海市利用 FDI 降低了工业产值占全国的比重，其 FDI 主要流向非工业制造业的服务业。

表4-16　长三角地区工业产值占全国工业总产值的比较

（单位:%）

年份	江苏	上海	浙江	合计
1996	8.5	6.0	5.3	19.8
1997	9.6	6.6	5.4	21.6
1998	9.4	6.7	5.5	21.6
1999	10.4	7.3	6.1	23.8
2000	12.2	8.1	7.7	28.0
2001	12.3	8.0	8.3	28.3
2002	12.5	7.7	8.8	29.0
2003	12.6	7.5	7.6	27.7
2004	13.0	6.3	9.2	28.5
2005	13.3	6.6	9.5	29.4

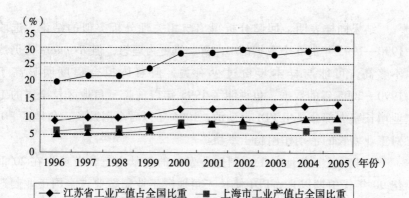

图4-21　长三角地区工业产值占全国比重比较

若选取1996—2005年的10个样本数据进行相关性分析，则得出如表4-17的结果。

表4-17　FDI与地区制造业占全国比重的相关系数（1996—2005年）

江苏省	上海市	浙江省	长三角地区
0.751	-0.504	0.777	0.586

资料来源：根据相应年份统计数据，利用SPSS统计软件计算得出。

为了定量分析外商直接投资与长三角地区制造业占全国比重的关系，选取1996—2005年的数据资料，建立如下回归模型：

$$city_i = C + aFDI_i + b \qquad (4.4)$$

（4.4）式中，$city_i$表示江苏、浙江、上海制造业占全国比重，$i = 1$、2、3，FDI_i表示江苏、浙江、上海的各年外商直接投资，b为随机变量。分析外商直接投资对长三角制造业占全国比重的影响，结果如表4-18。

表4-18　FDI对制造业占全国比重影响系数比较

省市	c	FDI_i	R-square	F-statistic	D. W.
江苏	8.259 (7.932)	0.035 (3.223)	0.565	10.39	1.056
浙江	5.619 (9.32)	0.053 (3.49)	0.603	12.18	0.839
上海	8.38 (10.27)	−0.028 (−1.65)	0.554	2.725	0.686

由输出结果可以得到$t(FDI_1) = 3.223$，$t(FDI_2) = 3.49$，均大于t的临界值2.131，故解释变量的影响是显著的，同时F检验值为10.39和12.18，大于F临界值，意味着在95%的置信水平下，模型显著，即1996—2005年间，FDI量的变动能够较好解释长三角制造业占全国比重的变动。对于江苏，FDI每增加1个百分点，制造业占全国的比重上升0.035个百分点，对于浙江，FDI每增加1个百分点，制造业占全国的比重上升0.053个百分点。

FDI对长三角地区工业制造业发展的贡献之四，表现为20世纪90年代中期以来，外商直接投资企业工业总产值占全部工业总产值的比重不断增加。从表4-19可以看出，长三角地区的上海市外资工业产值占工业总产值的比重呈现单边高位上升态势，表明上海市的工业已有相当大部分由FDI企业经营。江苏省的外资工业占全部工业比重在1998年出现下降，随后也呈现不断上升走势，但比重的绝对值要远远小于上海市。浙江省的外资工业产值占的比重则一直不高，但变化不大，较为平稳。从长三角整个地区来说，受1998年江苏省外

资工业占全部工业产值比重下降的影响，外资工业产值占全国外资工业产值比重于1998年也出现了波动，随后呈现平稳增长走势。从全国范围来看，外资工业产值占全部工业产值的比重是不断增加的，并且于1999年后就大大超过浙江省的水平。

表4－19　外商投资企业工业产值占总产值比重比较

（单位:%）

年份	江苏	上海	浙江	全国平均	长三角外资工业产值占全国比重
1996	22.9	43.9	15.7	12.2	37.0
1997	27.8	44.8	16.4	12.7	38.0
1998	22.7	45.1	16.6	14.9	30.1
1999	24.9	46.2	17.8	15.9	30.0
2000	27.7	50.1	18.7	27.4	32.5
2001	28.4	51.8	19.4	28.5	32.4
2002	30.0	55.1	19.7	29.3	33.1
2003	33.4	69.3	21.4	31.2	33.9
2004	36.5	63.2	26.2	30.2	—
2005	40.6	62.1	—	—	—

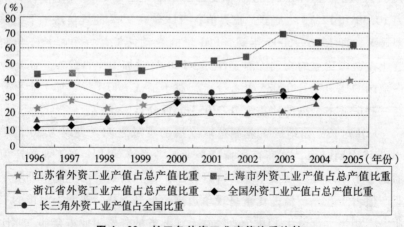

图4－22　长三角外资工业产值比重比较

从长三角地区利用FDI与外资工业产值占全部工业产值比重的相关性分析来看，长三角地区的三个省市与全国都呈现较高的相关关

系，特别是江苏省和浙江省的相关系数较大，上海市的相关系数虽然小于全国平均水平，但也体现了较强的相关性，同样也表明了在长三角地区 FDI 对江苏和浙江的工业促进作用要高于上海市。长三角利用 FDI 与长三角地区外资工业产值占全国外资工业产值的相关性分析结果表明，长三角地区利用 FDI 大大促进了长三角地区外资工业产值在全国外资工业产值中的比重。

表 4 – 20　FDI 与外资企业工业产值占全部工业产值
比重的相关系数（1996—2005 年）

江苏省	上海市	浙江省	长三角地区	全国
0.889	0.784	0.947	0.789	0.654

资料来源：根据相应年份统计数据，利用 SPSS 统计软件计算得出。

为了定量分析外商直接投资与长三角外资工业产值占全部工业产值比重的关系，选取 1996—2005 年的数据资料，建立如下回归模型：

$$city_i = C + aFDI_i + b \qquad (4.5)$$

（4.5）式中，$city_i$ 表示江苏、浙江、上海外资工业产值占全部工业产值比重，$i = 1、2、3$，FDI_i 表示江苏、浙江、上海的各年外商直接投资，b 为随机变量。分析外商直接投资对长三角外资工业产值占全部工业产值比重的影响，回归结果如表 4 – 21。

表 4 – 21　FDI 对外资制造业占全部工业产值比重影响系数比较

省市	c	FDI_i	R-square	F-statistic	D. W.
江苏	5.493 (1.23)	1.786 (5.487)	0.79	30.1	1.71
浙江	14.72 (21.8)	0.16 (7.76)	0.896	60.29	1.09
上海	18.276 (1.84)	3.06 (3.578)	0.615	12.8	2.26
全国	−14.89 (−0.904)	0.079 (2.29)	0.428	5.243	0.752

由输出结果可以看出，四个模型的 T 统计量的值均通过检验，F

统计量也显著大于临界值，即在 95% 的置信水平下，模型均通过检验，FDI 量的变动能够较好地解释长三角外资工业产值占全部工业产值比重的变动。1996—2005 年，FDI 每增加 1 个百分点，江苏省外资工业产值占全部工业产值比重增加 1.786 个百分点，浙江省外资工业产值占全部工业产值比重增加 0.16 个百分点，上海市外资工业产值占全部工业产值比重增加 3.06 个百分点，全国外资工业产值占全部工业产值比重上升 0.079 个百分点。

（二）长三角地区利用 FDI 与加工贸易关系分析

加工贸易是 FDI 最初进入中国的重要途径，表现为加工贸易进出口总额占全部进出口总额比重一直保持在较高水平，特别是加工贸易的进口比重大于出口比重，这是因为 FDI 投资工业企业在进行加工贸易过程中主要是利用中国国内的劳动力和一些基本原材料资源，需要进口大量机器设备、工业原材料等，所以进口比重较高。但在加工贸易 FDI 的基础投资完成后，加工贸易的出口比重就会不断提高。从表 4—22 可以看出，目前加工贸易的进口比重仍高于出口比重，进口和出口比重都处于不断波动起伏状态，这与 FDI 投资加工贸易的投资周期和世界市场对产品需求的变化相关。但从各个省市的具体情况来说，1998—2003 年间江苏省、上海市的加工贸易进出口比重变化曲线基本呈现 U 型结构，而浙江省的进出口比重变化曲线则呈现不断下降趋势，表明以 FDI 为主的加工贸易在浙江省不断萎缩，江苏省和上海市在经过 2000 年前后的下降后又处于一个新的上升阶段。

表 4—22　长三角地区加工贸易占进出口贸易比重

（单位：%）

年份	江苏		上海		浙江	
	进口	出口	进口	出口	进口	出口
1998	75.2	54.1	64.4	46.9	62.7	24.6
1999	57.6	53.9	56.8	47.2	42.0	22.3
2000	59.4	53.1	55.4	44.6	37.1	20.8
2001	58.6	47.3	53.1	44.1	35.3	20.5

续表

年份	江苏		上海		浙江	
	进口	出口	进口	出口	进口	出口
2002	64.5	55.4	55.9	47.1	31.6	17.5
2003	69.1	62	55.3	46.3	30.8	17.2

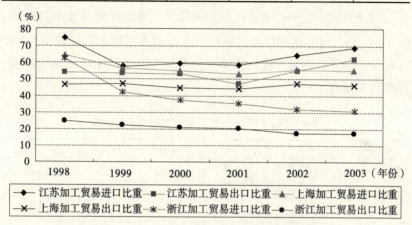

图4-23 长三角加工贸易占进出口贸易比重比较

从长三角地区利用FDI与加工贸易进出口比重的相关性分析结果来看，江苏省利用FDI与加工贸易进口比重的相关系数较小，与加工贸易的出口比重呈现高度正相关，上海市和浙江省则呈现出负相关关系。这是因为就江苏省来说加工贸易的机器设备进口具有周期性和波动性，而一旦基础投资完成后加工贸易的出口则具有系统连续性。而对上海市来说，虽然其加工贸易的进出口比重较高，但与同期的FDI关系不大，与上一个周期利用FDI水平有关。就浙江省来说，FDI投资规模较小，而投资加工贸易的规模更小，有一些外资以非加工贸易的方式进行投资。

表4-23 FDI与加工贸易占全部贸易比重相关系数（1998—2003年）

	江苏省	上海市	浙江省	全国
进口比重	0.365	-0.274	-0.640	0.750
出口比重	0.810	-0.054	-0.860	0.825

资料来源：根据相应年份统计数据，利用SPSS统计软件计算得出。

　　为了定量分析外商直接投资与长三角加工贸易进出口比重的关系，选取1996—2003年的数据资料，建立如下回归模型：

$$city_i = C + aFDI_i + b \tag{4.6}$$

　　（4.6）式中，$city_i$表示江苏、浙江、上海加工贸易进出口比重，$i = 1、2、3$，FDI_i表示江苏、浙江、上海的各年外商直接投资，b为随机变量。分析外商直接投资对长三角加工贸易进出口比重的影响，回归结果如表4-24。

表4-24　FDI对加工贸易比重影响系数比较

省市		c	FDI_i	R-square	F-statistic	D. W.
江苏	进口	58.09 (7.11)	0.068 (0.785)	0.733	0.616	1.53
	出口	45.34 (13.04)	0.102 (2.766)	0.657	7.65	1.757
浙江	进口	53.32 (5.88)	-0.54 (-1.66)	0.41	2.77	1.17
	出口	24.77 (17.26)	-0.173 (-3.36)	0.739	11.33	1.548
上海	进口	61.28 (7.64)	-0.11 (-0.57)	0.57	5.32	1.17
	出口	28.83 (6.765)	-0.21 (-2.005)	0.51	4.02	1.767

　　由输出结果可知，除了$t(FDI_1：进口) = 0.785$，$t(FDI_2：进口) = -1.66$，$t(FDI_2：进口) = -0.57$小于临界值2.306外，其他模型中的t值均通过检验，且F统计量也显著大于临界值，即在95%的置信水平下，其余模型均通过检验，FDI量的变动能够较好解释长三角加工贸易进出口占总贸易比重的影响。1996—2003年间，FDI每增加1个百分点，江苏省加工贸易出口额占总贸易的比重增加0.102个百分点，浙江省加工贸易出口额占总贸易的比重下降0.173个百分点，上海市加工贸易出口额占总贸易的比重下降0.21个百分点。

（三）外商直接投资企业进出口占全部进出口的比重关系分析

从表 4－25 来看，长三角地区的江苏、浙江两省 FDI 企业的进口的占全部进口的比重要高于出口占全部出口的比重，与全国的 FDI 企业进出口占全部进出口比重的平均水平趋势一致。所不同的是1997—2005 年，长三角地区的江苏、浙江和全国的 FDI 企业进口占全部进口比重呈现 U 型态势，而出口占全部出口比重则呈现单边上升走势，特别是长三角地区的江苏和上海两省市目前 FDI 企业出口占全部出口的比重在 60% 以上，全国平均也超过了 50%，但浙江省的FDI 企业出口占全部出口的比重则大大低于全国平均水平，这与浙江省利用外资总体规模较小有关。

表 4 – 25　FDI 投资企业进出口占全部进出口比重

（单位:%）

年份	江苏		上海		浙江		全国平均	
	进口	出口	进口	出口	进口	出口	进口	出口
1997	80.0	48.2	65.1	48.8	51.2	23.9	54.6	41.0
1998	81.4	52.1	65.2	50.3	50.6	24.7	54.7	44.1
1999	75.5	53.9	62.2	54.8	43.9	25.8	51.8	45.5
2000	79.2	56.1	65.3	56.3	48.2	27.5	52.1	47.9
2001	78.1	57.6	62.6	57.8	48.6	30.9	51.7	50.1
2002	80.5	63.1	63.7	59.8	42.9	31.3	54.3	52.2
2003	82.4	69.6	64.4	60.1	41.3	31.5	56.2	54.8
2004	84.4	74.5	66.8	67.3	47.9	33.8	57.8	57.1
2005	86.2	76.6	66.8	67.9	49.4	35.5	58.7	58.3

从 FDI 企业的进出口比重与利用 FDI 规模的相关性分析结果来看，江苏省的 FDI 企业进口和出口比重与 FDI 规模均呈现较强的相关关系，特别是 FDI 企业出口比重与 FDI 规模相关系数高达 0.896。全国的 FDI 企业进口和出口比重与 FDI 规模也有较高的相关关系，表明

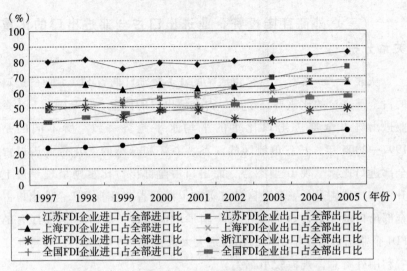

图 4 – 24　FDI 企业进出口占全部进出口比重比较

江苏和全国利用 FDI 规模的扩大促进了 FDI 企业进出口比重的提高，说明就全国范围和江苏省来说，FDI 投资企业多以加工贸易方式进行分工，一般贸易方式的分工较少。而上海市的 FDI 规模与 FDI 企业的出口比重呈较弱的相关关系，表明投资于上海的 FDI 并没有带来较大的产品出口效应，这也说明上海的 FDI 主要投资于服务业，而非出口制造业。浙江省的 FDI 企业进口比重与利用 FDI 规模呈现负相关关系，FDI 企业的出口比重与利用 FDI 的规模呈现较高的相关关系，表明投资于浙江省的 FDI 并没有带来大量的进口，但带来了出口的增加，说明浙江省的 FDI 企业并不是以加工贸易为主，而是进行一般的产品贸易。

表 4 – 26　FDI 与外资企业贸易占全部贸易比重相关系数（1997—2005 年）

	江苏省	上海市	浙江省	全国
进口比重	0.721	– 0.001	– 0.772	0.716
出口比重	0.896	– 0.212	0.786	0.689

资料来源：根据相应年份统计数据，利用 SPSS 统计软件计算得出。

为了定量分析外商直接投资与长三角 FDI 企业进出口占全部进出口比重的关系，选取 1997—2005 年的数据资料，建立如下回归模型：

$$city_i = C + aFDI_i + b \qquad (4.7)$$

（4.7）式中，$city_i$ 表示江苏、浙江、上海 FDI 企业进出口占全部进出口比重，$i = 1$、2、3，FDI_i 表示江苏、浙江、上海的各年外商直接投资，b 为随机变量。分析外商直接投资对长三角 FDI 企业进出口占全部进出口比重的影响，回归结果如表 4 – 27。

表 4 – 27 FDI 对外资企业出口比重影响系数比较

省市		c	FDI_i	R-square	F-statistic	D. W.
江苏	进口	74.92 (32.587)	0.064 (2.75)	0.52	7.58	1.797
	出口	38.05 (8.17)	0.249 (5.324)	0.802	28.34	1.62
浙江	进口	47.71 (21.39)	− 0.018 (− 0.325)	0.015	0.105	1.49
	出口	24.30 (20.75)	0.15 (5.29)	0.799	27.99	0.666
上海	进口	60.92 (40.26)	0.081 (2.578)	0.487	6.645	2.77
	出口	42.0 (7.28)	0.346 (2.91)	0.547	8.446	0.767

由输出结果可知，除了 t（FDI_2：进口）$= - 0.325$ 小于临界值 2.306 外，其他模型中的 t 值均通过检验，且 F 统计量也显著大于临界值，即在 95% 的置信水平下，模型均通过检验，FDI 量的变动能够较好解释长三角 FDI 企业进出口占全部进出口比重的影响。1997—2005 年间，FDI 每增加 1 个百分点，江苏省进口占全部进出口的比重增加 0.064 个百分点，出口占全部进出口的比重增加 0.249 个百分点；浙江省出口占全部进出口的比重增加 0.15 个百分点，上海市进口占全部进出口的比重增加 0.081 个百分点，出口占全部进出口的比重增加 0.346 个百分点。

（四）FDI 与长三角地区工业制成品出口比重关系的分析

从表 4 – 28 可以看出，1997—2005 年间长三角的江苏、浙江两省工业制成品出口占全部出口的比重呈现 U 型态势，于 1999 年出现小幅下降，2000 年则跳跃到新的高度，尔后逐年上升。上海市工业制成品出口比重一直处于较高和不断上升阶段，和全国的平均趋势基本一致。但长三角三个省市的工业制成品出口占全部出口比重均大大高于全国平均水平。表明就全国和长三角地区来说，工业制成品出口比重不断上升，初级产品出口比重不断下降，整个出口产品结构是不断优化的。

表 4 – 28　长三角地区工业制成品出口占出口比重

（单位：%）

年份	江苏	上海	浙江	全国平均
1997	91.5	95.0	86.7	87.6
1998	90.4	95.3	87.5	88.8
1999	89.1	95.9	85.1	89.8
2000	96.6	96.6	89.4	89.8
2001	96.7	97.2	91.5	90.1
2002	97.5	97.1	93.0	91.2
2003	98.1	97.4	93.6	92.0
2004	98.4	97.7	94.5	93.2
2005	98.7	98.1	95.3	93.6

从工业制成品出口占全部出口比重与利用 FDI 的规模来看，江苏、浙江和全国均具有较高的相关关系，表明长三角地区的江苏、浙江两省和全国范围内利用 FDI 规模的扩大带动了工业制成品出口的增加和比重的扩大。而对于上海市来说，利用 FDI 规模的扩大并没有促进工业制成品出口比重的扩大，这也表明投资于上海的 FDI 并没有进入工业制造业领域。

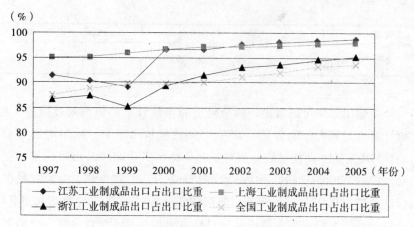

图 4 - 25 长三角地区工业制成品出口占全部出口比重比较

表 4 - 29 FDI 与工业制成品出口占全部出口比重相关系数 (1997—2005 年)

江苏省	上海市	浙江省	全国
0.723	0.571	0.862	0.856

资料来源：根据相应年份统计数据，利用 SPSS 统计软件计算得出。

为了定量分析外商直接投资与长三角地区工业制成品出口比重的关系，选取 1997—2005 年的数据资料，建立如下回归模型：

$$city_i = C + aFDI_i + b \qquad (4.8)$$

（4.8）式中，$city_i$ 表示江苏、浙江、上海地区工业制成品出口比重，$i = 1$、2、3，FDI_i 表示江苏、浙江、上海的各年外商直接投资，b 为随机变量。分析外商直接投资对长三角地区工业制成品出口比重的影响，回归结果如表 4 - 30。

表 4 - 30 FDI 对工业制成品出口比重影响系数比较

省市	c	FDI_i	R-square	F-statistic	D. W.
江苏	88.26 (32.95)	0.075 (2.77)	0.523	7.675	1.55
浙江	96.29 (72.6)	0.13 (4.51)	0.744	20.33	1.172
上海	94.58 (133.95)	0.023 (3.21)	0.60	10.29	1.06

续表

省市	c	FDI_i	R-square	F-statistic	D. W.
全国	79.66 (31.27)	0.022 (4.373)	0.732	19.12	0.92

由输出结果可以看出，四个模型的 T 统计量的值均通过检验，F 统计量也显著大于临界值，即在 95% 的置信水平下，模型均通过检验，FDI 量的变动能够较好解释长三角地区工业制成品出口比重的变动。1997—2005 年间，FDI 每增加 1 个百分点，江苏省工业制成品出口比重增加 0.075 个百分点，浙江省工业制成品出口比重增加 0.13 个百分点，上海市工业制成品出口比重增加 0.023 个百分点，全国工业制成品出口比重上升 0.022 个百分点。

参考文献

1. 洪银兴、刘志彪：《长三角地区经济发展的模式和机制》，清华大学出版社 2003 年版。

2. 刘志彪：《经济国际化的模式与中国企业国际化的战略选择》，载《经济理论与经济管理》2004 年第 8 期。

3. 金碚：《中国产业发展的道路和战略选择》，载《中国工业经济》2004 年第 7 期。

4. 张为付：《世界制造中心形成与转移的机理》，载《世界经济与政治》2004 年第 12 期。

5. 张二震、安礼伟：《国际分工新特点与我国参与国际分工新思路》，载《经济理论经济管理》2002 年第 12 期。

6. 裴长洪：《论中国进入利用外资新阶段——十一五时期利用外资战略思考》，载《中国工业经济》2005 年第 1 期。

7. 吕政：《中国工业发展报告》，经济管理出版社 2004 年版。

8. 陈涛涛：《影响中国外商直接投资溢出效应的行业特征》，《中国社会科学》2003 年第 4 期。

9. 程惠芳：《国际直接投资与开放型内生经济增长》，载《经济研究》2002 年第 10 期。

10. 高铁梅、康书隆：《外商直接投资对中国经济影响的动态分析》，载《世界经济》2006 年第 4 期。

11. 葛顺奇、郑小结：《中国 31 个省市利用外资业绩与潜力比较研究》，载《世界经济》2004 年第 1 期。

12. 何洁：《外商直接投资对中国工业部门外溢效应的进一步精确量化》，载《世界经济》2000 年第 2 期。

13. 胡宜朝、雷明：《中国各省区 FDI 的引进效率评价与分析》，载《数量经济技术经济研究》2006 年第 5 期。

14. 黄静：《影响 FDI 技术外溢效果的因素分析——基于吸收能力的研究》，载《世界经济研究》2006 年第 8 期。

15. 江小涓：《跨国投资、市场结构与外商投资企业的竞争行为》，载《经济研究》2002 年第 9 期。

16. 康继军、张宗益、傅蕴英：《开放经济下的经济增长模型：中国的经验》，载《数量经济技术经济研究》2007 年第 1 期。

17. 赖明勇、包群、彭水军、张新：《外商直接投资与技术外溢：基于吸收能力的研究》，载《经济研究》2005 年第 8 期。

18. 李永军：《中国外商直接投资行业分布决定因素》，载《世界经济》2003 年第 7 期。

19. 卢荻：《外商投资与中国经济发展——产业与区域分析证据》，载《经济研究》2003 年第 9 期。

20. 米运生：《中国 FDI 配置效率的区域差异及影响因素——鉴于面板数据分析》，载《财贸经济》2006 年第 11 期。

21. 潘文卿：《外商直接投资对中国工业部门的外溢效应：基于面板数据分析》，载《世界经济》2003 年第 6 期。

22. 桑国秀：《利用外资与经济增长》，载《管理世界》2002 年第 9 期。

23. 沈坤荣：《外国直接投资的外溢效应分析》，载《金融研究》2000 年第 3 期。

24. 王成岐、张建华：《外商直接投资地区差异与中国经济增长》，载《世界经济》2002 年第 4 期。

25. 王少平、封福育：《外商直接投资对中国贸易的效应与区域差异——基于动态面板数据模型的分析》，载《世界经济》2006 年第 8 期。

26. 魏后凯：《外商直接投资对中国区域经济增长的影响》，载《经济研究》2002 年第 4 期。

27. 徐春骐、李建平：《对外资业绩指数和潜力指数的再思考与利用外资绩效评价》，载《金融研究》2006 年第 8 期。

28. 严兵：《外商直接投资行业内溢出效应及相关影响因素分析》，载《经济评论》2006 年第 1 期。

29. 杨迤：《外商直接投资对中国进出口影响的相关分析》，载《世界经济》2000 年第 2 期。

30. 姚洋、章奇：《中国工业企业技术效率分析》，载《经济研究》2001 年第 10 期。

31. 于津平、梁琦：《不完全竞争行业最优外资规模研究》，载《数量经济技术经济研究》2005 年第 12 期。

32. 于津平：《外资政策、国民利益与经济发展》，载《经济研究》2004 年第 5 期。

33. 张宇：《外资企业股权结构与 FDI 技术外溢效应——理论与实证》，载《世界经济研究》2006 年第 11 期。

34. 赵果庆：《中国 GDP—FDIS 非线性系统的动态经济学分析——中国 FDIS 有最佳规模吗?》，载《数量经济技术经济研究》2006 年第 2 期。

35. 《江苏省统计年鉴》、《上海市统计年鉴》、《浙江省统计年鉴》、《中国统计年鉴》有关各期。

（执笔：张为付）

第五章 长三角对外开放与自主创新能力的提升

改革开放以来，长三角开放型经济发展取得了巨大成就，参与国际分工的程度日益加深。但是，与我国整体的开放战略相一致，该地区融入国际分工体系主要建立在劳动力相对丰富的比较优势基础上，本土企业缺乏足够的创新动力与压力，创新能力不足成为制约长三角开放型经济长期可持续发展的重要因素。本章将在对贸易投资一体化条件下发展中经济体自主创新的特点进行理论分析的基础上，结合长三角实际，以上海和苏州为例，进行实证分析，并提出长三角自主创新的对策建议。

一、贸易投资一体化条件下发展中经济体自主创新的理论分析

自主创新理论最早由熊彼特于1912年在其著作《经济发展理论》中提出。他认为，创新就是建立一种新的生产函数，把一种从来没有过的关于生产要素和生产条件的"新组合"引入生产体系。它是一个经济概念，强调要把发明或其他科技成果引入生产体系，制

造出市场需要的商品，因此，它必须以市场需求为基础，企业家在其中具有决定作用。继熊彼特之后，不少西方经济学家对技术创新及其与经济增长的关系进行了大量研究，形成了新古典、新熊彼特和新增长理论三大学派：新古典学派以 Solow 和 Arrow 等为代表，主要运用新古典经济学的分析方法，分析技术创新对经济增长的作用，认为技术创新是经济增长的核心要素；新熊彼特学派以曼斯菲尔德和卡曼等为代表，讨论了技术创新的扩散对经济增长的影响，以及竞争强度、企业规模和垄断程度对企业创新强度、创新能力和创新获益的决定作用；20 世纪 80 年代后期，以罗默和卢卡斯为代表的新增长理论则将技术内生化，认为内生化的技术知识及人力资本存量的累积是经济长期增长的动力。

西方学者已有的创新理论基本上都是从发达国家出发，基于市场经济背景，以企业为主体，来研究技术创新与经济增长的关系，很少涉及资本和技术要素的国际流动，不涉及技术拥有者的国别问题，因而，鲜有所谓自主创新问题的探讨。但是，在贸易投资一体化条件下，资本、技术要素的全球流动日益频繁，技术创新的全球化趋势日益明显，技术拥有状况直接影响着一国的国际分工地位和分工获益。发达国家跨国公司广泛地在水平层次上相互进行研发领域的国际合作，而发展中经济体总体上只能被动接受发达国家跨国公司的技术转移或研发领域的技术外包，因此，与发达国家不同，发展中经济体存在自主创新、技术主导权或控制权及其衍生出的技术创新的利益分配等问题。随着我国经济国际化程度的不断提高，自主创新已成为我国理论与实践部门广泛关注的热点问题，它直接关系到我国开放型经济的可持续发展和国家竞争力的提升。从理论上对贸易投资一体化条件下发展中经济体的自主创新加以厘清，具有重要的现实意义。

作为贸易投资一体化的主体，发达国家跨国公司基本垄断了当今最先进的科学技术，成为新技术的主要来源。因此，发展中经济体必须在贸易投资一体化的大背景下，从国际合作和自身努力两个方面来提升自己的技术创新能力。其自主创新应具有创新内容的开放性、创新主体的多元性、创新模式的区域性。

1. 创新内容的开放性

对自主创新，传统的理解是依靠自身的技术与资本力量，遵循研发→产业化→商业化的线型过程，完成某一新技术或新产品的创立过程，具有较强的封闭性。但是，在贸易投资一体化、科技迅速发展且科技资源日益全球化的背景下，一国（地区）或一个企业完全依靠自身力量从事自主创新，不仅难以满足创新所需要的资金、技术要求，而且很难保证技术和产品的先进性。因此，自主创新应该从封闭走向开放。

开放式创新理论最早是由美国哈佛商学院教授亨利·切斯布洛（Henry Chesbrough，2003）针对企业传统封闭式创新的微观行为提出来的。所谓开放式创新是指企业或组织不再局限于企业内部的创新资源，而是整合企业内部和外部的创新资源，对企业内的创新和企业外的创新等同视之，在创新的每一个环节对两者加以有机运用，从而使企业能够以最小的成本、最短的时间获得创新的成功。打破企业边界、非线性地对企业内外的创新资源加以整合、集成是开放式创新的主要特征。

切斯布洛的开放式创新理论对国家或地区层次的自主创新也具有重要的借鉴作用。在科技全球化背景下，一个国家或地区的自主创新也应突破地区界限，在全球范围内整合创新资源。但由于国家和民族利益的存在，发展中经济体的开放式自主创新相对于发达国家跨国企业而言还是有它的特殊性，在关键技术和一般制造技术上创新的模式有所不同。就我国而言，开放式自主创新的内容应是原始创新、集成创新与引进、吸收、消化、再创新的结合。

（1）原始创新

原始创新的技术往往是战略性高新技术，它具有前沿性和关键性以及知识密集、技术密集、人才密集和资金密集的特点，其技术突破往往能引领国家产业与技术的跨越式发展和重大变革。由于事关国家经济、军事安全和国际竞争力，或直接关系到跨国公司的核心竞争力，它们一般不可能通过购买专利、技术许可或跨国公司技术转移的方式获得，只能以我为主，集中国家优秀的研发资源进行研发攻关，

然后将创新成果借助技术扩散来带动整体经济的发展。这种创新主要是国家层次上的，就国内的某些先进地区而言，在国家的支持下，可以充当原始创新的载体。

（2）集成创新

技术集成最早由美国哈佛商学院教授 Macro Iansiti（1997）提出。他认为，所谓技术集成就是指"通过组织过程把好的资源、工具和解决问题的方法进行应用"，其实质就是把两个或以上的单元集合成一个整体的过程或结果。Kline 和 Rosenberg（1986）指出，创新过程是最复杂的技术、商业化和组织过程，创新系统是已知最复杂、开放并不断变化着的系统。在这动荡的环境中，技术集成被 Macro Iansiti 认为是适应市场不断高速变化的主要创新模式。

集成创新是开放经济条件下发展中经济体整合全球先进技术要素、从事自主创新的有效途径。当代经济和技术要素的全球化为发展中经济体引进国外先进技术、整合外部技术要素从事开放式技术集成创新提供了可能。例如，安徽芜湖奇瑞轿车的迅速崛起有力说明了整合全球优势资源、实行集成技术创新，是迅速增强地区产业竞争力和企业创新能力的有效途径。芜湖本是汽车基础比较薄弱的地区，但奇瑞轿车在经过早期的借鉴后，摸索出"以我为主营造平台，面向世界整合资源"的自主集成创新模式，仅用几年时间就跨越了模仿创新，进入正向研发。奇瑞主要通过控股设计开发、委托设计、协同配套开发等多种形式，与国际一流的设计公司、实验公司及零部件公司进行合作开发，以我为主整合全球资源，不断开发出新品轿车。以占领世界制高点为目标，奇瑞分段集成了世界汽车技术精华：请擅长造型的意大利公司设计造型，请英国的 MIRA 公司专门完成试验，请奥地利 AVL 公司完成发动机设计，以及其他专长公司分别完成底盘的前期设计和后期调整，最终达到了产品的最优化效果。

（3）引进、消化、吸收、再创新

引进、消化、吸收、再创新，是相对于原始创新而言的一种创新方式，它是借助外部技术要素进行自主创新的一种方式。相对于原始创新和集成创新而言，它具有投入资金少、风险小、起点高、成功率

高等特点，能够产生技术、知识和能力的快速复制效应、核心能力学习和积累在时间进程上的跨越效应以及递增效应，是发展中经济体中小企业和市场后进入者快速确立市场竞争地位的有效手段。在世界经济发展进程中，不少国内外企业借助引进、消化、吸收、再创新实现了时间和技术上的跨越，有的甚至超越了原始创新者。例如，我国大连的大冷集团是工业制冷技术的后来者，但通过引进日本三洋的制冷技术加以消化、吸收、改进、再创新后，其制冷技术后来居上并超越三洋，三洋反过来要购买大冷的制冷技术。

在贸易投资一体化条件下，发展中经济体自主创新的以上三方面内容都体现了对国（区）内外创新要素的利用与整合，其主要区别在于：原始创新主要发生在国家层次，而集成创新和引进、消化、吸收、再创新主要以具体产业和企业为载体，后两者应是自主创新的常态和发展中经济体自主创新的重点。具体的创新方式和途径，应由企业根据市场前景、自身能力和合作条件，经过成本—收益分析后作出选择。

2. 创新主体的多元性

从自主创新主体来看，自主创新需要政府、科研机构、社会中介机构和企业的协同作用。对发展中经济体而言，政府的作用是不可或缺的，它不仅有助于为自主创新提供一个有利的制度环境，有时更是自主创新的直接推动者。例如，在江苏昆山市的自主创新中，昆山市政府和开发区管委会不但扮演着自主创新体系构建者的角色，而且在创新体系的构建中还进行了一系列有针对性的制度创新。在"官产学研"相结合的自主创新"南京模式"中，南京市各级政府更是自主创新直接的参与者。当然不可否认，在市场经济条件下，自主创新特别是技术创新的主体是企业。企业的创新意愿和创新能力是自主创新成败的关键。在贸易投资一体化条件下，我国特别是长三角之类的经济发达地区自主创新的微观主体具有多元化的特征，大中型国有企业、民营企业和外资企业在自主创新中都具有不可替代的作用。

（1）国有企业

在技术创新方面，国有大中型企业由于在经济实力、生产营销、

市场力量、抗风险能力等方面拥有中小企业无法比拟的优势，因而在钢铁、机械、汽车、航空航天等重要领域承担着领军者的角色。而且随着企业改革的深化，国有企业经营机制的逐渐健全有助于其创新能力的进一步加强。不可否认，国有大中型企业有着大企业所共有的弊病，使之在技术创新方面具有一定的不适应性。但同样不可否认的是，国内外理论和实践都证明，大企业在技术创新中的作用是举足轻重的。对此，加尔布雷斯曾在《美国资本主义》一书中指出："说技术进步是小人物受竞争的压力，应用他们世罕其匹的聪明才智，为过着比邻居好而努力的产物，无疑是一个愉快的虚构……由于发展是高成本的，这必然导致只有有资源，且有相当规模的企业才能胜任。"为使国有大中型企业在技术创新中的作用得到进一步发挥，除进一步完善企业经营机制外，健全对企业经营者的业绩考核制度也尤为重要。由于自主技术创新需要高额投入，短期难以见效，甚至遭遇失败，导致在现有国有企业经营者考核体制下，现任经营者投资研发，可能离任后才能产生成果，业绩在其任内得不到体现，这极大抑制了国有企业经营者从事自主创新的积极性。如果将研发投入占销售收入的比重作为考核的硬性指标，则可能使这一状况得到改观。

（2）外资企业

由于资金实力雄厚、技术相对先进，外资企业特别是跨国公司是发展中经济体相对先进技术要素的重要来源。但从所有权角度，就我国而言，对外资企业的在华技术创新能否算成我国的自主创新存在颇多争议。有的认为，由于外资企业的所有权或控制权掌握在国外母公司手中，它们在华研发成果归其母公司所有，其在华创新不属于我国的自主创新。如果将其作为我国的自主创新，会使我国对外资产生技术依赖，并对本土企业产生压制效应，国家的经济安全、技术安全将受到威胁。但相反观点认为，只要是在中国注册、缴税、解决劳动力就业等的外资企业就是中国的国内企业，其创新顺理成章地可以被认为是我国的自主创新。

我们认为，开放型经济条件下的自主创新不能狭义地理解为以本土企业为主导的创新，开放式自主创新的主体是多元的。外资经济已

成为我国经济的有机组成部分，其创新也没有理由被排除在我国的自主创新之外。开放条件下的自主创新不等于强调本土所有的自己创新。其理由有以下三个方面：

第一，从外资经济在我国经济中的地位来看，到 21 世纪初，我国利用外资累计额占 GDP 的比重达到 40% 左右，外资占全国固定资产投资的比重达到 20%。在全国进出口总额中，外商投资企业占比达到 54% 以上，在占全国出口 55% 左右的加工贸易出口以及全国高新技术产品出口中，外资企业出口占比都达到 80% 以上。外资企业吸纳了全国 2000 万以上的劳动力就业。外资经济已经融入我国经济生活，成为我国国内经济的有机组成部分，将其排除在我国经济生活包括自主创新之外是没有道理的。

第二，从开放式自主创新对国内外技术创新资源的双向整合来看，以跨国公司为主体的外资企业在我国设立研发中心从事的技术创新活动是对我国创新资源的整合，其从国外引进技术用于在华生产和研发，按属地原则，又属于我国对国外创新资源的整合，而我国也将跨国公司在华研发纳入了国家创新体系，因此，跨国公司的在华技术创新事实上已成为我国自主创新体系的有机组成部分。据商务部统计，到 2005 年，我国引进的技术中，51% 是外资企业引进的，外资企业成为中国引进技术、整合国际技术要素的主体。在苏州昆山，外资企业的自主创新更使得昆山的外资企业产品结构经历了从高端产品低端环节逐步向高端环节发展的过程，外资研发中心逐步进入昆山。到 2006 年年底，日本精工中国技术中心等 163 家研发中心和技术中心落户昆山。在昆山，经过认定的江苏省级、苏州市级和昆山市级外资研发机构分别达到 5 家、9 家和 17 家，前两项分别占江苏省和苏州市的 20% 和 23.7%。外资企业的技术创新有力推动了昆山自主创新战略的实施。

第三，从我国的自主创新是一个渐进式的自主创新能力不断提高的过程来看，外资在华研发活动带来的技术外溢有利于本土企业竞争力的提升，并促进我国本土企业和科研机构的自主创新。这一点已被国内大量的实证研究所充分证明（马天毅等，2006）。

（3）民营企业

民营企业在我国技术创新中具有重要地位，特别是一些大型高科技民营企业（如华为等）不仅在国内而且在国际上都具有重要影响。

虽然我国民营企业目前总体上还是以中小企业为主，创新能力有限，但其在自主技术创新方面却拥有独到的优势，这主要表现在：中小民营企业产权清晰，利润动机明确，具有强烈的创新动力，创新机制灵活，创新速度快、效益高，创新产品更易被市场接受。由于以市场需求为基础，中小民营企业往往在渐进式技术创新和新产业形成方面具有开路作用，是大企业成长的基础和发展伙伴。但也正由于其"小"，它们面临创新人才缺乏、资金短缺、获取外部信息整合外部技术资源能力弱等诸多困难，在自主创新方面还亟待政府的政策扶持。

需要指出的是，在开放型经济条件下，通过与外资企业外向配套是我国民营企业实施自主创新并迅速壮大的一条有效途径。这在江苏昆山的开放型经济发展的实践中尤为明显。谈到昆山，人们想到的就是外资推动型经济，往往忽视其民营经济的迅速发展。事实上，尽管昆山民营经济起步较晚，但发展很快，很多企业有品牌、有专利，甚至后来居上，成为行业领先者。在这方面，昆山走的是一条从外向配套到自主创新的外资推动型经济发展地区民营企业的道路。先进技术的引进消化吸收再创新是昆山民营企业自主创新的重要途径，很多民营企业通过这一途径发挥后发优势，一下子使自己的产品技术达到领先水平。通过外向配套，民营企业获得了稳定的市场和资本积累的途径，接受了外资企业的技术溢出，且外资企业对产品质量的较高要求以及对配套市场的争夺给予民营企业巨大的技术进步动力和压力。在这种动力和压力下，昆山民营企业走出了配套创新和引进、消化、吸收、再创新以及产学研联合创新的自主创新之路，涌现出一批具有较强竞争力的民营企业。比如好孩子集团从配套起步，逐步发展成为拥有国内外专利 2300 多项，2004 年被评为中国儿童用品行业唯一的"中国名牌"。华恒焊接、开思拓空调、江苏 AB 集团、苏杭电子、凯宫机械、曼氏集团等都是这方面的典型。在外向配套式自主创新的促

进下，昆山现有的民营企业数量列江苏省各县（市）之首，国家和省级高新技术企业分别为 4 家和 78 家，省级技术中心 4 家。

3. 创新模式的区域性

在讨论发展中经济体的自主创新时，笼统地从国家层次进行分析是不够的。这是因为，一国特别是像中国这样的发展中大国，国内不同区域之间的经济、技术发展水平差异很大，创新模式各不相同，因此，分析自主创新必须区分国家层次的国家创新系统和区域层次的区域创新系统，区域创新系统要考虑到区域性差异。

国家创新系统普遍强调政府及社会中介机构在国家创新系统中的作用，这方面的分析已经很多，这里不再赘述。区域创新系统是国家创新系统的延伸，其基本含义是指在一定区域范围内，各个行为主体，包括企业集群、教育机构、研究机构、地方政府、社会中介机构及私人在协同作用中结网而创新，彼此融入到区域创新环境中而组成的开放性、区域性、动态性的系统。相对于国家创新系统，区域创新系统具有区域的临近性、文化的根植性、产业的集群性和网络的开放性特征，信息发布的均衡，诚实守信、相互依赖合作氛围的浓厚，区域产业内相关行为主体正式与非正式交流的便捷，有利于促进分工的细化与成本的降低，有利于竞争的深化和技术的外溢。这些优势有利于区域内的优势要素集成，形成天然的区域创新体系。同时，在贸易投资一体化条件下，区域创新体系还应具有开放性，通过区域内外的资源整合提高区域创新能力，确保区域的竞争力。成功的区域创新体系需要利用内部产生的知识和外部可利用的知识来增强创新能力和保持竞争力（Doloreux，2005）。

国外成功的区域创新体系大致有美国的市场引导型、日本的研发驱动型、韩国的政府主导型、印度的重点扩散型等模式。长三角、珠三角和环渤海湾地区是我国最具区域创新能力的地区。前述区域创新模式不尽适用于这些地区，但具有借鉴作用。在贸易投资一体化、要素分工迅速发展、产业集聚日益凸显的背景下，长三角等地区作为世界制造业基地的地位短期内不可能改变，这些地区的区内企业应在制造业领域接受外国跨国公司环节转移的同时，有选择地在各自所在环

节实行创新，在提高为外资配套效率、增强配套环节竞争力的同时，逐渐提高区域的整体配套能力，最后向集成创新、原始创新转变。这种区域创新应是高度开放性的，不仅要充分发挥区内各主体（包括政府和社会中介机构）的协同整合，还要注重对区外、国外创新要素的整合。

总的来说，在贸易投资一体化条件下，发展中经济体应以开放的心态对待自主创新，辩证看待原始创新、集成创新和引进、消化、吸收、再创新在自主创新中的地位，充分发挥国有企业、外资企业和民营企业作为自主创新主体的不同作用，整合国（区）内外资本技术要素，逐渐提高自身的自主创新能力。

二、贸易投资一体化与长三角自主创新

改革开放以来，长三角是我国利用外资和开放型经济发展最为活跃的地区之一。根据统计，目前长三角的苏浙沪三省市实际利用外资已经接近全国的一半（见表5-1）。外资经济的迅速发展，不仅带动了长三角地区整体经济规模、对外贸易的迅速发展，也促进了该地区自主创新的发展，使该地区成为我国自主创新最为活跃的地区。以作为创新能力指标之一的专利授权量为例，1987—2003年，三省市的专利授权量件数从1367项增至40913项。地区的区域创新随着FDI的增加有逐步增强的趋势。中国商务部研究院"2005—2007年跨国公司对华产业投资趋势"课题组的调研结果也显示，未来3年，长三角将继续成为跨国公司直接投资的首选之地。在接受调查的跨国公司中，61%的跨国公司明确表示将继续扩大对华研发的投资。

下面，我们以上海和江苏苏州为例，说明FDI对当地自主创新的促进作用。由于上海开放性经济的发展主要以服务业和总部经济为主，而苏州地区主要以国际制造业为主，两地FDI对当地自主创新影响的模式存在较大差异。在上海，FDI对当地的影响主要以跨国公司设立的研发机构为主；而在苏州，随着开放型经济的迅猛发展和综合经济实力的提升，以苏州高新区和苏州工业园区为代表，其在鼓励跨

国公司设立研发中心从事研发创新的同时，更是充分发挥政府、企业等各方面的力量，努力建立全面的自主创新体系。在浙江，虽然经济综合实力和产业配套能力较强，但由于产业结构相对落后（以轻纺为主），企业组织形式以家族企业甚至以家庭作坊为主，高新技术产业虽然最近几年发展较快，但集聚不足，承接 FDI 技术创新转移的能力相对薄弱，因此，它不是本章研究的重点。

表 5 - 1　2000—2005 年苏浙沪三省市实际利用外资情况

年份	2000	2001	2002	2003	2004	2005
长三角三省市（亿美元）	112	134	175	210	209	278
全国（亿美元）	407	469	527	535	606	603
长三角三省市/全国（%）	28	29	33	39	35	46

数据来源：根据《中国统计年鉴》各期的相关数据整理计算。

（一）FDI 对上海自主创新的影响

作为国际化大都市，上海因其强大的市场辐射能力、先进的产业结构和丰富的人力资源，成为跨国公司在华投资从事研发的首选目的地。据不完全统计，到 2006 年，上海的外资研发机构已达 200 多家，其中不少是属于跨国公司的全球研发中心或实验室，如 GE 研发机构是该公司在全球的三大研发机构之一，目前员工 500 多人，计划在三年内发展到 1500 人。跨国公司在沪的研发投资具有以下几个方面的特点：

第一，跨国公司研发投资增长迅猛。跨国公司在沪研发机构的设立始于 1980 年成立的上海国际数字电话设备有限公司，目前已达 200 多家，其中经上海认定的跨国公司区域研发总部就有 40 多家，发展势头强劲。

第二，研发投资主体以美欧日跨国公司为主，主要投资于高新技术领域。根据统计，美欧日跨国公司的研发投资占跨国公司在沪研发投资总额的 45% 左右，投资领域主要集中于计算机、信息通讯、电子技术、生物医药、精细化工、设备制造、汽车及相关产业等，与上海的产业结构基本吻合。

第三，跨国公司设立研发机构的形式多种多样，但独资日益成为最主要的形式。根据商务部课题组的研究成果，在跨国公司的在华研发投资中，46%的跨国公司倾向于建立独立的研发中心，33%倾向将更多先进技术引进到中国进行研发。跨国公司在沪设立研发机构的方式大致有四种：独资，与我国大型国有企业合资合作，在生产性子公司、具体业务部门或合资企业内部设立特定的研发部门，与我国高等院校和科研机构合作建立研发机构。其中，独资研发机构日益成为跨国公司在沪研发投资的主要形式，约占60%左右。

跨国公司的在沪研发投资促进了上海自主创新的发展。

第一，弥补了上海研发资金的不足。根据统计，跨国公司在沪研发投资约占上海研发投资总额的半壁江山，极大提高了上海跟踪国际先进科技、保持产业结构先进性的能力。以2003年为例，当年全市大中型企业研发经费总支出为61.6亿元，其中外资企业研发机构的经费支出就达38.0亿元，占61.69%。

第二，外资研发机构吸引海内外人才向上海集聚，使上海成为吸引优秀研发人才的洼地。跨国公司研发机构的集聚，不仅为研发人才提供了优厚的待遇和交流、发展的机会，其对国内外研发动态的把握、对研发人才后续培养的重视，对优秀研发人才更是具有不可抗拒的吸引力。根据统计，在沪跨国公司普遍重视对人才的培训，普遍建立有完善的优秀人才培养与进修机制，并为此投入了大量的财力物力。仅2000年，在沪跨国公司投入的培训费占年度工资总额的比例平均就达8.6%。

第三，跨国公司在沪研发投资不可避免地产生技术外溢。由于跨国公司在沪研发投资基本集中于高新技术产业，其研发活动不可避免地通过产品、技术、人才流动等环节产生先进技术、管理经验向当地的转移、扩散和示范，从而提升当地的技术创新水平。

（二）FDI对苏州地区自主创新的影响

在贸易投资一体化背景下，苏州紧紧围绕自己的比较优势，不断调整参与国际分工的模式，积极参与国际要素分工与环节分工，大力

发展国际化加工制造业，经济国际化进程突飞猛进，综合经济实力不断提升。在开放型经济总体飞速发展的同时，苏州适应国际竞争的需要，积极发展自主创新，使自主创新能力不断提高，经济结构不断优化。

苏州国家高新技术产业开发区在开放型经济不断发展的基础上，自21世纪以来，致力于打造长三角自主创新先行区，全面提升开放型经济的国际竞争力和可持续发展能力，初步建成了中外并进的开放型自主创新体系。

1. 以跨国公司为主的外资研发机构方兴未艾

在为外资制造企业创造优越的投资环境的同时，20世纪90年代中后期以来，苏州高新区积极开展国际科技合作，鼓励区内外资企业增加研发投入，设立研发机构。目前，全区聚集了跨国公司设立的研发中心15家，主要涉及电子基础材料、计算机及周边产品、视听及通信系列产品、液晶显示、数字影像设备等领域，并大都保持着国际先进水平。同时，开辟了与美国、俄罗斯、澳大利亚、英国、芬兰、香港等国家和地区的科技园区、孵化器、科技机构的合作渠道，有力地提升了区域开放型经济发展的层次和科技创新能力，研发投入不断增加。比如明基电脑建立了集生产、研发于一体的逐鹿科技园，飞利浦设立了具有国际水平的高清晰度视频显示系统研发中心等，对研发的资金投入不断增加。仅2004年，区内企业就投入研发经费30多亿元，占企业产品销售收入的5.1%。

2. 积极培育本土民营科技创新企业，增强本土企业的创新能力

为了扶植本土创新型企业的发展，苏州高新区不断探索和完善创新服务体系，为之提供投资、服务、引资、担保、技术、配套等全方位服务。为此，高新区先后成立了高新风险投资公司、高新区中小企业担保有限公司、高新技术创业服务中心、国际企业孵化器、留学人员创业园、环保产业园、苏州高新软件园、新药创制中心、毕业企业发展基地、民营科技园、苏州高新创业园等研发基地、技术转移基地，并部省共建苏州科技中心、苏南工业研究院、苏州汽车零部件火炬计划产业化基地等新的技术创新载体。得力于创新体系的支持，科

达科技、震旦电力、东菱振动、国芯科技、福川科技等企业快速发展。到 2006 年，苏州高新技术创业服务中心累计孵化企业 1000 多家，毕业企业 600 多家；留学人员创业园集聚进园企业近 300 家，产品技术基本与世界先进水平保持同步。

3. 积极开展与国内科研院所的合作，努力拓展创新渠道

从理论上分析，虽然开放条件下的自主创新体系包括外资企业的创新，但服从于利益原则，外资企业创新在企业内部具有较强的封闭性，对企业外往往实行严格的技术封锁。因此，就某一个地区而言，先进科技的获得主要还是依靠本土企业的技术研发。为了获得自主创新的技术来源，苏州高新区与清华大学、国防科大、复旦大学、南京大学、中科院物理所、沈阳自动化研究所、长春光机所等十多家国家级院所和高校建立了合作关系，并鼓励高校、科研院所到高新区创办创新型企业。截至 2006 年，新区 80% 以上的"863 项目"都是企校合作的成果，企校共建的创新型企业近 40 家。企校共建不仅为研发提供了资金支持，更重要的是使研发直接服务于产业化目标，加快了科技创新成果的转化，大大缩短了科技创新与市场的距离。

4. 努力构筑自主创新的良好环境

为了营造良好的创新环境，从 2000 年起，苏州高新区每年把可支出财政的 3% 作为科技发展资金。该区着力引"智"，日本佳能公司全球数码研发中心、华硕电脑研发中心等十多家国际著名跨国公司的研发中心落户区内，形成了与国际先进技术水平接轨的高科技产业研发集群。1 万多名包括博士、硕士及海外留学人员在内的高层次人才相继在此落户。

苏州高新区经过十几年的开发建设，走出了一条"集成创新和引进、消化、吸收、再创新"的自主创新道路。到 2006 年上半年，全区已形成电子信息、生物医药、精密机械、汽车零部件、环保技术等高新技术产业，拥有高新技术企业 268 家、高新技术产品 318 项，软件企业 100 多家，授权专利 2000 多件。全区共有留学人员 500 多人、博士 600 多人，硕士 3000 多人。高新技术产业产值占工业产值的比重达 70% 左右，高新技术产业进出口额占全区进出口总额的比

重达90%以上。自主创新的不断推进使苏州高新区的经济结构不断优化，产业竞争力和开放型经济的可持续发展能力不断增强。

FDI背景下昆山开放型经济中的配套创新是苏州地区自主创新的另一种典型模式。这一模式在第七章《长三角跨国公司主导型产业集聚与本土企业成长》中将有比较详尽的介绍，本章不再花费更多笔墨。

三、贸易投资一体化对发展中经济体 自主创新能力的影响

虽然本章前面的理论和实践说明，在贸易投资一体化条件下，FDI是发展中东道国（地区）自主创新的有机组成部分。但另一个不可回避的现实是，我们在说FDI促进了某个国家或地区的科技进步和产业结构提升时，往往是遵循国民待遇原则，将外资企业和外资企业的创新与国内企业及其创新等同对待，这就有可能产生对东道国创新能力的虚夸。下面我们将在前面分析的基础上，进一步从自主创新能力培养的角度，以我国东、中、西部为分析单元，实证分析贸易投资一体化条件下，外资流入对东道国（地区）自主创新能力的影响。需要说明的是，虽然本章以长三角作为研究对象，但为了使本成果的分析对国内其他地区更具一般性和借鉴意义，同时鉴于一般研究皆认为我国东部沿海地区特别是长三角、珠三角和环渤海湾地区的经济和科技发展水平相近，我们在这部分的实证检验中不单列出长三角，而是以我国的东、中、西部为分析单元来分别检验FDI对这三个地区技术创新能力的影响。①

FDI的进入整体上有利于我国技术水平的提高，这是不争的事

---

① 本章对我国的东、中、西部的区域划分如下：东部包括北京、天津、河北、辽宁、山东、江苏、上海、浙江、福建、广东、海南11个省市，中部包括黑龙江、吉林、山西、河南、湖北、湖南、江西、安徽8个省，西部包括四川、重庆、云南、贵州、内蒙古、陕西、甘肃、宁夏、新疆、广西10个省市自治区（青海和西藏已除外）。

实。但就外资的进入对我国本土企业技术创新能力的影响，国内存在广泛的争议。已有研究认为，经济可持续发展要求经济体本身能获得持续发展的内在动力，使经济增长表现为内生增长，自主技术创新能力才是影响经济增长内生动力的关键（沈桂龙、于蕾，2005）。对于FDI对我国技术创新能力影响的研究，目前有三种截然不同的结论：一是FDI对我国研发活动和技术创新能力有促进作用。比如Hu和Jefferson（2001）、Cheung和Lin（2004）、徐涛（2003）等通过实证分析，认为FDI可以增强中国技术创新能力。二是FDI使我国企业产生了严重的技术依赖，不利于我国自主技术创新能力的培育。沈桂龙和于蕾（2005）、于丽英（2004）、吴林海和吴松毅（2002）等的研究发现，以FDI为渠道的技术引进，并没能使我国自主的技术创新能力得到提高，反而陷入了"引进—生产—再引进—再生产"的怪圈，技术创新严重依赖以跨国公司投资企业为核心的外资企业。第三种观点认为，FDI对我国研发活动和技术创新能力的影响较为复杂。例如，蒋殿春和夏良科（2005）实证研究发现FDI的竞争效应不利于国内企业创新能力的成长，但会通过示范效应和科技人员的流动等促进国内企业的研发活动。其他学者的研究认为，FDI对我国技术创新能力的影响受不同行业特征的影响。

为了分析贸易投资一体化条件下，FDI流入对东道国（地区）自主创新能力的影响，下面通过对数模型加以计量检验。为此，我们建立研发活动产出函数：

$$I = f\ (L,\ K,\ FDI) \qquad (5.1)$$

其中，L和K分别代表研发活动的劳动力和资本投入，I表示研发活动的成果。在进行参数估计时，以此函数为基础，采用对数回归模型：

$$\ln I_{it} = C_0 + C_1 \ln L_{it} + C_2 \ln K_{it} + C_3 \ln FDI_{it} + u \qquad (5.2)$$

对于研发活动成果或创新能力的衡量指标的选择，在借鉴国内学者研究的基础上，本章选择新产品销售收入作为研发活动成果的指标，研究FDI对我国大中型工业企业技术创新能力的外溢效应。样本数据选取1999—2003年我国各省市的板块数据。其中，研发成果I

为各地大中型工业（国有）企业的新产品销售收入（单位：万元）；研发活动投入的 L 和 K 为各地大中型工业（国有）企业的技术开发人员（单位：百人）和技术开发经费内部支出总额（单位：万元），这三项数据均来源于各年《中国科技统计年鉴》。在 FDI 数据的选择上，参照已有研究成果的处理方法，本章采用各地三资企业的资产来代替 FDI 存量，数据来源于《中国统计年鉴》的各地区三资工业企业的实收资本。由于青海和西藏两个地区的统计数据有缺失，固将其排除，本章最终选用 29 个省市自治区的相关数据进行分析。

在数据分析方法上，本章使用 Eviews3.0 软件。在选择估计模型时采用 Cross Section Weights，即使用可行的广义最小二乘法（GLS）估计，以减少由于截面数据造成的异方差影响。回归模型的整体和分组检验结果整理如表 5 - 2 所示。

表 5 - 2　全国及东、中、西部 FDI 溢出效应的板块数据分析回归结果

	全国	东部	中部	西部
$\ln L$	- 0. 238867 （ - 5. 571582）*	0. 407504 （5. 197407）*	0. 405419 （8. 696064）*	0. 566082 （12. 06172）*
$\ln K$	0. 195971 （3. 007645）*	0. 602376 （5. 791475）*	1. 358420 （12. 04531）*	- 0. 150073 （ - 2. 664413）**
$\ln FDI$	0. 171193 （2. 560044）**	0. 250252 （5. 058717）*	- 0. 570202 （ - 7. 701967）*	0. 918392 （27. 02958）*
调整后的 R^2	0. 998142	0. 999219	0. 988318	0. 990328
$D. W.$	2. 600963	1. 101451	1. 734530	1. 594476

注：括号内为 t 检验值，*、**分别表示在 1% 和 5% 的显著性水平下通过了 t 检验。全国数据的检验使用了固定效应模型，各地区不同截距项的输出结果未在表中列出。东、中、西部数据使用了无截距项的模型分析。

表 5 - 2 的回归结果显示，总体上看，FDI 对我国新产品销售收入产生了正面的溢出效应，FDI 流入量每增加 1%，可以促使国有工业企业新产品销售收入增加 0.17%。这个结果与冼国明和严兵（2005）用专利申请总量衡量的 FDI 对我国的整体溢出效应相一致。

从东、中、西部的分组检验结果来看，FDI 的溢出效应在地区间存在较大差异。东部和西部的 FDI 对新产品销售收入的溢出效应为

正，其产出弹性分别为 0.25 和 0.92，而中部的 FDI 对新产品销售收入的溢出效应为负。对此检验结果可以作如下解释：

第一，西部地区的经济发展水平和技术水平都比较落后，自行研发能力不高，创新活动更多靠 FDI 带来的技术外溢效应。此外，FDI 在西部主要集中在四川、重庆和陕西三个地区，分布相对集中，这促进了 FDI 的技术外溢效应。需要注意的是，即使 FDI 对西部技术外溢效应的产出弹性较大，根据西部地区的发展水平，只有对技术水平和资金投入要求不高的 FDI 技术才有能力进行消化、吸收甚至二次创新，因此，FDI 对西部技术溢出作用的质量总体上不高。可以说西部地区对 FDI 有较高倾向的技术依赖，一定程度上给地区经济的长期发展带来了隐患。

第二，中部地区外资总量较少，且分布相对分散，这阻碍了 FDI 的溢出效应。具体地从中部地区的产业结构来看，以自然资源为主导的产业和与国防相关的军工、基础工业发展水平较高。这些行业的外资进入量较少，政策推动的研发程度高，促使中部地区的自主研发和创新能力水平不断提高，从而使经济呈现内生型增长。

第三，作为本章研究对象的包含长三角在内的东部地区，由于经济发展水平和地理位置的优势，自改革开放以来一直是 FDI 的主要投资区域，外商在华累计投资中，有 85% 以上投在东部地区，FDI 的集聚效应对其外溢效应有很大的促进作用。同时，含长三角在内的东部地区较强的研发活动投入和自行研发能力也加强了当地企业对 FDI 先进技术的吸收能力，进而为 FDI 产生技术外溢效应创造了必要的条件。与自行研发活动对技术创新产出的贡献率相比，含长三角在内的东部地区的创新更多的是依靠自身的研发活动，这说明东部地区没有显著地对 FDI 产生技术依赖，这有利于东部地区的经济可持续发展。

在得出上述总体结论的基础上，下面本章利用三资工业企业①有

---

① 由于一些地区的数据缺失或总量太小，只选取了东部的北京、天津、河北、辽宁、山东、上海、江苏、浙江、福建、广东 10 省市；中部的黑龙江、吉林、河南、湖北、湖南、江西、安徽 8 省市和西部的四川、重庆 2 省市等 20 个地区的三资工业企业的相关数据作为分析样本。

关数据，对其创新能力加以实证分析，并与国有工业企业加以比较，以进一步分析 FDI 技术外溢效应和自主研发活动对我国工业企业创新能力的影响。数据检验的结果整理如表 5 – 3 所示。

表 5 – 3　我国国有工业企业与三资工业企业的板块数据分析回归结果

	国有工业企业	三资工业企业
$\ln L$	– 0.238867 （– 5.571582）*	0.018954 （7.229611）*
$\ln K$	0.195971 （3.007645）*	0.330518 （13.31562）*
$\ln FDI$	0.171193 （2.560044）**	0.508517 （8.088861）*
调整后的 R^2	0.998142	0.999437
D.W.	2.600963	2.157346

注：括号内为 t 检验值，＊、＊＊表示在 1% 和 5% 的显著性水平下通过了 t 检验。数据检验使用了固定效应模型，各地区不同截距项的输出结果未在表中列出。

借助表 5 – 3 进行分析比较，我们可以得出如下结论：

第一，FDI 对技术创新的促进效应在三资企业更为显著，其产出弹性高达 0.51，而对国有企业的产出弹性只有 0.17。如此大的差距说明外资企业为保持竞争优势，大多在企业内部转移其独有的先进技术，并采取各种措施防止其外溢。这很大程度上限制了其对我国本地企业自主创新能力的外溢效应。

第二，比较两类企业研发资本对创新的产出弹性，我国国有工业企业研发资金的投入—产出比率不如三资企业，说明我国本地企业的自主研发和创新能力水平还相对较低。

第三，从总体上看，三资企业的研发活动和 FDI 的技术外溢效应对其创新能力的影响都有比较显著的正面效应，而本地企业的研发活动和 FDI 的技术溢出效应对其创新能力的影响还比较有限。本章作者另一项有关 FDI 的知识溢出效应的相关研究成果也表明，以专利授权量作为指标，FDI 对发展中东道国（地区）自主创新能力的提升促进作用也非常有限。

之所以出现 FDI 对本地企业自主创新能力提升外溢效应有限的情

况，原因主要有以下几个方面：

第一，随着国际竞争的日趋激烈和对我国投资环境的日益熟悉，FDI 越来越多地采用独资或控股的方式进入，同时采取内部化的技术转移方式以保持其对本地企业的竞争优势。外资企业即使在本地建立了研发中心，其主要作用也在于进行适应性研究或价值链的某一环节上的技术研发，而非对核心技术或整个价值链上的技术研发，核心技术和先进技术仍由母公司及其研发中心控制。此外，FDI 呈现"两头在外"、根植性差的特点，与本地同行企业、上下游企业互动较少，产业关联效应弱。

第二，外资企业凭借雄厚的经济、科技实力，在高新技术领域取得了一定的垄断竞争优势，将包括长三角在内的我国本土企业挤向了劳动密集型的产业链低端环节，减少了本土企业的获利能力和对高新技术研发的参与以及自主创新的机会。同时，外资企业还借助专利战略和人才战略，压制本土企业创新的开展。

第三，我国本土企业对通过 FDI 渠道带来的技术更多地停留在浅度国产化阶段，缺少自主研发和创新的意识，对后续的消化、吸收和改进的研发投入程度不足，最终难以实现二次创新，反而有进入跨国公司的技术锁定和技术陷阱的危险。同时，我国尚未建立完全公平的市场竞争环境和完善的知识产权保护制度，这不仅限制了本地企业的自主创新活动，也削弱了外资企业对引进先进技术和在我国开展研发活动的意愿。

四、结论与对策建议

在贸易投资一体化条件下，自主创新具有开放性的特征。外资企业与国有企业、民营企业一道都是我国自主创新的主体。改革开放以来，长三角地区得益于开放型经济的发展，区域内的开放式自主创新也取得了长足进步。但与此同时，由于区域内本土企业与外资企业特别是跨国公司在经济、技术实力上的差距以及跨国公司的技术战略，FDI 对本土企业自主创新能力的提升还比较有限。

为了促进区域内自主创新的持续发展，在与发达国家现实的技术差距面前，我们必须注重 FDI 对本土企业的技术溢出效应和创新能力的作用，积极进行技术引进及其后续研发，这是缩短技术差距、增强国际竞争力的有效模式。同时，必须认识到从依靠外源性技术进步向依靠内源性技术进步转变、培育内生技术能力才是包括长三角在内的我国自主创新和经济发展的关键。因此，包括长三角在内的我国自主创新战略应当合理利用 FDI 技术引进和本土自主研发两种方式，努力促进 FDI 的技术溢出能力，注重培育自主创新能力，以增强经济自身的内生增长能力。

根据以上分析，对贸易投资一体化下长三角自主创新的可持续发展提出以下政策建议：

第一，对 FDI 的流入实行适当的技术导向。在对外资企业实行国民待遇的同时，对技术转移力度大、扩散效果明显的外资企业实行适度的政策优惠。鼓励和引导外资以合资、并购等方式对当地支柱产业进行投资，提高 FDI 的产业关联效应。鼓励外资企业在区内设立研发中心，激励其与区内企业、高校以及各种科研机构进行合作研发。同时要加强本地企业对引进技术的消化、吸收与创新，形成 FDI 技术引进的良性循环。

第二，在培育自主创新能力上，本土企业必须建立合理的组织结构和管理体制，加强对企业研发的组织和管理，培养高素质的企业家群体。而政府的规划和资金则是支持本地企业与大学、科研机构合作开展研发活动的重要推动因素。为应对跨国公司的技术封锁和垄断力量，本土企业和相关研发机构应加强联合，组成研发联盟，增强自主研发能力。

第三，进一步完善区内自主创新体系。建立支持风险投资的资本市场，完善知识产权保护制度，创造利于创新的良好环境和氛围。提高本地人力资本水平。在引进高技术人才的同时，采用适当的激励机制，减少本地高素质人才的外流。

最后，本地区要注重引资质量，加强 FDI 的集聚效应对其技术溢出效应的促进作用。

参考文献

1. Mansfield. etc.， "Imitation Costs and Patents：An Empirical Study"，*The Economic Journal*，1981，Vol. 91.

2. Henry Chesbrough：*Open Innovation：The New Imperative for Creating and Profiting from Technology*，Harvard Business School Press，2003.

3. Macro Iansiti and West，J. "Technology Integration：Turning Great Research into Great Products"，*Harvard Business Review*，May-June，1997.

4. Kline，S. and Rosenberg，N.， "An Overview of Innovation"，*The Positive Sun Strategy*. Washington，D. C：National Academy Press，1986.

5. 胥和平：《以自主创新理解发展》，载《中国软科学》2006 年第 3 期。

6. 余博：《自主创新与中国企业跨越式发展》，载《国际技术经济研究》2006 年第 2 期。

7. 陈清泰：《"沙滩"上的工业经济》，载《财经》2005 年第 26 期。

8. 金碚：《中国工业的技术创新》，载《中国工业经济》2004 年第 5 期。

9. 林中萍：《跨国公司对我国自主创新能力的影响》，载《中国科技投资》2006 年第 5 期。

10. 沈桂龙、于蕾：《外商直接投资对我国经济发展的负面影响及对策思考》，载《世界经济研究》2005 年第 11 期。

11. 宋河发等：《自主创新及创新自主性测度研究》，载《中国软科学》2006 年第 6 期。

12. 丁湘城、罗勤辉：《试论我国的技术引进与自主创新的关系》，载《科技与经济》2006 年第 1 期。

13. 江小涓：《理解科技全球化——资源重组、优势集成和自主

创新能力的提升》，载《管理世界》2004 年第 6 期。

14. 高梁：《开放条件下的工业发展和自主创新》，载《开放导报》2006 年第 4 期。

15. 方厚政：《企业 R&D 外包的动机与风险浅析》，载《国际技术经济研究》2005 年第 10 期。

16. 陈继勇、肖光恩：《国外关于聚集经济研究的新进展》，载《江汉论坛》2005 年第 4 期。

17. 卢晓勇等：《基于模仿创新的我国企业组织战略选择》，载《技术经济》2005 年第 9 期。

18. 白文周：《中小企业技术创新优势分析》，载《经济问题探索》2002 年第 2 期。

19. 马天毅、马野青、张二震：《FDI 与中国自主创新能力的实证分析》，载《世界经济研究》2006 年第 1 期。

20. 马野青、林宝玉：《在华 FDI 的知识溢出效应——基于专利授权数量的实证分析》，载《世界经济研究》2007 年第 5 期。

21. 李玺：《跨国公司研发投资对区域经济发展的效应研究——以上海市为例》，载《商场现代化》2006 年 5 月（中旬刊）。

22. 《苏州高新区科技创新情况》，新华网江苏频道 www. jsxinhuanet. com 2006 年 4 月 14 日。

23. 《苏州高新区：科技创新营造可持续发展》，载《光明日报》2005 年 4 月 5 日。

（执笔：马野青）

第六章　长三角跨国公司直接投资与技术外溢

一、长三角地区高新技术外资的利用

　　长三角地区具有较好的工业基础、丰富的人力资源、便利的交通网络，在吸引外资上具有优越的条件。在我国对外开放的过程中，长三角各地通过大力改善交通环境、建立各级开发区、提高政府服务质量等手段，积极吸引外资，抓住了我国改革开放和世界制造业国际转移的双重机遇。目前长三角已经成为我国人均外资利用量最多的地区，同时也是外资企业技术水平最高的地区。截至 2006 年年底，苏浙沪两省一市累计合同外资和实际外资利用量分别占全国的 32.5%和 33.6%。

　　与国内其他地区相比，长三角外资企业的技术水平相对较高。世界 500 强企业中已有 400 多家落户长三角。尤其在上海和苏州，集中了大量的世界大型企业的生产基地和地区总部。在世界 500 强企业中，有 180 多家将地区总部和中国总部设立在上海，有 80 多家在苏州建立了生产基地。

　　加入 WTO 后，中国贸易与投资进一步开放。对外开放的深入不仅减少了跨国公司投资中国的风险，同时也为跨国公司开拓中国市场、利用中国廉价的劳动力和土地资源创造了条件。近年来，长三角的外商投资打破了 20 世纪 90 年代末期出现的停滞局面，大型投资项目增多、研究开发与高科技产业的比例增加。2006 年，上海市全年批准总投资在 1000 万美元以上的外商直接投资项目 348 项，合同金额 105.4 亿美元，占全市合同金额的 72.3％。年内新落户的跨国公司地区总部、投资性公司和外资研发中心分别达到 30 家、20 家和 26 家。

　　跨国公司对长三角的投资加强了长三角的产业集聚。上海漕河泾经济技术开发区集中了微电子、光电子、计算机软件和新材料四大产业，拥有高科技外商投资企业 160 多家。在宁波经济技术开发区，获批准设立的外资企业数量于 2006 年年底累计达 1260 家，其中包括 EXXON、SAMSUNG、伊藤忠、三菱、三井等世界著名跨国公司，形成了电子、机械、化学、食品和纺织印染等产业群。在苏州工业园区，电子信息、生物医药、新材料等高科技产业的投资占全区工业经济总量的 75％。在杭州经济开发区，集中了大量的软件企业和生物医药企业。在南京高新技术开发区投资的大型跨国公司包括美国的霍尼韦尔公司、伊士曼化学公司、可口可乐公司、凤凰科技公司，荷兰的阿克苏公司和特恩驰公司，法国的阿尔斯通公司，等等。

　　长三角地区高科技行业的外商直接投资为当地内资企业学习模仿外国的先进技术和管理经验提供了良好的外部环境。在此背景下，内资企业对先进技术的吸收能力成为影响外资企业技术外溢效应的关键因素。吸收能力是企业管理人员和职工学习能力、企业制度创新能力和研究开发能力的综合。作为教育条件优越、人力资源丰富、中国民营经济发展最为成熟、工业化基础相对较好的长三角地区，在吸收外国先进技术上具有一定的优势。

二、外商直接投资技术外溢效应的形成机制

　　对于发展中国家而言，学习和吸收发达国家的先进技术是实现技

术进步的重要手段。发展中国家获得国外先进技术的途径包括进口商品的逆向工程、技术许可证贸易、国外技术人员的引进、国外先进生产设备的使用、跨国公司的准入与鼓励、国外会展和研讨会的参加、国外研究资料和其他信息资料的分析。但通过技术许可证交易和逆向工程等手段提升自身技术水平的风险大、见效慢、成本高。无论是技术许可证交易还是逆向工程，均需要当地企业进行一系列后续的研究和投资，唯有如此，才能将先进技术应用到本国的商品生产中。如果发展中国家缺乏融资能力和人力资源，其吸收消化外国先进技术的能力必然有限。相比之下，外商直接投资的进入不需要发展中国家支付技术引进费用，也不需要发展中国家完全消化引进的技术。因此，外商直接投资被视为发展中国家实现技术进步的最为廉价的手段（Mansfield 和 Romeo，1980）。

跨国公司的直接投资不仅为东道国带来了资本和先进设备，而且将先进的生产技术、管理经验、营销渠道导入东道国的生产体系。外商直接投资可以提升东道国商品的国际竞争力，缓冲发展中国家贸易开放对就业、贸易收支、经济增长方面的负面效应。通过贸易开放和外商直接投资的相互激励，可以使发展中国家的经济迅速增长。即使是占领东道国市场的外商直接投资，由于在其生产中使用了东道国劳动力、土地和自然资源等要素，因此，外商直接投资对于增加东道国的劳动力雇佣、工资所得和税收的积极作用是商品进口所不能替代的。

技术扩散是指技术由一个地方运输到另一个地方或从一个使用者手里传到另一个使用者手里。根据这一定义，外商直接投资的技术扩散效应不仅包括外商直接投资对内资企业技术进步的影响，而且包括外商直接投资企业自有经济活动地理位置的变化对当地技术水平的影响。在生产技术或管理上相对于东道国内资企业的优势（邓宁理论中的所有权优势）是跨国公司从事对外直接投资的必要条件，因此，即使外商直接投资可能不对东道国内资企业的技术进步形成积极影响，但由于外商直接投资将高效率的企业转移至东道国，技术的地理扩散依然存在。只要存在技术扩散效应，东道国的资源配置效率就会

得到改进，东道国的全要素生产率就会提高。

外商直接投资是技术跨国转移的重要渠道。技术知识具有交易困难和不完全排他性等公共产品的特征。技术知识交易的困难性源自于市场信息的不对称性，一方面，技术潜在的购买方不可能在交易过程中拥有潜在技术卖方的全部信息；另一方面，潜在的技术卖方也无法准确预测技术购买方在拥有一定技术后能否对技术进行有效的保护。跨国直接投资可以减少技术交易的交易成本。联合国贸发委的报告显示，跨国公司母公司与子公司之间的知识产权交易额占全球知识产权交易总额的80％（UNCTAD，1997）。因此，吸引跨国公司的直接投资对于技术的引进具有十分重要的作用。跨国公司一旦通过直接投资进入东道国，其在东道国生产采用的技术就会不可避免地被东道国的企业所模仿和吸收。尽管跨国公司可以通过核心技术控制和专利保护等手段防止其拥有的技术被竞争对手所掌握，但专利的保护只能限制其他企业的完全复制，并不能限制竞争对手在模仿基础上的创新。

外商直接投资对内资企业技术进步的影响途径包括外部经济作用和竞争作用两个方面。前者对内资企业技术进步的作用通常具有积极意义，而后者的影响则具有不确定性。

外部经济作用是指外商直接投资通过非市场力量对同行业内资企业发展形成的影响，其中包括示范与模仿效应、产业关联效应和人力资本流动及培训效应。

示范与模仿效应是指外商直接投资在东道国的生产或营销活动为内资企业提供示范，东道国企业通过学习和模仿可以实现生产效率的提高。示范模仿效应的大小不仅与内外资企业的技术差距有关，而且与内资企业的模仿能力有关。外资企业的技术水平越高且东道国内资企业的模仿能力越强，那么，外商直接投资对东道国内资企业的技术进步所产生的积极作用越显著。但一般情况下，东道国对外资企业技术的学习和吸收能力又与内外资企业的技术差距有关，技术差距越大，外资企业的先进技术越难被模仿，因此，示范与模仿效应的大小不能简单看成是内外资技术水平差距的单调增函数。

产业关联效应是指外商直接投资企业通过对内资企业的产品需求

或者是对内资企业的产品供给所形成的技术外溢效应。外商直接投资的产业关联效应首先表现在直接投资对东道国不同行业的关联产业的影响。当外商直接投资企业的投入为东道国企业的产出时，后向关联效应就会形成。当东道国企业的产品被用于跨国公司的中间投入时，其产品质量和价格直接影响跨国公司产品的竞争力，为了自身的利益，跨国公司通常会通过技术援助和人员培训为东道国企业的技术进步提供积极的帮助。此外，跨国公司对产品的质量要求成为东道国企业实现技术改进的目标，跨国公司的需求扩大了东道国企业的生产规模，使东道国企业发挥规模经济效应。而当外商直接投资企业的产品被东道国企业投入和使用时，前向关联效应就会发生。跨国公司高质量中间产品和先进设备的投入可以提高东道国企业最终产品的质量。在前向关联的情况下，跨国公司的产品需求成为派生需求，只有市场对东道国产品的需求增加，东道国企业对跨国公司中间产品和设备的需求才能增加。为了扩大跨国公司产品在东道国的需求，跨国公司通常也会采用技术指导和人员培训等方法促进东道国关联企业的技术进步。产业关联效应主要表现在跨国公司的直接投资对与其生产活动具有互补作用的关联产业的影响，而关联产业的发展和壮大又会对东道国的同行业企业发展提供有利的条件。外商直接投资的前后向关联效应表现在跨国公司与东道国企业之间在产业链分工上的利益互补，因此，外商直接投资的前后向关联效应对内资企业技术进步的促进作用符合跨国公司的利益。前后向关联效应的形成同样与内资企业的竞争力有关，缺乏竞争力的内资企业是外资企业生产活动减少当地配套率的重要原因。在跨国公司"两头在外"的生产方式下，产业关联作用必然有限。跨国公司的生产活动对前后向关联产业发展的作用对与跨国公司竞争的内资同行业企业的发展也会形成影响，关联产业的形成有利于同行业内资企业的发展。

人力资本流动效应是指跨国公司的生产技术和管理经验被其所雇佣的东道国的劳动力所掌握，当劳动力由跨国公司转移到东道国企业或自我创业时，跨国公司的技术和管理经验随之扩散到东道国的内资企业。人力资本流动效应的大小取决于东道国人员在跨国公司中的地

位以及劳动力的流动性。东道国的劳动人员在跨国公司的职位越高，其掌握的市场信息、技术诀窍和管理经验越丰富；劳动流动性越强，技术转移越快。人力资本流动效应主要形成于跨国公司与东道国的同行业企业之间。跨国公司可以采用高工资和关键技术控制等手段抑制人力资本流动效应的形成。在东道国缺乏创业的环境或者东道国企业不具备吸引跨国公司技术人员的能力的情况下，人力资本流动效应的作用将不明显。对于与内资企业存在前后关联的跨国公司而言，内资企业生产水平和服务水平的提高，有利于跨国公司的企业，跨国公司往往采用技术指导和人员培训的方式促进东道国内资企业人力资本的形成。

　　竞争效应是指跨国公司与东道国企业之间在市场上的相互竞争对东道国技术水平的影响。竞争可以促进东道国企业改进生产技术、提高管理水平，促进东道国企业提高生产效率。对于原先缺乏国内竞争压力的行业，外资企业带来的竞争效应比较显著。对于转轨经济而言，外资引进可以通过竞争与收购加速国有企业的改革。从长期考虑，外资企业可以起到扩大培育市场的作用。但在竞争中，东道国的生产效率也可能会因外资企业的进入而下降。出现这一情况的原因有：（1）外资企业的市场争夺使内资企业的市场规模缩小。在具有企业内规模经济的行业，企业生产规模越小，生产效率越低。（2）内资企业技术人员的流失。外资企业具有相对较高的生产效率，愿意为熟练劳动力支付较高的工资。一旦内资企业的技术人员和管理人员流向外资企业，内资企业的生产效率必然下降。（3）内资企业盈利能力下降、研究开发资金不足。外资企业进入东道国，一方面扩大了产品的供给，导致产品价格下降；另一方面扩大了原材料和劳动力的需求，导致生产成本上升。在两者的共同作用下，如果内资企业不能尽快实现技术进步，其盈利能力必然下降。在此情况下，内资企业研究开发的资金投入受到限制，并有可能形成科技人员大量流失的局面。竞争效应对内资企业技术进步的影响与市场特征、内资企业的规模有关。在具有企业内规模经济的行业，内资企业规模越大意味着其生产效率越高、竞争能力越强，外资导致其倒闭的可能性越小。如果

外商直接投资的生产投入和产品市场依靠国外，外资企业对内资企业的技术进步的竞争效应就不明显。在20世纪80年代之前，许多国家认为外资的竞争将会导致本国脆弱的幼稚产业陷入困境，因而采取限制外资的政策以扶持本国企业的发展。但进入20世纪80年代之后，尤其在20世纪90年代之后，外商直接投资在诱发竞争上的积极效应越来越得到各国的重视。经济的市场化与全球化是形成这一现象的重要原因。对于接受外商直接投资的某一地区而言，由于外商直接投资企业的产品并非局限于地区内的市场，因此，外商直接投资对地区内部内资企业发展可能形成的负面影响相对较小。通过产业集聚和产业关联，外资利用多的地区其国际和国内的竞争力会越强；相反，外资利用较少的地区则有可能在国内其他地区成功利用大量外资的情况下，形成人员流失、资源流出、产品市场规模缩小，进而造成产业的竞争力下降。

三、关于跨国公司直接投资技术外溢效应的研究文献综述

关于跨国公司直接投资技术外溢效应的研究可以追溯到20世纪60年代MacDougall（1960）的工作。MacDougall第一次指出技术扩散是外商直接投资的重要现象。

外商直接投资外溢效应概念的出现源自于Arrow（1962）的外部经济分析。Arrow指出，内含人力资本和技术的外商直接投资会通过各种渠道产生非自愿的技术扩散，而作为扩散源的跨国公司无法获取技术扩散带来的全部收益。Arrow认为，除了资本和劳动之外，生产经验的积累也是一种生产性的投入。根据其思想，外商直接投资具有增加东道国生产经验的作用，随着东道国生产经验的积累，东道国的生产效率能够在学习中得以提高。

Caves（1974）对技术外溢的形成进行了较为全面的概括。他认为跨国公司直接投资对东道国企业技术影响的动态过程可以分为以下三个阶段：首先，外资的进入打破东道国企业在当地市场的垄断，东

道国的资源配置效率随之改善；其次，面临竞争压力的当地企业加速生产改进，而跨国公司在当地的经营活动为东道国的改进提供了示范；最后，东道国企业竞争力的提升加速跨国公司技术转移速度，诱发新一轮的技术外溢。

在技术溢出的动态分析上，Wang 和 Blomstrom（1992）通过构建跨国公司与当地企业博弈的模型，对跨国公司直接投资技术外溢的正反馈效应和当地企业学习效应的正反馈效应进行了理论上的解释。一方面，技术外溢的存在具有驱动跨国公司在直接投资技术选择上不愿采用高新技术的可能；但在另一方面，技术外溢具有促进当地企业技术进步的作用，而当地企业技术水平的提高具有迫使跨国公司在直接投资中采用更加高级技术的作用。

现有的经济理论一般认为跨国公司的直接投资存在技术外溢效应，但基于一系列假设的理论工作并没有完全消除人们对跨国公司技术外溢效应的怀疑。随着跨国公司对外直接投资的发展，跨国公司技术外溢效应成为许多实证研究关注的对象。

绝大多数实证研究认为外商直接投资具有显著的技术外溢效应。Tilton（1979）对欧洲半导体工业的研究认为，美国跨国公司的直接投资具有很强的示范效应。Reynolds（1980）认为，跨国公司子公司的示范效应是推动香港地区 20 世纪 60 年代制成品出口增长的重要原因。Caves（1974）利用 1962 年澳大利亚 22 个制造业的数据，对外商直接投资的技术外溢效应进行了实证分析。在其计量模型中，当地企业的人均增加值被视为被解释变量，跨国公司的人均增加值、外资比例、资本费用、企业规模、工资等因素被视为解释变量。结果显示，行业中的外资份额是影响劳动生产率的重要因素，外商直接投资具有显著的技术外溢效应。Globerman（1975）对加拿大 60 个制造业行业的研究，同样发现外资变量对当地生产力具有积极的影响。Driffield（2001）与 Dimelis 和 Louri（2002）的研究也支持了外商直接投资对当地产业技术进步的作用。

部分研究得到了外商直接投资抑制东道国企业技术进步的相反结论。Cantwell（1989）对欧洲国家的研究认为，来自美国跨国公司的

直接投资仅对欧洲国家原先就具有国际竞争力的行业形成了正的技术外溢效应，对于欧洲缺乏竞争力的行业的生产率则形成了负面影响。Haddad 和 Harrison（1993）采用 1985—1991 年的企业时间序列数据分析了跨国公司直接投资对墨西哥制造业全要素生产率和当地生产率增长的影响。研究认为，外资对现代技术扩散缺乏显著性。Kokko（1992）利用墨西哥制造业部门的数据分析了各个行业中技术外溢效果的影响因素。其结果认为，在内外资企业生产技术水平差异越大且外资生产的市场占有率越高的行业，外资企业的进入会形成当地竞争企业脱离市场的效果，从而外资企业对内资企业的技术进步不会形成明显的效果。Kathuria（2000）与 Harris 和 Robinson（2004）的工作也给出了外商直接投资的技术外溢效应不明显的结论。

国内关于外商直接投资技术外溢的研究主要集中于实证分析。在具体的技术外溢估计方法上主要有两种：一种以全要素生产率（TFP）为被解释变量，外商直接投资（FDI）为解释变量，直接测量两者之间的相关性；另一种方法以内资企业的劳动生产率为被解释变量，以内资企业的资本和外资企业的资本为解释变量，用外资企业资本前的估计系数作为外商直接投资对内资企业生产率的标准。沈坤荣和耿强（2001）利用各省的宏观统计数据分析了全要素生产率与外商直接投资之间的相关性，其结果显示，外资生产在地区生产中的比例越大，全要素生产率越高。赖明勇、包群和阳小晓（2002）利用 1980—1999 年的统计数据，实证分析了经济增长与外商直接投资的关系，同样获得了支持外商直接投资具有技术外溢效应的结论。蒋殿春和夏良科（2005）采用 1998—2002 年的面板数据分析了外商直接投资对我国高科技行业技术创新能力的作用途径。该分析分别以不同所有制企业新产品开发项目的数量为被解释变量，以其他类型企业的新产品项目开发数量、科技人员数量、科技活动经费为解释变量，实证研究了不同所有制企业研究开发与外商直接投资的关系。研究表明，国内企业的研究开发活动与外商直接投资之间不具有显著的正相关性，但外资企业的科技人员数量对国内企业的研究开发具有显著的正相关关系。由此，作者认为，外商直接投资的技术外溢途径不是通

过竞争而是通过示范效应和人员流动效应实现。袁诚和陆挺（2005）的研究采用 1997 年、2000 年和 2002 年三次全国民营企业抽样调查数据，对民营企业业绩与民营企业人员在外资企业的工作经历之间的关系进行了实证分析，其结果显示，外商直接投资通过人员流动形成技术外溢的假说不能得到验证。

外商直接投资技术外溢效应的影响因素是多方面的。交通等基础设施、劳动力成本、通信设施、工业基础、产业结构、经济发展水平、人力资源、研究开发、对外开放程度、地理位置、社会文化、政策等诸多因素均会对外商直接投资的技术外溢效应产生作用。由于数据的限制，大多数实证研究在以各省市的数据作为样本时不得不忽视了对于外资效应具有重要影响的因素，实证结果的可靠性由此大为降低。考虑到我国地区间存在的巨大差异，以局部地区为研究对象可以避免地区差异性造成的分析误差。

四、基于城市层面外资企业生产与内外资企业发展关系的分析

由于近年来外资的大量涌入，长三角经济中的外资生产比例迅速增加。在外资进入过程中，长三角的内资企业面临着发展的机遇与挑战。在外资进入的行业，内资企业的发展战略主要包括如下方面：（1）学习模仿外资企业的先进技术、增加投资和研究开发，提高竞争能力；（2）通过增加对外资企业的配套，发展相关配套产业；（3）通过向低成本国家转移生产基地，或被外资企业收购和兼并，以减少外资竞争带来的负面影响。在前两种战略下，内资企业的生产会随外资企业的增加而上升，而在后一种情况下，国内内资企业的生产将下降。分析内资企业生产的变化与外资企业生产变化的相关性有助于探讨外资企业对内资企业行为产生的影响。

工业是外商直接投资的主要行业。在长三角工业经济中外资企业占有重要地位。2006 年，长三角地区工业增加值中港澳台投资和外商投资企业（以下简称外资企业）的生产比例达到 36.6%。

　　表6-1列出了内外资企业的生产变化。从中可以发现：在
2000—2003年间，长三角各城市的内资企业生产和外资企业生产均
出现了增长，外资企业生产的增加没有导致任何一个城市形成内资企
业工业生产的下降。由此可以推断，就工业生产整体而言，外资企业
在推动当地内资企业生产方面的积极影响要大于负面影响。外资企业
生产总值最大的上海市也是内资企业生产总值最大的城市，同时外资
企业生产总值最小的舟山市内资企业的生产总值也最小。按照外资企
业生产总值由大至小的顺序排名，前6位的依次是上海、苏州、杭
州、无锡、南京、宁波。其他城市的排序为南通、绍兴、常州、镇
江、台州、扬州、泰州、湖州和舟山。外资企业生产增加值反映了外
资企业在生产活动中形成的附加价值，各城市之间排序与按外资生产
总值进行排序的结果相当。从内资企业生产总值的排序上看，前6位
的依次为上海、杭州、无锡、苏州、宁波和南京。其他城市的排序依
次为绍兴、常州、嘉兴、台州、南通、扬州、泰州、湖州和舟山。按
内资企业附加价值的排序，其顺序也与按内资企业生产总值的排序基
本相同。

表6-1　各城市内外资企业工业生产状况

	*dv*00	*dv*03	*dy*00	*dy*03	*fv*00	*fv*03	*fy*00	*fy*03
上海市	2712	3785	968	1139	3492	6558	858	1628
南京市	1132	1810	274	457	470	699	114	154
苏州市	1212	1965	311	499	1185	3012	278	808
无锡市	1382	2471	306	580	397	814	106	211
常州市	705	1205	169	294	169	322	40	72
镇江市	421	598	115	155	125	257	28	73
南通市	460	726	120	186	237	398	64	119
扬州市	533	716	146	205	63	122	15	33
泰州市	371	631	97	171	73	106	19	34
杭州市	1145	2357	269	553	399	845	92	230
宁波市	1068	1946	247	461	360	685	78	145
嘉兴市	422	993	83	210	154	276	34	73
湖州市	317	518	71	109	39	71	9	17

续表

	*dv*00	*dv*03	*dy*00	*dy*03	*fv*00	*fv*03	*fy*00	*fy*03
绍兴市	917	1569	193	321	128	327	27	61
舟山市	65	128	15	30	9	25	3	6
台州市	427	803	112	182	55	153	11	42
合计	13290	22219	3496	5553	7355	14670	1775	3706

注：*dv*00 和 *dv*03 分别表示 2000 年和 2003 年国有企业及规模以上非国有内资企业工业生产总值；*dy*00 和 *dy*03 分别表示 2000 年和 2003 年国有企业及规模以上非国有内资企业工业增加值；*fv*00 和 *fv*03 分别表示 2000 年和 2003 年规模以上外资企业生产总值；*fy*00 和 *fy*03 分别表示 2000 年和 2003 年规模以上外资企业工业增加值。

数据来源：根据国家统计局《2004 年长江和珠三角及港澳特别行政区统计年鉴》整理而得。

　　企业的生产总值为企业的增加值和中间产品及原料投入价值的总和。对于来料加工业而言，企业的增加值与企业生产总值的比例应当较小。外资企业附加价值与生产总值的比例也在一定程度上反映了外资企业生产与当地其他部门形成的产业关联程度，该比例越小表示当地关联程度越低，生产中对所在城市以外的中间产品和原料需求越多。如表 6-2 所示，在劳动密集型的纺织业投资较多的南通和泰州，其附加价值比例高于其他城市；上海、南京、苏州和杭州等城市尽管集中了部分高科技的外资企业但其附加价值比例并不突出。由此说明，外资企业的高科技产业的投资并没有在长三角地区形成高附加价值。形成这一现象的原因在于跨国公司在我国高科技产业的投资仅仅局限于低附加价值的产业链。

表 6-2　各城市工业生产中的外资企业生产比例及内外资企业生产的变化

	*fty*03	*fyv*03	*dyv*03	*cfy*	*cdy*	*dy*00
上海市	0.59	0.25	0.30	769.25	171.67	968
南京市	0.25	0.22	0.25	39.41	183.55	274
苏州市	0.62	0.27	0.25	530.12	188.14	311
无锡市	0.27	0.26	0.23	104.66	274.09	306
常州市	0.20	0.22	0.24	32.34	125.51	169
镇江市	0.32	0.28	0.26	45.30	39.40	115
南通市	0.39	0.30	0.26	54.86	65.65	120

续表

	*fty*03	*fyv*03	*dyv*03	*cfy*	*cdy*	*dy*00
扬州市	0.14	0.27	0.29	17.97	59.79	146
泰州市	0.17	0.32	0.27	15.42	73.78	97
杭州市	0.29	0.27	0.23	138.50	284.04	269
宁波市	0.24	0.21	0.24	66.42	213.09	247
嘉兴市	0.26	0.26	0.21	39.03	127.14	83
湖州市	0.14	0.25	0.21	8.34	38.26	71
绍兴市	0.16	0.19	0.20	34.05	128.45	193
舟山市	0.17	0.25	0.23	3.79	14.70	15
台州市	0.19	0.28	0.23	31.22	69.69	112
合计	0.40	0.25	0.25	1930.68	2056.95	3496

注：*fty*03 表示 2003 年工业生产附加值中规模以上外资企业生产比例；*fyv*03 表示 2003 年规模以上外资企业工业附加价值与工业生产总值的比例；*dyv*03 表示国有企业及规模以上非国有内资企业工业附加价值与工业生产总值的比例；*cfy* 表示 2000—2003 年期间规模以上外资企业附加价值的增加量；*cdy* 表示 2000—2003 年国有企业及规模以上内资企业附加价值的增加量；*dy*00 表示 2000 年国有企业及规模以上内资企业的附加价值。

数据来源：根据国家统计局《2004 年长江和珠三角及港澳特别行政区统计年鉴》整理而得。

从 2003 年外资企业生产在当地工业增加值中所占的比例看，长三角外资企业在地理分布上集中于上海及其紧邻周边。苏州的外资比例达到 62%，位居长三角 16 城市之首，上海的同比例为 59%，仅次于苏州。其他城市的外资生产比例相对较小，南通与镇江的外资比例分别为 39% 和 32%；南京、无锡以及浙江主要城市的外资比例位于 20% 至 30% 之间。在长三角的 16 个城市中，有 6 个城市的外资生产比例在 10% 至 20% 之间。

2000—2003 年间，长三角内外资企业的工业生产均有显著增长。从 2000—2003 年间外资企业附加价值的增幅看，上海和苏州的增幅最大，杭州和无锡的增幅次之，而南京的增幅相对较小。从内资企业生产增幅看，增加量突出的为杭州、无锡和宁波。除上海、苏州和镇江以外的所有城市，内资企业附加价值增幅均超过了外资企业。上海内资企业向周边城市的转移，以及各周边城市内资企业的制度革新、市场开拓、技术改进是形成这一现象的重要原因。

内资企业生产的变化为外资生产变化和原有内资企业增加值的函数，为了考察外资企业生产对当地内资企业生产的影响，利用长江三角洲 16 个城市的截面数据对如下关系进行检验：

$$\ln(cdy) = c + \alpha\ln(cfy) + \beta\ln(dy00) + \varepsilon \qquad (6.1)$$

其中，cdy 表示 2000—2003 年间内资企业增加值的变化，cfy 表示 2000—2003 年外资企业增加值的变化，$dy00$ 表示 2000 年的内资企业增加值，ε 为随机误差项。根据表 6-2 计算的数据进行回归分析，得出表 6-3 的结果。可以发现，从长三角各城市层面考虑，内资企业增加值的变化与原有的内资企业生产规模之间显著正相关，而外资企业生产的增加与内资企业生产之间的正相关关系并不显著。这一现象说明，在外资进入的情况下，原有内资企业生产规模是决定内资企业生产增加的重要因素。原有的经济规模越大，在一定增长速度下，企业发展带来的增量越大，内资企业的竞争力越强。尽管外资企业存在促进城市内部内资企业发展的力量，但由于外资企业生产增加扩大了对城市内部土地、熟练劳动力和公共资源的需求，造成内资企业生产成本增加，迫使部分行业的内资企业减少生产或向其他城市转移生产基地，从而外资并不成为城市层面上当地内资企业发展的因素。

表 6-3　内资企业生产的变化及其影响因素的检验结果

	参数估计	标准差	t 统计	概率
常数项	0.8798	0.8787	1.0013	0.3349
外资生产变化	0.0389	0.1867	0.2083	0.8382
内资规模	0.7082	0.2815	2.5154	0.0258

样本数 $=16$，$Adj. \ R^2 = 0.65$，$D.\ W. = 1.50$

五、长三角内外资企业技术状况对比——以江苏为例

（一）总体状况分析

江苏是我国外资使用最为密集的地区之一。外商直接投资带来了

一批先进实用的技术,填补了江苏许多产品的技术空白,推动了一批新兴产业的发展,促进了产业结构的调整和优化。比如在江苏具有比较优势的纺织业,国内企业间的市场竞争十分激烈,日本东丽、帝人、东洋纺织、日棉以及韩国甲乙纺织等跨国公司的进入带来了新技术、新工艺、新市场,使江苏传统产业继续保持国内外的竞争优势。在江苏具有一定国内优势的化学工业,美国赫斯特·塞拉尼斯投资的南通醋酸纤维有限公司生产的烟用醋酸纤维束、比利时阿克发公司投资的无锡爱克发胶片有限公司生产的医用 X 光胶片等填补了国内空白。在电子产业,荷兰飞利浦,德国西门子,日本富士通、东芝、夏普、精工,瑞典爱立信和韩国三星等世界著名跨国公司大规模的投资,大大增强了江苏电子行业的国际竞争力。

制造业是外商直接投资进入江苏的主要领域。外商直接投资对江苏制造业技术进步的影响包括直接影响和间接影响两个方面。外商直接投资企业的生产管理水平普遍比内资企业高,因此,无论外资企业是通过直接投资方式收购内资企业还是直接在本地区成立独资企业,由于拥有先进技术的外资企业成为当地的生产主体,当地的技术水平就会因企业所有制构成中外资企业比例的增加而提高,外资企业对当地技术进步的直接影响随之形成。外资对技术水平提高的间接影响表现在外资企业通过市场和非市场行为影响内资企业的生产效率而对技术进步形成的影响。外资企业的技术水平及其在经济中的比例是影响外资技术外溢效应的重要因素。

1. 外资企业在江苏生产中的比例

表 6-4 显示了 2006 年江苏制造业中各行业的外资生产比例和内外资生产技术特点。① 表中的 $fdy06$ 和 $fdy03$ 分别表示 2006 年和 2003 年各行业工业增加值中三资企业所占的比例。从 2006 年外资企业工业增加值在行业中的比例来看,在 28 个制造业行业中,有 8 个行业的外资生产比例超过 50%。其中,电子及通信设备制造业比例达到 92%,位居各行业之首;家具制造业的外资生产比例为 73%,位居

---

① 由于政策限制,烟草业没有外资企业,分析中将烟草业剔除。

第二位；橡胶制造和造纸及纸制品业的外资生产比例均为68%，并列第3位。木材加工及竹藤棕草制品业的外资生产比例均为17%，在所有的行业中外资的生产比例最少。

2003年以来在绝大多数行业中外资生产比例均出现了显著的增加。在2003—2006年间，外资生产比例超过50%的行业由5个增加到8个。电子及通信设备制造业的外资生产比例蝉联首位，并呈现上升趋势，由2003年的85%上升到2006年的92%。从各行业外资企业生产比例的变化可以发现，在短短的4年里，内资企业在江苏制造业中的主导地位正逐步由外资所取代。

表6－4　江苏省制造业外资生产比例与技术状况

行业	fdy06	fdy03	fdkl06	fdyl06	fdyk06
电子及通信设备制造业	0.92	0.85	1.14	1.76	1.55
家具制造业	0.73	0.59	0.29	1.09	3.76
橡胶制品业	0.68	0.58	2.17	1.44	0.67
造纸及纸制品业	0.68	0.63	5.70	2.64	0.46
仪器仪表及文化办公用机械制造业	0.66	0.75	1.09	1.43	1.31
文教体育用品制造业	0.61	0.45	1.47	0.95	0.65
食品制造业	0.51	0.49	1.85	1.58	0.85
皮革毛皮羽绒及制品	0.51	0.40	1.07	0.87	0.81
塑料制品业	0.45	0.31	1.18	0.82	0.70
农副食品加工业	0.43	0.32	2.81	2.19	0.78
印刷业记录媒介的复制	0.42	0.27	1.36	1.73	1.27
交通运输设备制造业	0.40	0.29	1.25	1.27	1.02
纺织服装、鞋、帽制造业	0.39	0.41	0.71	0.85	1.19
专用设备制造业	0.37	0.27	1.52	1.23	0.81
化学原料及制造业	0.36	0.24	2.68	2.24	0.84
电气机械及器材制造业	0.35	0.34	0.84	0.74	0.88
有色金属冶炼及压延加工业	0.34	0.23	1.46	1.09	0.74
工艺品及其他制造业	0.33	0.32	1.25	0.79	0.63
医药制造业	0.32	0.27	1.27	1.03	0.81
金属制品业	0.32	0.23	1.47	1.14	0.78
饮料制造业	0.31	0.26	2.85	2.57	0.90
非金属矿物制品业	0.30	0.23	1.82	1.29	0.71

续表

行业	*fdy*06	*fdy*03	*fdkl*06	*fdyl*06	*fdyk*06
通用设备制造业	0.30	0.20	1.84	1.53	0.83
化学纤维制造	0.29	0.16	2.18	1.25	0.57
纺织业	0.22	0.17	1.14	1.02	0.89
黑色金属冶炼及压延加工业	0.20	0.13	1.43	1.40	0.98
石油加工及炼焦业	0.19	0.16	1.77	1.99	1.13
木材加工及竹藤棕草制品业	0.17	0.22	1.67	1.21	0.73

注：*fdy*06 与 *fdy*03 分别表示 2006 年和 2003 年的外资企业生产的附加价值在行业中的比例；*fdkl*06 表示 2006 年外资企业的资本/劳动与内资企业的资本/劳动投入比；*fdyl*06 表示 2006 年外资企业的劳动生产率与内资企业劳动生产率之比；*fdyk*06 表示 2006 年外资企业的资本生产率与内资企业的资本生产率之比。

资料来源：根据《江苏统计年鉴》2004—2007 年的相关数据整理计算而得。

2. 内外资企业生产中的要素投入

与内资企业相比，外资企业密集使用资本。表 6 - 4 中的 *fdkl*06 表示 2006 年外资企业的人均资本与内资企业的人均资本之比。在所分析的 28 个行业中，有 25 个行业外资企业的人均资本超过了内资企业。在利润最大化的原则下，企业根据自身的技术水平和要素的价格雇佣资本与劳动。在相同的资本利息和劳动工资下，内外资企业雇佣要素比例的差异取决于其拥有的技术。由于外资企业的生产技术形成于劳动稀缺、资本充裕的投资母国，尽管其在中国投资生产中面对的要素价格发生变化，但一定生产技术下的要素替代能力存在局限，因此，外资企业的技术在资本使用上的比例高于内资企业。外资企业与内资企业在要素使用上的差异性成为内资企业学习模仿外资企业技术的障碍。中国内资企业在模仿学习外资企业技术的过程中必须通过增加设备引进等途径增加生产中的资本投入比例，对现有技术进行大幅的改造。表 6 - 4 中的数据表明，在造纸及纸制品业，外资企业的人均资本是同行业内资企业的近 6 倍；在饮料制造业、化学原料及制造业和农副食品加工业，该比例均达到近 3 倍；在橡胶制品业和化学纤维制造业该比例也超过 2 倍。对于上述行业，吸收学习外资企业的技术意味着必须采用先进的大型设备，内资企业的融资能力以及技术模

仿能力是制约上述行业实现技术追赶的重要因素。

3. 内外资企业生产率

外资企业的劳动生产率一般高于内资企业。在 28 个行业中，仅有 6 个行业出现了外资企业劳动生产率不及内资企业的情况，其他 22 个行业外资企业的劳动生产率均高于内资企业。从单位资本生产出的附加价值看，有 21 个行业出现了外资企业单位资本产出不及内资企业的现象。因此，如果简单用资本的生产率来衡量，很难获得外资企业的生产效率高于内资企业的结论。

通常采用全要素生产率综合衡量行业的生产效率。衡量全要素生产率涉及各行业的工资数据、国内外资本的利息等数据，由于数据上的困难，暂且通过对资本生产率和劳动生产率对主要行业内外资企业的技术状况进行如下分类：（1）外资企业劳动生产率和资本生产率均高于内资企业的行业有 6 个。该类行业外资企业的技术水平全面领先于内资企业，主要集中在电子通信和仪器及仪表等高新技术行业。其中包括电子及通信设备行业、家具制造业、仪器及仪表、印刷业记录媒介的复制、交通运输设备制造业、石油加工及炼焦业和所列行业外的其他行业。（2）外资企业劳动生产效率高于内资企业，但资本生产效率不及内资企业的行业有 16 个。该类行业较为普遍，包括造纸及纸制品业、橡胶制品业、饮料制造业、化学纤维制造、农副食品加工业、普通机械制造业、黑色金属冶炼及压延加工业、专用设备制造业、木材加工及竹藤棕草制品业、金属制造业、非金属矿物制造业、医药制造业、纺织业、食品制造业、化学原料及制造业、金属制品业。（3）外资企业的劳动生产效率不及内资企业，但资本生产率高于内资企业的行业有 1 个，即纺织服装、鞋、帽制造业。（4）外资企业劳动生产率和资本生产率均不及内资企业的行业有 5 个，包括文教体育用品制造业、皮革毛皮羽绒及制品、塑料制品业、电气机械及器材制造业、工艺品及其他制造业。

（二）基于行业层面的外资技术外溢效应的实证分析

内资企业的生产取决于技术水平以及资本和劳动的投入。外资

企业的技术扩散对内资企业的技术水平形成影响。通过对内资企业生产与外资投入以及外资生产效率之间关系的实证分析，可以对外资企业的技术扩散效应进行检验。检验的数据来自于 2004—2007 年的《江苏统计年鉴》。检验中采用了 2003—2006 年各制造业行业的相关面板数据。外资企业的数据由年鉴中的规模以上三资企业的统计数据代替，内资企业的数据根据国有及规模以上非国有工业企业的数据减去三资企业的数据而得。由于烟草业没有三资企业，因此，在计量分析中选择了烟草业以外的 28 个制造业行业（参见表 6 - 4）。

1. 外资对内资企业总体技术水平影响的检验

外资资本是衡量地区内外资企业活动范围的重要指标。外资资本越多，外资企业在地区内的经济活动范围越广，对当地内资企业形成的竞争效应、产业关联效应以及人力资本形成及流动效应越显著。在与外资企业近距离的合作与竞争中，内资企业的生产必然会受到外资企业的影响。假设外资企业资本越多，同行业内资企业在与外资企业的竞争与合作中获得的技术进步越明显，那么，内资企业产量不仅与其生产中的资本和劳动投入有关，而且与外资资本的多少有关。将内资企业的生产函数表示为：

$$Y_d = A(K_f)K_d^{\alpha}L_d^{\beta} \qquad (6.2)$$

其中，Y_d 表示某行业内资企业的产量，K_d 和 L_d 分别表示内资企业的资本和劳动，α 和 β 分别表示内资企业资本和劳动的边际产出弹性；A 表示随外资资本 K_f 变化的内资企业技术水平。以 A_0 表示没有外资时内资企业的技术水平，以 γ 表示外资企业资本对内资企业技术进步的边际弹性，令 $A(K_f) = A_0K_f^{\gamma}$，那么，内资企业的生产与外资资本之间的关系可以写成：

$$\ln Y_d = \ln A_0 + \alpha\ln K_d + \beta\ln L_d + \gamma\ln K_f \qquad (6.3)$$

根据（6.1）式的关系，得到计量分析的方程式：

$$\ln Y_d = \xi + \alpha\ln K_d + \beta\ln L_d + \gamma\ln K_f + \varepsilon \qquad (6.4)$$

其中，ξ 为常数项，ε 为随机项。

由于各行业外资扩散效应存在差异，检验中采用了固定效应模

型，检验结果如表 6 – 5 所示。

表 6 – 5　基于内资企业总生产的外溢效应检验

变量	参数估计	标准差	t 统计量
内资企业资本	0.3853***	0.0972	3.9632
内资企业劳动	0.2451***	0.0821	2.9835
外资企业资本	0.3821***	0.1128	3.3866

样本数 = 112，$Adj.\ R^2 = 0.94$，$D.\ W.\ = 2.23$

注：＊＊＊表示通过 1% 的显著水平检验。

检验结果显示，内资企业生产与同行业外资企业资本显著正相关。因此，同行业外资的增加对内资企业生产总量的提高具有积极影响。江苏的经验表明，外资投入对同行业内资企业生产具有促进作用。

2. 外资对内资企业劳动生产率的影响

外资生产中使用了大量的先进设备和技术，外资企业的劳动生产率一般高于内资企业劳动生产率。如果内资企业成功模仿外资企业的生产技术和管理技术，那么，内资企业的劳动生产率应该得到提高。但外资企业较高的劳动生产率也显示了外资企业的成本优势，如果外资企业的产品市场削减了当地内资企业的市场份额，或者外资企业的高工资造成内资企业熟练工人流向外资企业，或者内资企业技术改进和融资能力较弱，那么，内资企业劳动生产率的提高将会受到制约。通过实证方法检验内资企业劳动生产率与外资企业劳动生产率之间的关系，可以从另一个方面揭示外资企业的技术外溢效应。对内资企业劳动生产率与外资企业劳动生产率之间的关系进行检验也是国内外检验外资技术外溢效应的重要方法。

利用行业附加值与劳动数量的比表示劳动生产率，并将内资企业的劳动生产率看成内资企业人均资本和外资企业劳动生产率的函数，可采用如下计量方程进行实证分析：

$$\ln(Y_d/L_d) = \xi + \alpha\ln(K_d/L_d) + \beta\ln(Y_f/L_f) + \varepsilon \qquad (6.5)$$

其中，L_d 和 L_f 分别表示内资企业和外资企业的劳动，Y_f 为外资

企业的生产。由于外资企业劳动生产率较高的行业通常也是内资企业劳动生产率较高的行业，为了克服模型的内生性问题，在利用面板数据的分析中，采用了固定效应模型和 GMM 方法。检验结果如表 6-6 所示。

表 6-6　基于劳动生产率的外溢效应检验

变量	参数估计	标准差	t 统计量
内资企业人均资本	0.4496 ***	0.0079	56.5798
外资企业劳动生产率	0.2779 ***	0.0069	40.0587

样本数 = 112，$Adj.\ R^2 = 0.99$，$D.W. = 1.98$

注：＊＊＊表示通过 1% 的显著水平检验。

3. 外资对内资企业资本生产率的影响

如表 6-4 所示，在不少制造业行业，外资企业的资本生产效率并不高于内资企业。从资本市场的供需考虑，外资的进入一方面增加资本的供给，另一方面也会通过扩大关联产业产品需求导致资本的派生需求增加。如果前者对资本价格的影响大于后者，在国内劳动力价格上升和资本价格下降的情况下，资本替代劳动的生产技术转换有益于企业利润水平的提高。2000 年以来制造业各行业生产的资本密集度的增加与外资企业进入的影响存在一定的关系。一般而言，内资企业资本生产效率的变化受企业的管理水平、劳动与资本的要素投入比例以及外资企业资本生产效率等因素的影响，为了揭示外资企业资本生产率对内资企业资本生产率的影响，采用如下的计量方程进行实证分析：

$$\ln(Y_d/K_d) = \xi + \alpha\ln(L_d/K_d) + \beta\ln(Y_f/K_f) + \varepsilon \qquad (6.6)$$

检验中同样采用固定效应模型，检验结果如表 6-7 所示，内资企业的资本生产效率与外资企业的资本生产效率显著正相关。即外资企业的资本生产效率越高，内资企业的资本生产率也会越高。因此，尽管内资企业单位资本的生产效率在许多行业并不低于外资企业，但引进资本生产效率较高的外资企业，仍然可以增加内资企业的资本生产效率。

表 6 - 7　基于资本生产率的外溢效应检验

变量	参数估计	标准差	t 统计量
内资企业单位资本劳动	0.3051 ***	0.0448	6.8131
外资企业资本生产率	0.2715 ***	0.0627	4.3279

样本数 = 112, $Adj.$ R^2 = 0.99, $D.$ $W.$ = 1.54

注: * * * 表示通过 1% 的显著水平检验。

六、结论与启示

通过对长三角地区外商直接投资对内资工业企业发展的研究，我们发现：（1）从长三角 16 个城市层面看，内资企业工业产值的增加与各城市原有的工业规模显著正相关，但与各城市外资工业生产变化之间的关系并不显著。（2）跨国公司集中长三角的高科技产业投资并没有形成较高的附加价值。（3）从江苏省范围的行业层面上看，外商直接投资具有显著的技术外溢效应。外商直接投资对于推进江苏内资企业生产增加、劳动生产率提高和资本生产率提高的作用十分显著。

城市层面上，外商直接投资对于内资企业生产增加的不显著关系，意味着外资企业的进入对内资企业生产技术进步的作用更可能形成于长三角地区的城市之间，而不是形成于单一的城市内部；在外资利用较多的城市，外资进入更有可能导致内资企业将生产基地转移到生产成本相对较低的周边城市。

城市层次上，外资企业生产与内资企业生产的不显著关系，一定程度上反映了小区域范围内外资对内资企业的"挤出效应"。但由于长三角地区各城市间的收入水平和工业化程度相差较大，在考虑多个城市的大区域时，内资企业的发展并没有因外资企业生产的增加出现增长的困境。通过对江苏工业的分析可以发现，外资对于整个江苏地区内资企业生产的促进作用呈显著的正相关关系。在外资进入越多的行业，内资企业产值增加越明显，无论是内资企业的劳动生产效率还是内资企业的资本生产效率均有显著提高。

外资企业之所以能够对长三角内资企业的发展形成有益的影响，其原因可以从如下方面考虑：（1）市场的非区域性。长三角地区外资企业的产品市场并非局限于长三角经济区内部。许多外资制造业企业更多地将长三角作为生产加工基地，将在长三角生产的产品销往外国和本国其他地区，因此，外资企业的产品对于长三角内资企业产品市场占领的负面效应因对外贸易而有所削减。（2）丰富的人力资源。外资企业的生产技术和管理经验的学习模仿能力与当地的人力资源密切相关。长三角地区的教育水平较高，具有商业头脑、经营能力和创新能力的人才丰富，强烈的学习模仿意识和模仿能力对于长三角地区内资企业的发展意义重大。（3）较强的工业基础。一般而言，工业基础越强的地区，外资企业产生的技术外溢效应越明显。技术外溢的形成主要取决于外资企业的技术选择和内资企业的技术吸收能力。在吸收能力上，长三角地区内资企业的技术水平较高，民营企业数量较多，市场适应能力较强。在外资技术选择上，长三角地区的工业化基础为外资高新技术的生产提供了条件，同时较高技术水平内资企业的存在激励外资企业采用更高水平的生产技术。具有较好工业基础的长三角地区也是利用国外先进技术的前沿。（4）区域内发展水平的多样化。长三角地区各城市之间发展水平的差异是长三角地区多种产业共存、城市错位发展的前提。尽管在工业水平接近的部分城市之间存在着主导产业的重叠，但在不同层次的城市之间，产业结构的互补性比较明显。长三角的内资企业一方面可以通过合理选择区域内的生产基地，克服因外资进入造成的生产成本增加；另一方面可以通过学习模仿区域内外资企业的先进技术，借助外资企业推动的工业化条件提高内资企业的国际竞争力。

外商直接投资的进入对于促进长三角内资企业的竞争力具有积极的影响，利用长三角地区的优势是长三角地区国际竞争力提高的重要因素。进一步发挥长三角在外资利用上的有利条件参与国际分工，仍应成为长三角外资政策的主旋律。

应当指出的是，外商直接投资技术外溢效应的存在并不意味着内资企业可以放弃研究开发。尽管跨国公司直接投资所生产的高科技产

品的比重有所增加，但由于核心技术的对外依赖，长三角的所谓高科技外资企业并没有在该地区形成高的附加价值。对外资企业的先进技术进行学习模仿可以减少内资企业研究开发的代价和风险，但跨国公司先进技术的学习和模仿并非没有成本。跨国公司为了自身的利益，极力采用关键技术控制和专利保护等手段防止技术被竞争对手掌握。许多跨国公司宁愿选择直接投资而不愿意转让技术，其目的就是为了实现对核心技术的控制。近年来，外资企业在长三角投资的独资化倾向是外资企业控制核心技术的手段之一，内资企业只有加强研究开发才能消化外资企业的技术，并在其基础上实现创新。因此，在利用外资的过程中需要克服地方政府过于严重的短期目标行为，首先应当在政策上实现内外资的公平待遇，其次还应当加强政府对国内具有一定基础的研究开发企业实行金融和财政上的政策扶持。具有强大科技实力和自主品牌的内资企业的形成有利于承接外商直接投资所带来的技术外溢机遇，同时可以起到加速外资企业在国内产业链的延伸并激发外资企业提高当地生产技术含量的作用。

影响外资企业技术选择的因素包括政策因素、竞争因素、需求因素和产业关联因素。利用优惠政策鼓励外资企业投资于高附加价值产业、通过提升内资企业的技术进步和吸引多家外资企业进入激烈竞争、提高关联产业的技术水平和基础设施建设、扩大对高新技术产品的内需和外需可以使更多的高新技术流入本地。由于技术外溢效应这一市场失灵现象的存在，对高新技术外资企业和内资企业的生产应当予以鼓励。

在强调外资积极作用的同时，长三角地区应当避免外资利用上的恶性竞争。通过协商制定公开透明的外资利用准则、减少地方主义情绪，充分发挥市场的力量有益于保护长三角地区外资利用的整体利益。

长三角地区的国际化使长三角的经济迅速增长，同时也增大了长三角地区经济发展的国际风险。跨国公司在全球组织生产活动的特点决定了外商直接投资的不稳定性。对于长三角地区各级政府而言，应当注重产业结构与地区优势的特点，利用自身的信息优势，通过信息

公开和产业政策对外商直接投资进行引导，减少外资企业因信息失灵形成的投资不稳定性。

参考文献

1. Arrow, K. , "The Economic Implications of Learning by Doing", *Review of Economic Studies*, 1962, Vol. XXIX, pp. 155 – 173.

2. Cantwell, J. , *Technological Innovation and Multinational Corporations*, Oxford : Basil Blackwell, 1989.

3. Caves, R. E. , "International Corporations: The Industrial Economics of Foreign Investment", *Economica*, 1971, Vol. 38, No. 141, pp. 1 – 27.

4. Dimelis, S. and Louris, H. , "Foreign Direct Investment and Efficiency Benefits: A Conditional Quintile Analysis", *Oxford Economic Papers*, 2002, Vol. 54, pp. 449 – 469.

5. Driffield, N. and Taylor K. , "FDI and the Labor Market: A Review of the Evidence and Policy Implications", *Oxford Review of Economic Policy*, 2000, Vol. 16, No. 3, pp. 90 – 103.

6. Driffield, N. , "The Impact on Domestic Productivity of Inward Investment in UK", *The Manchester School*, 2001, Vol. 69, No. 1, pp. 103 – 119.

7. Globerman, S. , "Technological Diffusion in the Canadian Tool and Die Industries", *Review of Economics and Statistics*, 1975, 57, November, pp. 428 – 434.

8. Haddad, M. and Harrison, A. , "Are There Positive Spillover from Direct Investment: Evidence from Panel Data for Morocco", *Journal of International Economics*, 1993, Vol. 42, pp. 51 – 74.

9. Harris, R. and Robinson, C. , "Productivity Impacts and Spillovers from Foreign Ownership in the United Kingdom", *National Institute of Economic Review*, 2004, Vol. 187, pp. 58 – 75.

10. Kathuria, V. , "Productivity Spillovers from Technology Transfer

to Indian Manufacturing Firms", *Journal of International Development*, 2000, Vol. 12, pp. 343 – 369.

11. Kokko, Ari., "Foreign Direct Investment, Host Country Characteristics and Spillover", *The Economic Research Institute*, Stockholm, 1992.

12. MacDougall, G. D. A., "The Benefits and Costs of Private Investment from Abroad: A Theoretical Approach", *Economic Record*, 1960, Vol. XXXVI (March), pp. 13 – 35.

13. Mansfield, E. and Romeo, A., "Technology Transfer to Overseas Subsidiaries by U. S. Based Firms", *Quarterly Journal of Economics*, 1980, Vol. 95, pp. 737 – 749.

14. Tilton, J., *International Diffusion of Technology: The Case of Semiconductors*, Washington, D. C., The Brookings Institution, 1971.

15. UNCTAD, *World Investment Report: Transnational Corporations, Market Structure, and Competition Policy*, United Nations: New York, NY, 1997.

16. Wang, Jian-Ye and Blomstrom, M., "Foreign Investment and Technology Transfer", *European Economic Review*, 1992, Vol. 36, pp. 137 – 155.

17. Xu, Bin, "Multinational Enterprises, Technology Diffusion, and Host Country Productivity Growth", *Journal of Development Economics*, 2000, 62, pp. 477 – 493.

18. 陈涛涛:《中国 FDI 行业内溢出效应的内在机制研究》,载《世界经济》2003 年第 9 期。

19. 何洁:《外商直接投资对中国工业部门外溢效应的进一步精确量化》,载《世界经济》2000 年第 12 期。

20. 国家统计局国家统计信息中心:《2004 年长江和珠三角及港澳特别行政区统计年鉴》,中国统计出版社 2004 年版。

21. 江苏省统计局:《江苏统计年鉴》(2000—2004),江苏统计局出版。

22. 江小涓：《中国的外资经济对增长、结构升级和竞争力的贡献》，中国人民大学出版社 2002 年版。

23. 蒋殿春、夏良科：《外商直接投资对中国高技术产业技术创新作用的经验分析》，载《世界经济》2005 第 8 期。

24. 赖明勇、包群、彭水军、张新：《外商直接投资与技术外溢：基于吸收能力的研究》，载《经济研究》2005 第 8 期。

25. 潘文卿：《外商投资对中国工业部门的外溢效应：基于面板数据的分析》，载《世界经济》2003 年第 6 期。

26. 上海财经大学区域经济研究中心：《2003 年中国区域经济发展报告》，上海财经大学出版社 2003 年版。

27. 沈坤荣、耿强：《外商直接投资、技术外溢与内生经济增长——中国数据的计量检验与实证分析》，载《中国社会科学》2001 年第 5 期。

28. 于津平：《外资政策、国民利益与经济发展》，载《经济研究》2004 年第 5 期。

29. 袁诚、陆挺：《外商直接投资与管理知识溢出效应：来自中国民营企业家的证据》，载《经济研究》2005 年第 5 期。

（执笔：于津平）

第七章 长三角跨国公司主导型产业集聚与本土企业成长

外资的大量流入推动了中国经济的快速增长，在中国利用外资达到较大规模，中国经济发展进入新阶段之后，需要考虑如何在大量利用外资的同时提升本土企业的竞争力，因为国家竞争力的形成和提升离不开本土企业的发展。长三角地区是我国外资集中的地区，也表现出明显的跨国公司主导型产业集聚的特征与趋势，研究长三角地区跨国公司主导型产业集聚与本土企业成长的关系，对于正确看待价值链国际分工条件下的本土企业成长战略，有着重要的现实意义。

一、跨国公司主导型产业集聚：理论分析与长三角现状

（一）相关研究述评

跨国公司对于东道国产业发展影响的研究一般认为，有两种机制可以产生外资对于本国产业的外部效应：技术溢出以及跨国公司与东道国企业基于价值链的前向联系与后向联系。尽管外资对于东道国产

业的溢出效应已经在理论上得到很好地说明，但是在实证研究上，这种溢出效应并不是总能得到证实。总体看来，采用不同的样本和不同的分析方法，不同的研究对于FDI的溢出效应是否显著得出了不同的结论。G. Barba Navaretti等（2004）对已有对于不同类型国家FDI溢出效应的研究进行了归纳，同样表明不同研究的结论是不同的。显然，这表明FDI对于东道国的正溢出效应不是必然的。

近期的研究越来越关注跨国公司通过价值链前后向联系产生的溢出效应，这种溢出不仅仅表现为技术溢出，而且还表现为为中间产品提供需求以及间接为东道国最终产品厂商提供低价中间产品投入的效应上。事实上，正如Markusen（1999）指出的，对跨国公司对于东道国的影响不同时期的看法是不同的。在20世纪70年代，许多东道国政府和一些经济学家认为跨国公司的投资会使东道国福利和经济发展水平下降，因为跨国公司的投资制造了垄断，并由此剥削这些国家，阻碍当地的竞争。但是到了20世纪90年代，看法显著地发生了变化，变得更为乐观，认为跨国公司和当地产业存在重要的互补性，并可以刺激东道国经济发展。一些经济学家，如Laura和Alfaro等（2004）则在一系列假定条件下，通过建立数理模型的办法，说明跨国公司对于东道国存在溢出效应的条件。

考察我国开放型经济发展的现实，可以发现FDI不仅仅在地域上表现出集聚的特征，而且在产业上的集聚特征和趋势也非常明显，这种集聚可以称为跨国公司主导型产业集聚，其中既包括大量同产业外资企业的集中，又包括与外资企业处于同一产业，与外资企业存在投入产出关系的本土企业，而外资企业与本土企业基于价值链的联系成为促进本土企业成长的重要渠道。

产业集聚现象的产生及其强化是受一定规律支配的，并呈现出一定的特征。主流经济学认为，产业集聚的形成既有历史的偶然因素，也有预期的作用。"一个特定的产业集中在一个特定的区域，是历史和偶然因素的影响、累积循环的自我实现机制或预期的作用。历史和偶然要素是产业区位的源头，而循环累积过程有滚雪球般效果，导致产业长时期地锁定在某个区域"（梁琦，2004）。然而，由于主流理

论的研究对象是发达国家的产业集聚实践，对发达国家而言，产业集聚形成和演进的动力更多地源于本国内部，因此主流理论更多地强调地方发展的内生性资源和能力，而较少关注跨国公司和外国直接投资。就中国而言，产业集聚研究大致可以划分为两条主线：一是延续发达国家主流理论的观点，以本土"原发性产业集聚"为研究对象，强调内生性资源和能力的作用，旨在鼓励走独立自主的发展道路。王缉慈指出："我国集群一般以中小企业为主，集群的运行机制是本地多个企业共同构筑价值链，通过弹性专精的分工协作，形成地方生产系统，这和发达国家类似。"另一条主线则承续了 Markusen 和 Park 关于"跨国公司也可以成为产业集聚的领导者"的思想（Park 和 Markusen，l995；Park，1995），以"跨国公司和 FDI 引致的产业集聚"为研究对象，强调跨国公司和 FDI 在发展中国家和地区经济发展和产业集聚形成中的作用，对产业集聚的研究也就更多地关注于 FDI、跨国公司及其全球联系，在这方面，目前文献的关注重点是 FDI，研究的重心是 FDI 的区位选择、外溢效应和 FDI 产业集聚的形成机理。例如，李锋等（2004）以长三角为样本，证实了产业集聚与 FDI 流入的相关性；江小涓（2002）、徐康宁（2002）等也都认为集聚效应是影响 FDI 集聚的重要要素；朱华晟（2004）基于嘉善木业集群的研究指出，外资对地方集群发展的影响除受地方制度成本和集聚外部效应的影响外，更取决于外资企业与民营企业之间的融合方式和程度。从我们所收集到的文献来看，较少有涉及跨国公司主导型产业集聚的形成机制的，或者在研究中将跨国公司等同于 FDI。

　　目前跨国公司在国际产业转移和地区产业集聚形成中的作用是极为显著的。跨国公司对某个国家或地区的直接投资越来越表现为其全球一体化战略的方式与手段，通过 FDI 将不同的生产环节配置到不同地区，实现全球范围内的最优化生产。因此，需要从跨国公司主导的国际生产网络来考察跨国公司主导型产业集聚及其对本土企业成长的影响。

　　本章讨论长三角地区跨国公司主导型产业集聚下本土企业成长问题，这里的本土企业是相对于外商投资企业而言的，也就是非外商投

资企业。产业集聚是指大量相同或相关产业的企业在区域上的集中，而跨国公司主导型产业集聚则是指这种产业集聚的形成与FDI的流入以及跨国公司的全球一体化战略密切相关。在跨国公司主导型产业集聚中既可能包括大量的外资企业也可能存在大量的本土企业，产业集聚中的企业之间存在基于价值链的投入产出关系是普遍的现象。本土企业成长在数量上表现为本土企业数量的增加和规模的扩大，而从质量上看则表现为技术水平的提升以及在国际生产网络中层级的提升。

（二）跨国公司主导国际生产网络与产业集聚

随着经济全球化的发展，国际分工细化到产品的价值增值环节，跨国公司通过包括FDI和外包在内的多种组织形式在全球范围内配置生产环节，构建全球生产网络。因此，国际生产网络一个显著的特征是不同特征的价值增值环节在空间上的分散性，国际生产网络和产业集聚作为世界经济发展的两个重要特征和趋势，二者之间存在密切的联系。

产业集聚是指同一产业或相关产业在空间上的集中，集聚的原因很多，而外部经济是产业集聚的一个重要原因。一般认为专业化劳动力市场和基础设施的存在、产业创新氛围、技术溢出与扩散等是产业集聚外部经济的主要来源。这里需要分析的是国际生产网络生产上的地域分散性和产业集聚中的产业地区集中是如何兼容的。事实上，产业在空间上的集中可以分为两种类型：一种类型是产业集聚，指的是企业间不存在上下游关系，单纯地指这些企业生产类似产品或产品环节；另一种类型是产业集群，企业间存在投入产出关系和中间产品流动。产业集群的原因除了外部经济以外，上下游企业在空间上的集中还可以节约交易费用和协调成本，包括运输成本，而交易费用的下降还可以促进分工，获得生产效率。

上下游环节是选择地理上相对集中还是分散取决于交易费用（包括运输成本以及关税等）的变化与要素价格差异对成本影响的大小的比较。如果由于外部环境的变化使得交易费用下降，以至于到其他国家或地区进行特定环节的生产，要素价格差异带来的成本节约要

大于交易费用的增加，原有集群的均衡将可能被打破。所以，信息技术的发展、运输成本的下降以及贸易和投资壁垒的逐步下降和消除，使得原有的产业集群均衡不断被打破，促进了价值增值环节分散分布的趋势。作为上述分析的引申，可以得到交易费用小的环节更容易脱离产业集群而被配置到其他地区，该地区对该环节密集使用的特定类型要素具有禀赋优势。

国际生产网络与产业集聚的关系比较容易理解。产业集聚带来的外部经济效应对于国际生产网络的分布也有很大影响，这种影响的表现是要素密集类型相似的增值环节表现出很强的地域集中性。国际生产网络表现出地域分散和集聚两个方面的特征，分散是指要素密集特征不同的环节，而集聚则是要素密集类型相似的环节表现出地域上的集中性。

20世纪90年代以来，跨国公司直接投资越来越呈现出集聚化的特点，具体表现为以下三个方面：

一是跨国公司海外公司在国家区位选择上的趋同。在美国，加利福尼亚、纽约、德克萨斯、依利诺依和新泽西是吸引跨国公司投资最多的地区，这五个州占据了美国吸收FDI的一半以上。[1] 发展中国家也是如此，在中国，外资存量主要集中在长三角和珠三角地区，广东和江苏是吸收外资最多的省份。

二是跨国公司直接投资行业选择的趋同。UNCATD的研究表明（见表7-1），跨国公司在高科技产业国际直接投资的区位集聚化程度最高。其中生物技术行业是集聚化程度最高的行业，在28个东道国中，国际直接投资主要集中在3个东道国；而以食品饮料行业为代表的低技术产业海外投资的集聚程度最低，总计4450个海外分支机构却分布在101个国家，排名前3位的东道国在该行业中所吸收的国际直接投资仅占该行业全部国际直接投资的23.7%。此外，与IT服务、人力资源管理、金融、保险和会计等服务领域相关的国际直接投

① 肖光恩：《跨国公司国际直接投资区位集聚化特点及原因分析》，载《WTO与经济全球化》2003年第3期。

资也表现出明显的集聚化趋势，这种国际直接投资是与离岸服务（Offshored Serives）活动紧密联系在一起的。为了降低成本，越来越多的发达国家服务企业开始利用国际直接投资和离岸服务进行全球劳动力套利。据 WTO 统计，2003 年全球 IT 业的离岸服务规模已发展到 450 亿美元。东道国和离岸服务的提供国则是那些在高素质劳动力上具有成本优势的国家，如印度。

表 7 - 1　跨国公司在不同行业国际直接投资的区位集聚化

	高技术产业		中等技术产业		低技术产业	
	半导体	生物	汽车	电视	食品饮料	纺织服装
排名前 3 位的东道国占该产业的比重	0.496	0.672	0.294	0.356	0.237	0.287
排名前 5 位的东道国占该产业的比重	0.629	0.710	0.440	0.502	0.353	0.401
排名前 10 位的东道国占该产业的比重	0.787	0.852	0.710	0.696	0.561	0.601
排名前 20 位的东道国占该产业的比重	0.945	0.953	0.884	0.893	0.747	0.795
TNC 海外分支机构数量	272	169	1296	253	4450	1445
所在东道国数量	31	28	55	36	101	77

资料来源：UNCATD, *World Investment Report* 2001。

　　三是不同跨国公司的类似职能部门和类似生产环节在区位选择上的趋同。在跨国公司全球生产体系的建立中，跨国公司会根据其全球竞争战略和各个国家和地区所具有的不同要素优势，将其不同的职能部门和不同的生产环节放置在不同的国家和地区。但不同跨国公司的类似职能部门和类似生产环节却往往集聚在相同的区域。跨国公司的海外总部通常多设于具有战略性地理区位和信息沟通比较便捷的国家和国际化大都市，比如跨国公司在亚洲的总部往往设在香港和新加坡，在中国的总部则多设于上海和北京。跨国公司的海外研发中心通常多集中在能为技术创新提供特殊资源的地区，即集中在能够提供大量、廉价的研究人员、工程师和技术工人的地区，或者是创新氛围比

较浓郁的大学集聚区。而跨国公司的生产环节则会根据不同环节的要素密集度分布在不同的地区，技术密集型生产环节多集中于技术要素丰裕的发达国家，要素密集型环节集中于要素丰裕的国家，劳动密集型生产加工环节则基本集中于劳动力丰裕的发展中国家。

　　跨国公司直接投资的这种集聚化表现，是跨国公司主导型产业集聚得以出现的基础。而跨国公司主导型产业集聚出现在哪个国家和地区，出现在哪个国家和地区的哪个产业，则取决于这个国家和地区所拥有的专门化生产要素的种类和能够获得的要素投入种类及其投入效率。拥有大量高素质专门化劳动力、知识密集型要素丰裕的发达国家，就容易吸引跨国公司知识密集型生产环节或研发环节的进入，从而有可能形成知识密集型生产环节或研发环节的跨国公司主导型产业集聚；比较发达国家因为拥有较多的技术密集型劳动力，就容易吸引跨国公司技术密集型生产环节；发展中国家或不发达国家因为拥有较多的劳动密集型劳动力，只能吸引跨国公司劳动密集型生产环节。当然，如果比较发达国家或发展中国家也逐步拥有了知识型劳动力，他们也将开始知识密集型的生产活动，也就容易吸引跨国公司知识密集型产业或环节的进入。一个最明显的例子，就是发达国家在比较发达国家或发展中国家设立研发中心。

　　从跨国公司主导型产业集聚形成的机制看，与传统意义上的产业集聚相比，其表现出一些新的特征：首先，跨国公司主导型产业集聚表现为某产业要素投入特征相似的生产环节的地区集中，而传统的产业集聚往往指的是同一产业在地区上的集中，在该地区集中的是较为完整的价值链。其次，跨国公司主导型产业集群可能包括不同国家的企业，当然也包括本土企业的参与。第三，跨国公司主导型产业集聚的升级路径更多地表现为生产环节层次的高度化，比如从外围低技术含量的生产环节的集聚转向技术含量较高的核心环节等。

（三）长三角地区跨国公司主导型产业集聚现状与特征

　　由于我们无法获得比较全面的分省份行业的 FDI 数据，更无法获

得令人满意的分省份行业的跨国公司投资数据，因此我们无法直接建立跨国公司 FDI 与产业集聚之间的回归方程来考察两者的关系，只能以间接的方式结合描述性的方式来说明两者的关系。

先来考察长三角地区的产业集聚问题。梁琦（2004）利用 Keeble 的方法计算了 1994 年、1996 年和 2000 年中国工业 24 个 2 位数行业基尼系数值，发现在 1994—2000 年间，医药制造业、金属制品业、普通机械制造业、电气机械及器材制造业、电子及通讯设备制造业、仪器仪表及文化办公用品机械制造业这六个行业的基尼系数有明显提高，且这六个行业产值占全国前四位的省市主要是上海、江苏、浙江和广东，说明这些行业近年来在东部沿海地区特别是长三角地区发生了集聚。计算 2000 年分地区 FDI 与分地区行业产值相关系数可知（见表 7－2），FDI 与这些行业具有很强的关联度。而这些行业又是在长三角地区发生了产业集聚的行业，因此可以推断 FDI 与长三角地区产业集聚的形成有关联，FDI 可能推动了长三角地区产业集聚的形成。

表 7－2　分地区 FDI 与分地区行业产值相关系数（1% 水平上显著）

FDI	金属制品业	电气机械及器材制造业	电子及通讯设备制造业	仪器仪表及文化办公用品机械制造业
相关系数	0.912	0.870	0.905	0.860

Keeble 的方法是：令 $I_s = \dfrac{q_{ij}}{q_i}$，$p_s = \dfrac{q_j}{q}$；其中，$q_{ij}$ 表示地区 j 的行业 i 的产值，$q_j = \sum_{i=1}^{n} q_{ij}$ 是地区 j 的工业总产值，$q_i = \sum_{j=1}^{n} q_{ij}$ 是行业 i 的全国总产值，$q = \sum_j \sum_i q_{ij}$ 是全国的工业总产值。以 p_s 为横轴，I_s 为纵轴可以画出洛伦茨曲线，并可计算出工业区位的基尼系数。基尼系数越接近于 0，说明产业的空间分布越均匀；越接近于 1，说明产业的集聚水平越高。

使用 Keeble 的方法，我们计算了江苏 1999 年和 2002 年 29 个行业的基尼系数值以考察江苏制造业的地理集中程度（见表 7－3）。我

们发现，石油加工及炼焦业、电子及通信设备制造业、仪器仪表及文化办公用品机械制造业、烟草加工业、饮料制造业、黑色金属冶炼及压延加工业、造纸业、化学纤维制造业、家具制造业这 9 个行业的集中程度高于平均值，显示江苏的产业集聚更多地由这些江苏的优势产业来体现。对比 1999 年和 2003 年的数据，我们发现，江苏制造业基尼系数的平均值上升了，显示江苏制造业总体的集聚水平提升了，制造业更加集中了。在大部分产业趋于集聚的同时，我们发现有部分产业在地理上变得更为分散了，这些产业包括石油加工及炼焦业、家具制造业、食品加工业、食品制造业、印刷业。在基尼系数上升的行业中，电子及通信设备制造业、仪器仪表及文化办公用品机械制造业、电气机械及器材制造业、普通机械制造业表现得特别明显，显示这些行业的产业集聚发展得十分显著。

表 7 - 3　1999 年和 2003 年江苏部分行业的基尼系数

行业	1999 年	2003 年
石油加工及炼焦业	0.427	0.411
电子及通信设备制造业	0.391	0.504
仪器仪表及文化办公用品机械制造	0.380	0.442
烟草加工业	0.354	0.370
饮料制造业	0.297	0.298
黑色金属冶炼及压延加工业	0.243	0.267
造纸业	0.233	0.241
化学纤维制造业	0.214	0.222
家具制造业	0.189	0.182
29 个行业基尼系数平均值	0.177	0.181

资料来源：江苏各市统计年鉴，经计算整理后得到。

同样，考察江苏制造业 FDI 的行业分布（见表 7 - 4）。我们发现，从 1992—2003 年，FDI 明显地转向了电子及通信设备制造业、化学原料及化学制品制造业等技术密集型行业，这些技术密集型行业的劳动密集型环节成为了江苏最有吸引力的投资领域；传统的劳动密集型行业虽然仍有大量的外资流入，但在整个制造业中的比重已明显

下降。

表 7 – 4　江苏制造业 FDI 的内部分布

行业	1992 年 FDI 实际金额（亿美元）	1992 年占全省 FDI 的比率（%）	2003 年 FDI 实际金额（亿美元）	2003 年占全省 FDI 的比率（%）
电子及通信设备制造业	0.32	5.64	33.12	24.48
化学原料及化学制品制造业	0.34	6.11	13.49	9.77
金属制品业	0.35	6.23	8.45	6.24
电气机械及器材制造业	0.38	6.87	7.72	5.71
服装及其他纤维制造业	0.71	12.50	7.48	5.53
纺织业	0.98	17.39	7.61	5.62
造纸业	0.12	2.20	5.68	4.19
交通运输设备制造业	0.13	2.45	4.85	3.59

資料来源：江苏省对外经济贸易合作厅，转引自韩剑等：《外商直接投资地区集聚效应的实证研究》，载《国际贸易问题》2005 年第 3 期。

　　FDI 与电子及通信设备制造业的产业集聚之间有着很强的关联度，而跨国公司又是 20 世纪 90 年代中后期 FDI 的主导力量。因此我们有理由认为，跨国公司及其主导的 FDI 在江苏电子及通信设备制造业的大规模进入，带动了江苏电子及通信设备制造业的形成。来源于实践的观察也证实了我们这种观点。从江苏制造业主要集聚产业的地理分布来看，电子及通信设备制造业、仪器仪表及文化办公用品机械制造业、电气机械及器材制造业主要分布于苏州、无锡和南京三地，这三个城市占据了江苏上述三个产业主要产出份额。从分产业 FDI 的地区分布来看，这三个产业的 FDI 也大多集中于这三个城市。以世界 500 强为代表的跨国公司的分布也是如此，苏州、无锡和南京三地所吸引的 500 强投资多集中在电子电气、石油化工和机械仪表行业。跨国公司对这些地区、这些行业的进入，带动了地区产业集聚的形成和发展。苏州 IT 行业产业集聚形成和发展的历史就是一个很直观的

案例。

表 7-5　固定资产投资与 FDI 的回归分析结果

	固定资产投资与 FDI 的时间序列		FDI 对固定资产投资的贡献 α		常数项		R^2	adj. R^2	F
	有效区间	相关系数	估值	T	估值	T			
长三角	1995—2003	0.9875	0.443	17.581	5.420	43.938	0.963	0.960	309.104
江苏省	1995—2003	0.9862	0.289	10.756	5.648	50.094	0.906	0.898	115.689
浙江省	1995—2003	0.9757	0.431	18.358	5.077	68.451	0.960	0.957	337.018
上海市	1995—2003	0.9804	0.394	12.453	4.787	39.940	0.906	0.901	155.072

表 7-6　二次产业增加值与 FDI 的回归分析结果

	有效区间	FDI 投入的报酬率 α		常数项 β		R^2	adj. R^2	F
		估计值	T 检验值	估计值	T 检验值			
长三角	1995—2003	0.294	8.330	6.749	49.362	0.863	0.851	69.396
江苏省	1995—2003	0.347	13.138	5.885	63.408	0.940	0.935	172.604
浙江省	1995—2003	0.524	5.769	5.237	17.518	0.847	0.822	33.284
上海市	1995—2003	0.512	10.261	4.998	30.286	0.955	0.946	105.282

　　由于无法获得符合统计检验需要的江苏分产业（2位数）FDI数据，因此我们无法用数字阐释江苏分产业 FDI 与各产业集聚发展的关系。但是从 FDI 对第二产业固定资产形成和产业增加值的影响上（见表 7-5、表 7-6），我们仍然能够得出这样的结论，即 FDI 和跨国公司对江苏乃至长三角地区的产业发展至关重要，跨国公司主导型产业集聚已经成为 20 世纪 90 年代中后期以来江苏乃至长三角地区产业集聚发展的主要动因。

二、跨国公司进入与本土企业成长：理论分析

　　在跨国公司主导型国际分工模式下，通过与跨国公司建立价值链联系是发展中东道国促进本国产业成长的重要途径。总体看来，跨国

公司的进入对东道国的相关产业会产生以下三个方面的影响：

（一）竞争效应

竞争效应包含两个方面的内容：要素竞争和市场竞争。要素竞争指的是跨国公司的进入会增加对东道国生产要素的需求，主要包括土地和劳动力，这会提高东道国的地价和工资水平，对东道国厂商产生负面影响。市场竞争指的是由于跨国公司的进入会使得与其生产相似产品的东道国厂商丧失部分市场份额，出现跨国公司生产对本国企业生产的部分替代。如果跨国公司在东道国生产的是面向东道国市场的最终产品，对本国生产的替代可能更为明显。当然，在跨国公司主导型国际分工模式下，在东道国生产最终产品很可能只是进行类似组装的环节。要素竞争对于东道国其他产业也会产生影响，影响具有非特定性；而市场竞争效应则具有特定性，只影响与跨国公司产品具有替代性的产业。

UNCTAD（2003）研究指出，FDI 流入的竞争效应导致的挤出（Crowd Out）本国企业的可能是东道国政府关心的问题。实证研究的结果是不同的，在对 1970—1996 年间 39 个经济体进行的计量检验中，存在挤出效应（Crowding Out）或者促进效应（Crowding In）的经济体有 10 个，而 19 个经济体存在的效应是中性的（WIR99）。其他一些相关实证研究也表明，不同国家挤出效应的存在与否是不确定的。结果的多样性可能来源于不同国家吸收了不同类型的 FDI。如果是吸收了东道国市场寻找型 FDI 将可能对本国企业产生较强的竞争效应，而如果是出口导向型 FDI 挤出的程度可能较低（UNCTAD，2003）。

具体到长三角地区，外资进入的挤出效应是不普遍的，因为一方面在国际化生产的条件下，外资企业进入的动因逐渐超越单纯的市场寻找，事实上利用长三角地区的区位优势和要素优势进行特定生产环节的生产是其重要的投资动机，这从长三角地区外资企业以加工贸易为主可以看出；同时，外资企业所处的产业很多是本土企业原来并不从事或很少从事的产业，竞争性小。

（二）联系效应

1. 后向联系效应

后向联系（Backward Linkage）指的是某一环节与其上游环节的价值链联系。跨国公司进入对于东道国产业的后向联系效应指的是其对于上游环节产业带来的影响。后向联系效应来源于跨国公司进入对于投入中间产品市场规模的影响。在中间产品市场规模扩大的情况下，如果其中间产品生产采用规模报酬递增技术，那么其成本下降，价格水平降低。如果中间产品市场规模下降，结果则相反。同时，中间产品市场规模的上升也会增加中间产品供给商的数量，提高市场竞争程度，降低中间产品价格。后向联系是一种垂直外部性。由于后向联系效应是通过跨国公司进入影响中间产品需求量而发生作用的，所以后向联系效应也可以称为需求联系效应。

2. 前向联系效应

当跨国公司在东道国生产最终产品或下游中间产品时，由于后向效应的存在，也会影响到东道国相同产业厂商的生产成本。比如存在正后向联系效应时，本国相同产业的厂商也可以从获得多样化且价格较低的中间产品中获益，这种效应可以被称为前向联系效应。在跨国公司生产最终产品的情形下，前向联系效应是一种水平外部性。当然，如果跨国公司在东道国生产的是某种中间产品，这种产品生产一方面需要其他中间产品作为投入品，另一方面其本身也是下游环节的投入品，这时前向联系效应也是一种垂直外部性。由于前向联系效应是通过改变本国下游厂商中间产品获得成本而发生作用的，所以前向联系效应也可以称为成本联系效应。图 7 - 1 给出了跨国公司进入对东道国产业联系效应的示意图。

（三）技术溢出效应

1. 技术溢出的形式和途径

技术溢出与产业联系效应存在明显的区别，尽管很多研究没有进行严格的区分。联系效应产生的机制与技术溢出是截然不同的，产业

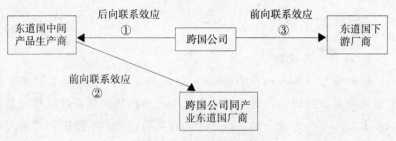

图 7 – 1　联系效应示意图

联系效应的机制来源于垄断竞争市场结构与规模报酬递增情况下，跨国公司进入通过改变中间产品市场需求，从而改变中间产品供给商的数量，改变市场结构，影响中间产品价格指数，并间接影响下游环节生产商。技术溢出则明显不同，它指的是由于在一般情况下，跨国公司的技术水平要高于东道国本国生产商，在跨国公司进入以后，通过一定的机制提升东道国厂商的技术水平。

技术溢出的一般途径已经有很多的研究和说明，比如劳动力流动。跨国公司往往拥有较高的技术水平或者更注重员工的培训，通过雇佣东道国员工，往往会形成技术溢出，因为这些拥有相对较高技术水平的员工可能转移到本国公司或者离开跨国公司自己创业。即便不发生这样的劳动力流动，通过本国企业和跨国公司员工之间的信息交流，也会形成技术溢出。实际上，本国企业对于跨国公司生产和管理等的观察和模仿也会产生所谓的技术溢出。当然，跨国公司进入带来的本国市场更高的竞争强度，如果在一定的可接受范围内，也会迫使本国企业加快技术创新和管理创新，以应对新的竞争环境。

将跨国公司或者 FDI 对于东道国厂商的技术溢出分为消极型溢出和积极型溢出是有意义的。所谓积极型技术溢出指的是外国投资者通过主动行为，比如向东道国厂商派遣专业技术人员协助提高技术水平、提供生产技术或诀窍等，向东道国厂商提供技术支持，进而提升其技术水平。而消极型技术溢出则是指这种技术溢出并不出于外国投资者的有意行为，比如人员流动、本国企业的观察模仿等。

所以，概括起来看，技术溢出的途径有人员流动、人员间技术交

流、东道国企业对外资企业的观察与模仿、竞争加速本国企业创新步伐，以及跨国公司对于东道国企业主动的技术传授。

2. 国际生产网络下技术溢出的特征

容易理解，对于同产业东道国厂商的技术溢出，提升其技术水平显然不利于投资者竞争地位的保持，因而投资者会通过各种方式将技术内部化，防止技术外溢，这种情况下的技术溢出只可能是消极型的。而在跨国公司主导型国际分工模式中，对于其中间产品来源商的技术溢出有利于保证中间产品的质量，降低中间产品获得成本，从而有利于企业竞争力的提升，所以在跨国公司主导型国际分工模式下，积极型技术溢出是普遍的现象。

伴随着国际生产网络的建立，跨国公司面临的国际竞争格局发生了变化。在传统的跨国公司经营模式下，公司依靠其"垄断优势"将特定生产环节配置到具有"区位优势"的特定地区，并获取"内部化优势"，所以跨国公司间的竞争表现为公司内部优势的竞争。

在跨国公司主导型国际分工模式下，跨国公司间的竞争越来越表现为其利用各自国际生产网络能力的竞争。也就是说，跨国公司的竞争力不仅来源于其内部，而且来源于其供给商的技术水平。跨国公司通过多种制度安排实现与供给商的合作，那么，供给商提供的中间产品的质量也必然成为跨国公司向市场提供的最终产品竞争力的主要来源。

因此，跨国公司主导型国际分工模式与传统国际分工模式相比必然伴随着更为频繁的企业间的技术交流，这为作为国际生产网络较低层级节点的发展中国家提供了提升产业技术水平、培育本土产业竞争力的机遇。

所以，国际生产网络下技术溢出的特征可以概括为以下几点：

（1）国际生产网络既是中间产品流动的载体也是技术流动的载体，技术交流频繁。

国际生产网络既是跨国公司获取中间产品的通道，也是技术流动的通道，生产网络的延伸伴随着技术信息的流动，因为跨国公司需要通过国际生产网络向供给商传递技术和管理经验以提高其中间产品供

给能力。"从跨国公司向网络旗舰①的转变增加了技术传递的机制和技术传递的数量……网络旗舰也倾向于比垂直型跨国公司向当地供给商传递更多的知识，这些知识传递对于当地供给商能够向网络旗舰提供具有竞争力的产品和服务以满足不断变化的市场和技术的要求是必需的。"（Ernst，2002）

（2）从技术溢出的类型看，跨国公司积极型技术溢出增加，正式和非正式技术溢出并存。

为了及时获取高质量的中间产品，外资企业有动机协助网络供给商达到一定的技术水平和管理水平，主动对供给商进行技术溢出。这种技术传授即存在正式的制度安排，比如许可证、FDI 等，也存在非正式的制度安排，比如为供给商提供技术帮助。

（3）技术交流的经常化和紧密化。

技术创新在更多的情况下是一项系统工程，外资企业和供给商之间必须保持技术创新的一致性。所以，外资企业和供给商之间往往保持着经常的甚至制度化的技术交流，以协调各环节技术变革的一致性。同时，通信手段的发达为技术交流提供了很大的便利性，而某些行业（典型的是电子信息产业）产品生命周期缩短，技术创新频繁也使得外资企业与供给商之间的技术交流更加频繁与紧密。在很多情况下，网络供给商不仅仅是技术交流的简单接受者，较高层级的供给商往往在某些技术环节与旗舰共同进行研发，这时技术交流就是双向的。

（四）国际生产网络下外资企业向本土企业技术溢出的途径与阶段

对于国际生产网络下技术溢出的研究不多，Ernst（2002）的研究系统而详细。Ernst 将知识分为两类：显性知识（Explicit Knowledge）和隐性知识（Tacit Knowledge）。显性知识是指可以通过系统而正式的语言表述的知识，它可以被组合、存储和读取，并可以通过

---

① 从跨国公司内部分工转向跨国公司主导的国际生产网络，跨国公司也就演变为网络旗舰。

多种途径相对容易地传递。相对地隐性技术更多地需要言传身教，在交流中获得。

对于本章分析而言，将技术溢出的途径和阶段分析清楚是必需的。我们认为在国际生产网络下，外资企业向本土配套企业技术溢出或者说本土供给商的技术进步可以分为三个阶段，下面进行简单说明。

1. 第一阶段：本地供给商接受技术溢出阶段

如图 7 - 2 所示，在第一阶段，随着外资企业的进入，为了提高本地供给商产品和服务竞争力，外资企业向本地供给商传递必需的技术。

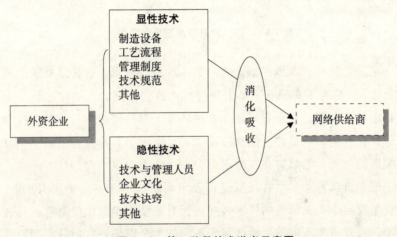

图 7 - 2　第一阶段技术溢出示意图

在第一阶段，外资企业通过不同的途径将必需的技术传递给其供给商。比如，显性技术通过递交书面文件的方式进行技术传递，隐性技术通过派遣技术工程人员和管理人员协助供给商进行生产以及对供给商的相关人员进行培训，包括由供给商派人员到旗舰公司进行学习。比如，当通用电气（General Electric）决定从三星（Samsung）公司通过简单代工方式获得微波炉时，通用向三星派遣工程师向其解释技术细节，教会三星工程师掌握产品的工程细节。通用的技术传授是免费的，其目的就是保证三星产品能够达到通用的技术规格。

貿易投资一体化与长三角开放战略的调整

（Ernst，2002）

在第一阶段，本地供给商主要作为技术的接受者，其主要任务是领会外资企业传递的技术信息，并将其消化吸收，以使其提供的产品和服务满足外资企业的技术要求。通过向外资企业学习，本土供给商可以形成符合本土企业实际的质量技术工艺流程、质量管理规范以及企业文化等。

2. 第二阶段：本土供给商出现自主创新和技术扩散阶段

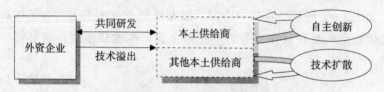

图7－3　第二阶段技术溢出示意图

在第二阶段，本地供给商通过第一阶段对外资企业传递知识的消化吸收[①]，拥有了在原有产品上进行技术改进的能力，可以进行一定的自主技术创新，甚至有可能在某些环节上与外资企业一起进行技术合作，提升中间产品的性能和技术含量，实际上其本身也就是一个技术溢出的过程。当然，在本阶段也会存在旗舰向供给商的技术传递。

这个阶段另外一个特征就是可能出现新技术在本土企业间扩散。外资企业向本土供给商的技术传递可能只是使得少数供给商掌握先进技术，或者可能不同的供给商属于不同的生产网络，它们从不同的外资企业处获取了差异化的生产和管理技术。在此基础上，通过人员流动，包括掌握技术的人员的创业活动以及本土企业间的观察和模仿，会出现新技术在本土企业间的扩散和融合，形成良好的产业技术氛围。技术在本土供给商之间的扩散增强了本地的产业竞争力，必然吸引更多的旗舰选择该地区作为网络节点配置地点，形成良性循环。

3. 第三阶段：本地供给商网络升级阶段

跨国公司主导型国际分工模式下，发展中国家的产业成长在根本

---

① 这种技术传递可能来源于不同的外资企业。

上要表现为发展中国家供给商在国际生产网络中节点层级的提升。我们认为这是技术溢出第三个阶段的典型特征。

在前两个阶段的基础上，本国某些网络供给商逐步培育了自身的技术和研发水平，在某些环节上具备了较为领先的技术实力和较高的企业管理水平。这个阶段，本土供给商更加注重通过研发，形成自主技术创新能力，注重自有品牌的塑造。这时外资企业可能将更高层次的节点委托给该供给商，低层级的网络供给商升级为较高层级的供给商。在此基础上，一方面外资企业可能将组织某些环节的职能委托给该供给商，另一方面也可能是供给商将外资企业委托的制造职能通过多种制度安排委托给较低层级的网络供给商。这样，在其周围形成了次级生产网络，原来的低层级供给商演变为次级网络组织者。

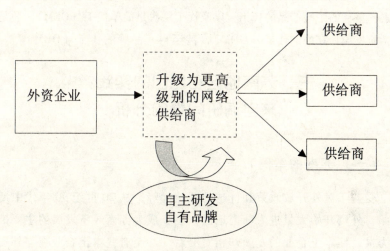

图 7 - 4　第三阶段技术溢出示意图

以上讨论了技术溢出的三个阶段，从供给商的角度看也就是技术形成与发展的三个阶段，从产业层次看就是本土企业竞争力形成与提升的三个阶段。进一步看，这三个阶段往往与经济发展水平相联系，新兴工业化国家或地区往往处于产业竞争力形成的第三阶段，亦即网络供给商逐步演变为次级网络组织者；而发展中国家或地区一般处于第一或第二阶段，技术吸收与自主创新能力逐步形成的阶段。另外，

实证研究也表明跨国公司进入对于本国产业的溢出效应不总是显著的，这从一个侧面说明跨国公司主导型国际生产网络下的技术溢出不是自动的过程，本地供给商的自身能力也是关键因素。

从以上的分析可以看出，本土企业与外资企业建立价值链联系是充分利用外资企业的技术溢出、提升本土企业技术和管理水平的重要途径。与外资企业建立价值链联系也被称为外向配套，对于外向配套要有正确的认识，现代国际分工的发展往往使得一个企业只能专业化生产最终产品的一个环节、一个阶段，企业间形成相互配套的关系。因此，国际生产中的代工并不一定就意味着是一种较为低级的经营形式，也不一定意味着企业效益和竞争力就低。中间产品也可以造就品牌，英特尔即此一例。问题不在于你是否做代工，而是做哪一个片断、何种要素密集型的中间产品的代工，以及代工层次是简单代工（OEM），还是包括研发设计在内的代工（ODM），甚至自有品牌的代工（OBM）。

三、苏南地区和昆山的实践：来自调研问卷的分析

（一）苏南的案例

受益于对外开放政策和优越的区位优势，从 20 世纪 90 年代中期开始，外资开始大量进入苏南地区，逐步成为苏南经济发展的主要推动力量，而本土企业的发展却相对滞后，甚至有些本土企业在与外资企业的竞争中倒闭或被兼并，由此产生了关于苏南外资推动型增长的争论，这种争论被形象地称为"光有骨头没有肉"还是"先长骨头后长肉"。因此，对该地区跨国公司主导型产业集聚与本土企业成长进行分析有利于发掘跨国公司进入对本土企业竞争力形成的影响。为了了解外资企业进入对本土企业的影响，2006 年年底我们对苏州、无锡、常州和南京四个城市的本土企业和外商投资企业进行了问卷调研。

1. 本土企业的调研问卷结果

调研中本土企业共收回有效问卷 63 份，问卷结果显示超过 70%的本土企业存在外向配套业务，其中有 23 家企业外向配套开始于企业建立之初，这在一定程度上说明利用外资企业进入带来的外向配套机遇是这些本土企业建立的重要动机。以上数据可以初步说明与外商投资企业建立价值链联系对于本土企业建立和成长的重要作用。

表 7 - 7 "目前本土企业在本地区为多少家外资企业提供配套"的问卷结果

配套外资企业数情况	样本企业数	1 家	2—4 家	5—7 家	8 家以上
企业数（家）	45	16	9	3	17

表 7 - 7 显示一家本土企业为多家外资企业提供外向配套是常见的现象，45 家外向配套企业中为多家外资企业提供配套的为 29 家，占 64.4%。为多家外资企业提供外向配套不仅仅可以拥有较大的生产规模而且可以避免为一家企业提供配套时出现的市场不稳定以及可能出现的买方垄断行为。因此，可以理解在外资集聚且产业集中的地区外向配套更容易发展。

表 7 - 8 "配套销售额占公司销售额的比重"的问卷结果

配套销售额比重	样本企业数	20% 以下	20%—40%	40%—60%	60%—80%	80% 以上
企业数（家）	48	15	10	6	9	8

有 48 家企业对"配套销售额占企业销售额比重"进行了回答，结果见表 7 - 8。结果显示，配套销售额在企业销售额中所占比重超过 40%的企业达到 23 家，占样本土企业数的近 50%，说明外向配套企业在很多本土企业中占有非常重要的地位。

在被问及"外向配套是否对本土企业的技术水平提升具有重要推动作用"时，49 家企业进行了回答，结果见表 7 - 9。

表 7 - 9 "外向配套对本土企业技术水平提升的作用"的问卷结果

对技术水平提升的作用	样本企业数	有重要推动作用	无重要推动作用
企业数（家）	49	46	3

在回答该问题的 49 家企业中，46 家认为外向配套对本土企业技术水平的提升具有重要推动作用，这充分说明外向配套对于本土企业的成长存在重要推动作用的普遍性。外商投资企业对于本土企业成长的推动作用来源于多个方面，比如提供市场机遇，促进资本原始积累等，其中对本土企业进行技术指导是一个非常重要的渠道，对本土企业技术水平的提升有着直接的推动作用。

表 7 - 10 "外资企业对配套企业的技术指导状况"的问卷结果

技术指导情况	样本企业数	给予指导	未给予指导
企业数（家）	51	28	23

如表 7 - 10 所示，对于外资企业是否给予本土企业技术指导，51 家本土企业进行了回答，其中 28 家得到了外资企业的技术指导，这说明在外向配套中，外资企业对本土配套企业的技术指导还是比较普遍的。

为了保证提供的中间产品满足外商投资企业的要求，本土企业往往会进口较为先进的机器设备，而设备购买也往往得到外资企业的建议和指导。表 7 - 11 表明在回答该问题的 49 家本土企业中，25 家企业设备的购买得到了外资企业的建议或指导。

表 7 - 11 "设备购买得到外资企业建议或指导情况"的问卷结果

得到设备购买建议情况	样本企业数	得到了建议或指导	未得到建议或指导
企业数（家）	49	25	24

从以上调查结果看，外向配套在本土企业成长中扮演了重要的角色，但是还应该看到，外向配套仍然处于初级阶段，这在外向配套的层次上可以得到反映。

表 7 - 12 "外向配套的方式"的问卷结果 （可多选）

方式	只是按外资企业提供的图纸和要求进行生产	应外资企业的要求对本产品作较大改进、改型的加工	经历从简单代工向具有一定研发和设计功能的转变
企业数（家）	29	7	18
比重	54%	13%	33%

表 7-12 说明了本土企业外向配套的方式。当然一个企业可以同时存在不同的外向配套方式，可以看出简单的外向配套，即"只是按外资企业提供的图纸和要求进行生产"占 54%，而较高层次的外向配套，即"应外资企业的要求对本产品作较大改进、改型的加工"所占比例较低，只占 13%，因此外向配套的升级仍然是本土企业发展的重要任务。

2. 外资企业的调研问卷结果

从外资企业角度看外向配套的有关问题也是有启发意义的，我们对外商投资企业在本地区外包情况进行了调查，44 家外资企业进行了回答，结果见表 7-13。

表 7-13 "外商投资企业在本地区外包情况"的问卷结果

外包情况	样本企业数	在本地有外包	在本地无外包
企业数（家）	44	18	26

表 7-13 表明 44 家外资企业中有 18 家在本地区有外包业务，占 41%。尽管比重不到一半，但是如果考虑到在相关地区外资企业的数量以及外资企业可能将外包业务放在临近地区而非本地区，外资企业进入带来的外包市场容量还是很大的。而且随着本土企业配套能力的提升，可以预见外包市场将会越来越大。考察一下外资企业选择本土配套企业的标准是有意义的，表 7-14 给出了关于外资企业选择本土配套企业标准的问卷结果。

表 7-14 "选择本土配套企业的标准"的问卷结果（可多选）

因素	成本低	产品质量符合要求	当地政府有鼓励措施	交货及时	其他
企业数（家）	7	13	1	4	1

表 7-14 说明本土企业产品质量是外资企业最为关心的问题，其次才是成本。结合表 7-15 和表 7-16 更能说明问题。

表7-15 "外资企业对本土配套企业需要改善之处的看法"
的问卷结果（可多选）

本土配套企业需要改善的方面	提升研发能力	改善管理	提高人员素质	进一步降低成本	质量的稳定性	其他
企业数（家）	18	22	16	6	24	0

表7-16 "外资企业选择其他外资企业作为配套厂商的原因"的问卷结果

原因	产品质量的稳定	技术较先进	该外资企业是母公司的合作伙伴	其他
企业数（家）	13	11	4	2

表7-15说明从外资企业角度看来，本土外向配套企业需要改善之处从重要性看依次是质量的稳定性、改善管理、提升研发能力和提高人员素质，而进一步降低成本则排在最末，只占7%。再从表7-16来看，有些外资企业选择其他外资企业而非本土企业作为配套厂商，其重要原因也是这些外资企业在产品质量和技术水平上具有优势。因此从外资企业角度看，本土配套企业在面临巨大潜在外向配套市场的同时也面临提升自身技术水平和管理水平的压力，唯有不断提升技术和管理水平，提升外向配套产品的层次，本土企业的配套规模和层次才能得以不断提高。从外资企业与本土企业技术合作状况来看，如表7-17所示，与本土企业进行技术合作在外资企业中仍然不普遍，在回答该问题的32家外资企业中只有8家与本土企业存在技术合作。

表7-17 "与本土配套企业的技术合作状况"的问卷结果

与本土配套企业的技术合作状况	样本企业数	有合作	无合作
企业数（家）	32	8	24

通过对苏南地区案例的研究可以看出，一方面，外向配套在本土企业建立与成长中起到了重要的推动作用；另一方面，外向配套仍然处于初级阶段，利用外向配套提升本土企业竞争力需要推动本土企业

技术水平和管理水平的提升。

（二）昆山的案例

昆山经济的快速增长在很大程度上得益于外资的快速流入，但是昆山通过利用外资企业大量进入的机遇提升本土企业竞争力的努力和成果往往没有被充分注意到。昆山市政府在大力引进外资的同时也利用外资大量进入的机遇，通过发展外向配套促进以民营企业为代表的本土企业的发展，而这反过来也优化了当地的产业配套环境，促使外资生根。

为了更好地把握开放型经济条件下昆山本土企业发展和本土竞争力形成的现状、特征和问题，并针对性地提出政策建议，我们于2006—2007年对昆山本土企业和外商投资企业进行了较大规模的问卷调查。调查共收回有效问卷 673 份，其中本土企业 370 份，外资企业 303 份，本部分就依据问卷结果进行分析。

1. 对样本土企业的总体描述

从企业类型看，本次问卷调研的 370 家本土企业中，绝大部分为民营企业，为 336 家，占 90.8%；国有企业 4 家，集体企业 14 家，其他类型企业 14 家，有 2 家企业没有回答该问题。从企业规模看，370 家企业中有 350 家提供了 2006 年销售额数据，在这 350 家企业中，2006 年销售额超过 1 亿元人民币的为 22 家，5000 万元到 1 亿元人民币之间的为 33 家，1000 万元到 5000 万元人民币之间的为 134 家，1000 万元人民币以下的为 161 家。

在问卷调研的 303 家外资企业中，外商独资企业占了绝大部分，为 280 家，占 92.4%，中外合资企业 20 家，中外合作企业 3 家。从企业来源地看，在调研企业中，来源于台湾地区的企业最多，为 143 家，来源于其他地区的企业数量，见表 7 - 18。①

---

① 有些合资企业的来源地有多个，所以加总数大于调研企业数。

表 7 – 18   "企业来源地分布"的问卷结果

来源地	欧洲	美国	日本	韩国	台湾地区	香港地区	其他
企业数（家）	18	23	48	13	143	26	44

从产品类型看，303 家问卷企业中，168 家从事零部件等中间产品生产，131 家从事整机等最终产品生产。① 从企业规模看，303 家企业中的 282 家提供了 2006 年销售额数据，其中销售额超过 10 亿元人民币的企业 21 家，销售额在 5 亿元到 10 亿元人民币之间的企业 18 家，销售额在 1 亿元到 5 亿元人民币之间的企业 77 家。所以，2006 年销售额超过亿元的共计 116 家，占提供销售数据企业的 41%。

2. 对外开放与昆山本土企业技术进步：总体分析

在开放型经济条件下，本土企业普遍面临较强的技术创新压力，这种压力可能来源于外资企业对产品质量的较高要求，也可能来源于同其他本土企业对相关市场的争夺，也可能来源于外资企业的竞争。

表 7 – 19   "本土企业技术创新压力"的问卷结果

技术创新压力	样本企业数	相当大	比较大	一般	比较小	没有
企业数（家）	354	54	146	123	22	9

表 7 – 19 说明大部分本土企业面临着较大的技术创新压力，在 354 家样本土企业中，认为技术创新压力非常大和比较大的本土企业分别为 54 家和 146 家，两者合计占样本土企业的 56.5%，而认为技术创新压力比较小和没有技术创新压力的企业只有 22 家和 9 家。

在市场竞争等压力下，不断开发新产品、提升产品的技术层次和附加值成为大部分本土企业提升企业竞争力的重要途径。对于未来两年内本土企业是否有开发新产品的计划，350 家本土企业进行了回答，结果见表 7 – 20。

---

① 其中 8 家企业未作回答，同时有 4 家企业表示同时从事中间产品和最终产品生产。

表 7 - 20　"本土企业未来两年是否有新产品开发计划"的问卷结果

未来两年内的新产品开发计划	样本企业数	有新产品开发计划	无新产品开发计划
企业数（家）	350	247	103

　　350 家本土企业中，在未来两年中有新产品开发计划的为 247 家，占样本土企业的 70.6%。问卷调查结果还显示，大部分本土企业认为本地区外资企业对本土企业的发展有着显著的促进作用。

　　在被问及外商投资企业对本土企业发展的影响时，370 家企业中的 356 家对此进行了回答，其中 240 家企业认为外资企业促进了本土企业的发展，占回答该问题企业的 67.4%，而回答外资企业对本土企业的发展构成威胁的企业只有 23 家，占 6.5%，其余企业则认为外资企业对本土企业的发展不存在显著的影响，见表 7 - 21，这也说明外资企业进入的竞争效应并不普遍。

表 7 - 21　"本土企业认为外资企业进入对本土企业影响"的问卷结果

外资企业进入对本土企业影响	样本企业数	促进了本土企业发展	对本土企业发展构成威胁	没有影响
企业数（家）	356	240	23	93

　　而被问及外资企业对本土企业技术水平提升的作用时，347 家企业做出了回答，分别有 31 家和 122 家本土企业认为外资企业对于本土企业的技术水平的提高作用很大和比较大，占回答该问题企业的 44.1%，而认为影响很小或者没有影响的企业为 77 家，占 22.2%，见表 7 - 22。

表 7 - 22　"外资企业对本土企业技术水平提升作用"的问卷结果

外资企业对本土企业技术水平提升作用	样本企业数	作用很大	作用比较大	作用一般	作用很小或没有作用
企业数（家）	347	31	122	117	77

　　所以总体看来，大部分本土企业认为本地外商投资企业的存在对本土企业的发展以及本土企业技术水平的提升起到了较为显著的推动

作用。这充分说明对外开放和本土企业发展以及本土竞争力形成之间不是一对矛盾，只要政策得当，完全可以通过对外开放促进本土竞争力的提升。

在被问及外资企业进入提升本土企业技术水平的途径时，293家企业做出了回答，其中人员流动、对外资企业的观察和模仿、外向配套中的技术溢出、外资企业进入带来的竞争压力等被认为是主要的外资企业进入提升本土企业技术水平的途径。具体情况见表7-23。

表7-23　"外资企业进入提升本土企业竞争力途径"的问卷结果（可多选）

途径	人员流动	对外企的观察和模仿	外向配套中的技术溢出	外企进入带来的竞争压力	外企进入塑造的良好自主创新氛围	其他
企业数（家）	85	94	84	77	94	7

问卷结果表明除了传统技术溢出途径，比如人员流动、对外资企业的观察与模仿等，本土企业与外资企业的价值链联系，亦即外向配套，也是外资企业进入提升本土企业技术水平的重要途径之一。

以上从本土企业的角度分析了开放对本土企业技术创新的推动作用，下面我们将从外资企业的角度进行简单分析。表7-24显示了在外资企业眼中，外资企业的进入对昆山本土企业自主创新的作用，296家外资企业回答了该问题，其中认为有很大帮助和有帮助的外资企业分别为118家和162家，分别占样本企业的39.9%和54.7%。因此，绝大部分外资企业都认为外资企业的进入有利于本土企业自主创新的发展。

表7-24　"外资企业是否对昆山本土企业自主创新有帮助"的问卷结果

对本土企业自主创新的帮助	样本企业数	有很大帮助	有帮助	不好说	几乎没有帮助	没有帮助
企业数（家）	296	118	162	15	1	0

外资企业与本土企业之间的技术合作在昆山也是存在的。在回答本土企业技术合作对象的178家外资企业之中，有23家表示与当地

本土企业有技术合作，见表 7 – 25。

表 7 – 25　"外资企业技术合作对象"的问卷结果

技术合作对象	样本企业数	与本地外资企业进行技术合作	与本地本土企业进行技术合作	与海外企业进行技术合作	兼有以上两种或三种
企业数（家）	178	38	23	52	80

问卷结果说明尽管外资企业与本土企业之间的技术合作并不是一个非常普遍的现象，但是这种技术合作的确存在，并且随着本土企业技术水平的提升，这种技术合作可能会越来越普遍。

3. 外向配套与本土企业技术水平提升

（1）昆山本土企业外向配套概况

在昆山，本土企业为外资企业提供外向配套是非常普遍的现象，企业调研和问卷调查都说明了这一点。在被问及本土企业是通过什么方式与外资企业发生联系时，320 家本土企业进行了回答，其中为外资企业提供配套产品和服务成为最主要的途径，258 家本土企业表示这是本土企业与外资企业发生联系的途径之一，详见表 7 – 26。

表 7 – 26　"本土企业与外资企业发生联系的方式"的问卷结果

方式	样本企业数	为外资企业提供配套产品及服务	购买外资企业的产品与服务	与外资企业是竞争对手	其他
企业数（家）	320	258	38	43	21

在被问及本土企业与外商投资企业之间的外向配套是否在企业成立之初就开始了，255 家存在外向配套的本土企业进行了回答，其中 130 家本土企业表示本土企业的外向配套是从开业之初就进行的，这很好地说明了外商投资企业进入带来的外向配套的机遇成为诱使本土企业兴建以及进入的重要因素。

一家本土企业为多家外商投资企业进行外向配套在昆山是普遍的现象，正如上文指出的，一家本土企业为多家外资企业提供配套不仅仅有利于本土企业规模经济的实现，而且有利于防止外资企业的买方垄断，规避市场风险。

表 7 - 27　　"本土企业在本地区外向配套外资企业数目"的问卷结果

配套家数	样本企业数	1 家	2—4 家	5—7 家	8 家及以上
企业数（家）	248	28	108	33	79

对于很多企业而言，外向配套已成为它们重要的甚至是主要的经营范围，252 家外向配套企业回答了外向配套销售额占企业全部销售额的比重，结果见表 7 - 28。

表 7 - 28　　"外向配套销售额占本土企业销售额的比重"的问卷结果

销售额比重	样本企业数	20% 以下	20%—40%	40%—60%	60%—80%	80% 以上
企业数（家）	252	55	53	58	35	51

表 7 - 28 说明 144 家企业的外向配套销售额超过企业总销售额的 40%，占回答该题企业总数的 57%；而超过 60% 的企业也有 86 家，占 34%。由此可见，在存在外向配套业务的企业中，外向配套业务往往在企业的经营中占据重要地位。

从外商投资企业来看，将部分生产环节外包给本土企业也是非常普遍的事情，在存在外包业务的外资企业中，185 家外资企业回答了外包对象情况，其中 122 家外资企业表示存在外包给本地本土企业的业务，而有业务外包给本地其他外资企业的也有 90 家，当然外资企业可以同时存在本土和外资的外包企业。

表 7 - 29　　"外资企业本地外包情况"的问卷结果

外包情况	样本企业数	外包给本地本土企业	外包给本地其他外资企业
企业数（家）	185	122	90

从本土企业获得外向配套业务的途径来看，外资企业主动联系本土企业以及本土企业通过了解的信息主动联系外资企业是两种主要的渠道。246 家本土企业对外向配套业务获得渠道进行了回答，选择以上两种方式的企业分别为 140 家和 133 家。当然政府部门介绍以及展览会也是重要的方式，分别有 52 家和 46 家企业选择了以

上两种方式。显然，一个企业的外向配套业务获得途径可以是多种多样的。

表7-30　"本土企业外向配套业务获得途径"的问卷结果

外向配套业务获得途径	样本企业数	政府部门介绍	展览会	外资企业主动联系	通过其他途径了解信息，主动联系外资企业
企业数（家）	246	52	46	140	133

一个值得注意的现象是，问卷结果显示外资企业主动联系本土企业是本土企业获得外向配套业务的一种最为重要的方式。这充分说明从外资企业角度看，合格本土配套企业的存在对其降低成本提升竞争力也非常重要，或者说寻找合格的本地供应商也是外资企业迫切的需要。这不但为本土配套企业的发展提供了需求方面的有力支撑，而且反过来，本土配套企业的发展也必将成为吸引外资企业进入昆山的重要区位优势。

（2）外向配套推动本土企业技术水平提升

企业调研和问卷调查都表明外向配套成为推动本土企业技术水平提升的重要渠道。在外向配套对于本土企业技术水平提高是否有重要推动作用的问题中，273家本土配套企业进行了回答，结果见表7-31。

表7-31　"外向配套是否是本土企业技术水平提升重要推动力量"的问卷结果

对技术水平提升的作用	样本企业数	有重要推动作用	无重要推动作用
企业数（家）	273	246	27

在回答本问题的273家外向配套本土企业中，超过90%的企业（246家）认为外向配套是推动本土企业技术水平提升的重要渠道，由此可以初步看出，外向配套对于本土企业技术水平提升的重要意义。

当然，外资企业给予本土企业技术支持的方式是多样的，对此我们进行了问卷调研，当然一家企业可以获得多种方式的技术支持，结

果见表 7 - 32。

表 7 - 32　"技术支持方式"的问卷结果（可多选）

方式	样本企业数	设定质量标准及监督其执行	提供技术支持与指导	持有贵公司股份进行技术开发	共同投资进行技术开发	其他
企业数（家）	236	143	139	12	22	14

　　问卷调查结果表明，外资企业为本土配套企业提供技术支持的方式主要有两种：为本土配套企业提供的产品设定质量标准及监督其执行以及为本土企业提供技术支持与指导，分别有143家和139家本土企业表示获得了外资企业这两种方式的技术支持。

　　设定质量标准一般是通过提交图纸以及技术规格说明等方式进行的。事实上，质量标准不仅为本土企业带来了技术创新的压力，亦即通过改进技术达到外资企业质量要求，同时质量标准也包含着技术信息，本土企业也可以从中发掘较为先进的制造技术。而且外资企业还会向本土企业详细解释技术标准，并且在本土企业提供的产品没有达到质量标准的时候，外资企业往往帮助分析原因并提出建议。所以，外资企业为本土企业设立质量标准并监督其执行也是一种重要的技术支持方式和途径。236家本土配套企业表示外资企业提供技术支持与指导也说明了这种主动型技术溢出还是较为普遍的。

　　从技术指导的方式看，外资企业对于本土配套企业的技术指导可以通过多种形式进行，既可以通过提供机器设备、提供技术文件的正式形式进行，也可以通过派遣技术人员等非正式形式进行。对于技术指导的方式，我们进行了问卷调查，结果见表 7 - 33。

表 7 - 33　"技术指导方式"的问卷结果

方式	样本企业数	提供技术文件	派遣技术人员	详细说明技术细节	提供机器设备	为本公司进行人员培训	其他
企业数（家）	136	76	57	37	10	28	7

　　在接受外资企业技术指导的本土企业中，136家就接受外资企业技术指导的方式进行了回答，表 7 - 33 说明外资企业向配套企业提供

技术文件和派遣技术人员是两种主要的技术指导方式。

引进先进设备是本土企业提高产品质量的主要手段之一，在调研中我们也发现，很多本土企业在设备的购进过程中得到了外资企业的建议和指导。事实上，外资企业对本土企业机器设备购买的建议和指导也有利于本土企业技术水平的提升，也是技术指导的一种方式。就在设备购买过程中是否得到外资企业的建议和指导，我们进行了问卷调查，结果见表 7 - 34。

表 7 - 34   "本土企业购买设备得到外资企业建议与指导情况"的问卷结果

建议和指导情况	样本企业数	得到建议和指导	未得到建议和指导
企业数（家）	265	130	135

表 7 - 34 表明在回答该问题的 265 家本土企业中，130 家表示在设备购买中得到外资企业的建议和指导，说明这是一个普遍的现象。

表 7 - 35 显示了存在外向配套业务的本土企业和不存在外向配套业务的本土企业进口设备占本土企业所有设备的比重，相对于非配套企业，配套企业的进口设备比重要高一些。

表 7 - 35   "配套和非配套本土企业进口设备比重"的问卷结果

进口设备比重	样本企业数	20%以下	20%—40%	40%—60%	60%—80%	80%以上
非配套企业（家）	69 (1.00)	51 (0.74)	9 (0.13)	4 (0.06)	2 (0.03)	3 (0.04)
配套企业（家）	265 (1.00)	163 (0.62)	46 (0.17)	28 (0.11)	13 (0.05)	15 (0.06)

注：括号中的数字表示比重。

引进先进设备也是本土企业技术进步的重要途径，在调研中我们发现，很多本土企业在设备引进使用的基础上，通过对设备结构、性能等的了解和掌握，逐步掌握了一些关键技术，甚至对原有引进设备进行改进，不断提升设备性能或使设备更好适应企业生产的需要。

（3）本土企业的外向配套仍然处于初级阶段

昆山外向配套的发展有力推动了本土企业的发展和技术水平的提

升，但是需要看到，昆山外向配套的发展仍然处于初级阶段，主要表现为大部分本土企业为外资企业提供的配套产品仍然是技术标准化的生产环节，产品附加值低。

为了了解本土企业外向配套的层次，我们进行了问卷调查，在存在外向配套的企业中，251家对外向配套的主要形式进行了回答，问卷结果见表7-36。

表7-36　"本土企业外向配套形式"的问卷结果

外向配套形式	样本企业数	只是按外企提供的图纸和要求进行生产	应外资企业的要求对本产品作较大改进、改型的加工	经历从简单代工向具有一定研发设计功能的转变
企业数（家）	251	194	61	56

表7-36表明，251家本土外向配套企业回答了该问题，当然一家企业可以同时有多种外向配套的形式，其中194家企业表示有外向配套，只是按照外资企业提供的图纸和要求进行生产；61家企业表示有外向配套业务，是应外资企业的要求对产品作较大改进和改型的加工；同时有56家企业表明本土企业经历了从简单代工向具有一定研发设计功能的转变。问卷结果表明，尽管在昆山本土企业配套业务中，一些本土企业具备了一定的研发设计功能，但是大部分企业以及大部分业务还是处于代工的初级阶段。

本土企业对本土企业在最终产品价值链中所处环节的评价结果也可以从另外一个侧面看出本土企业在生产环节分工中仍然处于较低层次。

表7-37　"本土企业对本企业所处环节的评价"的问卷结果

所处环节情况	样本企业数	核心环节，附加值高	高端环节，附加值较高	低端环节，附加值较低
企业数（家）	349	73	134	142

表7-37说明349家本土企业中的142家认为本企业在最终产品价值链中处于低端环节，产品的附加值较低。大部分本土企业的产品仍然没有自主品牌，还处于简单的贴牌代工的阶段。

表 7 – 38　　"本土企业自有品牌情况"的问卷结果

自有品牌情况	样本企业数	有自有品牌	无自有品牌
企业数（家）	354	131	223

　　表 7 – 38 说明，354 家本土企业对本企业是否有自有品牌进行了回答，其中表示没有自有品牌的本土企业为 223 家，占样本企业数的 63%，这说明大部分本土企业仍然没有自己的品牌。需要说明的是，拥有自有品牌的本土企业并不一定在外向配套或者在产品出口中使用自己的品牌，事实上在很多情况下仍然是贴牌。

　　昆山本土企业外向配套初级阶段特征还可以从外资企业与本土企业缺乏技术合作的基本事实上得到进一步说明。与外资企业之间的技术合作是外资企业向本土配套企业进行技术溢出的重要途径之一，也是外向配套发展到较高阶段的体现。

表 7 – 39　　"外资企业与本土代工企业技术和管理合作情况"的问卷结果

技术和管理合作情况	样本企业数	有技术和管理合作	无技术和管理合作
企业数（家）	235	54	181

　　表 7 – 39 说明，外资企业与本土企业之间的技术合作仍然不是普遍的现象，235 家在昆山本地有本土配套企业的外资企业中，仅有 54 家表示与本土代工企业存在技术和管理方面的合作；而表示没有技术和管理合作的企业为 181 家，占样本企业的 76.6%。

　　外资企业之间的相互配套在昆山也是比较普遍的现象，透过外资企业选择其他外资企业作为中间产品供应商，我们可以从另外一个侧面看出昆山本土企业外向配套初级阶段的特征。

表 7 – 40　　"外资企业选择其他外资企业作为配套企业原因"的问卷结果

选择配套企业的原因	样本企业	产品质量稳定	技术较为先进	该外资企业是母公司的合作伙伴	其他
企业数（家）	189	144	76	23	19

表 7 - 40 表明产品质量稳定和技术较为先进是昆山外资企业选择其他外资企业作为配套企业的两个关键因素。

我们还对外资企业认为本土代工企业哪些方面需要改善进行了问卷调研，结果见表 7 - 41。

表 7 - 41　"外资企业认为本土代工企业最需要改善的方面"的问卷结果

需要改善的方面	样本企业数	提升研发能力	改善管理	提高人员素质
企业数（家）	216	63	124	78
需要改善的方面	进一步降低成本	质量的稳定性	购买先进设备	其他
企业数（家）	30	156	33	4

216 家外资企业对该问题进行了回答。表 7 - 41 显示，外资企业认为质量稳定性、管理水平、人员素质以及研发能力等是本土企业提升外向配套水平和能力方面需要改善的主要方面。而在 216 家外资企业中只有 30 家认为本土企业应把进一步降低成本作为本土企业在外向配套中需要改善的方面。

结合表 7 - 40 和表 7 - 41 我们可以清楚地发现，质量的稳定性和技术、管理水平仍然是本土企业配套能力提升需要解决的关键问题，因为这不仅仅是外资企业选择其他外资企业而非本土企业作为配套企业的主要因素，同时也是外资企业认为本土企业提升外向配套能力的关键方面。产品质量不够稳定以及管理和技术水平相对较低又从另外一个方面说明昆山本土企业的外向配套仍然处于初级阶段，不断提升外向配套的层次和水平是昆山本土企业未来的重要发展方向。

同时从本土企业技术创新的压力和动力来源上也可以看出，成本竞争性环节仍然是本土企业主要从事的制造环节，表 7 - 42 说明了本土企业技术创新压力的来源。

表 7 - 42　"本土企业技术创新压力来源"的问卷结果

技术创新压力来源	样本企业数	同行企业的竞争	生产成本上升的压力	发包企业对产品质量的要求	市场需求的变化	当地政府对创新的政策鼓励	其他
企业数（家）	310	167	165	51	153	45	7

表 7-42 表明同行企业之间的竞争、生产成本上升的压力以及市场需求的变化是企业技术创新的主要动力来源，而发包企业对产品质量的要求并不是大部分企业技术创新的主要动力，这可能与外资企业外包给本土企业的生产环节主要是技术相对成熟、已经进入成本竞争阶段的特征密切相关，这些生产环节对成本较为敏感，同时市场竞争压力大。

四、结论与建议

（一）基本结论

1. 对外开放和本土企业发展是可以相互促进的

对外开放尤其是外资企业的进入对本土企业发展的影响，即是促进还是阻碍本土企业的发展，在很多情况下是个有争议的命题。苏南地区和昆山开放型经济条件下本土企业发展的事实很好地说明，对外开放与本土企业发展和自主创新是可以而且也应该是相互促进的。

首先从外资企业来看，将非核心环节分包出去，集中于本土企业核心竞争力的培育，同时又可以利用本土企业低成本生产的优势，有利于企业竞争力的提升。因此，外资企业希望看到本土合格供给商的存在，为此也会向本土企业进行必要的技术传递，提升本土企业的配套能力。

其次，从本土企业来看，外资企业的进入主要不是扮演竞争对手的角色。在传统的理论视角中，外资企业的进入将侵占本土企业的市场份额，显然在这种视角下，外资企业进入的动机是占领目标国市场。但是在生产环节国际分工日益普遍的今天，外资企业进入我国的一个重要目标是为利用我国独特优势进行最终产品特定环节的生产，以提升产品竞争力，服务全球市场。在这种情况下，外资企业的进入对于本土企业而言更多的是联系效应而非竞争效应，这也就意味着本土企业和外资企业可以合作共赢。

2. 外向配套是开放经济条件下本土企业发展的重要途径之一

单纯的外资推动型经济增长的结果可能是 GDP 不断增长而本土竞

争力仍然较弱。苏南和昆山的经验说明，外资企业与本土企业之间的基于价值链的联系效应是外资企业进入促进本土企业发展的重要来源；发展外向配套是利用这种联系效应、提升本土企业竞争力的主要形式。通过外向配套与外资企业建立产业链联系，不仅有利于本土企业获得稳定的中间产品市场，完成资本的初期积累，而且有利于外资企业向本土企业的技术溢出。这种技术溢出可能是外资企业的主动行为，以保证产品质量；也可能是外资企业对于产品质量的较高要求，以推动本土企业的技术进步。所以，本土企业与外资企业建立的价值链联系在一定意义上看不仅仅是中间产品流动的渠道，也是技术流动的渠道。

外向配套成为很多本土企业业务拓展的第一步。在外向配套的基础上，不断提升企业实力和技术水平，实施技术、市场和产品的拓展，可以逐步摆脱单纯本地外向配套模式，面向全球市场进行生产，实现企业发展的跨越。

因此，发展外向配套应该成为外资推动型增长地区提升本土竞争力的重要政策措施之一。长三角和珠三角等外资推动型经济发展地区具备了发展外向配套的基本条件，这些地区不但外资集中而且形成了明显的产业集群趋势。

3. 本土企业外向配套仍然处于初级阶段，本土竞争力的培育将是长期过程

问卷结果表明，本土企业外向配套仍然处于初级阶段，体现在本土企业目前的技术水平还相对较低，大部分本土企业仍然处于价值链的较低端，从事技术标准化环节的生产；还有很大一部分企业没有自己的品牌，从事较为简单的贴牌生产，而且本土企业与外资企业之间的技术和管理合作还相对较少。

需要看到，本土企业外向配套发展的历史较短，规模普遍较小，基础较弱，本土企业自主创新的发展和竞争力的培育仍然需要本土企业在政府政策的引导下长时期的努力。

（二）政策建议

外向配套的发展和本土企业的成长都离不开本土企业技术水平的

提升，相对于外商投资企业或者其他大型企业而言，本土配套企业在技术创新上遇到的主要困难集中于三个方面：资金短缺、人才短缺和信息平台缺乏，政府应该从这三个方面在机制和渠道上给予本土企业以政策支持。

1. 从解决资金短缺方面看

技术创新需要较大数量的资金投入，而创新资金仅靠本土企业利润的积累是不够的，本土企业大多数"本小利薄"，资金上的限制使其难以进行研发以跟上快速的技术创新步伐，使得本土企业长期处于产业链的低端。由于我国仍然处于经济转型阶段，中小型企业的融资渠道较少，针对技术创新项目的风险投资仍然没有建立，在这种环境下，政府在解决本土中小型企业资金短缺问题上应该采取相应的支持政策。

（1）在政策允许范围内对本土企业创新采取优惠税收和财政政策

长期以来，相对于外资企业，本土企业具有明显的政策劣势，比如不能享受外资企业税收减免政策等。而且在其他方面，由于政府将工作中心放在利用外资上，本土企业往往也具有政策劣势，比如地价方面等。加之大部分本土企业规模较小、实力较弱而且技术基础薄弱，因此本土企业技术创新能力较弱。

尽管内外资企业所得税合并后，25%的统一企业所得税率使本土企业的税负有所减轻，但是对于推动本土企业自主创新进程而言，在国家政策允许的范围内通过优惠的税收和财政政策鼓励本土企业的自主创新是非常重要的举措。从现实性看，长三角地区较强的政府财力为政策实施提供了可能。在政策制定和实施过程中，既要对重点企业的重点项目进行支持，也不能忽视规模较小本土企业的技术创新，因为小企业可能更需要政府政策的支持和帮助，而现有的扶持政策可能使小企业难以达到支持门槛。

（2）组建中小企业发展信贷担保公司

中小型企业在获得银行贷款方面往往面临一定的困难，在这种情况下，可以考虑以政府出资为主组建中小企业发展信贷担保公司，为

符合产业发展方向的中小企业技术创新项目的银行贷款提供担保。

（3）鼓励风险投资，政府可以组建类似于风险公司性质的投资公司

风险投资是高新技术产业发展的催化剂，但是在长三角地区几乎还没有真正意义上的风险投资参与本土企业的技术创新项目。在这种情况下，一方面，政府可以采取措施鼓励风险投资的建立和进入；另一方面，政府可以考虑组建面向本土企业的投资公司，发挥类似于风险投资的职能。

此外，建立本土企业的技术创新促进基金，鼓励本土企业的技术创新已经在一些地方政府实施。比如，2006年昆山市政府下发《关于实施"三个"创新战略，建设创新型市场的若干政策》通知，市财政安排了3000万元自主创新专项资金，这对于本土企业的自主创新具有推动作用。但是，对于促进数量众多的本土企业的技术创新，本土企业创新基金规模显然偏小。

2. 从解决人才短缺方面看

人才缺乏问题是长三角地区本土企业自主创新面临的最主要问题之一，从目前的情况看，可以采取以下几个方面的对策吸引、培养和利用人才，缓解人才相对缺乏的问题：

（1）更为务实灵活的人才引进政策

在务实性上，一方面，人才引进政策要切实考虑到本土企业的情况以及高层次人才的切实需要，充实丰富人才引进政策；另一方面，人才引进政策在可操作性上需要加强，对于一些标准和金额做到尽量量化，以使本土企业可以很好地理解和把握。

在灵活性上，由于本土企业的特殊情况，比如相对而言企业规模较小，技术创新更多处于初级阶段，为节约成本或者出于其他方面的考虑，本土企业可能聘请已经退休的高级专家或者聘请高级专家到本企业从事兼职的技术开发和技术指导。因此，本土企业引进人才的方式可以是非常灵活的，绝不仅仅局限于聘用全职研发技术人员这种单一的方式。本土企业引进人才方式的灵活性需要人才引进政策具有灵活性，比如年龄的门槛问题，有些本土企业聘请的专家由于年龄偏大

而享受不到当地现行的人才政策。

（2）多种形式利用外部人才

随着交通的便利和通信等手段的发达，利用人才的方式和手段也需要改变，要积极开拓渠道以多种形式利用外部人才资源，对于人才引进思路从"所有"向"所用"转变，比如可以将有些项目委托科研院所进行研发，利用外部科研力量。

（3）组建高级技师培训学校

技术工人尤其是高级技师也是人才，即便有了创新，没有熟练的技术工人也很难转化为生产力。高级技术工人、技师的获得有两个基本途径：引进和自己培养。从引进看，技术工人和高级技师普遍紧缺，事实上这已经成为制约长三角产业结构提升的重要因素之一；从自己培养看，长三角地区已经发展成为电子信息、机械制造等产业的重要集聚区，对高级技师的需求量不但巨大而且类型相对集中，具备组建高级技师培训学校的市场条件。培训学校可以采用高校、生产企业、民间资本和政府投资相结合的模式，发挥各方优势，培养适合市场需求的特定产业高级技师。有理由相信，高级技师队伍的扩大必将推动长三角制造业水平、外向配套层次以及本土企业竞争力的提升。

3. 从信息平台缺乏方面看

信息的缺乏是制约本土企业技术创新的一个非常重要的因素，在昆山本土企业调研中，307 家本土企业中有 128 家企业认为缺乏技术信息和市场信息对本土企业技术创新影响大，占样本企业的 41.7%。政府可以组织搭建信息共享平台，将国内外技术信息准确及时地传递给企业，使本土企业在自主创新中少走弯路。推动科学技术转化的交流活动，鼓励企业参加国际国内的相关交流，使企业拥有信息源。组织同行业的交流洽谈会，为企业间的交流提供平台，集百家之长，为我所用，以提高企业的自主创新能力。可以考虑建立本土企业家俱乐部，作为本土企业之间交流市场信息和技术信息的平台。

同时，搭建本土企业与外资企业配套的信息平台，也是促进外向配套发展的重要政策措施。促进外向配套是发展民营企业的有效途径，在促进外向配套中，政府可以发挥三个方面的作用：首先是信息

服务。一般而言，在外商投资企业进入初期，对于民营企业是非常缺乏了解的。这时政府可以发挥信息收集和提供的职能，针对外商投资企业的产业特征，向其提供本地民营配套企业的详细资料。其次是中介职能。政府可以扮演本土企业和外商投资企业的中介人的角色，通过促成接触和谈判以及举办展览等方式为本土企业与外商投资企业建立价值链联系提供中介服务。第三，鼓励民营企业的技术进步和外商投资企业向本地企业进行技术传递，提升本地民营企业的技术水平，为外向配套的发展奠定基础。

长三角地区集聚了大量外资，而且这些外资表现出明显的产业集聚的特征和趋势，这为发展外向配套、推动本土企业成长、构建本土竞争力提供了有利条件。苏南地区和昆山的案例说明外向配套在促进本土企业建立和成长的过程中起着重要的推动作用，但是这些地区的外向配套仍然处于初级阶段，表现为外向配套的产品基本上还属于技术标准化的低附加值产品。制约本土企业外向配套发展和层次提升的重要因素是本土企业在技术和管理水平上的欠缺，而制约本土企业技术水平提升的重要原因在于资金、人才和信息的缺乏，政府应该在这些方面对本土企业予以政策支持，推动本土企业的发展，构建本土企业竞争力。

参考文献

1. Alfaro, Laura and Andres Rodriguez-Clare, "Multinationals and Linkages: An Empirical Investigation", *Economia*, spring, 2004.

2. Keeble, D., Offord, J. and Walker S, "Peripheral Regions in a Community of Twelve Member States", Luxemburg Commission of the European Community, 1986.

3. Dieter Ernst and Linsu Kim, "Global Production Networks, Knowledge Diffusion, and Local Capability Formation." *Research Policy*, 2002, (31), pp. 1417 - 1429.

4. Giorgio Barba Navaretti and Anthony J. Venables, *Multinational Firms in the World Economy*, Princeton University Press, 2004.

5. Markusen James R. and Anthony J. Venables，"Foreign Direct Investment as a Catalyst for Industrial Development"，*European Economic Review*，1999，（43），pp. 335 – 356.

6. Park，S. and Markusen，A.，"Generalizing New Industrial Districts：A Theoretical Agenda and an Application from a Non-Western Economy"，*Environment and Planning A.*，1995.

7. Park，S.，"Networks and Embeddedness in the Dynamic Types of New Industrial Districts"，*Progress in Human Geography*，20，1996.

8. UNCATD，*World Investment Report* 2001，United Nations，New York&Geneva，2001.

9. UNCATD，*World Investment Report* 2003，United Nations，New York&Geneva，2001.

10. 安礼伟：《外资推动型经济发展与本土企业成长——江苏昆山经验剖析》，载《上海经济研究》2007 年第 2 期。

11. 安礼伟：《跨国公司主导型国际分工研究》，博士论文，2005 年 5 月。

12. 方勇、张二震：《长三角跨国公司主导型产业集聚研究》，载《世界经济研究》2006 年第 10 期。

13. 方勇、张二震：《长三角外商直接投资与地区经济发展》，载《中国工业经济》2002 年第 5 期。

14. 李锋等：《集聚经济、商务成本与 FDI 流入的理论分析》，载《南京社会科学》2004 年第 5 期。

15. 梁琦：《产业集聚论》，商务印书馆 2004 年版。

16. 梁琦：《产业集聚的均衡性和稳定性》，载《世界经济》2004 年第 6 期。

17. 卢锋：《产品内分工：一个分析框架》，北京大学中国经济研究中心讨论稿，2004 年。

18. 江小涓：《中国外资经济对增长、结构升级和竞争力的贡献》，载《中国社会科学》2002 年第 6 期。

19. 沈坤荣、耿强：《外国直接投资、技术外溢与内生经济增长

——中国数据的计量检验与实证分析》，载《中国社会科学》2001 年第 5 期。

20. 朱华晟：《基于 FDI 的产业集聚发展模式和动力机制》，载《中国工业经济》2004 年第 3 期。

21. 王缉慈：《我国制造业集群分布现状及其发展特征》，载《地域研究与开发》2003 年第 12 期。

22. 徐康宁：《美国对华投资决定因素的分析》，载《中国社会科学》2002 年第 5 期。

23. 张国华、张二震：《开放条件下昆山自主创新之路》，人民出版社 2007 年版。

24. 张二震、马野青、方勇：《贸易投资一体化与中国的战略》，人民出版社 2004 年版。

（执笔：安礼伟）

第八章 对外开放、长三角
一体化与区域竞争力

　　新世纪之初，长三角地区各级政府就长三角一体化战略构想达成共识：以上海为中心，形成具有世界竞争力的区域经济格局。由此，长三角一体化进入快速发展轨道。长三角一体化构想的提出、实施和加速发展是在当代国际分工环境和国际生产形式发生了重大变化的背景下进行的，既是长三角地区为适应不同于以往的国际国内环境、应对复杂多变的竞争态势而主动抢抓机遇、顺势而为所实施的战略措施，也是长三角区域经济发展的内生要求和必然趋势。长三角一体化进程的推进将对整个长三角地区未来的经济发展和国际竞争力产生积极而深远的影响。

一、经济一体化的理论分析

　　经济一体化这种现象的产生由来已久，但真正引起人们广泛关注的是，自第二次世界大战结束以来欧洲各国间经济一体化的快速发展以及由此所引发的种种收益和争议。当前，经济一体化已经成为一种日渐普遍的现象，并正改变着全球经济和政治环境，越来越多的国家

开始选择与其他国家建立起更为紧密和自由的贸易和投资关系，以期提高自身的国际竞争力，获得更多的福利收益。

一般来说，经济一体化可以分为两种类型：一是一国内部跨地区间的经济一体化，另一种则是国家间的经济一体化。但经济学家们关于这两者的讨论和研究实际上极为相似，因为从某种意义上讲，这两者事实上是同一个问题。如果我们考察一个没有国家、政府，不涉及民族、国家观念的虚拟世界，那么无论是一国内部跨地区间的经济一体化还是国家间的经济一体化都将归结为纯粹的市场一体化问题。当然，国家、政府、民族以及政治力量是我们在现实世界中无法回避的事物，因此在现实世界中，经济一体化在一定程度上总是政治性的，往往需要政治一体化的配合，甚至就是政治一体化的结果。从这个意义上讲，一国内部跨地区间的经济一体化和国家间的经济一体化，区别仅仅在于政治的影响力大小。一国内部跨地区间的经济一体化是在政治一体化已经实现的环境下的市场一体化过程，它可能与国家内部的政治一体化同步实现，也可能滞后于政治一体化的进程。而国家间的经济一体化，则是在国家间的政治一体化过程中所进行的市场一体化，它与政治一体化之间的关系并没有一国内部跨地区间的经济一体化那么紧密，主要表现的依然是一个经济问题。当然，国家间经济一体化的更大雄心是需要政治一体化的紧密配合的，甚至在很大程度上，政治一体化的实现程度决定了国家间经济一体化的深度和广度。

自从经济一体化这种经济现象产生以来，理论界就对其进行了大量而深入的研究。现今广泛引用并得到首肯的是美国经济学家贝拉·巴拉萨（Bela Balassa）在1961年提出的定义："我们建议将经济一体化定义为既是一个过程，又是一种状态。就过程而言，它包括旨在消除各国经济单位之间差别的种种举措；就状态而言，则表现为各国间各种形式的差别待遇的消失。"在《新帕尔格雷夫经济学大辞典》里，他进一步解释道："在经济文献里，'经济一体化'这个术语却没有明确的含义。一方面，两个独立的国民经济之间，如果存在贸易关系就可认为是经济一体化；另一方面，'经济一体化'又是各国经济之间的完全联合。经济一体化的形式多种多样，代表着不同的经济

一体化的程度。"经济学家利兹·马克鲁普则认为该定义过于狭隘，他将这一概念予以扩展："事实上经济一体化可以有一国之内的各个地区的，也可以有各国之间的"。因此，通常地，经济学家们把经济一体化定义为两个或更多的经济体之间经济边界的消除。① 在这里，经济边界所划定的分界线将使得在其内部实际和潜在的商品、服务和生产要素以及通信的跨界流动成本都相对较低，但跨越边界的流动成本都相对较高。国家经济内部各地区间（或国家间）经济边界的产生，或者是由于行政边界（或领土边界）的存在削弱（或阻绝）了各个经济体之间的经济联系，或者是由于天然屏障（如高山、大海、河流）的存在而使得成本不会通过基础设施和交通的发展而充分减少，或者是由于发展水平的巨大差异而制约了各方之间的经济黏合，或者是由于地区或国家内部存在行政垄断、经济垄断或商业勾结而使得地区间存在较高的进入壁垒，甚至经济体间在信息的可利用性、速度与质量方面的差异有时也可能成为一种经济边界。因此，经济边界与领土边界并不一定是重合的，但领土边界对经济边界有着至关重要的影响。对于经济边界而言，在一条经济边界的每一边，价格以及商品、服务和要素质量的决定都仅受到跨界流动的有限影响。

从经济学家们所研究的目标上来看，国家间的经济一体化一直是人们所关注和研究的重点，而一国内部跨地区间的经济一体化则少有重要的文献和成果。这可能是因为，除了少数幅员辽阔的大国，一国内部跨地区间的经济一体化实际上是一个自然而然的过程，基本上会与这个国家的政治一体化同步完成。而国家间的经济一体化，则是一个更复杂、也更有趣的问题，能够吸引住经济学家们的眼球。因此，有关经济一体化的理论从传统贸易理论的基础上发展起来也就不令人惊异了。

在传统贸易理论的基础上，开启并奠定经济一体化理论基础的是巴拉萨，他首先从经济一体化的强度和复杂性的角度对经济一体化的

---

① 雅克·佩克曼斯：《欧洲一体化：方法与经济分析》（第二版），中国社会科学出版社 2006 年版，第 4 页。

阶段进行了划分。他把经济一体化划分为自由贸易区、关税同盟、共同市场、经济联盟和完全经济一体化五个阶段，这种划分得到了人们的广泛认可。尽管巴拉萨最初所提出的阶段划分方法存在着种种缺陷，以至于人们在后续研究中不得不通过各种方法进行修正，但巴拉萨的阶段方法对人们理解文献和政策制定中的种种关键问题是必不可少的，后续的、更广泛的研究都是建立在巴拉萨理论的基础之上的。

从理论研究的线索上看，早期关于经济一体化问题的研究主要集中在关税同盟问题上，其主要研究的是关税同盟的形成对生产、消费和贸易的影响。其后，研究方向转向了对区域经济一体化目标和手段的探索，研究一体化协议中的贸易条款，以及研究取消关税和非关税壁垒的经济影响。再后，研究方向又转向了生产领域，考察如何消除经济活动中的种种国家间障碍。在所有的这些研究中，实证研究是经济学家们最主要使用的方法，而欧洲一体化则始终是数量研究的主题。直到 20 世纪 90 年代，随着北美自由贸易区的建立以及发展中国家之间区域一体化的迅速发展，其他类型的经济一体化才逐渐被纳入经济学家的研究视野。

从理论和实证研究的成果上看，一个被广泛接受的认识是，经济一体化具有静态效应和动态效应。所谓静态效应是指形成一体化组织以后就直接产生的效应，它包括贸易创造和贸易转移两个部分，最早是由雅各布·瓦伊纳（Jacob Viner, 1950）所界定的。显然，从世界资源配置和劳动分工的角度讲，贸易创造有利于福利水平的增加，而贸易转移则使得资源配置恶化，带来福利水平的下降，总的福利效应取决于这两者的大小。实证研究证实了瓦伊纳的这种界定，并发现随着欧盟的建立，制造业的贸易创造超过了制造业的贸易转移，欧盟的成立导致了非成员国制造业对欧盟国家出口的大量增加（Truman, 1969；Prewo, 1970；Balassa, 1967、1985）。

经济一体化的动态效应是一个更复杂也更富争议性的问题，因为经济学家们发现很难找到什么有效的方法去估计经济一体化所带来的动态影响，特别是很多动态影响属于微观经济层面，用数量分析的方法对它们进行分析很容易产生偏差。这种困扰使得丹尼斯·阿普尔亚

德（Dennis R. Appleyard）把经济一体化的动态效应定义为：同各参与国未在经济上结成一体化联盟的情况相比，参与国的经济结构与经济运行状况很可能会按完全不同的轨道发展，导致出现这种情况的那些因素就是经济一体化的动态效应。① 大市场理论是从动态角度来分析区域经济一体化所取得的经济效应的代表性理论，其代表人物为西托夫斯基（T. Scitovsky）和德纽（J. F. Deniau）。西托夫斯基在分析西欧国家高利润率的问题时，认为只有共同市场和贸易自由化条件下的激烈竞争才能够打破西欧各国高利润率、高价格、狭窄的市场和低资本周转率的恶性循环。通过组建共同市场，竞争加剧，而且技术革新的速度加快，使企业转向大批量生产，从而获得规模经济的效益。另外，共同市场建立后，内部市场趋于统一，生产要素趋于自由流动。资本、劳动力等生产要素从边际生产力低的地区流向边际生产力高的地区，使生产要素配置更加合理，要素闲置的可能性降低了。除此之外，还可促进区域内新技术、新观念、新的管理方式的传递，减少成员国之间的歧视性政策和措施。

二、开放过程中的长三角经济一体化

长三角地区作为我国经济实力最强、最具增长潜力的地区之一，区域合作关系历史悠久。20 世纪 80 年代初，为了打破传统计划经济体制的条块分割，培育和发展市场经济，中央提出了跨（行政）地区经济联合和形成经济区的大思路。随后，1982 年 12 月 22 日，国务院发出《通知》决定成立上海经济区；1983 年 3 月 22 日上海经济区规划办公室正式成立。自此时起，各级政府就已经开始从政治、政策层面推进长三角经济一体化了。但这一时期所进行的主要是微观层面的民间经济交流与合作，并集中在跨地区的联营企业发展以及上海技术设备、人才资源、营销渠道、管理和信息要素与江浙地区乡镇企

---

① 丹尼斯·阿普尔亚德：《国际经济学》（第四版），机械工业出版社 2005 年版，第 307 页。

业、私营企业的优化组合上。由于体制的制约，这种区域间的交流合作始终停留在非正式的局部范围，没有大的突破。长三角经济一体化在现实意义上的正式启动与快速发展是自 20 世纪 90 年代开始的，并与长三角地区的经济国际化历程联系密切。

（一）要素集聚阶段的长三角经济一体化

长三角地区经济国际化历程大致可以分为两个阶段：第一阶段从 1995 年起至新世纪之初（十五计划中期），属于"要素集聚阶段"，其特点是大规模引进国外各类要素（特别是国际制造业资本），其成果是使本地区成为了外资的集聚地和劳动密集型生产的国际集聚地。第二阶段从十五计划后期开始，至今仍未结束，属于"要素整合阶段"，其特点是不仅"引进来"而且"走出去"，从吸纳全球要素转向整合全球要素，目标是使本地区成为具有较强国际竞争力的世界制造业中心。与此相应，长三角经济一体化也可以大致分为两个阶段：一个是要素集聚阶段的经济一体化准备和启动时期，另一个是要素整合阶段的经济一体化快速发展时期。

在要素集聚阶段，随着我国市场化进程的深入以及对外开放的深入，跨地区的区域经济合作发展已经成为关系全局的一项重要任务。1992 年中共十四大提出，充分发挥各地优势，加快地区经济发展，促进全国经济合理布局，是关系全局的一项主要任务。据此，《人民日报》在 1992 年 11 月 5 日发表社论《论区域经济》，指出区域经济的特色在联合，优势在整体，联合是它的核心，联合是它的精髓。在此精神指导下，长三角地区区域合作与发展出现的一个明显变化就是地方政府开始主动介入，以突破区域合作中的一些难点并开创更为广泛的合作领域。各级政府所出台的一系列政策强化了区域内的配套服务，促进了微观层面的民间经济交流在更大范围、更深层次上开展，为区域合作与发展注入了新的内容。

在要素集聚阶段，长三角地区的区域合作与发展逐渐走向了良性发展的轨道，取得了明显的成效，并为长三角地区经济一体化打下了良好的基础。这主要表现在以下几个方面：

1. 区域间的合作方式灵活多样

在要素集聚阶段，区域合作的主体既有工商企业之间的合作，也有企业与大专院校、科研院所之间的合作，还有苏浙企业聘用上海退休专家、教授、技术人员的合作；区域合作的方式，有以资产为纽带的相互参股、控股以致兼并的合作，也有不改变产权关系的租赁、承包经营、委托经营合作，还有技术、管理、品牌等无形资产与有形资产的合作，以及销售与生产、商业企业之间连锁经营、产权交易合作等。据统计，1998 年长三角区域内经济合作项目 609 项，投资总额 23.6 亿元人民币。其中以资产为纽带的跨地区经济合作项目达 100 多个，总规模近 20 亿元人民币。

2. 企业跨地区资产运作与经营发展较快

在要素集聚阶段，企业跨地区的兼并、收购、控股以及跨地区经营已经成为地区合作的重要方式。这其中，不仅有上海优势企业向苏浙两省的跨地区扩张，如上海汽车集团对江苏仪征汽车工业公司所实行的跨省市联合重组，也有苏浙两省优势企业将决策机构、营销中心和研发中心迁移上海，共享上海的发展机遇，如江苏春兰集团、宁波杉杉集团。

3. 合作领域不断拓宽

在要素集聚阶段，长三角地区区域合作已经从一般产业协作向资本融合的方向发展，从单一的生产合作向科研开发、加工制造、市场营销整体合作方向过渡，从以工业领域为主的合作向金融保险、商贸流通、旅游、房地产等全方位拓展。

4. 合作重点不断转移与深化

在要素集聚阶段，长三角地区政府层面推动的合作重点不断转移和深化。1997—1998 年，长三角地区区域合作的重点是推进旅游与商贸。1999 年，合作的重点转向了"推进国有企业改革"。十五期间，长三角地区区域合作的重点又进一步转到重大基础设施投资建设的协调上来。与此同时，金融市场、技术交易市场的区域合作力度也不断加强，有力地支持了区域内外企业的技术改造和产品升级。

尽管在这一时期长三角地区经济一体化取得了很大的成绩，但由

于在要素集聚阶段各地区政府的主要任务和工作重点是抢抓外资、加快集聚各种要素，都是着眼于本地区来发展开放型经济，并没有把区域经济一体化放在一个优先的位置上，也没有深入地从区域分工协作关系上考虑如何将各地区有机耦合成一个整体参与国际竞争，而是在引进外资和产业布局上展开过度竞争，使得长三角地区经济一体化与国民经济发展的要求相比，总体进展比较缓慢。

（二）要素整合阶段的长三角经济一体化

在经济国际化中，"要素集聚"是一种被动的国际化，只是国际化发展初始阶段的战略，其主要手段是"引进来"。而"要素整合"则是一种主动的国际化，是国际化发展高级阶段的战略，其手段既有"引进来"也有"走出去"，"引进来"是"走出去"的基础，是"走出去"的手段，"走出去"则是"引进来"的目的。要素整合阶段的核心特征是把"引进来"和"走出去"紧密结合起来，更好地利用国内国外两种资源、两个市场，使我们能够在更广阔的市场空间中实现经济结构调整和资源优化配置。目前，长三角地区正处于要素整合的初级阶段，这是与其在全球产业链中的地位密切相关的。在全球产业链中，长三角地区目前正处在发达国家和发展中国家之间，与产业的高端国家及低端国家都有一定的互补性。长三角地区既需要从发达国家引进先进技术和先进设备，并向发达国家输出劳动密集型产品和劳动密集型环节；也能够向不发达国家输出成熟、适用的技术，并购入国内所需要的资源型产品。在这一阶段中，经济一体化已经成为长三角地区开放型经济进一步发展的重要依托。

1. 要素分工环境下长三角经济一体化的迫切性

国际分工到了当代呈现出一个显著的新特点，即国际分工形式正在从产品分工向要素分工发展。要素分工的实质是跨国公司在全球范围内的资源整合。在要素分工环境下，最终产品被分解为若干价值增值环节，不同的价值增值环节按照不同的特征被配置到不同的国家或地区，不同国家专业化生产最终产品价值链的不同价值增值环节。这种分工形式的变化打破了传统的那种国际间产业间分工的观念，产业

不再具有强烈的国家概念或地理范围的概念，而分工也更多地表现为多个国家和地区围绕一个或几个产品的开发、生产和销售所进行的合作，并组成为一条完整的价值链。在这样的价值链上，每个国家和地区根据自身的要素优势对产品的价值形成做出自己的贡献。从 20 世纪末开始的这种分工变化正在造就一个以跨国公司为主导，以发达国家为主体，多层次的全球生产、服务网络体系。这种新型的国际分工体系在不断地为发达国家和跨国公司创造高价值的同时，也对那些不断加入的发展中国家和地区的经济及福利增长产生重大而深刻的影响。接受符合自身要素优势的价值增值环节转移，融入跨国公司全球生产体系，并努力沿着产品价值链向上攀升，似乎已经成为发展中国家和地区在当代获得发展的较佳路径。

20 世纪 90 年代以来，长三角地区正是抓住了国际分工形式变化和国际产业转移的机遇，通过大量引进外资，促进本地区产业融入跨国公司价值链，树立并坚定地实施了经济国际化的发展战略，开创了以外促内、内外互动的经济国际化发展道路，取得了令人瞩目的成效。未来的发展也需继续沿着这条成功的路径。然而研究表明，国内经济特别是区域经济的有效整合是更大规模地接受新一轮国际产业转移的基础条件。[①] 因此，如何通过经济一体化整合资源，形成长三角地区的国际竞争优势，更广泛地参与国际间要素分工，争取更多的分工利益，已经成为长三角地区进一步发展中的重大课题。

目前长三角经济一体化进程中存在的最大问题就是现行管理体制和行政区划引起的区域内部发展不协调、发展战略和规划各自独立，造成区域内部产业结构低层次重复，城市间的竞争不断升级，带来区域资源的极大浪费，构成了横亘在一体化进程面前的一道高门槛。具体表现为：

第一，招商引资"倾销式"竞争。吸引外资的过程中，很多地区通过不断降低各类门槛，恶性比拼优惠政策，竞相将周边城市的投

---

① 周振华：《论长江三角洲走向共赢的区域经济整合》，载《社会科学》2002年第 6 期。

资者吸引到自己的地盘上来，甚至出现"跳楼价"争夺外资的现象。外商投资企业不论其产业属性和专业特长，一概成为各城市政府部门的争夺对象。在外贸产品出口上也竞相压价，导致过度竞争，人为阻挠商品和生产要素的自由流动。

第二，产业结构雷同，城市缺乏分工。各城市自然、历史与人文环境的相近与相邻，经济实力的相对接近，加上计划经济时代急功近利的盲目发展，导致长三角地区城市定位趋同，城市间缺乏应有的产业分工。目前，长三角中心城市中，选择汽车产业的有 11 个城市，选择石化产业的有 8 个城市，选择通信产业的有 12 个城市。而苏锡常三城市前五位的产业几乎一样。这种产业结构趋同化倾向，不仅使长三角的联动发展效应受到抑制，而且减弱了该区域抗全国性经济波动的能力。

第三，行政壁垒导致成本上升。长期以来的条块分割管理体制，一定程度上使得我国各地区各城市中形成了各自为政、以邻为壑的作风。一些政府出于增加自己财政收入和可支配经济资源的目的，对本地区企业或有隶属关系的企业给予扶助，而对外地企业或非隶属企业在当地的经营活动抱有排斥态度，甚至动用行政手段加以限制。对本地企业到外地投资也不予以支持。这些不良现象在长三角地区表现尤为突出，比如，在江苏免检的产品到了浙江还要再检，甚至同一个省内，这个城市的免检商品进入其他城市还要再从上到下"跑一趟"。对异地投资企业还实行双重征税政策，严重影响了优势企业的跨地区迁移或兼并、重组。目前长三角的运作成本即使在全国也属偏高水平。

第四，公共基础设施建设缺乏统一规划。都市圈要求统一公共服务职能，如统一的供水、供电、公共交通、环境治理等，这样才能实现效率的最大化。而在目前行政区划下，长三角各城市在公共基础设施方面迟迟未能实现真正有效的统一规划。比如港口建设问题，因多年来缺少协调，出现了很多矛盾。据统计，南京以下的长江段，已建、在建和待建的万吨以上码头泊位共 100 多个，投资建设都由当地政府操办，其中有很多是重复建设，导致建成后货源不足，浪费

巨大。

第五，上海与腹地"内战"不断。一方面是作为腹地的周边城市与作为"龙头"的上海市之间的资源争夺。比如有的腹地城市针对上海开展引资大战，上海的企业在浙江、江苏一些城市常常遭遇到以检测为名的打击排斥，尤其是有的地方不仅不打击那些假冒上海名牌产品的行为，反而保护甚至纵容发展这种假冒经济。甚至还表现在一些地方不甘于充当"腹地"，在城市具体规划上总是"出格"，想与上海打造一种"平权"关系。另一方面上海也缺少足够的"大度"，缺少对外地企业的开放。比如申博成功后，为建设世博会场馆和配套设施，上海市需要动迁接近4000多户企业，这个消息起初令周边城市大为激动，不料上海市却找市内各个区县内部消化了事。这些都影响了上海与腹地城市各自在长三角都市圈中应有作用的发挥。

造成这种现象的原因，首先在于旧的行政隶属关系导致管理上的条块分割。长三角分属苏浙沪三省市，行政隶属关系复杂，地区之间的协调难度很大。正因为这种"行政区经济"的牵引，各地区各城市之间缺乏长远发展的战略眼光和整合发展的规划思路与政策，不能从分工协作关系上考虑如何以一个整体参与国际竞争，协调沟通渠道不畅，因而阻碍了经济资源的自由流动和跨地区的经济合作。其次在于旧的经济体制导致政府对经济有较大的干预能力。政府行为虽然可以在一定程度上推动地方经济的发展，但在区域合作方面有较大的负效应，比如片面追求产值、地方保护主义等。特别是由于地方政府急功近利的短期行为，本应是成本导向的企业投资经营行为与追求地方利益的政府行为结合在了一起，企业的项目投资与经营业务很难跨地域展开。这一点已成为长三角地区经济增长与社会发展中非常明显的缺陷。另外，上海以国有经济为主体，经济运行机制相对带有较多的计划经济痕迹，而苏浙两省非国有经济比重不断迅速增加，体制的差异也影响了上海与苏浙的经济合作。

2. 长三角经济一体化加速发展的现实性与可行性

区域经济整合对长三角地区来讲是不可逆转的趋势。因为从理论和惯例上看，各国、各地区的经济，由彼此孤立与阻隔走向相互联系

与依赖，是经济发展的必然规律和长期趋势，也是唯一的合理选择。尽管存在上文剖析过的产业结构趋同、地方保护主义和恶性竞争等问题，但经过20多年的经济发展和合作尝试，长三角地区已经具备了实现一体化的雄厚基础和现实的可行性。

第一，长三角地区基础设施正不断整合。通过改革开放以来特别是20世纪90年代以来的大规模基本建设投入，长三角地区区域内一些大型基础建设项目，包括交通、邮电、通信、电力、信息等，都已更加完善并初步形成联网，为长三角开展新一轮合作与发展创造了良好的硬件环境。

第二，经济要素呈现组合优势。长三角作为中国经济最发达地区，对资本、高新技术、高素质劳动力等生产要素具有很强的吸引力，从而成为人口流动、资金融通、技术交易、商品流通等经济活动的高度聚集地和中国最重要的经济要素增值中心，并为该地区形成统一的要素市场创造了条件。

第三，制度创新为一体化创造了条件。在长三角地区，经济、金融、投融资、财政税收、企业制度、资产管理、住房、社会保障等各项制度改革一直走在全国前列，为一体化创造了制度和政策环境。同时，长三角地区是我国市场化程度最高的地区之一。而一体化的本质实际上就是市场化，都市圈的形成本身就是市场选择的必然结果。长三角地区经济一体化过程，应首先是市场一体化，是经济活动基本规则的一体化。因此，市场机制的逐步成熟也为一体化创造了有利条件。

第四，产业互补或共生的趋势日益明显。比如上海已初步形成了以金融、信息为主导的现代服务业，以跨国公司区域性总部为标志的创新中心与营销中心也初露雏形；江苏则以大公司和外资企业为依托，在化学原料及制品制造业、机械工业和电子通信制造业等重化工业领域具备了一定的基础与优势；而浙江则以中小企业和区域特色经济为支撑，在传统劳动密集型制造业上具有明显的竞争优势。在产业合作方面，过去单一的横向配套协作，已逐步向整合生产要素、共同进行制度创新发展，由过去单一的产品加工营销，逐步向商贸、旅

游、房地产等领域延伸。

上述这些发展成就，都为一体化的最终实现奠定了重要基础。因此，长三角地区各级各地政府应珍视这些既已形成的基础和优势，正确理解和把握区域内部合作与竞争的关系，认识到一体化发展的紧迫性和不可逆转性，从而加强长三角各地区的合作与交流，促进共同发展。目前，长三角区域经济互动发展的时机已成熟。政府间对长三角地区的发展前景已达成共识，建立了沪、苏、浙经济合作与发展座谈会工作机制，长三角地区城市市长联席会议和沪、苏、浙三省市的常务副省长沟通的渠道和机制已初步形成。沪、苏、浙三省市也正着手优化区域发展环境，降低地区经济发展成本，提升区域整体国际竞争力。

三、长三角经济一体化与区域竞争力

（一）区域经济一体化与地区竞争力

所谓区域经济一体化是指，在区域内制度一体化、市场一体化和竞争规则一体化的基础上，区域经济的各个组成部分（各次区域）之间通过资源流动和分工协作，所形成的经济联系越来越紧密的一种状态和过程。在这里，区域内的资源流动包括商品、资本、技术、劳动和企业的自由流动。区域经济一体化进程也就是通过区域内要素自由流动所推动的区域内经济联系和分工协作关系的紧密化过程。

普遍认为，区域经济一体化通过建立一种扩大了的市场，能够对区域内各次区域间的贸易和经济发展产生积极的影响。这种影响来源于：通过建立统一的区域大市场，所带来的规模经济效益；以及区域内自由贸易和生产要素自由流动，所引发的区域内资源优化配置。同时，大量的研究表明，区域经济一体化在促进区域经济共同发展的同时，对区域内各次区域发展的促进强度是不平衡的。区域经济一体化可能会导致区域内经济发展的不平衡，甚至强化原有的不平衡。

欧洲经济一体化的实践验证了上述看法。人们观察到，欧盟内部

各成员国间发展水平差距显著，2002 年德国的 GDP 高于欧盟平均水平 14%，而葡萄牙和希腊的 GDP 则低于欧盟平均水平 46%。此外，欧盟成员国内部也存在着程度不同的地区差距，意大利不同地区人均GDP 高低相差 70%。① 人们还观察到，在欧洲经济一体化过程中，出现了资本流动和企业移动的马太效应。资本和企业都尽量地向市场中心地区和发达地区靠拢，经济发达地区吸引到了越来越多的投资，而欠发达地区则面临着资本和企业外流的巨大压力。这种不平衡和马太效应的根源是地区间竞争力的差异。因此，欧盟推行了多种地区援助政策以纠正这种地区间发展的不平衡。

从竞争力的角度来看，区域经济一体化会推动整个区域集团竞争力的提高。这是因为，通过区域内要素的自由流动和企业的自由移动，区域经济一体化将在区域内形成更有效的竞争机制和更合理的产业分工秩序，将推动区域内企业集中、产业集中和产业集聚，并将由此获得更低的制造成本和交易成本，从而促进区域整体竞争力的提升。在区域经济一体化过程中，各次区域能够从整个区域集团整体竞争力的提高中获益，但各次区域竞争力的提升是不平衡的，或者说区域经济一体化对各次区域竞争力的提升强度是不均匀的。次区域竞争力的提升幅度取决于该次区域在区域经济一体化前原有的地区竞争力水平；取决于在区域经济一体化过程中，什么样的分工环节在本地区集聚，以及这种分工集聚的持续性；取决于在区域经济一体化过程中，本地区在国际分工体系和区域内分工体系中所处的地位变化。次区域要想在区域经济一体化中实现地区利益最大化，必须着眼于如何提高本地区竞争力，着眼于如何在一体化过程中提高和保持本地区的分工地位。而这需要次区域建立良好的市场环境和产业发展环境，在充分发挥地区比较优势的基础上，通过提高地区产业厚度，发展地方性分工协作网络，吸引资本和企业向本地区集聚，吸引有利于本地区分工地位提升的分工环节向本地区集聚。希腊、西班牙和葡萄牙加入

---

① 张小济、张琦：《欧盟欠发达成员国参与经济一体化的经验和启示》，载《国际贸易》2004 年第 1 期。

欧洲一体化的实践，验证了上述看法。在加入欧盟之前，这三国的工业基础薄弱，人均 GDP 在西欧居末位。加入欧盟后，三国制造业和服务业的国际竞争力都显著增强。但同时人们也观察到，这三国在加入欧盟后竞争力的提升程度是不同的。经济基础较好的西班牙，依靠大型跨国公司投资，汽车、机械、化工、电子、通信、核能及航空等新兴产业的竞争力逐步提高，目前已成为欧盟内部工业体系较为完善、加工制造水平较高的国家。以西班牙的汽车工业为例，入盟前西班牙的汽车工业比较弱小，入盟后汽车工业发展迅速，目前国际上主要汽车企业集团都在西班牙建立了生产制造企业，西班牙汽车产量已居世界第五，出口居世界第四，汽车工业已成为西班牙支柱产业之一。反观希腊和葡萄牙，由于地方性分工协作网络不完善，地区竞争力的提升较西班牙为差，在欧盟产业分工中的地位不高，入盟后发展较快的是旅游等服务业。

（二）经济一体化与长三角地区未来的发展环境

在讨论长三角地区区域竞争力问题之前，我们先来分析在经济一体化发展过程中，未来长三角地区将面临怎样的发展环境。这是因为，发展环境将决定未来长三角地区可选择的发展路径和长三角地区竞争力的发展前景。

长三角地区未来的发展环境是与该地区经济一体化的演进特性密切相关的。长三角经济一体化是一个国家内部的区域经济一体化，其核心是市场的一体化。从理论上来讲，这种一国内部的区域一体化要远较国与国之间的一体化容易，因为其不涉及国家主权的让渡与协调问题。然而，由于我国特定的体制背景，长三角经济一体化过去的发展进程并不顺畅，现在的一体化水平也不高。以常用的衡量区域经济一体化水平的六个指标（市场一体化、产业一体化、交通一体化、信息一体化、制度一体化、生态一体化）来度量，长三角经济一体化的现状是：交通一体化水平最高、发展速度最快；信息一体化和生态一体化水平次之；市场一体化、产业一体化和制度一体化最为落后，发展的阻力也最大。未来长三角经济一体化的重点和难点是制度

的一体化，特别是竞争规则的一体化。制度一体化实现了，市场一体化和产业一体化也就水到渠成。这也就使得长三角经济一体化未来的发展可能形成以下几个演进特性：

1. 长三角经济一体化将是市场机制不断完善过程中的区域市场一体化

在现阶段，长三角地区的市场机制是不完善的。这是由于中国经济转轨时期的特征，在市场利益主体和竞争主体方面形成了两个独特的层面：一个是企业主体，其中的国有企业听命于政府的行政决策；另一个是地方政府，目前它参与市场运作的功能十分强大，经常代替企业主进行决策，其行为经常是一种具有明确利益边界、以行政垄断为特征的企业行为，或一种准市场化行为。① 在这种制度结构下，地方政府一方面会努力防止区域内利益"外溢"，另一方面会尽可能地向区外转嫁区域发展成本，从而出现了所谓"行政区经济"现象和区域间的低水平产业同构现象。从长三角一体化的发展趋势来看，政府职能的转变、市场化改革的深入以及市场机制的完善是必然的趋势，市场一体化的格局也终将形成。但我们也应该注意到，在长三角地区市场机制完善的过程中，该地区的发展在一定时期内还将面临"行政区经济"现象的干扰。

2. 长三角经济一体化与本地区经济国际化进程联系密切

长三角地区过去 20 余年的发展成就，在很大程度上来源于本地区的开放型经济发展，来源于利用比较优势参与国际分工、融入国际经济循环的发展模式。在中国加入 WTO 以后，在经济全球化的环境中，长三角地区参与经济国际化的进程已不可逆转，长三角地区正在成为跨国公司所推动的新一轮国际产业转移的目的地，正在成为国际制造中心。这使得长三角经济一体化进程已与地区经济国际化进程紧密联系在一起，经济国际化将会促进甚至带动本地区的经济一体化。这也意味着，长三角地区未来的发展将建立在与跨国公司联系更为密

---

① 刘志彪：《长三角区域合作建设国际制造中心的制度设计》，载《南京大学学报》2005 年第 1 期。

切的基础上，在一个更全面融入国际经济循环的环境中进行。

3. 长三角经济一体化将是一个从有限一体化到全面一体化的发展过程

按照区域间协调与联合的程度，经济一体化可以分为全面一体化和有限一体化两种状态。全面一体化意味着市场一体化、产业一体化、交通一体化、信息一体化、制度一体化和生态一体化的全面实现，而有限一体化则是区域内各地区在追求各自利益最大化条件下的一种相互妥协和有限的经济联合。长三角地区经济的全面一体化是长三角未来的发展目标，但在现阶段长三角经济一体化依然是一种有限一体化的状态，并将在较长时间内维持这种状态，所改变的只是有限一体化的程度。其原因，其一在于上海与世界其他城市相比经济实力还不强，技术领先、关联度高的主导产业和支撑产业稀缺，制造业仍是上海的产业基石，致使上海的经济辐射能力有限，逼迫周边地区去争抢这种有限的经济辐射；其二在于长三角地区内部资源禀赋相似，产业结构低水平趋同现象严重，经济增长方式更多的是外延型的增长，致使区域内竞争性强于合作性。在尚未实现增长方式转变的情况下，各区域只能去争夺资源、市场和投资，只能为集聚更多的要素去拼资源、拼政策、拼成本和拼服务。只要这些情况不改变，长三角地区也只能进行有限的一体化。

4. 长三角经济一体化将是一个区域内制造业结构激烈调整的过程，或者说制造业重新洗牌的过程

新经济地理学中有一个已被理论证明了的经验规则，即一体化水平从低级阶段向中级阶段挺进时，产业的地区集中率是上升的；而一体化从中级阶段向高级阶段挺进时，产业的地区集中率是下降的，即新经济地理学中所谓的著名倒"U"型曲线。同时，随着一体化水平的提升，地区专业化水平和单个产业的集中率将会上升。我们认为，长三角经济一体化进程也将会遵循这些规律。随着长三角经济一体化的发展，要素和企业流动能力的提高，区域内分工协作体系将会逐步完善。要素和企业会在市场机制的指引下，以价格信号为指导，在区域内自发流动，寻找最有利的生产地点。要素和企业会在长三角地区

内部进行重新配置和整合，形成专业化、集聚化的分布。在长三角经济一体化过程中，将会出现一个制造业布局重新洗牌的过程。实证研究和直观的调查数据也证实了我们的这种看法。实证研究表明，在过去的 4 年内，长三角地区内部发生了激烈的制造业区域结构调整，上海将部分劳动密集型和资本密集型产业，如家具制造业、饮料制造业、木材加工及竹藤棕草制品业、橡胶制品业、黑色金属冶炼及压延加工业转移到了江苏和浙江，而从江苏和浙江吸收的是港口型和都市型工业，如石油加工及炼焦业、印刷业和记录媒介的复制等。[①] 浙江省企业调查队关于企业迁移的专项调查，也表明苏、浙、沪企业的互迁互移活动频繁，自 2000 年以来浙江企业的迁移呈扩大态势。[②]

从上述长三角经济一体化未来发展进程的演进特性中，我们可以大致地描述出长三角地区未来的发展环境如下：

产业环境方面，未来的长三角地区将面临三个方向的产业转移。其一是以跨国公司为主导的面向整个长三角地区的国际产业转移，转移的重点是跨国公司的制造环节和加工环节；转移的方式多样化，既有传统的国际直接投资，也有收购、兼并、换股等股权安排措施，还有外包生产、合同制造等非股权安排措施；转移的特点是投资的系列化和集聚化，是根据跨国公司全球战略部署，着眼于提升对华投资在整个供应链体系中的地位，有计划、系统地进行投资，投资的地区集聚趋势显著。其二是长三角区域内的产业转移，这是在市场力量下，在长三角一体化分工协作体系的建立过程中，企业自发的以寻求最合适生产地点为目标的移动，转移的方向是专业化生产的集聚地。其三是长三角地区与国内其他地区（特别是欠发达地区）之间的区域间产业转移。一方面，由于成本压力、环境压力和资源压力，长三角地区将把土地成本、劳动力成本和环境处理成本高度敏感的制造业转移到欠发达地区；另一方面，国内其他地区的制造业也会因寻求长三角

① 范剑勇：《长三角一体化、地区专业化与制造业空间转移》，人大复印资料《城市经济、区域经济》2005 年第 2 期。
② 浙江省企业调查队课题组：《从企业迁移看浙、沪、苏投资环境的差异》，载《浙江经济》2004 年第 24 期。

地区良好的分工环境而转移进长三角地区。

市场环境方面，未来的长三角地区发展将面临一个逐步改善的市场环境，这种改善是在两省一市政府之间既竞争又合作的状态下进行的。竞争是因为地方政府只有率先改革和创新，才能创造良好的制度环境即软环境；只有率先进行基础设施建设，才能创造良好的硬环境。而拥有良好的制度环境和基础设施环境，是集聚和优化生产要素、降低交易成本、实现地方财政收入最大化的前提和基础。合作则是因为各个行政区政府在制度创新方面的交流，有助于改善要素自由流动的制度环境，促进资源的优化配置；在基础设施建设方面的沟通，则有助于加快生产要素的流动，降低交易费用，从而达到实现地方财政收入最大化的目的。① 长三角地区内部这种既竞争又合作的状态，在短期内可能将更多地表现出其竞争性的一面。在软环境建设上这种竞争性可能会更加明显，比服务、比政策将会是短期内地区间制度竞争的主轴。硬环境建设上的竞争，将更多地表现为苏浙两省就缩短与上海的时空间距上的竞争。就长期来看，合作将会是区域内市场环境建设的主轴，并沿着先硬（环境）后软（环境）的顺序推进。

竞争环境方面，未来的长三角地区发展将面临一个全方位、动态化、国际化的激烈竞争的环境。从企业层面来看，随着长三角地区经济国际化步伐的加快、一体化进程的深入，区域市场成为了国际市场的一部分，国内竞争也成为了国际竞争的一个有机组成部分。这使得长三角地区企业面临的竞争环境越来越复杂，竞争的对抗性越来越强，竞争内容的变化越来越快，竞争优势的可保持性越来越低，企业所面临的市场竞争也越来越具有全球竞争和动态竞争的特点。从地区层面来看，随着地区经济一体化、国际化的发展，要素和企业的流动性越来越强，地区制造业的集聚与反集聚也将比以往任何时候更加容易。一个地区如果有适合某一产业发展的良好环境，要素和企业就会向该地区流动，该地区就能够很容易、很迅速地成为该产业的产业集

---

① 姚先国、谢晓波：《长三角经济一体化中的地方政府竞争行为分析》，载《中共浙江省委党校学报》2004 年第 3 期。

聚点。而一旦该地区由于某种原因丧失了这种环境优势，或者其他地区（可能是区域内，也可能是区域外）形成了更强的环境优势，要素和企业也就会迅速抛弃该地区而转移到其他地区。在长三角经济一体化过程中，这种产业集聚流动障碍的降低，将引发地区间、国际间激烈的产业争夺，长三角需要认真思考如何吸引并留住需要的产业。

资源环境方面，未来的长三角地区发展将面临强烈的资源约束。改革开放以来，长三角地区经济取得了很大发展，但这种发展是建立在大量使用廉价劳动力、大量消耗廉价土地资源等的基础上，是以长三角地区成为中国人口最密集、能源消费密度最高、各种资源消耗最集中、工业和生活废弃物排放强度最大的地区为代价的。土地、能源、环境对长三角地区发展的制约不断强化，长三角地区的发展已经并将长期处于资源约束阶段，必须放弃传统的大规模消耗资源的经济发展模式。

（三）长三角地区区域竞争力的现状分析

区域竞争力是一个地区总体实力、增长动力与发展潜力的综合反映，其基本内涵可以概括为：与其他区域相比，一个地区在特定的社会经济制度和人文自然条件下，以提高市场占用率为目的，运用可调度资源所形成的创造增加值和国民财富的能力，参与国际国内市场竞争的能力，以及在一定发展水平的基础上持续增长的能力。[1] 区域竞争力的强弱直接关系到区域发展的速度、水平和后劲。

我们以经济实力、国际化水平、产业发展水平、科技与国民素质、发展环境五大要素来分析和对比长三角地区的区域竞争力，总体感觉长三角地区的竞争优势主要体现在持续高速的经济增长态势、坚实的制造业基础、增势强劲的开放型经济、迅速崛起的民营经济和快速提升的城市化水平等方面。而产业结构不合理、科技创新能力不强、资源环境紧约束，则是制约长三角地区竞争力提升的主要因素。

经济实力主要反映一个地区经济发展的总体水平，它包括 GDP

---

① 黄健：《提升苏南竞争力》，江苏人民出版社 2006 年版，第 6 页。

及增长率、人均 GDP、地方一般财政预算收入、固定资产投资、居民最终消费、居民收入和储蓄等指标（见表 8－1）。20 世纪 90 年代以来，长三角经济区连续十数年保持了全球领先的经济增长速度，成为"中国经济的发动机"。与其他发达地区相比较，长三角地区综合经济实力较强，但经济增长的质量和效益仍有待提高。在长三角地区的经济发展中，仍然存在速度与质量、效益不同步的问题，总体上还处在粗放型为主的增长阶段。

表 8－1　2004 年长三角各地区与部分发达地区经济实力比较

指标	苏南五市	浙江七市	山东八市	广东七市	上海市
地区生产总值（亿元）	9591.77	9013.98	10179.37	12189.17	7450.27
第一产业增加值（亿元）	284.15	632.42	888.42	371.83	96.71
第二产业增加值（亿元）	5734.76	5085.88	5846.56	6624.49	3788.22
第三产业增加值（亿元）	3572.86	3295.68	3444.39	5192.85	3565.34
第一产业比重（%）	3	7	8.7	3.1	1.3
第二产业比重（%）	59.8	56.4	57.4	54.3	50.85
第三产业比重（%）	37.2	36.6	33.9	42.6	47.85
人均生产总值（元）	42965	31360	25891	51295	55307
人均地方一般预算收入（元）	2813	2146	1191	—	8312
地方一般预算收入占 GDP 比重（%）	6.5	6.8	4.6	—	15
地方一般预算支出（亿元）	679.5	—	—	—	1395.7
人均地方一般预算支出（元）	3044	—	—	—	10361
人均固定资产投资（元）	21411	15767	13436	17590	22899
人均社会消费品零售额（元）	10893	8905	7202	16468	18222
城镇居民可支配收入（元）	12514	14876	10786	18437	16683
农民人均纯收入（元）	6544	6573	4479	6789	7066
人均居民储蓄（元）	23452	18698	12639	50788	45403
进入全国百强县个数（个）	12	24	14	6	3

注：苏南五市指苏州、无锡、常州、镇江、南京；浙江七市指杭州、宁波、湖州、嘉兴、舟山、绍兴、台州；山东八市指济南、青岛、淄博、东营、烟台、潍坊、威海、日照；广东七市指广州、深圳、佛山、珠海、东莞、中山、惠州。

资料来源：江苏省政府研究室关于提升苏南竞争力的调查研究报告，2005 年。

国际化水平主要反映参与国际分工合作的程度，包括进出口贸

易、外贸依存度、外商直接投资及增长率、境外投资、境外工程承包和劳务合作等指标（见表 8 - 2）。长三角地区的经济国际化水平一直很高，无论是外资、外贸还是外经都长期处于全国领先位置，经济国际化在长三角地区的外向型经济发展中起到了助推器、加速器的作用。

表 8 - 2 2004 年长三角各地区与部分发达地区国际化水平比较

指标	苏南五市	浙江七市	山东八市	广东七市	上海市
进出口总额（亿美元）	1560.42	748	522.31	3323.56	1600.26
出口（亿美元）	784.87	496.54	303.65	1761.15	735.2
外贸依存度（%）	134.7	68.7	42.5	225.7	177.8
实际利用外资（亿美元）	92.04	62.95	77.23	103.03	65.41
FDI 占固定资产投资比重（%）	15.9	11.5	12.1	20.4	17.6

资料来源：江苏省政府研究室关于提升苏南竞争力的调查研究报告，2005 年。

产业发展水平主要反映产业结构的层次及增长质量，包括第一、第二、第三产业增加值及增长率、三次产业比例、劳动生产率、高技术增加值占 GDP 比重、产业集中度等指标（见表 8 - 3）。长三角地区工业化水平较高，已经形成了具有相当规模和一定层次的产业体系，在世界制造业分工格局中也具有一定的影响。但长三角地区的产业发展也存在着技术水平不高、产业竞争度不高的问题。

表 8 - 3 2004 年长三角各地区与部分发达地区产业发展水平比较

指标	苏南五市	浙江七市	山东八市	广东七市	上海市
第二产业增加值（亿元）	5734.76	5085.88	5846.56	6624.49	3788.22
高新技术产业产值（亿元）	4986.9	—	—		3947.78
高新技术产业产值占工业总产值比重（%）	27.1	—	—		28.2

资料来源：江苏省政府研究室关于提升苏南竞争力的调查研究报告，2005 年。

科技与国民素质主要反映支撑经济发展的能力，包括学校数、在校生数、专利数、研发比重等指标（见表 8 - 4）。尽管长三角地区教育和科研力量雄厚，各类人才众多，高新技术开发区已经成为产业能

级提升的重要平台，但相对于经济的强劲增长，科技创新在长三角地区发展中的主导作用还不够突出。

表 8 – 4　2004 年长三角各地区与部分发达地区科技与国民素质比较

指标	苏南五市	浙江七市	山东八市	广东七市	上海市
普通高校（所）	76	73	—	—	59
普通高等学校在校学生（万人）	67.6	57.28	94.6	72.69	41.57
专利申请量（件）	14708	25300	18388	52201	20471
专利授权量（件）	—	15200	9733	31446	10625
研发经费支出占 GDP 比重（%）	1.6	0.84	—	—	2.29

资料来源：江苏省政府研究室关于提升苏南竞争力的调查研究报告，2005 年。

发展环境主要反映经济社会发展所需的配套环境。长三角地区城市化水平较高，城市功能完善，基础设施完备，社会保障体系初步建立，社会稳定，拥有良好的社会发展环境和高效政府。这些综合环境优势是长三角地区区域竞争力的有力保障。但与此同时，长三角地区资源环境问题突出，已经成为经济社会可持续发展的瓶颈。

表 8 – 5　2004 年长三角各地区与部分发达地区科技与国民素质比较

指标	苏南五市	浙江七市	浙江省	山东八市	山东省	广东七市	广东省	上海市
城市化率（%）	65.6	—	54	—	43.5		55	—
城镇登记失业率（%）	3.7	3.9	—	3	—	2.4	—	4.5
移动电话用户（万户）	1146.43	1750.55				4121.77		1306
高速公路通车里程（公里）	978			3033				
高速公路密度（公里/百平方公里）	3.5			1.9				

资料来源：江苏省政府研究室关于提升苏南竞争力的调查研究报告，2005 年。

（四）长三角经济一体化对地区竞争力的影响

长三角经济一体化是本区域经济发展的内在要求和必然趋势，经

济一体化将使长三角面临着一个收益与风险、机遇与挑战并存的发展环境。总的来看，经济一体化是长三角的一次难得的发展机遇，无论从长期还是从短期看对长三角地区的区域竞争力都有积极的推动作用。长三角面临的机遇大于挑战，可能的收益远高于风险损失，经济一体化对长三角区域竞争力的推动作用要大于制约影响。

第一，长三角经济一体化最直接的效应是充分发挥出经济一体化动态效应中的竞争效应。在经济一体化的动态效应中，竞争效应是最基本的一个方面。经济一体化的最基本意义就在于使经济体中实际或潜在的竞争增加，从而形成一个更具竞争性的经营环境。而市场参与者之间竞争性的增强，会使其在产品设计、服务方式、生产和销售体制以及许多其他方面都面对更多的实际或潜在的挑战，逼迫企业提高在研究与开发方面的投资，进行更有效率的生产，从而能够提高本地区企业的所有权优势。而且，经济体中实际或潜在的竞争增加，很可能会削弱一体化之前就存在的各种垄断势力，并将导致一体化区域中相似产品和服务出现更低的价格、更高的质量，为消费者提供更广泛的选择，从而提高消费者的福利。

第二，长三角统一市场的形成将为地区经济发展创造良好的发展环境。长三角经济一体化的本质是市场一体化，是区域共同市场的建立。长三角统一市场的形成，一方面将改善区域内的发展环境，使要素在区域内得以自由流动和合理配置，从而大大减少地区经济增长的代价和成本，提高地区经济发展的效率，并直接促进长三角地区区域竞争力的提高；另一方面，长三角统一市场作为一个扩大了的市场，会使区域内产业的规模经济和范围经济在长三角这个大范围内实现，长三角地区企业的竞争力所依托的不再是狭小的次区域市场，而将是整个长三角区域范围上的规模经济和范围经济，长三角地区企业的竞争力会在长三角经济一体化发展中迈上一个更高层次。巴拉萨（1966）以欧盟为对象的研究能够为我们的这一判断提供一个间接的佐证。巴拉萨的研究表明，单个企业规模效应的递增对于西欧和在其他区域一体化安排下的发达国家的企业来说是至关重要的竞争因素，它是欧盟从区域经济一体化中获得大量利益的源泉。

　　第三，长三角经济一体化的发展可能带来巨大的 FDI 创造效应。理论研究表明，经济一体化将刺激内部和外部投资者都增加在成员国的投资，这可能是因为生产者现在面临着一个经济上和地理上都更为庞大的市场，也可能是因为经济一体化减低了风险和不确定性从而刺激了投资。而且实证研究也证明，在既定的区域一体化协议下，FDI流入动态倾向于与一定程度经济一体化的积极改进相关联。

　　第四，长三角国际制造业基地建设将带动长三角地区竞争力的发展。制造业是长三角的优势产业和区域竞争力的主要来源。进入 21世纪以来，世界制造业向长三角地区转移的趋势日趋明朗，长三角已经并将继续成为国际制造业大规模转移的首选之地。抢抓国际资本和产业转移的机遇，加快建设国际性制造业基地，是长三角经济一体化的重要战略目标。然而，建设国际性制造业基地光靠江苏不行、光靠浙江不行、光靠上海也不行，必须依靠整个长三角区域。这是因为，成为国际制造基地的充分必要条件和前提在于，该区域不仅要成为世界制造业的成本"洼地"，而且要通过一个特大城市为该地区的制造业降低交易成本。只有整体上的"制造成本＋交易成本"水平最低，才能吸引世界各国的制造业投资者，才可能成为国际制造业基地。江苏、浙江的产业基础、产业层次只可能实现降低制造成本的功能，上海的基础、产业层次只可能实现降低交易成本的功能，江苏、浙江制造成本的优势只有依托整个长三角"制造成本＋交易成本"的降低才可能转化为现实的竞争力，长三角国际制造业基地的建设将带动区域竞争力的发展。

　　第五，经济一体化将给长三角带来产业结构调整的良好机遇，有利于长三角地区形成产业集聚发展的良好格局。在前面的分析中我们指出，由于经济一体化会使要素和企业的流动性越来越强，产业地区间转移越来越容易，长三角经济一体化过程中将出现一个产业布局在区域内重新洗牌的过程，制造业中各具体产业将会依据各地区优势流动到最切合本产业要求的地点集聚发展。这为长三角地区的产业结构调整提供了良好的机遇。长三角地区的产业基础好，有一批适合本地区特点的优势产业，也形成了一批较有影响的产业集群，在电子信

息、生物医药、光机电一体化、新材料等高新技术产业发展上也有较好的基础。长三角一体化过程中的产业洗牌，能够使长三角地区原有的优势产业、优势集群进一步强化，吸引一批适合本地区特点的产业在本地区集聚发展，并淘汰掉一部分劣势产业和本地区不适合发展的产业，实现产业结构的优化。

第六，上海国际经济、金融、贸易、航运中心的建设将对江苏、浙江经济的快速发展起到强大的推动作用，促进整个长三角区域竞争力的提升。上海建设国际经济、金融、贸易、航运中心的核心是服务产业的发展和经济服务功能与辐射功能的强化，这种产业升级过程对江苏、浙江的产业发展将会产生强有力的"牵引效应"，带动江苏、浙江的产业发展与产业升级。同时，上海建设国际经济中心的过程中也必然伴随着产业结构调整，上海将大力发展附加价值高的高新技术产业和现代服务业。随着上海产业调整升级的加快，将会强化江苏、浙江在制造业方面的优势。

四、强化长三角区域竞争力的政策建议

如果说中国是世界经济的亮点，长三角便是亮点中的亮点。长三角为我国国民经济整体保持 7%—8% 的 GDP 增长率和新一轮景气周期的形成，做出了不可忽视的贡献。无论从增长速度、创新能力、市场化水平、科技发展、人才素质、城市化水平等各方面考虑，长三角都在我国国民经济中充当着起拉动作用的"龙头"。长三角地区的发展，具有良好的基础和许多有利的条件，但也面临着巨大的压力和挑战。一方面，在改革开放的推动下，通过经济国际化和区域经济一体化，长三角地区已经具备了一定的国际竞争力，能够基本应对未来复杂而多变的国际竞争环境；但另一方面，对于长三角地区的区域竞争力而言，还存在着不少发展隐忧，这主要表现在以下几个方面：

第一，制造业名义高度化较快、实际高度化不足。长三角地区的产业高度化是通过利用外资、接受国际产业转移实现的，其主要表现有：制造业在 GDP 和工业中的比重较高；工业内部结构中，重加工

业呈现上升趋势，尤其是电子及通信设备制造业所占比重上升很快；出口商品结构中，机电产品正成为主导。随着外资特别是跨国公司快速、大规模地进入长三角地区，长三角地区的产业高度化提升速度很快。但就其实质，这种产业高度化仅仅是名义高度化，长三角地区工业结构的实际高度化依然不足，主要表现在：所谓技术密集型部门或机电产品在生产和出口中的比重上升，是依靠外资企业或"三来一补"实现的，国内企业主要承担的是劳动密集型加工组装工序；与国际比较，从上下游部门之间比例来看，长三角地区高加工度产业发展不足；相同部门内比较，与发达国家相比，长三角地区的产品附加价值较低，尤其是机械类工业增加值率明显偏低。

第二，外资控制下的加工贸易发展模式可能出现的"飞地效应"。长三角地区的外商投资是从 20 世纪 90 年代长三角地区积极参与全球产业循环后快速发展起来的，该地区外资导向的产业成长模式特征十分明显，电子、信息、精密机械等产业的成长都依赖于跨国公司的投资和跨国公司的全球网络，外资提供了技术、资金和国际市场，基本属于外资控制下的加工贸易。这种模式是发展中国家参与全球分工的捷径，但是这种产业成长有一个最大的隐患——外资企业可能出现的"飞地效应"，即随着当地劳动力成本优势的丧失外商投资会发生迁徙，正如目前马来西亚制造业出现的移空现象。而判断外资经济是否会真正成为"飞地经济"，主要依据有三个方面：一是跨国公司在当地的沉淀成本是否高，沉淀成本包括外资的投资规模、投资质量、技术转移水平等；二是当地配套产业的自主创新能力和技术进步能否跟上跨国公司技术进步的需要；三是当地的区位条件、制度条件、政府效率等产业发展的环境是否能始终具有优势。对比而言，长三角地区外商投资的沉淀成本不高。虽然长三角地区吸引外资的规模和质量都在提升，例如已有超过数百家的世界 500 强企业落户苏州、昆山、无锡等地，但是与这些企业在全球的规模相比，外商在长三角地区投资量还很小。以高新技术产业发展较为理想的苏州为例，虽然外资的进入使电子、信息、精密机械等高新技术产业迅速崛起，但是这些产业基本还处于劳动密集型和加工组装阶段，产业的技术水平和

关联度都不够高。外资的沉淀成本不高还与长三角地区的引资战略有关，前一阶段各个开发区都是依靠优惠政策的土地经营战略。比如，对投资巨大的外资企业采取免费送地的政策，有的同时还代建厂房，外资企业可以买也可以租，大大节约了成本，同时退出的成本也降低了。

第三，产业分工处于低端环节，升级困难。利润是考验一个国家和地区制造业是否强大和先进的重要指标。对现代产业价值链的研究表明，产业链利润呈现一个"V"字形，即所谓的微笑曲线。在这个曲线中，一头是研发、设计，另一头是销售、服务，中间是加工生产。一般而言，处在两头的产业利润率在 20%—25% 之间，而处在中间的加工生产产业的利润只有 5%。而我们的企业在全球产业价值链中正处于加工生产的地位，已经有舆论将我们的企业比做"国际民工"。以劳动力资源的比较优势参与国际分工，必然处于被支配的地位，具有相当的脆弱性和不稳定性，具体表现在两个方面：一是加工贸易的易转移性和国外进口商对国际市场的垄断力，加剧了国内出口商品生产和经营者以价格为主要手段的竞争；二是收益分配的微薄性，加上欧美等发达国家的贸易壁垒、其他一些发展中国家的挤压和国内各地的无序竞争，进一步加剧了这些特性。更为严重的是，可能因对跨国公司和 FDI 的过度依赖，出现我国比较优势被锁定，致使产业技术水平长期低端化的后果。

21 世纪头 20 年，是一个必须紧紧抓住并大有可为的重要战略机遇期。长三角在我国未来经济发展战略中的作用就是代表国家参与国际竞争。长三角地区能否继续充当起带动整个国家经济快速增长的发展极，能否继续成为我国技术创新和制度创新的源头，取决于我们能否把握住以及怎么把握住这个重要战略机遇期。

第一，必须从战略高度把握经济一体化对长三角地区带来的重大发展机遇。回顾长三角地区的经济发展历程，实践证明，只有抢抓机遇，全面融入国际分工体系，才能充分利用好"两个市场"和"两种资源"，才能在国际竞争中发挥自己的优势，实现快速发展。以苏南地区为例，改革开放以来，苏南抓住了三次难得的发展机遇，实现

了跨越式发展，经济社会发展水平连上台阶。改革开放之初，苏南抓住了工业化的机遇，抓住了发展乡镇企业的机遇，创造出闻名遐迩的苏南模式，带动了20世纪80年代江苏经济的快速发展。20世纪90年代中期，在苏南模式面临困境时，抓住了所有制改革的机遇，冲破了姓"公"姓"私"的束缚，通过经济结构调整与所有制结构调整的联动，苏南发展实现了由量的扩张到质态提高的跃升。20世纪末，苏南又抓住了国际产业资本转移的机遇，开创了以外促内、内外互动的经济国际化发展道路，经济发展再上一个台阶。不仅是对苏南地区，对长三角地区整体而言，经济一体化就是一个重大的发展机遇，抓住机遇，就能抢占制高点，实现跨越式发展；抓不住机遇，就有可能陷入经济发展中的"拉美陷阱"。能不能抓住这个机遇，能不能抓好这个机遇，取决于我们以什么样的态度对待长三角一体化。我们不能因目前长三角一体化水平低、区域间竞争性高于合作性，就只顾争夺利益，而放弃去创造和共享利益。我们应该看到，假以时日，长三角一体化所创造的利益和可共享的利益要远大于眼前争夺的利益。因此，我们必须从全球经济一体化给长三角带来重大发展机遇的战略高度，全面推动长三角一体化，率先发展长三角一体化。

第二，必须加快促使长三角从行政板块走向经济板块。从我国改革开放的发展趋势看，行政区经济必然走向经济区经济。行政区经济走向经济区经济，是在分工协作基础上推进整体协调发展的过程。对局部行政区域而言，资源重新优化配置可能有得有"失"，然而最终的结果是整体利益与局部利益的共赢。长三角是中国经济发展速度最快、经济总量规模最大、内在潜质最佳、发展前景被普遍看好的首位经济核心区，也是中国在经济全球化过程中率先融入世界经济的重要区域。因此，长三角的经济发展格局必须从"行政板块"向"经济板块"转化，加快形成以上海为龙头的一体化的长三角经济区。对长三角来说，实现一体化关键在于两方面：一是上海能否建设成为具有洲际意义甚至全球意义的国际性大都市，二是作为区域中心城市的上海与作为长三角发展腹地的周边城市能否在发展的维度（产业、社会、环境）和制度的维度（理念、体制、技术）等方面形成整合。

这是因为，在全球性大都市连绵带的培育和发展中，脱离区域腹地单独发展国际城市是不可能的；脱离龙头城市单独发展国际区域也是不可能的。上海应该有强烈的服务腹地意识和融入区域意识。对于周边腹地地区，应该有强烈的接轨意识和区域整合意识，主动瞄准上海、与上海接轨，以全球化眼光重新审视自己的角色，重新考虑城市的功能定位和产业布局。

第三，理顺长三角经济一体化进程中的政府与市场的关系。一体化的关键是利益协调。通过对改革开放以来的长三角经济一体化发展历程的考察，我们可以发现，市场和政府两种力量一直在共同发挥作用。其中市场的力量起到了主导的作用，在对长三角进行资源重新配置和推动区域经济发展方面，市场的整合力量要比政府的整合力量更为有效。而政府对一体化进程起到的作用，既有正面的，也有负面的，其关键在于政府能否找到区域利益的平衡点。实际上，地方政府之间很少存在利益上的共同体，政府推动的长期规划往往缺少现实性，很难形成长三角整合发展的动力。目前阻碍长三角一体化的因素很多，其中行政区划的条块分割只是表象，根源在于利益机制的不协调。市场经济本身就是利益主导的经济，离开了利益分配而空谈区域合作，无疑是"纸上谈兵"。目前长三角的政府和企业都有各自的利益选择，因而造成形形色色的区域利益冲突和发展壁垒。因此，协调政府与市场、企业的关系，对长三角今后的一体化进程尤为重要。市场和政府两股推动力量，不仅应该是相互依存、相互促进的，而且还应该形成合力来共同推动长三角经济联动发展。今后，长三角的经济合作应主要依靠市场对于资源的配置能力以及由市场主导的经济合作，政府则应着力于完善市场体系、制定市场规划、引导市场准入以及构建大区域化的基础设施网络。就当前来讲，政府力量对长三角经济联动发展的协调作用是不容忽视的。产业结构雷同现象一定程度上与市场失灵有关，这就必须强调政府作用的发挥。珠三角与长三角相比，之所以利益协调，其中一个原因在于珠三角完全属于广东省，调控起来比较简单，这也从侧面说明政府协调的必要性。从长远看，长三角的整合应当由市场力量来推进。但由于目前我们仍处在市场机制

还不完善的转型时期，政府的推动也是十分必要的。因此目前长三角的政府协调机制，不但不可缺少，而且还需加强。

第四，抢抓国际资本和产业转移的机遇，加快建设国际性制造业基地。长三角地区的优势在制造业。抢抓国际资本和产业转移的机遇，建设国际性制造业基地，是长三角地区紧紧抓住 21 世纪头 20 年这一重要战略机遇期，实现加快发展的战略举措，是长三角地区进一步融入国际产业分工体系，实现地方生产体系和全球生产体系对接，充分利用国际市场和国际资源加快发展的必然选择。长三角地区国际性制造业基地建设应以高新技术为先导、优势传统产业为支撑、现代物流为配套。要坚持实施价值链引资战略，眉毛胡子一把抓、空间扎堆型引资尽管见效快，但是没有前途的。实施价值链引资意味着，在产业选择上应该将具有较多的技术上可分的价值增值环节的产业作为促进产业集群形成和发展的目标产业。因为降低交易费用，促进分工发展是产业集群形成和发展的原动力，因此某一产业越具有分工细化的可能就越有可能产生集群化发展的趋势。而且分工细化还能降低最低资本的要求，有利于小企业的发展，推动集群的发展。此外，选择的产业还应该是在本地区具有良好发展基础的产业，这样可以为产业集群的形成和发展提供很好的价值链配套基础。在引资重点上，首先要把引进与现有产业具有前后向联系的外资作为引资的重点。这是因为，前后向联系的存在为相关企业提供了产品市场和投入品的来源，节约了运输费用。而且，收益远非节约运输费用一点。相关企业在地理位置上的接近有利于它们之间的交流，协调生产安排，在技术创新上保持一致，有利于技术创新；有利于建立彼此信任的关系，节约签约成本和监督成本，从而节约交易费用。此外，交易费用的下降又会促进分工的发展，获取分工的收益。我们应该认识到，价值链引资是动态的概念，也就是说，新投资的外资也应作为本地已有产业，把与之在价值链上有前后向联系的产业作为引资的重点。这样，我们可以发现，随着引资工作的深入，引资的目标产业会越来越多。其次要重视新产业群的培育，要把具有发展前途、易于形成产业集群的新产业作为引资的对象，要注意在引资中贯彻"价值链引资"的思想，把

重点放在与之有产业联系的产业引资上。应特别重视国际大品牌跨国公司的引进，引进跨国公司生产基地及地区总部、研发机构，促使跨国公司在长三角落地生根。应充分利用产学研技术创新资源，积极探索整合智力资本与社会资本的新机制，加快建立以企业为主体、科技与经济一体化的技术创新体系和运行机制。

第五，要增强自主创新能力，促进产业结构升级。实现独立自主的新型工业化，并不排斥引进技术和利用外资。在经济全球化时代，任何国家和地区都不可能封闭起来发展，只有充分利用科技要素全球流动的机遇，加强引进技术基础上的消化、吸收和创新，才能把利用外资、引进技术与实现我国技术的自主创新、产业结构优化升级统一起来。首先要加快建立以企业为主体、市场为导向、产学研相结合的技术创新体系，加大研究开发资金投入，培养企业独立的技术创新能力，实现"中国制造"向"中国创造"的跃升。其次要大力推进科技成果向规模产业转化，强化科技成果转化资金的引导作用，继续在关键领域启动实施一批重大科技成果转化项目，进一步吸引国内外重大科技成果向长三角集聚，突破一批影响高新技术产业发展的重大关键技术并实现产业化，培育具有自主知识产权的高新技术产业，加速科技成果产业化。第三要更加注重在引进消化吸收基础上的再创新，把加强引进消化吸收再创新作为提高自主创新能力和产业竞争力的关键措施。充分利用各类开发区尤其是高新技术开发区的载体功能，在更高层次上引进国外先进技术，在更广领域内加速二次创新，实现技术进步和经济发展的新跨越。

第六，着眼于地方性分工协作网络的建设，强化产业集群的植根性。在长三角地区制造业发展过程中，产业集聚是其中的一个亮点。自发成长型产业集聚是长三角地区产业集聚的主要类型，一般都是依托历史较为悠久的传统产业或本地优势资源，逐渐形成专业化分工与协作的格局，逐步演进为具有综合优势的产业集群。外资带动型产业集聚，是长三角地区产业集聚中发展最快的类型。这部分产业集群，具有资本密集、技术先进、规模较大、管理先进和专业化程度较高等特点，是长三角地区产业升级和高新技术产业发展的主要依托，对长

三角地区制造业发展的重要性日益凸显。然而，长三角地区的外资带动型产业集聚发展中存在着一个普遍的问题：产业集群的根植性弱。这是由于长三角地区的地方性分工协作网络发展不充分，对外资带动型产业集聚的配套能力弱，有配套能力的也多是由外资形成的，地方企业的配套能力较差。这意味产业集聚与地方产业、地方经济的联系不密切，产业集聚无根，很容易从本地区整体迁移出去。从国际上产业集群发展的经验看，"嵌入性"或"根植性"是产业集群能够取得成功和持久发展潜力的关键。这意味着，不仅当地的特色物质资源成为集群发展的基础，其特有的历史社会文化资源也将被整合到产业集群的资源体系之中，根植性好的企业集群还会表现为一种区域品牌。长三角地区要想长久地留住这些产业集聚，必须强化产业集群的根植性。应从地方性分工协作网络建设着手，提升地方产业对集群的配套能力。一方面围绕产业集群龙头企业加强配套企业建设，另一方面以完善的配套企业吸引产业集群龙头项目，特别是跨国公司龙头项目，积极营造良性互动的配套环境，引导企业积极加入产业集群的生产体系和贸易网络。同时，政府要加强由中介服务机构、科技服务机构、教育培训机构组成的社会化服务体系的建设，为产业集群提供良好的制度环境。政府要主动地帮助产业集群进行技术创新，促进集群形成有深厚技术创新能力支撑的区域品牌，弱化集群的流动能力。

第七，强化城市的节点作用，提高城市的吸引力与辐射力。加快城市化进程，增强城市节点功能是地区经济发展的重要载体。随着城市的发展，它可以通过自己的节点作用和扩散效应，带动周围地区的社会经济发展。费孝通教授曾指出，像农村发展需要小城镇一样，小城镇的发展也需要中等城市。一个区域的发展，不能没有中心城市的带动。城市可以对周边农村地区发挥的辐射和带动作用，是广大农村地区的发展不可或缺的。因此，加快长三角地区城市化的进程，增强城市的要素集聚能力，建设具有带动周围农村联动发展能力的区域中心城市，既是区域经济发展的需要，也是防止强中心城市的回波效应所引致的区域产业空心化的需要。当然，加快长三角地区的城市化发展，绝不是简单的人口集聚和规模扩张，也不是单纯的工农业生产

的增加，更主要的是自身经济、政治、文化辐射功能的增强，以及由此引起的公共服务功能的强化。因此，长三角地区的城市化发展，不仅要加强有形商品市场的建设，更要加强要素市场建设；不仅要加快港口、道路等硬环境的建设，更要争取政策、制度等软环境的优化；不仅要注意人居环境的改善，更要注意全方位开放形象的树立；不仅要增强中心城市的节点功能，更要构筑配套的多层次的区域城镇体系。

参考文献

1. 张小济、张琦：《欧盟欠发达成员国参与经济一体化的经验和启示》，载《国际贸易》2004 年第 1 期。

2. 刘志彪：《长三角区域合作建设国际制造中心的制度设计》，载《南京大学学报》2005 年第 1 期。

3. 范剑勇：《长三角一体化、地区专业化与制造业空间转移》，人大复印资料《城市经济、区域经济》2005 年第 2 期。

4. 浙江省企业调查队课题组：《从企业迁移看浙、沪、苏投资环境的差异》，载《浙江经济》2004 年第 24 期。

5. 姚先国、谢晓波：《长三角经济一体化中的地方政府竞争行为分析》，载《中共浙江省委党校学报》2004 年第 3 期。

6. 刘志彪：《长三角区域合作建设国际制造中心的制度设计》，载《南京大学学报》2005 年第 1 期。

7. 方勇、张二震：《长三角跨国公司主导型产业集聚研究》，载《世界经济研究》2006 年第 10 期。

8. 张二震、方勇：《长三角一体化与苏南竞争力》，载《江海学刊》2005 年第 5 期。

9. 雅克·佩克曼斯：《欧洲一体化：方法与经济分析》（第二版），中国社会科学出版社 2006 年版。

10. 张二震、马野青、方勇等：《贸易投资一体化与中国的战略》，人民出版社 2004 年版。

11. 黄健：《提升苏南竞争力》，江苏人民出版社 2006 年版。

12. 周振华：《论长三角走向共赢的区域经济整合》，载《社会科学》2002 年第 6 期。

（执笔：方勇）

第九章　服务业开放与长三角现代生产者服务业的发展

　　自 20 世纪 60 年代初起，世界主要发达国家经济重心开始转向服务业，服务业占其国内生产总值比重不断加大。1980—2005 年间，全球服务业增加值占 GDP 比重由 56% 上升到 68%，主要发达国家达到 71%，中等发达国家达到 61%，低收入国家达到 43%。全球服务业就业比重也稳步提高，其中西方发达国家服务业就业比重达到 70% 左右，发展中国家也已达到 40% 以上。全球经济呈现出从"工业型经济"向"服务型经济"转型的总趋势（厉无畏、王慧敏，2005）。全球产业服务化的突出表现之一是生产者服务业在世界范围内迅速崛起，并且呈现出持续快速发展的态势。生产性服务业已经成为发达国家经济的支柱产业，比如美国生产性服务业增加值占其 GDP 的比重超过 48%，其他发达国家情况也大体类似。尤其值得注意的是，发达国家服务业结构和业态也发生了翻天覆地的变化，其中现代服务业成为技术、知识密集型产业的典型，不仅在广泛运用现代信息技术等成果和充分培育运用人力资源方面占据领先地位，而且事实上也成为现代产业链、价值链和创新链的高端环节。因此，服务业全球化的不断发展将是未来全球经济发展的趋势，标志着经济全球化

进入新的发展阶段。从发达国家来看，1970—1986 年间，美国服务业产值和就业分别增长了 91.0% 和 85.3%，生产者服务业分别增长了 173.3% 和 200.8%（Hansen，1990）。加拿大生产性服务行业在国内总产值中所占的份额在 1961—1986 年间增加了 20%，已成为服务部门中最大的组成部分，也是增长最快的组成部分（格鲁伯、沃克，1989）。日本 FIRB（金融业、保险业、房地产业和商务服务业）就业人数在 1984—1995 年间增长了 44.9%，占总体就业人数的比重增长了 30.0%。从发展中国家来看，韩国和新加坡生产者服务业增长十分迅速，FIRB 就业人数在 1984—1995 年间分别增长了 226.5% 和 132.5%，占总体就业人数的比重分别增长了 128.6% 和 73.3%。同一时期菲律宾的生产者服务业也有一定的增长，FIRB 就业人数及其占总体就业人数的比重分别增长了 48.9% 和 10.5%。

关于生产者服务的范围界定，学者们提出了多种划分办法。Machlup（1962）明确地提出生产服务的概念，认为生产服务业是产出知识的产业。此后，不少学者在功能、特征等方面描述了生产者服务业所涵盖的类型。Browning 和 Singelman（1975）按服务的功能将服务业划分为流通服务、生产者服务、社会服务和个人服务，其中生产者服务业包括金融业（银行、信托、保险等）、房地产业、工程和建筑服务业、会计和出版业、法律服务以及其他营业服务。加拿大学者克鲁伯和沃克（1989）认为，生产者服务与直接满足最终需求的消费者服务相对，是指那些为其他商品和服务的生产者用作中间投入的服务。Juleff（1989）认为生产者服务业是与商务相关的信息密集型或人力资本密集型行业，其主要功能在于为客户企业的生产过程提供中间投入，以确保生产融资和运营效率。Marrtinelli（1991）指出，生产者服务业包括与资源分配和流通相关的活动（如银行业、金融业、工程、猎头、培训等），产品和流程设计及与创新相关的活动（如研发、设计、工程等），与生产组织和管理本身相关的活动（如信息咨询、信息处理、财务、法律服务等），与生产本身相关的活动（如质量控制、维持和后勤等），以及与产品推广和分销相关的活动（如运输、市场营销、广告等）。刘志彪（2006）指出，被世界各国

广为接受的是基于功能的分类体系，服务业被分成四大类，即分销服务（Distributive Services）、生产者服务、消费者服务和社会公共服务（Social Services）或政府服务（Government Services）。鉴于与我国年鉴资料的统计口径相对应以及本章的研究需要，本章所指的生产者服务业主要包括交通运输仓储及邮电通信业、金融业、房地产业、租赁和商务服务业、计算机服务和软件业、科学研究和综合技术服务业。从中国的统计资料来看，交通运输仓储及邮电通信业、金融保险业、房地产业、科学研究与综合技术服务业这四个生产者服务业部门①的增加值在1990—2005年间增长了899.7%，同一时期上述部门的就业人数增长了35.2%。而我国东部长三角16个城市的经济发展水平相对较高，生产者服务业发展也居全国前列。仅以上海2006年为例，当年生产者服务业增加值占GDP的比重为23%，而全国平均水平约为21%。

一、长三角地区生产者服务业与
制造业关系的实证分析

Kutscher（1983）认为，无论是生产企业内部还是外部独立企业所提供的生产者服务的增长，对扩大劳动分工、提高生产率和人均收入都起到重要作用。Hansen（1990）研究指出，在日益加强的信息导向的经济中，生产者服务业通过与产品生产和其他服务活动的复杂联系，在扩大劳动分工、提高生产率方面发挥了很大作用；同时，生产者服务业的出口或外销也加速了区域的发展。Riddle（1986）认为，服务业是促进其他部门增长的过程产业，是经济的黏合剂，是便于一切经济交易的产业，是刺激商品生产的推动力。顾乃华等（2006）归纳出目前四种论述生产者服务业与制造业关系的观点，即

---

① 《中国统计年鉴》将信息咨询服务业和计算机应用服务业归入社会服务业，因此无法得到这两个细分行业的增加值和就业人数。若将这两个行业加入，生产者服务业增加值和就业人数的增长可能会更迅速。

"需求遵从论"、"供给主导论"、"互动论"和"融合论"。需求遵从论者认为制造业是生产者服务业发展的前提和基础，服务业发展处于一种需求遵从地位，服务业的发展是通过制造业的扩展引致发展的。供给主导论者认为生产者服务业是制造业生产力提高的前提和基础，按照奥地利学派的观点，生产者服务业的发展可以提高社会的分工程度和劳动效率，通过迂回生产延长产品生产链条，制造业企业将服务业外包给生产性服务行业，可以降低其经济运行的交易成本，从而提升企业的核心竞争力。互动论者认为生产者服务业和制造业部门表现为相互作用、相互依赖、共同发展的互动关系（陈宪，2004）。融合论认为目前生产者服务业和制造业的边界越来越模糊，两者出现了融合趋势（周振华，2003）。实际上，"互动论"和"融合论"实质上都是反映这样一个趋势：第二产业和第三产业的发展是互为依赖的，原来属于第二产业的某些生产性服务功能，随着分工的发展，理性的公司追求交易成本的降低和规模报酬的效果，逐步将其外包出去。所以，实际上"互动论"和"融合论"是对这一现象的不同表述而已，本章将两者统一起来归纳为"互动融合论"。

（一）模型假设

根据上述提到的生产者服务业和制造业关系的假说，我们利用长三角地区的数据实证分析这些假说的适用性。

按照需求遵从论的观点，制造业的发展能够促进生产者服务业的发展，因为制造业的发展能够创造出对生产者服务业的需求。换句话说，制造业的发展是生产者服务业发展的原因，生产者服务业的发展是制造业发展的结果，反过来结论不成立。

假说 1：若生产者服务业与制造业间的关系遵从需求论的观点，则制造业发展是生产者服务业发展的原因，而生产者服务业的发展不是制造业发展的原因，即存在单向的制造业对生产者服务业的因果关系。

按照供给主导论的观点，生产者服务业的发展能够促进制造业发展，因为生产者服务业的发展，其生产效率的提高，可以使制造业外包的服务业务成本降低，从而提高制造业的效率和利润。但反过来，

制造业的发展并不能必然导致生产者服务业效率的提高。

　　假说 2：若生产者服务业与制造业关系遵从供给论的观点，则生产者服务业发展是制造业发展的原因，而制造业的发展不是生产者服务业发展的原因，即存在单向的生产者服务业对制造业的因果关系。

　　按照互动论和融合论的观点，生产者服务业的发展能够促进制造业发展，反过来，制造业发展也能够促进生产者服务业的发展，即两者之间是互相依赖，存在双向因果关系。

　　假说 3：若生产者服务业与制造业的关系遵从互动论和融合论，则两者之间存在双向的互为因果关系。

（二）变量的选择及其统计性描述

　　考虑到长三角 16 个城市数据的可得性，本章实证分析利用第二产业的 GDP 作为制造业发展的替代变量。第三产业包括生产者服务业、消费性服务业以及政府提供的公共服务①，由于长三角地区《统计年鉴》中缺乏第三产业的详细分类数据，无法将消费性服务业（如商业零售、旅游产业）、政府提供的公共服务从第三产业中分离出来，故本章利用第三产业的 GDP 作为生产者服务业发展的替代变量。我们利用长三角 16 个城市 1980—2006 年的时间序列数据进行实证分析。sh 代表上海市，同时，其后所跟的数字 2 和 3 分别代表第二产业和第三产业。sz 代表苏州市，wx 代表无锡市，hz 代表杭州市，nb 代表宁波市，sx 代表绍兴市，jx 代表嘉兴市，tz 代表台州市，huzhou 代表湖州市，zshan 代表舟山市，yzhou 代表扬州市，nanj 代表南京市，chzhou 代表常州市，zj 代表镇江市，nt 代表南通市，tzhou 代表泰州市②。我们统一选取各变量自然对数值，表 9 - 1 是各变量的统计性描述。

---

　　① 在我国，政府提供的公共服务占第三产业的比重还较低。比如 2005 年，生产者服务业产值占第三产业产值近 50% 的比重，而政府提供的公共服务占不到 20% 的比重。

　　② 1996 年 8 月，泰州市升格为地级市，将扬州市代管的泰兴、姜堰、靖江、兴化 4 市划由泰州市代管。所以泰州地区 1996 年之前的数据均为上述四市加泰州之和。

表 9 - 1　变量的统计性描述

变量	样本量	均值	标准误差	最小值	最大值
ln$sh2$	27	16.02991	1.018538	14.6746	17.7332
ln$sh3$	27	15.55039	1.503581	13.3953	17.7752
ln$sz2$	27	14.76636	1.553337	12.38212	17.26628
ln$sz3$	27	13.92887	1.821052	11.12726	16.57186
ln$wx2$	27	14.5999	1.409764	12.43269	16.79547
ln$wx3$	27	13.75126	1.839617	11.01881	16.36496
ln$hz2$	27	14.46633	1.449082	12.33024	16.67312
ln$hz3$	27	14.04206	1.714231	11.1766	16.55252
ln$nb2$	27	14.35874	1.507646	11.95376	16.57292
ln$nb3$	27	13.65206	1.773264	10.87805	16.25707
ln$sx2$	27	13.81601	1.654709	11.10944	16.13658
ln$sx3$	27	13.04542	1.730028	10.40013	15.54142
ln$jx2$	27	13.65526	1.492156	11.23453	15.90268
ln$jx3$	27	12.96283	1.626498	10.39513	15.32052
ln$tz2$	27	13.46538	1.689104	10.79549	15.8724
ln$tz3$	27	13.05821	1.705921	10.37972	15.57067
ln$huzhou2$	27	13.11766	1.48245	10.80324	15.2864
ln$huzhou3$	27	12.491	1.547768	10.0836	14.77279
ln$zshan2$	27	11.87029	1.278764	9.745956	14.1373
ln$zshan3$	27	11.90864	1.473851	9.460943	14.24521
ln$yzhou2$	27	13.56789	1.357562	11.24374	15.64167
ln$yzhou3$	27	12.89938	1.592047	10.28534	15.16358
ln$nanj2$	27	14.34643	1.275772	12.48221	16.43582
ln$nanj3$	27	13.97656	1.532959	11.41727	16.39421
ln$chzhou2$	27	13.96996	1.294323	11.8687	16.0689
ln$chzhou3$	27	13.09154	1.63746	10.49172	15.51753
ln$zj2$	19	14.25363	0.964225	12.63265	15.63972
ln$zj3$	19	13.62635	1.1789	11.6492	15.10703
ln$nt2$	19	14.63254	0.92114	13.1637	16.10298
ln$nt3$	19	14.06168	1.1228	12.2390	15.616
ln$tzhou2$	17	14.28578	0.75704	12.73743	15.58252
ln$tzhou3$	17	13.76223	0.93422	11.87694	14.98402

　　资料来源：长三角 16 个城市各期《统计年鉴》、各期《江苏统计年鉴》、各期《浙江统计年鉴》。

按照模型的假设思路，本实证分析采用 Granger 因果关系检验方法。其原理如下：如果存在两个时间序列 Y_t 和 X_t，则有如下向量自回归方程：

$$Y_t = \alpha_0 + \sum_{i=1}^{n} Y_{t-i} + \sum_{i=1}^{n} X_{t-i} + \mu_{1t} \qquad (9.1)$$

$$X_t = \beta_0 + \sum_{i=1}^{n} X_{t-i} + \sum_{i=1}^{n} Y_{t-i} + \mu_{2i} \qquad (9.2)$$

对于方程（9.1）而言，若拒绝 X_{t-i} 前的系数全为 0 的原假设，则可以说 X_t 是 Y_t 的 Granger 原因；同理，对于方程（9.2）而言，若拒绝 Y_{t-i} 前的系数全为 0 的原假设，则可以说 Y_t 是 X_t 的 Granger 原因。若两个方程都拒绝原假设，则可以说明 Y_t 和 X_t 互为 Granger 因果关系；若任意一个原假设被拒绝，则存在单项的 Granger 因果关系；若两个方程的原假设都没有被拒绝，则说明两者之间不存在 Granger 因果关系。

若通过实证发现，长三角某地区的第二产业和第三产业之间存在互为因果的关系，则假说 3 的互动和融合论成立；若第二产业是第三产业单方向的 Granger 原因，则假说 1 需求遵从论成立；若第三产业是第二产业的单方向 Granger 原因，则假说 2 供给主导论成立。

表 9 – 2　变量 ADF 检验结果

变量	形式	统计量	1%	5%	10%
ln$wx2$	$(C, T, 1)$	− 2.584	− 4.380	− 3.6000	− 3.240
iln$wx2$	$(C, N, 1)$	− 3.406**	− 3.750	− 3.000	− 2.630
ln$wx3$	$(C, T, 1)$	− 1.805	− 4.380	− 3.6000	− 3.240
iln$wx3$	$(C, N, 2)$	− 2.650***	− 3.750	− 3.000	− 2.630
ln$sz2$	$(C, T, 1)$	− 2.874	− 4.380	− 3.600	− 3.240
iln$sz2$	$(C, N, 1)$	− 3.345**	− 3.750	− 3.000	− 2.630
ln$sz3$	$(C, T, 1)$	− 2.162	− 4.380	− 3.600	− 3.240
iln$sz3$	$(C, N, 1)$	− 2.982***	− 3.750	− 3.000	− 2.630
ln$sh2$	$(C, T, 1)$	− 3.042	− 4.380	− 3.600	− 3.240
iln$sh2$	$(C, N, 1)$	− 2.879***	− 3.750	− 3.000	− 2.630

续表

变量	形式	统计量	1%	5%	10%
ln$sh3$	$(C, T, 1)$	-2.015	-4.380	-3.600	-3.240
iln$sh3$	$(C, N, 1)$	-2.644^{***}	-3.750	-3.000	-2.630
ln$hz2$	$(C, T, 2)$	-2.692	-4.380	-3.600	-3.240
iln$hz2$	$(C, N, 1)$	-5.366^{*}	-3.750	-3.000	-2.630
ln$hz3$	$(C, T, 1)$	-1.479	-4.380	-3.600	-3.240
iln$hz3$	$(C, N, 1)$	-3.310^{**}	-3.750	-3.000	-2.630
ln$nanj2$	$(C, T, 1)$	-3.340^{***}	-4.380	-3.600	-3.240
ln$nanj3$	$(C, T, 1)$	-3.318^{***}	-4.380	-3.600	-3.240
ln$chzhou2$	$(C, T, 3)$	-2.766	-4.380	-3.600	-3.240
iln$chzhou2$	$(C, T, 1)$	-3.634^{**}	-4.380	-3.600	-3.240
ln$chzhou3$	$(C, T, 1)$	-2.618	-4.380	-3.600	-3.240
iln$chzhou3$	$(C, N, 1)$	-2.639^{***}	-3.750	-3.000	-2.630
ln$nb2$	$(C, T, 5)$	-0.666	-4.380	-3.600	-3.240
iln$nb2$	$(C, N, 1)$	-2.706^{***}	-3.750	-3.000	-2.630
ln$nb2$	$(C, T, 1)$	-1.177	-4.380	-3.600	-3.240
iln$nb2$	$(C, N, 1)$	-2.635^{***}	-3.750	-3.000	-2.630
ln$sx2$	$(C, T, 3)$	-0.931	-4.380	-3.600	-3.240
iln$sx2$	$(C, N, 1)$	-2.655^{***}	-3.750	-3.000	-2.630
ln$sx3$	$(C, T, 2)$	-1.896	-4.380	-3.600	-3.240
iln$sx3$	$(C, N, 1)$	-2.945^{***}	-3.750	-3.000	-2.630
ln$jx2$	$(C, T, 5)$	-0.489	-4.380	-3.600	-3.240
iln$jx2$	$(C, N, 1)$	-3.229^{**}	-3.750	-3.000	-2.630
ln$jx3$	$(C, T, 2)$	-2.862	-4.380	-3.600	-3.240
iln$jx3$	$(C, T, 5)$	-5.586^{*}	-3.750	-3.000	-2.630
ln$tz2$	$(C, T, 2)$	-1.253	-4.380	-3.600	-3.240
iln$tz2$	$(C, N, 1)$	-3.532^{**}	-3.750	-3.000	-2.630
ln$tz3$	$(C, T, 1)$	-1.416	-4.380	-3.600	-3.240
iln$tz3$	$(C, N, 1)$	-3.068^{**}	-3.750	-3.000	-2.630
ln$huzhou2$	$(C, T, 2)$	-1.596	-4.380	-3.600	-3.240
iln$huzhou2$	$(C, N, 1)$	-3.424^{**}	-3.750	-3.000	-2.630
ln$huzhou3$	$(C, T, 2)$	-1.592	-4.380	-3.600	-3.240
iln$huzhou3$	$(C, N, 1)$	-3.123^{**}	-3.750	-3.000	-2.630
ln$zshan2$	$(C, T, 5)$	-1.429	-4.380	-3.600	-3.240
iln$zshan2$	$(C, N, 1)$	-3.158^{**}	-3.750	-3.000	-2.630

续表

变量	形式	统计量	1%	5%	10%
lnzshan3	(C, T, 3)	-1.789	-4.380	-3.600	-3.240
ilnzshan3	(C, N, 1)	-3.157**	-3.750	-3.000	-2.630
lnyzhou2	(C, T, 4)	-1.069	-4.380	-3.600	-3.240
ilnyzhou2	(C, N, 1)	-2.416	-3.750	-3.000	-2.630
iilnyzhou2	(C, N, 1)	-4.429*	-3.750	-3.000	-2.630
lnyzhou3	(C, T, 1)	-2.178	-4.380	-3.600	-3.240
ilnyzhou3	(C, N, 1)	-2.515	-3.750	-3.000	-2.630
iilnyzhou3	(C, N, 1)	-3.443**	-3.750	-3.000	-2.630
lnzj2	(C, T, 3)	-8.939*	-4.380	-3.600	-3.240
lnzj3	(C, T, 3)	-3.293***	-4.380	-3.600	-3.240
lnnt2	(C, T, 1)	-3.625**	-4.380	-3.600	-3.240
lnnt3	(C, T, 1)	-4.368*	-4.380	-3.600	-3.240
lntzhou2	(C, T, 2)	-1.271	-4.380	-3.600	-3.240
ilntzhou2	(C, N, 1)	-2.939***	-3.750	-3.000	-2.630
lntzhou3	(C, T, 1)	-1.957	-4.380	-3.600	-3.240
ilntzhou3	(C, N, 3)	-3.049**	-3.750	-3.000	-2.630

注：在检验形式中，i 表示变量一阶差分，ii 表示变量二阶差分；检验形式（C, T, L）中的 C, T, L 分别表示模型中的常数项、时间趋势项和滞后阶数；滞后阶数依据 AIC[①] 准则选取。*代表在 1% 水平上显著，**代表在 5% 的水平上显著，***代表在 10% 水平上显著。

在单位根检验中，若发现时间序列变量平稳，则可以进行 Granger 因果关系检验，以确定该特定地区的第二产业和第三产业之间的关系（也即生产者服务业和制造业之间的关系）。若发现时间序列不平稳，且两者单整阶数相同，则必须进行协整检验，在确定两者存在长期协整关系后，才能够进行 Granger 因果关系检验。

在上述 ADF 检验中，我们发现除南京市、镇江市和南通市外，其余地区的时间序列变量均不平稳。通过对不平稳的地区作差分

---

① 赤池准则（AIC）是利用 AIC 最小值方式来选择最优滞后分布。AIC 的计算公式为 $\log\left(\sum u_t^2\right) + 2k/n$，其中 u 为该变量进行自回归所产生的残差，k 为所用的滞后阶数，n 为样本容量。

ADF 检验，发现这些地区第二产业和第三产业产值的单整阶数都相同，因此可以继续作协整检验以确定是否可以进行 Granger 因果关系检验。协整是对非平稳经济变量长期均衡关系的统计描述，非平稳经济变量间存在的这种长期稳定的均衡关系称为协整关系。协整检验的原理如下：若两个非平稳变量之间存在协整关系，则它们之间的离差称为非均衡误差。非均衡误差是平稳的。比如两个 I（1）（同阶变量如 I（2）都可以）变量存在如下关系，

$$y_t = \alpha + \beta x_t + u_t \qquad\qquad (9.3)$$

其中 $u_t \sim I(0)$，则 $y_t + \alpha = \beta x_t$ 是长期均衡关系，$u_t = y_t - \alpha - \beta x_t$ 称为非均衡误差。非均衡误差序列应该是在零（长期均衡位置）上下波动，不会离开零值太远，并以一个不太快的频率穿越零值（或均值）水平线。因此，我们可以检验协整方程残差是否是平稳序列来判定变量之间是否存在长期稳定的均衡关系。与前一样，我们采用 ADF 检验来判断残差序列的平稳性。

表 9 - 3 各地区协整检验结果

地区	检验形式	统计量	1%	5%	10%
扬州	$(C, N, 3)$	-2.689 ***	-3.750	-3.000	-2.630
宁波	$(C, T, 1)$	-3.538 ***	-4.380	-3.600	-3.240
绍兴	$(C, T, 2)$	-4.028 **	-4.380	-3.600	-3.240
嘉兴	$(C, T, 1)$	-3.793 **	-4.380	-3.600	-3.240
台州	$(C, N, 1)$	-3.382 *	-3.750	-3.000	-2.630
湖州	$(N, N, 1)$	-2.266 **	-2.660	-1.950	-1.600
舟山	$(N, N, 3)$	-2.259 **	-2.660	-1.950	-1.600
扬州	$(C, N, 3)$	-2.689 ***	-3.750	-3.000	-2.630
上海	$(N, N, 1)$	-2.191 **	-2.660	-1.950	-1.600
苏州	$(C, N, 3)$	-3.071 **	-3.750	-3.000	-2.630
无锡	$(N, N, 4)$	-2.590 *	-2.660	-1.950	-1.600
杭州	$(C, N, 1)$	-2.979 ***	-3.750	-3.000	-2.630
泰州	$(N, N, 1)$	-2.416 **	-2.660	-1.950	-1.600

注：检验形式（C，T，L）中的 C，T，L 分别表示模型中的常数项、时间趋势项和滞后阶数；滞后阶数依据 AIC 准则选取。* 代表在 1% 水平上显著，* * 代表在 5% 的水平上显著，* * * 代表在 10% 的水平上显著。

统计结果表明，上海、扬州、宁波、绍兴、嘉兴、台州、湖州、舟山、苏州、无锡、杭州、镇江、南通、泰州市的协整残差检验最低在10%显著性水平上拒绝原假设，即接受这些地区第二产业和第三产业之间存在长期稳定的协整关系，据此我们可以进行因果关系检验，以验证我们的假说。

（三）Granger 因果关系检验

按照 E-G 两步法的思路，我们刚刚检验了变量之间的协整关系，但仅能说明他们之间应该存在因果关系，但是谁是因谁是果仍然无法确定。表9-4就是利用 Granger 因果关系检验原理而得到的结果。

表9-4　长三角地区 Granger 因果关系检验结果

零假设	$chi2$ 统计量	概率	检验结果
ln$sh3$ 不是 ln$sh2$ 的 Granger 原因	7.3028	0.0260	拒绝原假设
ln$sh2$ 不是 ln$sh3$ 的 Granger 原因	18.8598	0.0001	拒绝原假设
ln$sz3$ 不是 ln$sz2$ 的 Granger 原因	1.6786	0.1951	接受原假设
ln$sz2$ 不是 ln$sz3$ 的 Granger 原因	4.0119	0.0452	拒绝原假设
ln$wx3$ 不是 ln$wx2$ 的 Granger 原因	1.8065	0.6135	接受原假设
ln$wx2$ 不是 ln$wx3$ 的 Granger 原因	7.3102	0.0626	拒绝原假设
ln$hz3$ 不是 ln$hz2$ 的 Granger 原因	15.2948	0.0005	拒绝原假设
ln$hz2$ 不是 ln$hz3$ 的 Granger 原因	1.9547	0.3763	接受原假设
ln$nb3$ 不是 ln$nb2$ 的 Granger 原因	11.2204	0.0037	拒绝原假设
ln$nb2$ 不是 ln$nb3$ 的 Granger 原因	1.2929	0.5239	接受原假设
ln$sx3$ 不是 ln$sx2$ 的 Granger 原因	12.3821	0.0020	拒绝原假设
ln$sx2$ 不是 ln$sx3$ 的 Granger 原因	0.8823	0.6433	接受原假设
ln$jx3$ 不是 ln$jx2$ 的 Granger 原因	0.0246	0.9878	接受原假设
ln$jx2$ 不是 ln$jx3$ 的 Granger 原因	31.7613	0.0000	拒绝原假设
ln$tz3$ 不是 ln$tz2$ 的 Granger 原因	14.5719	0.0007	拒绝原假设
ln$tz2$ 不是 ln$tz3$ 的 Granger 原因	7.4860	0.0237	拒绝原假设
ln$huzhou3$ 不是 ln$huzhou2$ 的 Granger 原因	2.2466	0.3252	接受原假设
ln$huzhou2$ 不是 ln$huzhou3$ 的 Granger 原因	10.9529	0.0042	拒绝原假设
ln$zshan3$ 不是 ln$zshan2$ 的 Granger 原因	1.7433	0.4183	接受原假设

续表

零假设	*chi2* 统计量	概率	检验结果
ln*zshan2* 不是 ln*zshan3* 的 Granger 原因	5.6692	0.0587	拒绝原假设
ln*yzhou3* 不是 ln*yzhou2* 的 Granger 原因	0.3586	0.8359	接受原假设
ln*yzhou2* 不是 ln*yzhou3* 的 Granger 原因	11.8597	0.0027	拒绝原假设
ln*nanj3* 不是 ln*nanj2* 的 Granger 原因	0.5503	0.7595	接受原假设
ln*nanj2* 不是 ln*nanj3* 的 Granger 原因	5.1393	0.0766	拒绝原假设
ln*chzhou3* 不是 ln*chzhou2* 的 Granger 原因	3.0331	0.2195	接受原假设
ln*chzhou2* 不是 ln*chzhou3* 的 Granger 原因	10.0074	0.0067	拒绝原假设
ln*zj3* 不是 ln*zj2* 的 Granger 原因	9.415	0.024	拒绝原假设
ln*zj2* 不是 ln*zj3* 的 Granger 原因	4.398	0.222	接受原假设
ln*nt3* 不是 ln*nt2* 的 Granger 原因	0.2759	0.8712	接受原假设
ln*nt2* 不是 ln*nt3* 的 Granger 原因	15.1854	0.0005	拒绝原假设
ln*tzhou3* 不是 ln*tzhou2* 的 Granger 原因	22.3778	0.0000	拒绝原建设
ln*tzhou2* 不是 ln*tzhou3* 的 Granger 原因	17.2553	0.0002	拒绝原建设

通过表 9-4 的因果关系实证结果得知，上海市、台州市和泰州市第二产业和第三产业之间存在互为因果关系，即这三个地区服务业的发展（包括生产者服务业）促进了其制造业的发展；而反过来，制造业的发展也促进了当地服务业的发展。这三个地区的实证结果支持了本章的"互动融合论"的假说。正如本章所指出的那样，上海市由于其在中国独特的经济地位与浦东经济特区的建立和发展，其制造业和服务业发展的互动、融合趋势日益加深，促进了其经济的健康快速发展。而台州和泰州市可能由于没有过度强调引进外资从事加工贸易，使得服务业和制造业的发展相对来说比较平衡，所以也表现出互动融合的关系。苏州、无锡、嘉兴、湖州、舟山、扬州、南京、常州和南通的检验结果表明这些地区的第二产业（制造业）是第三产业（生产者服务业）发展的 Granger 原因，但第三产业并不是第二产业发展的 Granger 原因，这印证了"需求遵从论"的观点。杭州、宁波、绍兴、镇江市的检验结果表明这些地区的第三产业（生产者服务业）是第二产业（制造业）发展的 Granger 原因，而第二产业并不是第三产业发展的 Granger 原因，这印证了"供给主导论"的观点。

这些结论是江小涓等（2004）结论的一个扩展。他们认为，服务业和经济发展之间存在相关性关系，但没有具体探究它们之间的因果关系。本章利用长三角的数据研究了第二产业和第三产业之间的因果关系，以上的实证结果表明，即便是在长三角地区，除上海等少数城市外，第二产业（制造业）和第三产业（生产者服务业）的"互动融合"关系在大多数地区仍然没有建立起来。

二、长三角地区生产者服务业发展比较
——基于投入产出表的分析

投入产出表20世纪30年代产生于美国，它是由美国经济学家、诺贝尔经济学奖得主瓦西里·里昂剔夫（W. Leontief）在前人研究的基础上，编制出来以研究美国经济结构的。投入产出表以矩阵描述国民经济各部门在一定时期（通常为一年）生产活动的投入来源和产出使用去向，揭示国民经济各部门之间相互依存、相互制约的数量关系。

投入产出系数是进行投入产出分析的重要工具。投入产出系数主要指标包括直接消耗系数、完全消耗系数、感应度系数、影响力系数等。直接消耗系数，也称为投入系数，它是指生产经营过程中第 j 产品（或产业）部门的单位总产出所直接消耗的第 i 产品部门货物或服务的价值量，它充分揭示了国民经济各部门之间的技术经济联系，即部门之间相互依存和相互制约关系的强弱。完全消耗系数是指第 j 产品部门每提供一个单位最终使用时，对第 i 产品部门货物或服务的直接消耗和间接消耗之和。它的意义在于，不仅反映了国民经济各部门之间直接的技术经济联系，还反映了国民经济各部门之间间接的技术经济联系。感应度系数是反映当各部门均增加一个单位最终使用时，某一部门由此受到的需求感应程度。产业感应度反映了国民经济各产业变动后使某一产业受到的感应能力，表现为该产业受到国民经济发展的拉动能力。当感应度系数大于1（即超过社会平均水平）时，表明第 j 个部门受其他部门生产的需求感应程度超过各部门需求感应程

度的平均值。[①] 影响力系数是反映国民经济某一部门增加一个单位最终使用时，对国民各部门所产生的生产需求波及程度，表明其他产业最终需求的变化而使该产业生产发生变化的程度。该系数大于 1 时，则表明第 j 个部门的生产对其他部门所产生的波及影响程度超过社会平均影响水平。[②] 下面我们将以上海、江苏和浙江 2002 年投入产出表为依据，计算生产者服务业与其他产业的关联程度。根据前面的定义，生产者服务业主要包括交通运输仓储业、邮电通信业、金融业、房地产业、租赁和商务服务业、计算机服务和软件业、科学研究和综合技术服务业。据此，我们的研究也主要从这几个行业展开。

（一）长三角地区直接消耗系数比较

直接消耗系数的计算方法为：用投入产出表格栏上第 j 部门的总投入 X_j 去除该部门生产经营过程中所直接消耗的主栏上第 i 部门的货物或服务的价值量 X_{ij}，用公式表示为：

$$a_{ij} = X_{ij}/X_j(i,j = 1,2,3,\cdots,n) \tag{9.4}$$

根据江苏、浙江和上海 2002 年投入产出表，利用直接消耗系数计算公式，计算可得表 9-5、表 9-6 和表 9-7 的结果：

通过对比三地区的各产业对生产者服务业直接消耗系数的比较，我们可以发现，上海市的各产业（除采掘业外）所使用的中间生产者服务业比重均高于江苏和浙江两省；而浙江省使用生产服务业作为

---

① i 行业的感应度系数为：$E_i = \dfrac{\sum\limits_{j=1}^{n} b_{ij}^-}{\dfrac{1}{n}\sum\limits_{i=1}^{n}\sum\limits_{j=1}^{n} b_{ij}}, i = 1,2,\cdots,n$，其中，$\sum\limits_{j=1}^{n} b_{ij}^-$ 表示 Leontief 逆矩阵的 i 列之和，$\dfrac{1}{n}\sum\limits_{i=1}^{n}\sum\limits_{j=1}^{n} b_{ij}^-$ 表示 Leontief 矩阵的列之和的平均值。

② j 行业的影响力系数表示为：$F_j = \dfrac{\sum\limits_{i=1}^{n} b_{ij}^-}{\dfrac{1}{n}\sum\limits_{i=1}^{n}\sum\limits_{j=1}^{n} b_{ij}}, i = 1,2,\cdots,n$，其中，$\sum\limits_{i=1}^{n} b_{ij}^-$ 为 Leontief 逆矩阵的 j 列之和，$\dfrac{1}{n}\sum\limits_{i=1}^{n}\sum\limits_{j=1}^{n} b_{ij}^-$ 为 Leontief 矩阵的列之和的平均值。

中间投入的比重高于江苏省。作为国民经济支柱产业的工业，上海市所消耗的生产者服务业价值占其总投入的比重约6.7%，而浙江为5.3%，江苏为3.3%。

表9-5　江苏省各产业使用生产者服务业的直接消耗系数表

	农业	采掘业	工业	建筑业	电力燃气及水供给
交通运输及仓储业	0.012980	0.041795	0.016627	0.010964	0.009872
邮政业	0.000132	0.001384	0.000460	0.000669	0.000369
信息传输、计算机服务和软件业	0.001112	0.005714	0.002725	0.004440	0.003012
金融保险业	0.003646	0.016956	0.010798	0.007766	0.028835
房地产业	0.000016	0.000616	0.000274	0.000045	0.000047
租赁商业服务业	0.000214	0.013032	0.001197	0.007199	0.000684
科学研究事业	0.000036	0.000256	0.000518	0.000844	0.000051
综合技术服务业	0.000656	0.000793	0.000545	0.001521	0.002161

表9-6　浙江省各产业使用生产者服务业的直接消耗系数表

	农业	采掘业	工业	建筑业	电力燃气及水供给
交通运输及仓储业	0.006752	0.090327	0.021780	0.029495	0.015198
邮政业	0.000170	0.000591	0.000272	0.000125	0.000473
信息传输、计算机服务和软件业	0.000115	0.010797	0.004304	0.003419	0.003688
金融保险业	0.008442	0.026223	0.013658	0.006598	0.057967
房地产业	0.000000	0.000075	0.000301	0.000036	0.000120
租赁商业服务业	0.004990	0.003954	0.009931	0.013532	0.003155
科学研究事业	0.000001	0.000979	0.002124	0.002719	0.000876
综合技术服务业	0.002384	0.000514	0.000854	0.006734	0.002393

表9-7　上海市各产业使用生产者服务业的直接消耗系数表

	农业	采掘业	工业	建筑业	电力燃气及水供给
交通运输及仓储业	0.017861	0.044835	0.023193	0.025774	0.031973

续表

	农业	采掘业	工业	建筑业	电力燃气及水供给
邮政业	0.000249	0.000117	0.000601	5.733E - 05	0.000259
信息传输、计算机服务和软件业	0.003319	0.004274	0.003901	0.001680	0.001924
金融保险业	0.011756	0.035959	0.020835	0.012896	0.033920
房地产业	0.001763	0.000513	0.001601	0.000269	0.000664
租赁商业服务业	0.005235	0.004646	0.011537	0.003465	0.002218
科学研究事业	0.003827	0.002188	0.003592	0.000157	0.001480
综合技术服务业	0.005305	0.005556	0.001902	0.013000	0.000700

（二）长三角地区完全消耗系数比较

完全消耗系数的计算可以通过矩阵运算得到，把 A 设为上面所求得的直接消耗矩阵，则完全消耗矩阵的计算公式为：

$$B = (1 - A)^{-1} - I \qquad （其中 I 为单位矩阵） \qquad (9.5)$$

根据江苏、浙江和上海 2002 年投入产出表，利用完全消耗系数计算公式，计算可得表 9 - 8、表 9 - 9 和表 9 - 10 的结果：

表 9 - 8　江苏省各产业使用生产者服务业的完全消耗系数表

	农业	采掘业	工业	建筑业	电力燃气及水供给
交通运输及仓储业	0.0349	0.0679	0.0588	0.0479	0.0328
邮政业	0.0007	0.0023	0.0018	0.0018	0.0013
信息传输、计算机服务和软件业	0.0063	0.0141	0.0133	0.0138	0.0108
金融保险业	0.0146	0.0321	0.0350	0.0298	0.0509
房地产业	0.0005	0.0014	0.0013	0.0010	0.0009
租赁商业服务业	0.0018	0.0166	0.0052	0.0113	0.0041
科学研究事业	0.0004	0.0007	0.0015	0.0018	0.0004
综合技术服务业	0.0016	0.0022	0.0022	0.0032	0.004

表 9-9　浙江省各产业使用生产者服务业的完全消耗系数表

	农业	采掘业	工业	建筑业	电力燃气及水供给
交通运输及仓储业	0.0293	0.1435	0.0785	0.0853	0.0597
邮政业	0.0006	0.0014	0.0012	0.0010	0.0013
信息传输、计算机服务和软件业	0.0057	0.0229	0.0181	0.0169	0.0143
金融保险业	0.0234	0.0543	0.0484	0.0398	0.0835
房地产业	0.0008	0.0017	0.002	0.0016	0.0018
租赁商业服务业	0.0233	0.0374	0.0526	0.0561	0.0273
科学研究事业	0.0017	0.004	0.0064	0.0070	0.0029
综合技术服务业	0.0039	0.0029	0.0039	0.0099	0.0042

表 9-10　上海市各产业使用生产者服务业的完全消耗系数表

	农业	采掘业	工业	建筑业	电力燃气及水供给
交通运输及仓储业	0.0714	0.0787	0.0894	0.0967	0.0816
邮政业	0.0014	0.0008	0.0021	0.0016	0.0010
信息传输、计算机服务和软件业	0.0156	0.0122	0.0191	0.0171	0.0118
金融保险业	0.0604	0.0674	0.0823	0.0766	0.0797
房地产业	0.0077	0.0049	0.0092	0.0078	0.0058
租赁商业服务业	0.0270	0.0168	0.0388	0.0327	0.0169
科学研究事业	0.0092	0.0041	0.0098	0.0069	0.0044
综合技术服务业	0.0135	0.0097	0.0106	0.0233	0.0060

　　综合三地的完全消耗系数表，可以发现，上海市各产业对于生产者服务业的完全消耗高于江苏和浙江。仍然以工业部门中消耗的生产者服务业价值为例来说明：上海市完全消耗系数值为 0.2613，而浙江为 0.2111，江苏为 0.1191。综合直接消耗系数表和完全消耗系数表，说明工业部门对于生产者服务业依赖程度，以上海市为最，浙江次之，江苏居第三位。

　　上面分析的是各产业对生产者服务业的消耗系数，这些系数表明农业、采掘业、工业、建筑业、电力燃气及水供给行业对生产者服务业的

依赖程度。但我们还需要考虑生产者服务业对各行业的依赖程度，表 9 -
11 就是各地区生产者服务业对工业的直接消耗和完全消耗系数表。

表 9 - 11　长三角地区生产者服务业对工业消耗系数对比

	直接消耗系数			完全消耗系数		
	江苏	浙江	上海	江苏	浙江	上海
交通运输及仓储业	0.21988	0.25074	0.29582	0.7730	0.7883	1.0411
邮政业	0.06147	0.09930	0.11872	0.1910	0.3605	0.5212
信息传输、计算机服务和软件业	0.25811	0.16610	0.15973	0.7355	0.524	0.5546
金融保险业	0.12624	0.08938	0.05865	0.3986	0.3335	0.2653
房地产业	0.08118	0.03305	0.04152	0.2783	0.3438	0.2144
租赁商业服务业	0.09082	0.05064	0.20324	0.3470	0.3137	0.6733
科学研究事业	0.17472	0.19038	0.13897	0.5865	0.7285	0.6532
综合技术服务业	0.08881	0.42482	0.32396	0.3905	1.249	1.0229

　　从生产者服务业对工业的直接消耗系数对比看，上海市为 1.34，浙江为 1.30，江苏为 1.10；从完全消耗系数看，上海为 4.95，浙江为 4.64，江苏为 3.70。两项指标都表明上海市生产者服务业对工业的依赖最大，而浙江次之，江苏最末。

　　三地区生产者服务业与工业相互消耗系数对比，正好印证了本章的结论：上海市的工业和生产者服务业之间的互动关系较长三角其他地区更为融洽，同时也从侧面说明上海市生产者服务业在长三角地区的领导地位。

（三）长三角地区感应度系数比较。

　　根据 Rasmussen 的定义，设 b_{ij} 为里昂剔夫逆矩阵 $(I-A)^{-1}$ 的元素，b_j 为其第 j 列元素之和。感应度系数（或称为向前连锁指数）计算如下：

$$K_f = (b_j/n)/(\sum_{j=1}^{n} b_j/n^2) \qquad (9.6)$$

由表 9 - 12 得知，江苏省农业、工业、电力燃气及水供给行业的

感应度水平高于平均水平，说明这些部门对国民经济的制约作用相对较强，而生产者服务业的感应度系数均小于平均水平，说明这些部门对国民经济的制约作用相对较弱。浙江省的工业、租赁服务业的感应度水平高于社会平均水平，这些部门对国民经济的制约作用相对较强。同时我们注意到，租赁服务业属于生产者服务业，说明浙江的生产者服务业发展势头还不错，但由于租赁服务业在生产者服务业中不占主要比重，故浙江的生产者服务业对国民经济的制约作用仍然有限。上海市的工业、交通运输及仓储业和金融保险业高于社会平均水平，由于上海是我国的老工业基地，故工业对国民经济的制约作用较强。同时，改革开放以来，上海一直是中国的金融中心，故其金融保险业对国民经济的制约作用较强。由于交通运输及仓储业和金融保险业属于生产者服务业，这说明上海市的生产者服务业相比长三角其他地方而言，对国民经济的制约作用更强。

表 9-12　长三角地区感应度系数对比

	江苏	浙江	上海
农业	1.096657	0.743584	0.607648
采掘业	0.69349	0.776061	0.81897
工业	4.733179	5.114161	4.804109
建筑业	0.499942	0.522349	0.506998
电力燃气及水供给	1.016395	0.734362	0.697929
交通运输及仓储业	0.801744	0.8252	1.034693
邮政业	0.504534	0.453563	0.451183
信息传输、计算机服务和软件业	0.66667	0.605524	0.684422
金融保险业	0.776878	0.69351	1.015042
房地产业	0.522706	0.470626	0.542901
租赁商业服务业	0.589535	1.031288	0.690522
科学研究事业	0.52427	0.500519	0.478023
综合技术服务业	0.574	0.529254	0.667559

（四）长三角地区影响力系数比较

同样根据 Rasmussen 的定义，b_i 为里昂惕夫逆矩阵第 i 行元素之

和。影响力系数（或称为向后连锁指数）计算如下：

$$K_b = (b_i/n)/(\sum_{i=1}^{n} b_i/n^2) \qquad (9.7)$$

表 9 - 13 的数据表明，三地区中工业和建筑业的影响力系数高于社会平均水平，说明对国民经济的辐射作用较强。而在生产者服务业中，江苏省的影响力系数均低于社会平均水平，说明该行业对国民经济的影响力有限；浙江省科学研究事业和综合技术服务业影响力系数高于社会平均水平，说明该地区科技转化能力较强，并对国民经济产生一定的影响。上海市的综合技术服务业影响力系数高于社会平均水平，说明上海市技术水平相对较高，并对上海市的国民经济产生一定的辐射作用。

表 9 - 13　长三角地区感应度系数对比

	江苏	浙江	上海
农业	1.042824	0.885698	1.142881
采掘业	1.039404	1.193762	0.745117
工业	1.516777	1.43099	1.27743
建筑业	1.398313	1.371472	1.349977
电力燃气及水供给	1.052496	0.997163	0.915568
交通运输及仓储业	1.110727	0.958627	1.254642
邮政业	0.626319	0.724249	0.896223
信息传输、计算机服务和软件业	0.973455	0.817671	0.902889
金融保险业	0.78958	0.723848	0.744332
房地产业	0.724217	0.752806	0.707776
租赁商业服务业	0.840824	0.949093	0.944456
科学研究事业	0.979268	1.011641	0.984019
综合技术服务业	0.905796	1.182981	1.13469

从这些数据中我们还可以读出，尽管在长三角地区中，上海市生产者服务业发展相对好于其他地区，但综合各种系数考虑，生产者服务业与工业以及工业之间的直接和完全消耗系数都比较低，且生产者服务业中大多数行业的感应度系数和影响力系数低于社会平均水平，所以就整个生产者服务业而言，发展仍然是比较滞后的。

三、贸易投资一体化背景下长三角
生产者服务业开放与发展

一个运转良好的经济实体，必须依赖于第二产业和第三产业的良性互动发展。而从长三角地区的实证结果看，这种良性互动的局面在很多地区还没有实现，尤其是生产者服务业对制造业的促进作用在该地区还较为有限。而建设现代制造业中心需要积极吸引跨国公司进入长三角，这不仅仅意味着资本的进入，而且也意味着为研发中心和总部服务（生产者服务业）的进入创造条件。①

（一）贸易投资一体化背景下的生产者服务业 FDI 溢出效应机理分析

一般来说，FDI 溢出效应可以促进东道国经济的发展。通过引进外资，借助 FDI 的溢出效应来发展我国生产者服务业，未尝不是一种选择。现有研究 FDI 溢出效应的成果主要集中于制造业部门，对服务行业的研究甚少。在贸易投资一体化背景下，服务业国际转移加速，有必要对服务业的溢出效应进行分析。所谓贸易投资一体化，从广义上讲，是指当代国际贸易和国际直接投资之间高度融合、相互依赖、共生发展、合为一体的一种国际经济现象。这种一体化不仅表现为贸易流向和投资流向的高度一致性、时间上的同步性，而且表现为国际贸易和国际直接投资互补共存、互动发展的格局。从狭义上看，是指在以跨国公司为主导、以要素分工为特点的国际分工体系中，跨国公司通过在全球范围内配置和利用资源，进行全球化生产和全球化经营，使得越来越多的国际贸易和国际直接投资，在跨国公司的安排下，围绕着跨国公司国际生产的价值链，表现出相互依存、联合作

---

① 张二震、安礼伟：《长江三角洲地区跨国公司发展态势研究》，载《南京师范大学学报》2006 年第 5 期。

用、共生增长的一体化现象。① 而且，由于生产者服务业自身的特点，Markusen（1989）认为生产者服务业具备两个特征：其一，它们一般是人力资本、知识资本高度密集型的，通常需要专业化投资，且产品呈现高度的差异化；其二，一旦专业化投资形成生产能力后，对外提供生产性服务的边际成本很小，即规模经济在其中起着重要的作用。这些特征使得 FDI 在生产者服务业内部和行业之间的溢出效应与制造业部门有所不同。下面将从溢出效应角度分析 FDI 对生产者服务业发展的影响。

1. "软技术"的转移增强 FDI 示范效应

软技术是生产者服务业跨国公司竞争力的主要来源，包括知识、信息、专长、组织、管理和销售技能等方面。研究表明，制造业跨国公司通常在母公司和子公司之间建立垂直分工体系，由母公司控制生产的核心技术，而子公司则负责制造标准化的劳动力密集型产品。但经营服务业的跨国公司由于其技术优势主要是现代的服务手段和管理方法，在设立海外分支机构时无法将其彻底剥离，彼此之间多数只能构成水平分工的关系，因此服务业跨国公司向海外分支机构转移的技术更接近母公司的水平（郑吉昌，2003）。生产者服务业跨国公司的"软技术"转移，对于我国服务业企业拓展服务领域，革新经营理念、创新服务方式及管理模式，提高服务质量，增强竞争能力，具有积极的促进作用。

2. 前后向联系推动 FDI 溢出效应在生产性服务各行业间传播

生产者服务业不仅与第一产业和第二产业的关联度高，而且其内部各行业之间的关联性也很强。这种特点使得 FDI 的溢出效应能在行业间更广泛的传播。第一，无论是制造业还是服务业跨国公司进入我国，必然会带动当地交通运输、邮电通信、房地产、金融业等生产性服务行业的发展。第二，跨国公司子公司为了保证其竞争能力，通常会为服务供应商提供技术援助、信息咨询服务和管理上的培训等服

① 张二震、马野青、方勇：《贸易投资一体化与中国的战略》，人民出版社 2004年版。

务，从而促进了我国服务企业技术开发和经营管理能力的提高。例如，国内 IT 服务企业在为外资银行提供服务时，必须首先了解客户的需求，通过与银行员工和管理人员的交流，或者银行提供的咨询和培训服务，掌握银行的业务流程和管理方式，从而为以后的技术开发积累知识和经验。第三，通过与服务业跨国公司在研发、营销等方面的合作，从跨国公司先进的管理模式、技术创新和市场知识中"免费搭车"，从而产生技术溢出效应。这种情况在 IT 服务业较为常见。

3. 外资研发中心成为知识外溢的主要源泉

跨国公司对华研发投资的溢出效应，主要通过三个途径产生：一是跨国公司的示范和国内企业的模仿，二是研发和管理人才的培训，三是与国内科研院所合资合作。具体来说，首先，在跨国公司中央实验室和其海外研发分支机构之间，技术和知识是相互流动的，这使得国内企业更容易获得跨国公司基础研究所开发的新产品、新技术。而且，跨国公司的研发以市场为核心，项目选择更科学，研究管理更规范。这对促进中国企业提升研发管理水平，提高投入产出效率，以及面向市场改革科研体制可以提供有益的借鉴。其次，跨国公司在华研发机构以其优越的研发环境和诱人的薪金水平，不仅抑制中国科技人才的外流，而且吸引海外中国留学生和华人学者回国从事科研工作，为中国留住了高素质人才。跨国公司重视对科技人才的培训，这种培训不仅包括科研能力方面，还包括市场化素质方面，而后者正是中国科研人员所缺乏的。最后，跨国公司与我国科研机构、高等院校合资合作开展研发活动，一方面加强了国内科研院所的市场观念，另一方面有利于他们迅速把握跨国公司的科研方法和新技术、新工艺的发展动向，不断提高自己的吸收能力和自主创新能力。

4. 生产性服务领域跨国并购对 FDI 溢出效应具有促进作用

跨国公司对外投资方式主要有两种：一是新建方式（也叫绿地投资），二是兼并和收购。近年来，外资并购的发展速度加快，投资领域由制造业向服务业扩展。跨国并购产生的溢出效应比绿地投资更明显。首先，跨国公司以并购方式进入中国，直接带动了金融、会计、投资咨询、法律等专业服务业的发展。其次，跨国公司并购我国

企业后，能够迅速与当地企业的供应商和客户建立联系，促使先进技术和市场知识溢出到有垂直联系的服务企业。再次，跨国公司并购投资，给当地企业带来竞争压力，国内服务企业如果不想被并购，就必须不断改善服务质量，创新服务种类，提高经营管理水平。最后，跨国公司在华并购成功后，往往会对被并购企业的员工进行培训，提高他们的服务技能和管理能力，从而为我国服务业的技术和管理创新提供人力资源保障。

（二）长三角地区生产者服务业 FDI 的现状

长三角地区是我国吸引外商直接投资的主要地区，据统计，2005年长三角 16 个城市实际 FDI 总量达到 287.8 亿美元，占全国总量的45.7%。FDI 的引入促进了长三角地区加工贸易的发展，进而加快该地区经济的快速增长。表 9 - 14 的资料显示，虽然有大量外资流入长三角地区，但是投入到生产者服务业领域的外资并不多。以浙江和江苏 2005 年的统计为例，当年浙江省共吸引外资 77.2271 亿美元，而生产性服务行业共吸引外资 12.0306 亿美元，占当年吸引外资额15.6% 的比重。江苏省当年共吸引外资 131.8339 亿美元，而生产性服务行业共吸引 18.5544 亿美元，占当年吸引外资额 10.3% 的比重。从这个比重来看，浙江省吸引外资投入到生产者服务业的比重高于江苏省，2004 和 2003 年也体现出这样的趋势。同时，我们可以发现，房地产行业在生产者服务业中吸引外商投资最多，这与我国这几年房地产业快速发展不无关系。交通运输、仓储和邮政业行业吸引外资额次之，特别是浙江省，该行业吸引外资额增长十分迅速。另外，浙江省在信息传输、计算机服务和软件业吸引外商投资额远远高于江苏省，这可能说明浙江省在该行业吸引外商投资方面的优势大于江苏省。由于资料的限制，我们无法从《上海统计年鉴》中获得上海市详细分类的生产者服务业吸引外商投资的数据，但通过该地区 2007年统计年鉴发现，实际吸引 FDI 投入到第三产业的金额为 44.16 亿美元，占当年实际吸引外资总额的比重为 62%；而同期第二产业实际吸引外资金额为 26.83 亿美元，占全年实际吸引外资总额的比重为

37.8％。即上海市服务业吸引外资金额已经远远超过第二产业吸引外资金额。所以，相比浙江和江苏而言，上海市生产性服务行业吸引外商投资占当年外资总额的比重高于江苏和浙江两省。

表 9 – 14　江苏和浙江生产者服务业吸引外资统计

（单位：万美元）

项目（外商直接投资额）	浙江			江苏			
	2005 年	2004 年	2003 年	2005 年	2004 年	2003 年	2002 年
交通运输、仓储和邮政业	20180	5110	3125	18835	18751	17562	7572
信息传输、计算机服务和软件业	19996	8170	6181	5993	6618	—	
金融业	167	375	50	711	—	5013	4602
房地产业	61533	37167	37588	95978	73175	11080	8178
租赁和商业服务业	13464	15066	—	11010	12839	—	
科学研究、技术服务和地质勘探业	4450	3059	1743	3772	3821	500	20
教育	516	186	0	91	590	—	
第三产业	146805	90368	72895	185544	156492	171470	99852
FDI	772271	668128	5444936	1318339	1213783	1580214	1036615

资料来源：各相关年度《江苏统计年鉴》、《浙江统计年鉴》。

（三）加快长三角地区生产性服务吸引 FDI 政策建议

实证研究结果表明，我国生产者服务业发展还是较为滞后的，即便是在经济比较发达的长三角地区，生产者服务业与制造业之间的关联程度也不是特别紧密，作为中间投入品的生产者服务业在各行业中使用的比例也不高。那么，依据生产者服务业 FDI 技术外溢原理，大力吸引外资进入长三角地区的生产性服务行业，能够促进该行业技术进步，降低其成本，使得制造业外包服务工序的成本降低，加强制造业和生产者服务业之间的联系，进而提升长三角地区的竞争力。针对目前长三角地区生产性服务业吸引外资的现状，提出以下相关建议：

1. 消除行政壁垒，加强区域经济合作

生产者服务业的发展及其带动的物质资本、金融资本、知识资本的扩散效应，可带动中心城市周边地区经济的发展，形成城市体系。

而区域经济一体化的发展，则为生产者服务业的发展提供了广阔的市场空间和要素的自由流动机制，有助于降低成本，实现规模经济。因此，区域内部要加强合作与交流，为生产者服务业的发展创造良好的大环境。例如长三角地区，当务之急就是协调各地的政策行为，克服地方保护主义，打破地区间的行政枷锁和部门利益，逐步构建统一有序的区域共同市场，实现生产要素的自由流动和优化配置；同时，按照既要发挥各自优势，又要促进共同发展的原则，建立合理的产业分工体系，实现错位竞争和优势互补。

2. 实施第三代引资政策，促进产业集聚

第三代引资政策就是东道国政府通过一整套有效的政策促进能够与跨国公司建立长期供货关系的关联企业的形成，然后进一步使这些企业集聚起来形成集聚效应。李锋等（2004）认为，产业集聚能从以下三个方面降低商务成本：一是可以通过地域上的接近加深企业间的了解和合作，减少由于信息不对称引起的机会主义行为；二是可以减少企业搜寻合适的人力资源以及技术创新信息和市场信息所付出的费用；三是可以通过共同使用服务设备和基础设施，减少分散布局所需的额外投资。因此，如果某个地区形成比较好的产业集聚效应和与跨国公司之间的联系效应，这个地区就很容易吸引某个行业甚至某几个行业的跨国公司。同时，企业之间在空间上的集聚，使得信息、知识、人员的流动更加频繁，更接近技术和管理创新的源头，所以更有利于溢出效应的产生和扩散。

为此，政府部门首先要根据自身的比较优势和城市功能进行产业定位，然后通过适当的政策支持和服务支持吸引服务业跨国公司，培育本地区的产业集群。例如，2005年正式动工的上海西郊生产者服务业集聚区着力构筑四大功能区：以企业商务办公中心、科教研发中心和营销采购中心为主的总部经济区，以政府公共服务平台、中介咨询、物流展示、广告创意和艺术家村为主的第三方服务区，生活综合配套区和滨江生态绿化区，着重吸引公司总部、营销中心、研发机构、设计中心入驻。根据计划，到2010年，该集聚区投资总额将达到230亿元，年交易额达到1000亿元，年创税收60亿元，成为全国

面积最大、规模最大、功能最全、辐射最广的生产性服务业商务基地。

3. 加强长三角地区企业和跨国公司之间的前后向联系

第一，长三角地方政府在培育本地产业集群的同时，要注意克服引资中的体制、信息障碍，加强本地企业与跨国公司的后向联系。政府应该完善信息咨询和沟通联系等服务功能，为国内外企业牵线搭桥，此外还要在维护企业诚信、保护知识产权方面做出努力，使相关制度进一步与国际接轨。第二，鼓励和引导跨国公司在华进行研发投资，加强与跨国公司的前向联系。尤其是要吸引更多的服务型跨国公司与长三角的企业和科研院所以合资合作的方式设立研发机构，共同进行技术开发和人才培养，从中获得更多的溢出效应。

4. 增强长三角内部服务企业"软"技术消化、吸收与创新能力

第一，长三角地区要建立和完善政策性的科技投融资政策，通过一定的政策倾斜和激励制度，促进金融、研究开发、管理咨询等生产者服务业的发展。第二，要改变原先仅仅将区域内国有科研机构、高等院校以及制造业内部研发机构作为知识创新体系主体的定位，应把知识密集型服务业纳入重要的知识体系创新范畴，充分发挥其技术传播和知识纽带作用。第三，要建立有效的激励和约束机制，使长三角企业能积极主动地吸收国外先进的服务理念和管理方式，同时应激励区域内企业建立完善的研究与开发机制和有效的培训制度，在消化、吸收先进技术后创造出新的技术和手段，提高长三角地区服务业的整体素质和技术创新能力。

5. 大力培养服务业人才，建立良好的人才激励和流动机制

加入 WTO 以后，我们面临着人才短缺和人才流失并存的挑战。在人力资源开发上，首先要增加教育投资，促进教育结构调整，提升人才的总体水平；其次要通过多种手段进行专业培训，在利用高校与科研院所培养服务业专门人才的同时加强对现有人才的短期培训；三是要开展"海外引智"工程，积极从海外留学人员和境外企业中引进高级人才；四是企业要尽快建立人才激励竞争机制，对优秀人才采取成果重奖、科技成果入股、关键岗位高薪聘任等激励政策，以达到

用好人才、稳住人才和引进人才的目的；五是要建立健全人力资源市场，完善人才搜寻、培训、推荐等服务功能，避免人才浪费现象。

参考文献

1. Browning, H. C. and Singelman, J., *The Emergence of a Service Society*, Springfield, 1975.

2. Daniels, P. W., "Producer Servies Research In United Kingdom", *Professional Geographer*, 1995, 1, pp. 82 – 87.

3. Francois, J. F., "Trade in Producer Services and Returns due to Specialization under Monopolistic Competition", *The Canadian Journal of Economics*, 1990, 1, pp. 109 – 124.

4. Hansen, N., "Do Producer Services Induce Regional Economic Development?" *Journal of Regional Science*, 1990, 4, pp. 465 – 476.

5. James W. Harrington, "Empirical Research In Producer Servie Growth and Regional Development", *Professional Geographer*, 1995, 1, pp. 26 – 55.

6. Juleff, L. E., *Advanced Producer Services and Urban Growth*, unpublished Ph. D thesis, 1989, Sheffield City Polytechnic.

7. Karaomerioglu and Carlaaon, "Manufacturing in Decline? A Matter of Definition, Economy, Innovation", *New Technolody*, 1999, 8, pp. 175 – 196.

8. Kutscher, R. E. and Mark J. A., "The Service-producing Sector: Some Common Perceptions Reviewed", *Monthly Labor Review*, 1983, 4, pp. 21 – 24.

9. Machlup, F., *The Production and Distribution of Knowledge in United States*, 1962, New Jersey: Princeton University Press.

10. Markusen, J. R., "Trade in Producer Services and in Other Specialized Intermediate Inputs", *The American Economic Review*, 1989, 1, pp. 85 – 95.

11. Marrtinelli, F., "A Demand-oriented Approach to Understanding

Producer Services", *The Changing Geography of Advanced Producer Services*, 1991, London: Belhaven Press.

12. Riddle, D., *Service-Led Growth: the Role of the Service Sector in World Development*, New York: Praeger Publishers, 1986.

13. 卞珏:《FDI 与中国生产性服务业的发展》,南京大学硕士论文,2006 年。

14. 陈宪、黄建锋:《分工、互动与融合:服务业与制造业关系演进的实证研究》,载《中国软科学》2004 年第 10 期。

15. 邓丽姝:《制造业和服务业关系的理论探讨和相关实证问题分析》,载《经济论坛》2007 年第 2 期。

16. 格鲁伯、沃克:《服务业的增长:原因和影响》,上海三联书店 1993 年版。

17. 顾乃华等:《生产性服务业与制造业互动发展:文献综述》,载《经济学家》2006 年第 6 期。

18. 江小涓、李辉:《服务业与中国经济:相关性和加快增长的潜力》,载《经济研究》2004 年第 1 期。

19. 李锋、赵曙东等:《集聚经济、商务成本与 FDI 的流入:理论分析与来自长三角地区的经验证据》,载《南京社会科学》2004 年第 5 期。

20. 李江帆、毕斗斗:《国外生产服务业研究述评》,载《外国经济与管理》2004 年第 11 期。

21. 李金勇:《上海生产性服务业发展研究》,复旦大学博士论文,2005 年。

22. 李强、薛天栋:《中国经济发展部门分析兼新编可比价投入产出序列表》,中国统计出版社 1998 年版。

23. 厉无畏、王慧敏:《世界产业服务化与发展上海现代服务业的战略思考》,载《世界经济研究》2005 年第 1 期。

24. 刘志彪:《论现代生产者服务业发展的基本规律》,载《中国经济问题》2006 年第 1 期。

25. 罗时龙:《服务业与中国经济增长实证研究》,南京农业大学

博士论文，2006年。

26. 汪斌、金星：《生产性服务业提升制造业竞争力的作用分析》，载《技术经济》2007年第1期。

27. 王金武：《我国生产性服务业和制造业互动分析及其对策研究》，武汉理工大学硕士论文，2005年。

28. 张二震、马野青、方勇：《贸易投资一体化与中国的战略》，人民出版社2004年版。

29. 郑吉昌：《服务业国际化：全球产业与市场整合的黏合剂》，载《现代管理科学》2003年第8期。

30. 郑吉昌：《生产性服务业的发展与分工的深化》，载《管理评论》2005年第5期。

31. 周振华：《产业融合：产业发展及经济增长的新动力》，载《中国工业经济》2003年第4期。

（执笔：代中强）

第十章 长三角承接国际服务外包：理论分析与发展对策

制造业易于标准化、技术扩散能力强，一直是国际产业转移的主要内容。20世纪90年代以来，随着经济全球化的不断发展，信息通信技术的广泛应用，新兴市场国家基础设施的改善和劳动力素质的提高，以及全球服务贸易规则的实行，服务业只能局限于一国国内的格局被打破，旨在降低制造业交易成本的生产性服务业开始向外转移，服务业加快了全球产业调整和转移的步伐，出现了服务业结构调整及其转移的新趋势，这就是国际产业转移从制造业向现代服务业的延伸。服务外包是成长最快的服务业跨国转移方式之一，大大推动了服务业进入国际分工体系。本章将对长三角承接国际服务外包问题作一初步探讨。

一、长三角承接国际服务外包的理论分析

（一）国际服务转移与国际服务外包

20世纪90年代以来，国际产业转移呈现出一些新的趋势，服务

业逐渐成为国际产业转移中的亮点。服务业的大规模转移有着深刻的经济根源：市场竞争的加剧、经济全球化的不断加速以及世界经济特别是美国经济的放缓，企业面临着降低成本、提高利润、增强竞争优势的巨大压力。在此情形下，以美英为代表的主要发达国家把部分服务业转移到印度、菲律宾、中国等发展中国家，以便在全球范围内寻找低成本的资源和人才，缓解成本压力。服务业国际转移表现为下述三个层面：一是项目外包，即企业把非核心辅助型业务委托给国外其他公司；二是跨国公司业务离岸化，即跨国公司将一部分服务业务转移到低成本国家；三是服务业外商直接投资，一些与跨国公司有战略合作关系的服务企业，比如，物流、咨询、信息服务企业，为了给跨国公司在新兴市场国家开展业务提供配套服务而将服务业进行国际转移，或者是服务企业为了开拓东道国市场和开展国际服务贸易而进行服务业国际转移。

与其他国际服务转移形式相比，国际项目外包近几年来发展势头迅猛，已经由单个项目逐步发展成了一个规模巨大的市场，并且每年以近 20% 的速度增长，预计到 2010 年将达到 20 万亿美元的规模，服务外包已不可逆转地成为国际服务业转移的一种重要形式。服务外包指企业将系统开发和架构、应用管理、业务流程优化等自身业务需求通过外包，由第三方（即服务外包提供商）来完成，以专注企业核心业务，更好地实现企业经营目标的经济活动。发包方可以是企业、政府或社团机构，其服务可以提供给本国市场、东道国市场或第三方市场。①

按照发包方和接包方的地理位置和相互关系，服务业外包可以划分为在岸外包（Onshore Outsourcing）和离岸外包（Offshore Outsourcing），前者是指同一本土的不同法人实体之间发生的业务流程合作关系；后者是指不同国家的不同法人实体之间发生的业务流程合作关系。联合国贸发会议 2004 年针对欧洲 500 强企业进行的调查发现，

---

① 服务外包并非完全发生于服务行业，制造业和其他行业所需要的服务流程也可对外发包。

有39%的企业有过离岸商业服务外包的经历，另外有44%的企业计划在未来几年中外包部分业务。其他有关苏格兰、英国、日本和印度的调查都表明，更多的服务离岸正在进行当中，正如联合国贸发会议所指出的：离岸服务外包虽然仍处于襁褓期，然而转折点将很快到来。

服务外包的主体形式有两种：信息技术外包（Information Technology Outsourcing，简写为ITO）和业务流程外包（Business Process Outsourcing，简写为BPO）。在刚刚过去的一年里，全球服务外包保持平稳增长，其中离岸外包发展迅速，以超过20%的速度增长，半数以上的欧美公司计划将更多服务外包到海外。从市场结构来看，全球服务外包业务正逐渐从最基础的技术层面的外包业务转向高层次的业务流程外包，BPO将继续保持高于ITO的增速快速增长。据Gartner（2005）对全球服务外包市场的分析及预测，到2009年全球ITO总量将达到2603亿美元（2004年是1927亿美元），复合增长率是6.2%；BPO总量将达到1719亿美元（2004年是1113亿美元），复合增长率是9.1%，ITO和BPO的各部分市场组成分别如图10-1和图10-2所示。

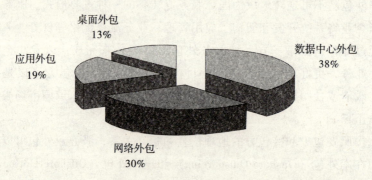

图 10-1　2009 年 ITO 中各类型的比重（Gartner 预测）

国际服务外包具有高技术含量、高人力资本含量、高附加值、高产业带动力、高国际化水平、低资源消耗、低环境污染等特征。承接国际服务离岸外包，对于一国（或地区）提高国际分工的地位，推动产业升级具有重大意义。与率先进入国际服务外包领域的印度、菲

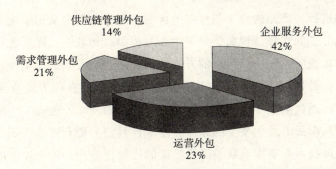

图 10 - 2　2009 年 BPO 中各类型的比重（Gartner 预测）

律宾等国相比，我国进入外包市场起步较晚，但发展势头迅猛。2006年中国承接的离岸服务外包业务的市场容量为 13.8 亿美元，比 2005年增长 48.4%。由麦肯锡提供研究支持的 EDS《将中国打造成服务外包产业的全球巨人》白皮书预测，以年均 30% 的增长计算，到2010 年中国可实现外包产业收入 180 亿美元，到 2015 年实现收入560 亿美元。长三角作为我国区域经济发展前景的"第一样板"，有着良好的基础设施、发达的科技教育和日趋完善的投资环境，其能否在国际服务外包浪潮下，抓住世界经济的"接力棒"，成功推动区域经济结构的升级，已成为理论界关注的焦点。

（二）从产品内分工视角看国际服务外包

当代服务外包是产品内分工原理对服务业生产方式以及其他行业服务性投入流程进行重组和变革的产物。与产业间和产业内分工不同，产品内分工①是以产品生产过程中的某一特定工序、区段或流程为基础的，比如纺织品和电子产品的制造和营销环节通常在香港地区进行，而其制造环节却在珍珠河三角洲完成；生产芭比娃娃的模具是由美国提供的，塑料和头发来自日本，组装则在印度尼西亚、马来西

---

① 该术语由 Arndt（1997）提出，近似的提法有：万花筒式的比较优势（Bhagwati 和 Dehejia，1994）；价值链切片（Krugman，1996）；非地方化（Leamer，1996）；多阶段生产（Antweilier 和 Trefler，1997）；国际生产非一体化（Feenstra，1998）；片段化生产（Arndt 和 Kierzkowski，2001）。

亚和中国进行。产品内分工与外包的区别在于：前者是从国家视角来描述国际分工的这种新现象，强调生产过程中的地域性；而后者是从企业视角来说明这种组织生产的方式，强调生产过程中的控制权。产品内分工既可以通过垂直一体化方式来实现，比如在国外建立子公司，也可以通过垂直非一体化方式来实现，比如离岸外包。

对于离岸服务外包发生的原因，学术界目前主要有四种代表性观点：一是以技术和要素禀赋差异为基础的比较优势论，认为外包可以使产品生产中某一工序的相对要素需求与要素禀赋在空间上的分布实现较好的匹配，是某些要素在国际间弱流动下的一种次优选择；二是以规模经济和不完全竞争为基础的新贸易理论，强调外包有利于专业化承包商队伍的形成，从而充分实现区段生产中的规模经济，降低生产成本；三是交易成本理论，主张企业和市场均属配置资源的特定方式，各自都存在着一定的运行成本，当企业这种内部化的运行成本较高时，外部化不失为一种较好的替代；四是企业战略理论，认为外包可以使企业剥离非核心资源，实现竞争优势的"归核化"（Refocusing），同时"瘦身"也可以使企业"船小好掉头"，从而灵活应对外界环境的变化。

如前文所述，外包仅仅就某个工序的控制权而言，它不涉及地理因素，即便在同一个地域，外包活动也可以发生；然而离岸外包则突出外包活动中的地域性，强调产品的生产工序要在不同的国家进行。鉴于此，笔者认为离岸服务外包的动因主要是源于比较优势利益和规模经济效应，是 Smith 的专业化分工理论应用于服务产业的必然结果。正如 Arndt 和 Kierzkowski（2001）在论文集《片段化——世界经济的新生产形态》的前言中所指出的：即使在产品内分工和外包情形下，比较优势论仍然是成立的，工序生产中的要素密集度仍然要与要素在空间上的分布相结合。卢锋（2007）指出，由于人力要素的相对价格在不同发展水平国家之间差异较大，比较优势效应在离岸领域表现得比较显著，下面让我们以更为规范的方式来澄清这一点。

同传统的比较优势理论假设相同：生产中规模经济不变、完全竞争、劳动力在国与国之间不发生流动，但在一国内各部门、区段或流

程间可以自由流动，为了反映工序或流程分工这一事实，我们还作以下假定：

（1）有两种产品 X 和 Y，X 产品的生产由工序 Ⅰ 和工序 Ⅱ 组成，其中工序 Ⅰ 是产品的设计，工序 Ⅱ 是产品的制造和组装，为简化分析，Y 产品的生产只需一种工序即可完成；

（2）X 和 Y 的生产中只投入劳动力一种要素，但是在这里劳动力是非同质的，有技能型（H）和一般型（L）两种；

（3）世界上只有 A 和 B 两个国家，其中 A 是技能型劳动力充裕的国家，B 是一般型劳动力充裕的国家；

（4）产品 X、Y 和工序 Ⅰ、Ⅱ 中使用的要素密集度情况如下：

$$\frac{H_x^I}{L_x^I} > \frac{H_x}{L_x} > \frac{H_y}{L_y} > \frac{H_x^X}{L_x^X}$$

由此，我们定义 X 产品的生产中工序 Ⅰ 属技能劳动力密集型的，工序 Ⅱ 属一般劳动力密集型的，而产品 X 的要素密集度由工序 Ⅰ 和工序 Ⅱ 要素密集度的加权平均得到。

假设由于跨国界生产中产生的信息交流成本、运输成本、商务旅行成本和保险成本（Jones 和 Kierzkowski 称之为"服务连接成本"）较高，使得 X 产品生产中工序 Ⅰ 和工序 Ⅱ 在空间上是不可分离的[1]，根据要素禀赋理论，工序 Ⅰ 和工序 Ⅱ 都在 A 国进行，而产品 Y 的生产则在 B 国进行。随着信息技术的发展，因距离而产生的各种障碍逐渐弱化，服务连接成本大幅度降低，使得工序在空间上的分离成为可能，在这种情形下，工序 Ⅰ 仍然在 A 国进行，而工序 Ⅱ 则会通过外包的方式在 B 国进行。[2]

同比较优势利益一样，规模经济效应也可以成为离岸服务外包的独立动因。事实表明，随着经济的增长，市场需求的扩大，厂商的片

---

[1] 现实中，除了这种高昂成本使得服务生产商不愿意进行垂直专业化分工外，技术原因亦可使然。

[2] 至于 Y 产品的生产地由下列原则确定：若 $(\frac{H_x}{L_x} - \frac{H_y}{L_y}) > (\frac{H_y}{L_y} - \frac{H_x^X}{L_x^X})$，则 Y 由 B 国来生产，否则由 A 国来生产。

段化生产程度会提高，更多的服务会被外包出去。

假设服务生产商的总成本函数为：

$$T(Q,S) = V(S)Q + N(S) \qquad (10.1)$$

公式（10.1）标明总成本（T）由生产成本（VQ）和服务连接成本（N）组成，V 表示生产中的边际成本，并且它是不随产量发生变化的；S 表示服务流程（或工序）在空间分布的分散程度，其数目原则上是离散的，但由于并不影响模型的含义和结果，因此这里运用类似于连续变量的方法进行处理。S 越分散，流程在空间上的分布就越广泛，也就越容易利用各国的资源禀赋优势，降低生产活动中的边际成本，即 $\frac{\partial V(S)}{\partial S} < 0$；经验表明服务连接成本具有规模经济效应，它一般不随着产量的变化而变化（如通信费用），但是随着工序在空间上的分散度提高，将会发生更多的通信、运输和保险活动，因此 $\frac{\partial N(S)}{\partial S} > 0$。令

$$\frac{\partial T(Q,S)}{\partial S} = 0 \qquad (10.2)$$

得：

$$\frac{\partial V(S)}{\partial S}Q + \frac{\partial N(S)}{\partial S} = 0 \qquad (10.3)$$

若 S* 是方程（10.2）的最优解，则 $\frac{\partial K(S)}{\partial S^*} = -\frac{\partial N(S)}{\partial S^*}Q$，由此我们得：

命题 1： 服务流程在空间上的分散不是无限度的，当一项服务流程的分散所带来的服务连接费用的增加与其所引起的生产成本的节省相等时，此时服务流程的分散程度是最优的。

利用隐函数定理（IFT），得到：

$$\frac{\partial S}{\partial Q} = -\frac{V(S)}{Q\{\partial V(S)/\partial S\} + \partial N(S)/\partial S} \qquad (10.4)$$

由方程（10.4）得：

当 $0 < Q < \frac{\partial N(S)/\partial S}{-\partial V(S)/\partial S}$ 时，$\frac{\partial S}{\partial Q} < 0$；

当 $Q > \dfrac{\partial N(S)/\partial S}{-\partial V(S)/\partial S}$ 时，$\dfrac{\partial S}{\partial Q} > 0$。

我们把这一思想以命题的形式给出：

命题 2：**当服务产量** $Q \in \left[\dfrac{\partial N(S)/\partial S}{-\partial V(S)/\partial S}, +\infty \right]$ **时，其增加会对服务流程在空间上的分散起到促进作用。**

命题 2 说明在承接国际服务外包过程中，要尽可能推动有条件的中心城市成为国际生产性服务业聚集中心，以降低工序连接中的成本，更充分地发挥规模经济效应，对区域经济和产业发展形成更强大的辐射带动效应。

（三）产业升级与国际服务外包

在全球产业转移升级、通信技术飞速发展、服务业外包日趋盛行的背景下，一国（或地区）应充分利用这一机遇，积极承接国际服务外包，促进自身产业结构的升级。Jones 和 Kierzkowski（1990）指出："产品内分工背景下的服务外包有利于发展中国家的产业发展，因为如果它们缺乏能力生产整件产品，它们仍然可以通过生产某个特定的部件来参与国际分工。"

传统产业结构理论是根据物质生产中加工对象的差异性，将产业门类分为第一产业、第二产业和第三产业（Fisher，1935；Clark，1940），因此产业结构的升级简单地指由劳动密集型产业向资本密集型、技术密集型产业的升级转换。但是，这种纵向产业结构理论是以整个产品作为分工界限的，它先验地排除了工序、区段或流程分工的可能性。为克服这一局限性，林民盾和杜曙光（2006）将传统三次产业糅合并横向切断，划分为研发产业、制造产业和营销产业，提出了横向产业结构理论，认为以隐性知识为主导的高级生产要素在各个环节的不均匀分布和在空间上的黏着性是导致横向产业出现的根本原因。研发产业以高级生产要素与传统生产要素中的资本要素为主体，制造产业以传统生产要素中的土地、劳动力和高级生产要素中的隐性知识为主体，营销产业则以高级生产要素为主体。在知识经济时代，

高级生产要素的分布决定了不同产业在全球价值链的地位，研发产业和营销产业所含的高级生产要素比例高于制造产业，因此在产业结构中居于高端地位。横向产业结构水平的升级应是以高级生产要素比例的提高为主要标志，从以制造产业为主导向以研发产业和营销产业为主导转变。

服务业外包是国际生产专业化分工的现实体现和必然结果，生产过程的片段化切割使得游离于生产环节之外的所有服务性环节都可以通过网络实现异地转包。承接外包不仅是高素质、高水平服务能力的体现，更是真正意义上的生产过程现代化模式的实现，是完整产业链条和系统产业关联的真正体现，对于产业结构的升级具有不可低估的作用，具体体现在以下几个方面：

1. 承接服务外包降低了一国（或地区）实现产业升级所需要的"最小临界条件"，有助于其走出一条阶梯式、渐进式、局部式的产业升级模式

在产业内分工背景下，产业结构的升级是一种整体性的，它对要素的数量、种类、比例和特定区域的组织能力都有较为严格的要求（我们称之为"最小临界条件"）。若达不到其要求，要素只能在次优场合中使用；而产品内分工背景下的产业升级表现为一种工序到另一种工序、一个流程到另一个流程，是一种局部式的，因而所需要的最小临界条件较低，国家（或地区）易于达到。同时这种局部式的产业升级模式具有较强的"自我学习效应"，已有工序或流程的升级对于后继者具有示范作用。因此，通过承接服务外包，一国（或地区）不仅获得了更多参与国际分工的机会，而且还可以在积累一定高级生产要素的基础上及时进行局部的产业升级。

2. 承接国际服务外包有利于一国（或地区）充分发挥其比较优势，在动态过程中实现产业结构的升级

以发展中国家为例，其在承接服务外包的最初阶段，基本上是利用其劳动力比较优势从事低端工序的生产，然而在"干中学"、"学中干"的作用下，以知识为核心的高级生产要素逐步得以积累。相应地，其在全球化产业链条中的地位也渐次由低端工序生产→中端工

序→高端工序。Jones，Kierzkowski 和 Chen（2004）指出："台湾地区原先只是从美国厂商那里承接计算机生产中一些简单的劳动密集型工序，但经过几十年的发展，现在它已专注于计算机的高端设计。"

一些学者担忧发展中国家承接的工序或服务流程处于"U"型曲线的低端，附加值较低，长期持续下去，有被"锁定"的危险，主张根据先行发达国家现实的产业结构来指导发展中国家的外包业务，跨越以劳动密集型为主导的低端工序，实施赶超战略。笔者认为，这一观点把比较优势凝固化了，因为当我们提到一国的要素禀赋时，总是指在某一时点上该国各种要素的供给数量之比。在一个动态的经济中，一国各种要素的供给数量是在不断变化的。亚洲"四小龙"在20世纪60年代属劳动充裕型国家或地区，但是到90年代它们已经积累了大量的资金和技术，高级生产要素增加，要素禀赋发生重大变化，经济活动的重心也逐渐由低附加值的产品组装转变为高附加值的产品设计和营销，成功地实现了产业结构的升级。从中不难发现，一国的要素禀赋决定了其国际分工，而这种分工的进行和持续又在不断地塑造着既有的要素禀赋，改变着已有的分工结构。

3. 产业关联引起的技术外溢促进了产业结构的升级

现实中，发包商为了达到期望的产品质量标准需要对为其提供投入品的承包商提供技术指导和管理咨询，从而提高了后者的技术效率。在一项对新加坡电子部门的16家当地分包企业进行的调查中发现，技术溢出是通过测试和诊断反馈而提供的学习机会进行的（Wong，1992）；在另一项针对日本在马来西亚电气和电子工业服务外包的研究中发现，这些外国发包商中的70%经常与当地承包商互动，向他们提供与产品有关的技术规格，32%提供工具，5%提供有关建立工厂的信息（Giroud，2000）。

产业关联对产业升级的作用取决于产业关联度，它是用来表征国民经济各部门在社会再生产过程中所形成的相互依存、相互制约程度的一个指标，由影响力系数和感应度系数共同决定。

印度在利用服务外包推动本国产业结构升级方面为我们提供了较好的范例。印度承接的主要是软件业服务外包，目前已占有全球软件

外包市场总额的 65%。软件业的发展带动了咨询、培训、通信、金融等相关服务业的发展，形成了其独特的"外需拉动型产业结构升级"模式。印度通过发展服务外包，积极向国外的同行取经，借鉴跨国企业的技术和经验，学习前沿技术，领悟创新机制，开发创新产品，以求自我积累，实现自主创新。经过十几年承接服务外包的历练，国内企业在发挥本国比较优势的基础上，已开始从价值链的低端业务向市场分析、工程设计、法律咨询、申请专利等高端业务转移。另外，在制药、生物技术、汽车和航空业的研发、设计等技术支持服务业等领域中，以知识服务为主的外包业务不断扩大，产业结构不断升级。

二、承接服务外包与长三角产业升级

（一）从"世界加工厂"到"世界办公室"

改革开放 20 多年来，凭借劳动力资源成本优势和优惠的政策待遇，中国抓住了历史的机遇，通过承接全球制造业转移，使经济获得了长足发展，已成功地由农业大国转变为工业大国，并赢得了"世界加工厂"的美誉。承担"世界加工厂"的角色，由我国现实比较优势所决定，是经济腾飞的一个必经阶段。通过积极承接加工制造转移，不仅增加了我们的就业、拉动了政府的税收，而且对我国制造业的崛起和城市化进程也做出了积极贡献。

尽管中国的商品行销世界，然而中国的加工制造并不等于中国的创造。一个完整的产业链条包括研发、零部件加工、组装、销售、售后服务、品牌管理等，中国主要从事附加值较低的加工组装环节，研发设计、推广、管理服务等诸多环节都由外国跨国公司自己完成。这种生产模式使中国从中仅能获得微薄的利润，而外资企业则利用自己的品牌和资金，借助中国廉价的劳动力，赚取了丰厚利润。美国市场上一件卖 39.9 美元的女式上衣，通常中国工厂只能拿到 4 美元，不到总价值的 1/10；一个美国商场零售标价 88 美元的地球仪，中国工

厂拿到订单的价格是15美元，而生产成本是12美元。此外，"加工厂"的副作用目前也开始显现，比如，环境的污染、能源的消耗，以及加工出口不断扩大引起频繁的国际贸易摩擦等，这些都对我国经济发展提出了新的考验。要从根本上逐步改变这一切，必须抓住新一轮世界产业转移的机遇，积极承接服务外包。

在由外包推动的服务业跨国转移浪潮中，发展中经济体都在采取各种措施、积极参与承接服务外包的国际竞争。其中，印度占尽了先机，凭借过去十几年在软件和服务外包领域的不俗表现，成为了一个"世界办公室"；爱尔兰也以令人瞩目的软件和服务外包国际竞争力，先后获得"欧洲软件之都"、"欧洲硅谷"和"软件王国"等称号；菲律宾在承接国际客服中心外包方面，已成长为印度重要的国际竞争对手。尽管现阶段中国在软件外包、软件测试和开发等信息技术外包方面已取得一定成绩，但业务流程外包尚处于起步阶段，且两种服务外包水平都显著落后于印度、爱尔兰和菲律宾。和巴西、以色列、俄罗斯、东欧诸国等第二批近年积极参与的国家相比，在某些方面也存在一定的差距。在承接服务外包激烈的国际竞争中，不进则退仍是颠扑不破的真理。如果说以国际服务外包代表的服务全球化是"一个新时代的黎明"，那么我们确实需要尽快改变相对增长势头不足的态势，避免在新一轮服务全球化浪潮中面临被边缘化的危险。① 因此，发展服务外包，实现由"世界加工厂"向另一个"世界办公室"的转变，将是中国发展战略的必然选择，也是长三角发展的必经之路。在新一轮外包的浪潮中，承接服务外包不仅有利于长三角增加税收、解决就业问题，而且有利于长三角地区的产业结构优化和升级。

（二）承接服务外包对长三角产业结构升级的作用

1. 积极承接服务外包有利于推动长三角产业结构的整体升级

一般而言，一个地区的第三产业比例越高，产业结构高度也就越

① 卢锋：《国际服务外包大潮汹涌中国如何避免边缘化危险》，http：//www. ccer. edu. cn/cn/ReadNews. asp？NewsTD＝8127。

高。长三角人均 GDP 早已超过 4000 美元，步入了中等收入国家水平，但服务业比重普遍偏低（见表 10-1）。2006 年在长三角 16 个城市中，泰州服务业增加值占 GDP 比重仅为 32.1%，宁波、杭州、舟山和南京稍好，服务业比重分别为 40.1%、44.9%、46.1% 和 47.5%，具有明显产业结构优势的上海这一比重也只有 50.6%。长三角平均水平更低，仅为 41.3%，不仅低于世界平均水平 68% 和发达国家平均水平 72%，而且也低于发展中国家平均水平 52%。与国际相比，长三角服务业相对滞后不仅是长三角产业结构滞后，而且也是长三角现代化水平滞后的表现。现阶段，积极承接服务业跨国转移，发展服务外包，提高服务业增加值比重，有利于推动长三角产业结构整体优化升级。以上海为例，上海 2002 年服务业增加值占全市 GDP 的比重是 51%，为历史最高，随后 4 年均未达到这一水平，出现回落迹象。造成上海服务业发展停滞的根本原因在于上海先进制造业和现代农业发展不够充分，现代服务业先天不足，市场局限，根基不牢。破解这一困境的途径之一就是积极发展服务外包，走服务外向化的道路，从外部寻求服务需求市场来提升服务业的比重，从而达到优化整体产业结构的目的。

表 10-1 长三角服务业占 GDP 比重

（单位:%）

年份 地区	2000	2001	2002	2003	2004	2005
上海	50.6	50.7	51.0	48.4	47.9	50.2
江苏	36.3	37.0	37.4	36.6	35.0	35.8
浙江	36.3	38.4	40.0	39.7	39.0	40.0
长三角	39.7	40.7	41.3	40.3	39.1	40.4

资料来源:《长三角年鉴（2006）》，社会科学文献出版社。

2. 积极承接服务外包有利于长三角制造业的升级

随着市场环境的不断变化，长三角发展将面临着环境、资源等因素制约，其制造业生产成本必须进一步降低，技术、附加值和市场竞争力有待进一步提升，制造业产业升级和结构高级化将面临诸多挑

战。而优先发展服务业，尤其是金融服务、信息技术服务、商务流程外包等现代新兴生产性服务业，以服务业的加速发展带动先进制造业，充分利用 IT 技术使传统制造业得到信息化改造，是推进制造业结构转型、实现升级的重要保障。

发达国家的经验表明，在工业化中后期，随着分工深化，逐渐出现制造业服务外包化趋势，企业的业务流程、组织架构不断调整，从制造领域独立出来的设计策划、技术研发、物流等现代生产性服务业，对制造业升级的支撑作用逐渐显现。这些贯穿制造业生产全过程的人力资本和知识密集型生产性服务，已成为市场资源强大的"调适器"，能激活和优化配置各类产业要素，降低交易成本和非再生性资源消耗，从多方面对劳动生产率产生影响。服务外包逐渐成为企业拆解价值链与整合战略业务、节约成本和降低风险的主要内容。

然而，经济发展的现实表明，长三角，特别是江苏和浙江两省，其块状产业集群经济中，与生产制造业紧密关联的现代生产性服务体系建设相对滞后，生产性服务供给不足或部分缺失，已成为制约制造业竞争力的重要因素。例如，中小型企业融资艰难，科技服务平台建设滞后，物流服务效率低下，人力资源培训问题突出，会计、审计、法律、资产评估等各类中介服务供给短缺。从需求角度来看，生产性服务业的需求也还有待进一步挖掘，大型制造企业服务外包意识不强，许多服务需求还是通过内置式部门或下属子公司提供，总体服务效率低下。因此，通过引入国外先进的服务业跨国投资和外包，加快生产性服务业的现代化和现代信息技术成果在生产过程中的应用，为长三角制造企业提供高水平的生产性服务中间投入，使其产品链条上的技术研发、人员培训、经营管理等关键环节能够得到相关支撑服务体系的协作与配合，从而占据价值链的中高端环节，是实现长三角制造业结构升级的重要途径之一。

3. 积极承接服务外包将有利于促进长三角现代服务业的发展和升级

制造业有高低端，服务业亦是如此。从劳动密集型服务业向资本密集、技术和知识密集服务业攀升，从消费者服务业偏向生产者服务

业，从生产者服务业的低端向生产者服务业的高端演进，代表着产业结构升级的方向。目前，国外许多国家的生产者服务业已占到服务业的70%左右。而2005年江苏省和杭州市生产者服务业占服务业的比重分别为41.5%和38.2%，与国外还存在相当大的差距，上海的这一比重为60.661%（见图10－3），也低于许多国家的水平。①

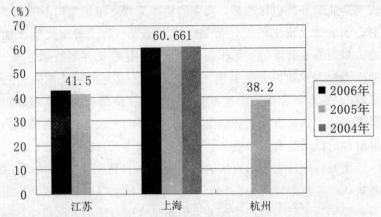

图10－3　长三角部分地区、城市生产者服务业占地区第三产业比重

资料来源：根据《江苏统计年鉴》、《上海统计年鉴》和《杭州统计年鉴》各期的相关数据计算和绘制。

服务外包的两大领域信息技术外包和业务流程外包包的是生产企业的非核心价值链。因此，从本质上讲，服务外包包的是生产者服务。尽管目前发达国家跨国公司外包的是非核心商业流程，技术含量和附加值相对较低，长三角地区受提供服务的技术水平和资源禀赋的限制，也只有接包这一类服务才具有低成本优势，但从生产者服务业的低端向生产者服务业的高端演进总是需要一定过程的。因此，立足于现实，着眼于长远，积极承接这类服务外包，夯实长三角生产者服

①　数据计算的过程中，江苏和上海的生产者服务业主要选取的行业是交通运输、仓储和邮政业、信息传输、计算机服务和软件业、金融业、房地产业、租赁和商务服务业、科学研究、技术服务和地质勘察业；由于统计口径存在差异，杭州的生产者服务业主要选取的行业是交通运输、仓储及邮政业、金融业、房地产业、科学研究、技术服务和地质勘察业。

务业的基础，逐步提高生产者服务业在地区服务业中的比重，并逐步由低附加值的生产者服务向高附加值的生产者服务转变，才能最终达到优化长三角地区服务业内部结构的目的。

（三）长三角承接国际服务外包：机遇与挑战

1. 长三角承接国际服务外包的机遇

首先，国际服务外包发展前景广阔，但尚处于初始阶段。服务业跨国转移是当前经济全球化新的显著特征，发达国家跨国公司管理、经营日益专业化，仅保留核心优势业务，而将后勤办公、顾客服务、商务业务、研究开发、咨询分析等非核心业务活动外包给新兴发展中国家。联合国《2004 年世界投资报告》指出，未来几年全球外包市场估计将以每年 30%—40% 的速度递增。著名管理咨询公司麦肯锡预测，2006—2010 年五年内，美国白领工作岗位的离岸外包将达到30%。美国信息产业咨询公司加特纳预测，到 2010 年，发达国家中25% 的传统 IT 工作将转向印度、中国和俄罗斯。国际服务外包异军突起，发展前景广阔，但目前国际服务外包业务只占全部业务流程的1%—2%，世界最大的 1000 家公司中，大约 70% 的企业尚未向低成本国家外包任何商务流程，多数国际服务外包公司仅仅处于国际产业重组的初始阶段，还有相当大的发展空间。这为中国打破原有的国际服务外包分工格局、实现服务外包崛起提供了国际市场机遇。

其次，开放型体制和政策支持是长三角发展服务外包的良好环境。20 世纪 80 年代以来，长三角建立起来的开放型生产体系，使其熟悉了国际商业惯例和国际市场规则，并保持与发达国家跨国公司良好、密切的合作关系，因而很可能通过现有的国际联系优先获得这些国际大企业的外包服务。目前，欧美日发达国家跨国公司已开始将制造业价值链条中的一些服务环节，包括战略咨询与管理、研究开发、产品设计和金融服务等转向中国，长三角比其他地区有更有利的发展BPO 业务的开放型环境条件。

对长三角承接国际服务外包问题，中央和地方政府已经达成共识，并出台了相应的鼓励和扶持政策。在被国家商务部和信息产业部

认定为"中国服务外包基地城市"的 11 个城市中①，长三角就占了三个，分别是上海、杭州和南京，将得到国家部委的大力支持。江苏省出台了全国第一部软件产业地方性法规——《江苏省软件产业促进条例》，制定并下发了《关于鼓励发展国际服务外包产业的工作意见》，为江苏发展软件服务外包进一步明确了方向，并创造了一个健康、规范的制度环境。上海市出台了《关于促进上海服务外包发展的若干意见》，立足聚焦重点区域、做强重点企业、集聚专业人才和完善政府服务等，制定了若干政策措施，为上海发展服务外包确定了目标、重点。杭州市出台了《杭州市人民政府办公厅关于促进杭州市服务外包产业发展的若干意见》，多方面对服务外包产业予以支持，增强了杭州市发展服务外包的综合竞争力。无锡推出服务外包"123"计划②，并为此设立 15 亿元的专项扶持资金，这在全国大中城市中实属少见。这些支持政策的出台，都为长三角承接服务外包构建了良好的政策环境。

再次，强大的制造业为长三角优先发展服务外包提供了基础。长三角在中国承接国际制造业资本转移过程中成功地扮演了"世界加工厂"的重要角色，完整的产业配套设施和产业链的延伸都使长三角在新一轮的国际竞争中具有压倒性的优势。在新一轮的服务外包浪潮中，长三角地区有可能成为全国，乃至世界重要的服务外包中心。服务外包最初是从制造业中衍生出来的，可以实现外包的不仅仅是服务业，更多的是生产性行业的服务环节，比如程序设计、过程控制以及管理服务等环节。服务外包的两大领域信息技术外包和业务流程外包的需求本身就大量来自于生产企业的非核心价值链。20 世纪 90 年代以来，长三角发展起了全国领先的国际化产业和现代化制造业，巨

---

① 由商务部主导实施的"千百十工程"于 2006 年 10 月 23 日推出的首批中国服务外包基地城市有 5 个，分别是上海、西安、大连、深圳和成都；2006 年 12 月 25 日又认定了北京、杭州、天津、南京、武汉和济南 6 个城市为第二批中国服务外包基地城市。

② 即到 2010 年，无锡要集聚国际服务外包和软件出口企业 100 家，每家企业从业人员超过 2000 人，年出口额超过 3000 万美元，初步形成服务外包的产业集聚效应。

大的工业规模是长三角的重大优势和发展基础。长三角的制造业发展为业务流程外包创造了巨大的需求条件，其信息技术产业的发展也为信息技术外包创造了有利的供给条件。

最后，低劳动力成本是长三角承接服务外包的关键优势。充裕的人力资源、较高的劳动力素质和快速提升的研发能力，使长三角具备多层次的适应性和灵敏性，为外包企业节约成本提供了关键优势。一般来说，一个美国或欧洲工人每小时的工资是 15—30 美元，一个中国工人每小时的工资却低于 1 美元，差距竟然如此之大！并且据波士顿咨询公司（BCG）考察，在未来十年，中国与发达国家的这种劳动力成本差距还会进一步加大，因为现在的差距非常大，即使增长速度不同，中国工人的工资以两位数的速度上升，这种差距在近期内也难以消失。况且，中国每年大学毕业生就有几百万，庞大的候选人队伍将是工资进一步上涨的减速器。中国同"世界办公室"印度相比，也拥有更为廉价的 ITO 劳动力成本优势（见图 10 - 4），致使目前出现印度的软件业有向中国内地转外包趋势。拥有 2.2 万名软件员工的印度第一大软件公司 TCS 在中国就构建了上海、杭州、北京"三位一体"方略图；印度第二大软件公司 Infosys 提出了到 2009 年在中国发展 1 万名员工的目标。印度服务外包企业蒙纳什也在江苏南京设立了系统工程（江苏）有限公司，其副总裁 Raj Sukhejar 先生如是说："如今的印度，软件人才越来越缺乏，成本也越来越高，而南京大中院校很多，软件人力资源丰富，价格还比印度便宜。以一般软件从业人员月薪为例，印度的水平基本相当于 6000—7000 元人民币，而在中国只需 3000 元左右。因此，中国劳动力成本在国际竞争中优势明显。"

2. 长三角承接国际服务外包面临的挑战

长三角发展国际服务外包有许多机遇，但也面临诸多挑战。

首先，长三角承接服务外包面临国际竞争的挑战。在上一轮全球制造业转移中，中国，特别是长三角地区是最大的受益者，但我们在承接服务业国际转移方面还存在某些竞争劣势，印度等国已形成了很强的竞争力。

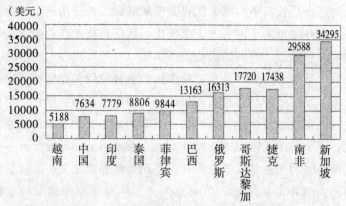

图 10 – 4　2005 年主要离岸地 ITO 平均薪酬

资料来源：www. neoIT. com。

　　根据印度全国软件和服务公司协会（NASSCOM）的统计，2006—2007 财年印度软件和服务外包总产值达到 396 亿美元，其中出口 313 亿美元，同比增长 32.6%。在 313 亿美元的出口中，软件和服务的出口额为 229 亿美元，服务外包出口额为 84 亿美元。该协会报告还显示，中国 2006 年软件服务业出口收入仅为 18 亿美元，大概相当于印度软件服务业出口规模的 1/10，并称在未来 3—5 年中国不可能动摇印度在该行业的全球领先地位。在软件外包和 IT 支持服务（ITES）这个具有深厚增长潜力的领域，印度已遥遥领先于中国。由于劳动力成本便宜、英语水平高、计算机操作能力强，印度被认为拥有发展服务外包的最佳元素。而麦肯锡公司发布报告称，人才瓶颈已经成为中国软件业面临的最大挑战，中国虽然具备大量软件业初级人才资源，但人才在"硬技能"，比如语言技能、服务交付能力，以及"软技能"，比如实践能力与问题解决能力、项目管理技能等方面，与其他领先的从事外包的经济体均存在差距。另外，从规模上来看，和印度外包企业相比，中国企业也存在一定的差距。比如上海软件企业总数 1600 多家，平均员工人数仅 60—100 人，难以达到承接欧美等国大型开发项目的最低要求；而全球最大的印度软件外包企业 Infosys 目前在全球拥有 8 万名员工，在同荷兰银行巨头 ABN Amro 的一笔外包交易中，Infosys 就获得了价值 1.4 亿美元的订单。而另一家印

度外包企业 TCS 获得订单的金额更大，价值 2.5 亿美元，这些都为中国企业所不及。

菲律宾服务外包的竞争力也不容小觑。菲律宾服务外包的竞争力主要来自以下原因：它是亚洲英语最好的国家；地处亚洲中心；人才资源充足，经营成本低廉，其普通劳动力成本为平均每月 230 多美元，技术人员月薪 400—800 美元。2006 年，菲律宾外包业务收入达 36.3 亿美元，从业人员 24.5 万人。其中呼叫中心业务收入就达 26.9 亿美元。加拿大信息研究公司 XMG 发表的报告显示，菲律宾目前 BPO 的总额仅次于印度，每一家在印度拥有营业中心的接听中心在菲律宾也有分公司，菲律宾有可能超越印度并取代其领导者地位（见图 10 - 4 和图 10 - 5）。预计到 2010 年，菲律宾外包业务收入将达 124 亿美元，从业人员达 92.1 万人①。

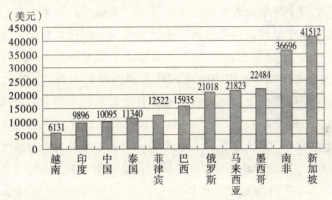

图 10 - 5 2005 年主要离岸地 BPO 平均薪酬

资料来源：www. neoIT. com。

在地理上，东欧国家和西欧发达国家毗邻，而墨西哥与美国接壤，这些地区或国家分别使西欧和美国发包的成本更低，沟通更加方便；为寻求低价劳动力而进入中国的韩企，也开始陆续在紧邻西欧和实行零关税的东欧投资，希望将东欧作为进军欧洲市场的前沿阵地。

---

① 卢锋：《国际服务外包大潮汹涌》，《第一财经日报》2007 年 8 月 23 日。

其次，长三角承接服务外包同样面临国内竞争的挑战。在新一轮以承接服务外包竞争为特点的国际产业转移中，东北和中西部地区具有较强的竞争力，有望分享更大的份额。东北由于地理和语言因素，对日韩软件外包比长三角有明显优势，如今大连软件园已成为中日软件产业合作的战略门户。大连软件园已成功引进软件企业 326 家，其中 41% 为外资企业：世界 500 强企业 32 家，包括 IBM、Genpact、HP、埃森哲、SAP、松下、诺基亚、索尼等一批大型跨国企业；CSK、欧姆龙、阿尔派、FTS、古野电器等众多日资软件企业；东软集团、中软集团、信雅达等国内著名软件企业，以及华信计算机、海辉科技等本地知名软件出口企业。2005 年，大连软件园实现软件销售收入 84 亿元人民币，出口 2.7 亿美元，出口额在国家软件产业基地中名列前茅。

与长三角相比，内陆地区劳动力成本更具优势。统计显示，内陆地区研究生以上高学历人员的工资仅及长三角地区的一半左右，长三角地区人才争夺激烈，内陆地区高素质人才则存在较大富余，这些已成为吸引日美 IT 企业前往投资的重要因素。据日本经济新闻报道，日美 IT 大企业竞相在中国内陆地区建立软件研发中心，NTT 数码在重庆设立网络软件开发基地，该基地是其继北京、上海之后的第三个在华基地，主要研发用于工厂及物流管理的软件，计划 3 年内将人员编制扩充至 400—500 人规模，力争到 2010 年使在华软件外包额比 2006 年增长 200%，达到 100 亿日元；美国惠普公司和日本富士通公司也在重庆设立了软件研发基地。美国赛门铁克（Symantec）在成都投资 2000 万美元设立安全软件研发中心，计划雇佣约 1000 名员工。Symantec 方面认为，成都具有丰沛的信息安全技术人才和国内首个国家安全产业化基地，中国西部信息安全产业群已经在成都初见端倪。微软和 SAP 也早已在成都设立研发基地。NEC 也正研究进军内地事宜。

从获得五类软件及服务基地①认证的个数看，北京、大连和西安

---

① 最早从 1995 年科技部认定国家火炬计划软件产业基地开始，科技部、信息产业部和商务部分别及联合从多方位认定了五类软件及服务基地，分别是：国家火炬计划软件产业基地、国家软件产业基地、国家软件出口基地、中国软件欧美出口工程试点基地和国家服务外包基地城市。

分别获得了全部5个基地的认证，说明这些城市在软件和服务领域内全面服务的能力很强；上海也获得了全部5个基地的认证，但上海的商务成本、劳动力成本、房价与租金及税收等均居中国各城市较高位，无形中增加了服务外包的成本，削弱了竞争力。济南、深圳和杭州分别获得4个基地的认证，南京仅获得3个基地的认证，这在某种程度上反映了济南和深圳在软件和服务提供方面对长三角也有较强的竞争。

　　平坦的世界，不平坦的道路。长三角发展服务外包的不利因素还有很多，比如高端人才依然紧缺，行业协会服务能力有限，融资环境有待改善等。长三角地区承接服务外包的前景不容过于乐观，挑战总是与机遇并存。

三、长三角承接国际服务外包的对策

（一）长三角承接国际服务外包的主要经营模式

　　目前，长三角承接国际服务外包的经营模式主要有以下四种：

1. 跨国公司设立的研发中心

　　跨国公司设立的研发中心主要承接母公司发包或转包的研究开发项目，一般不在本土承接业务。按照跨国公司内部水平分工的模式主要从事公司核心产品的开发和研究工作，是提升公司整体核心竞争力的战略性举措。在长三角设立研发中心，一方面，看重的是长三角有对优秀人才集聚的作用，为中心的成立提供了人才基础；另一方面，为其在长三角的子公司提供技术支持、缩短工厂和市场之间的距离也是研发中心的首要职责。比如飞利浦集团2005年投资4000万欧元在上海就设立了这样的全球研发中心，三星集团则希望其在苏州、南京和上海的研发中心能够成为公司第二个研发基地。这类研发中心技术示范效应、产业关联效应明显，对长三角产业结构升级具有重要作用。

2. 跨国公司在中国设立的市场开拓机构

　　这类机构的目的很明确，就是借助于长三角本土的人才，开拓国

际和中国本土市场。2002 年和 2003 年，印度三大软件巨头 TCS、Infosys、萨蒂扬分别在上海成立了全资子公司。2007 年萨蒂扬又在南京建立了全球交付中心，该中心的投入使用使得萨蒂扬更有信心为欧美、日本、韩国和香港地区的客户提供更好的离岸、近岸服务，同时能够尽可能地接近中国本地客户，并且帮助他们完成信息技术项目中的决定性部分。这类机构短期内对中国的外包企业有一定的挤出效应，但长期内竞争效应、示范效应和技术溢出效应会更为明显。

3. 长三角本土研发型的外包企业

这类企业过去一般都依托高校和科研院所，并在发展的过程中逐渐引入外来资本。比如上海海隆软件股份有限公司，其主要股东为上海交通大学、日本欧姆龙株式会社等，它是目前中国面向日本移动电话服务软件外包领域最大的出口商之一。南京富士通南大软件技术有限公司是日本富士通株式会社与南京大学合资建立的科研型软件公司，承担富士通服务器基础软件的开发。这类企业是长三角实现自主创新能力突破的重点，其本身就具备较强的研发能力，又能承接到国际上技术先进的研发项目，对国内其他本土企业具有较强的技术溢出效应。

4. 长三角本土纯粹的国际服务外包企业

长三角本土纯粹的国际服务外包企业主要承接来自欧美、日本等发达国家的外包业务，发包企业主要看重其成本上的优势，承接的项目加工性质比较明显，技术含量不高，增值空间较小，业务再转移的风险较大，发包方很容易为了降低成本而将业务转移到新兴的成本更低的市场。比如江苏润和软件股份有限公司坐稳了南京民营软件外包头把交椅，在日本外包市场保持着每年翻番的拓展速度。上海晟峰软件公司主要以对日软件外包为主，面对上海日益高昂的商务成本，晟峰开始向长三角二三线城市寻找新的栖息地（见图 10－6）。在上海建立接包平台，把业务放在苏浙去做，这种前店后厂的模式明确了各城市在承接服务外包上的定位，能够避免城市间的恶性竞争，有利于长三角地区的协调发展。

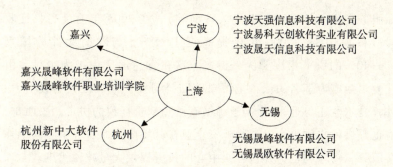

图 10 - 6 上海晟峰在长三角机构分布

资料来源：信息服务外包网，http：//www．iiso．org．cn/wbzs/ShowDetail Wbzs．aspx？sj_ dir = wbzs2&ct_ id = 8785。

（二）承接国际服务外包政策环境的国别比较

1. 税收政策

印度、爱尔兰、墨西哥和东欧国家积极制定优惠的税收政策，为承接离岸服务外包提供宽松的环境。1991 年印度政府对印度软件出口实行免除企业所得税政策，1998 年在上述基础上，把优惠政策对象范围扩大到信息服务出口，并对软件和 IT 投资允许两年内 100% 折旧。印度对服务外包税收优惠还表现在对特殊生产集聚区的有关税收优惠政策上。① 经过 10 多年的努力，在税收优惠企业对象和政策实施框架方面，印度已经形成了大力度减免直接税和间接税的优惠税收体系。有关资料显示，在印度发展服务外包的成本要比中国低 30% 左右，企业负担基本上是"零税赋"，这在相当大程度上形成了承接服务外包的成本优势。

爱尔兰税收优惠政策包括：对 1998 年 7 月 31 日后在当地注册的

---

① 印度中央政府对经济特区（SEZ）、电子产品科技园（EHTP）、软件科技园（STP）、出口加工区（EOU）内企业实施以下优惠：（1）企业所得税 10 年减免期限（五免五减半），如果利润留在 SEZ 则延长五年；（2）SEZ 内企业进口零配件、资本货物享受零关税；（3）SEZ 内企业采购和销售货物，销售税为零；（4）SEZ 内企业出口货物、软件取得利润免征所得税；（5）服务出口免征服务税（相当于我国营业税）。

国际服务企业（如金融、批发、咨询等），在 2005 年前最高只征收公司所得税 10%，2006 年仅提高至 12.5%，与欧盟大部分国家 30%—40% 的税率相比要优惠得多，这在发达国家中极为少见。由此使爱尔兰成为著名的低税港，对跨国公司投资形成极大的吸引力。此外，爱尔兰还与近 50 个国家缔结有避免双重征税的协定。墨西哥、捷克也提供税收优惠，以鼓励外资企业在其境内设立服务中心向境外承接服务，匈牙利也为外包呼叫中心的投资提供大量减税优惠。

相比之下，我国在承接国际服务外包税收方面几乎没有特殊优惠①，均要比照软件企业才能享受各项企业税收优惠政策。服务外包税收优惠新政策仅在苏州工业园区试点②，还没有在长三角及全国进行推广。

2. 知识产权保护

加强知识产权保护和信息安全保障是发展服务外包产业的内在要求。发包商把部分业务发包给接包方，接包方必须确保发包方提供原始数据的安全；另外，接包方自身的安全也是发包方的安全。因此，在选择承包商时，对于东道国的管理水平、商务和法律的规范有着很高的要求，尤其是知识产权保护问题，欧美发包商极为关注。印度、爱尔兰、菲律宾和中东欧国家等都非常注重知识产权保护问题。印度政府制定了版权法来保障软件产品的知识产权，制定了信息技术法对非法传播计算机病毒、复制软件、篡改源文件、伪造电子签名等违法

---

① 卢锋：《我国承接国际服务外包问题研究》，载《经济研究》2007 年第 9 期，第 58 页。

② 2006 年 12 月 31 日，由财政部、国家税务总局、商务部、科技部共同制定的《关于在苏州工业园区进行鼓励技术先进型服务企业开展试点工作有关政策问题》正式出台。按照以往的政策规定，服务外包企业不能享受高新技术企业的优惠政策，但列入试点后，根据这一政策，信息技术外包服务企业、技术性业务流程外包服务企业等第一次被界定为高新技术企业。新的身份认定背后是一系列对服务外包企业的税收政策支持：对经认定为高新技术企业的内外资技术先进型企业，暂减按 15% 的税率征收企业所得税；对企业实际发生的合理的工资支出，可以在企业所得税税前扣除；对企业当年提取并实际使用的职工教育经费，在不超过当年企业职工工资总额 2.5% 以内的部分，可以据实在企业所得税税前扣除。

行为进行惩治，同时还签署了很多有关知识产权保护的国际性协议，严厉打击盗版行为。爱尔兰在知识产权、专利等方面沿袭欧洲惯例，也有严格、有效的法律规范。

中国也在加强开发区和服务外包基地的知识产权保护，54 个国家级经济技术开发区、11 个服务外包基地城市的 27 个服务外包示范区与 50 个保护知识产权举报投诉服务中心签署了合作协议。合作方将充分发挥保护知识产权举报投诉服务中心的功能，共建开发区、服务外包示范区保护知识产权举报投诉服务中心工作站，加强开发区、服务外包基地城市的知识产权保护。但中国目前尚没有针对服务外包行业需要所进行的知识产权保护立法活动和结果[1]，仅长三角部分城市针对保护软件服务外包企业的知识产权问题，提出了一些举措。[2]

3. 行业中介机构

印度全国软件和服务公司协会是印度软件业非官方组织，属下有 900 多家从事软件开发、软件服务、信息化服务等业务的企业，总销售额占印度软件业总销售额的 95%，在印度软件企业中有很大的影响力。NASSCOM 在研究行业国内外形势、规划行业发展前景、与政府部门对话沟通寻求政策支持、促进业内人士交流和培训人才等方面发挥了不可替代的职能，对促进印度软件和服务外包产业的崛起发挥了至关重要的作用。比如在与政府部门对话沟通寻求政策支持方面，NASSCOM 在 1991 年就成功说服印度政府，对印度软件出口实行了免除企业所得税政策。

中国软件行业协会和地方软件行业协会虽然在推动软件行业发展方面做了不少有益的工作，然而由于历史、体制、运行机制等方面的因素制约，不同程度地存在服务意识以及能力不足问题。一个类似印

---

① 卢锋：《服务外包经济学分析：产品内分工视角——兼论我国承接国际服务外包问题》，北京大学中国经济研究中心《中文讨论稿》NO. C200701，2007 年 7 月 10 日，第 70 页。

② 江苏昆山市制定了《昆山市软件服务外包知识产权保护的若干意见》，为推动软件服务外包发展，提高软件服务外包水平，保护软件服务外包企业的知识产权，规范软件服务外包市场等，提出了五大举措。

度的 NASSCOM、涉及 BPO 的机构刚刚成立①，各项工作尚未开展，并没有发挥实质性的作用。长三角地区尽管在个别城市已成立服务外包协会②，但缺少一个全区性的服务外包协会对全区服务外包发展进行强有力的支持。

4. 外资政策

捷克政府首先确定了优先吸引外资的服务外包重点行业，包括生物制药研发、通信技术研发、企业配套服务和软件设计开发等，并提供税收减免、劳动力成本补贴和员工培训补贴等优惠政策，鼓励外资在捷克境内设立软件开发、科技研发、产品设计等服务中心，其中一些优惠政策的时限长达 10 年，旨在为承接服务外包业务创造良好的软环境。为将捷克建设成中东欧地区的信息和技术中心，在原有吸引外资优惠政策的基础上，2002 年捷克又提出了培训高素质专业人才、加大对工业园区建设投入等新的规划。爱尔兰的服务外包，是以引进外资为主。匈牙利和波兰等国也致力于改善外商投资环境，进一步吸引服务近海外包。

在厦门投资贸易洽谈会上，商务部外国投资管理司副司长潘碧灵称，如何发展服务外包业将成为我国利用外资最重要的工作内容；国务院研究室副主任江小涓称，未来相当长的时期内，服务业对外开放和承接全球服务外包将成为中国利用外资的重要领域；吴仪也表示，承接以跨国公司为主的各类服务外包将成为中国吸引外资新的领域。对于长三角地区，原江苏省省委书记李源潮就表示，要像抓外贸外资那样抓外包。因此，"超常规"的无锡"123 计划"被认为是拉开了长三角服务外包外资争夺战的序幕，长三角诸多城市目前均已推出庞大的招商计划。可见，中国服务外包外资政策制定已提到议事日程，

---

① 在国家商务部直接领导和指导下，中国服务外包研究中心于 2007 年 3 月 4 日在北京正式成立。该中心的组建被认为是商务部"千百十"工程的延续，也是有关部门参照印度服务外包权威机构 NASSCOM 的运作模式，建立"中国 NASSCOM"的又一次尝试。业内人士据此分析，一个新的以中国为基础的服务外包行业协会就此诞生。

② 2007 年 5 月 28 日，苏州工业园区服务外包协会成立。

但目前尚没有采取具体行动。我国对承接国际服务外包外商直接投资企业不仅没有特殊鼓励政策，有关政策客观上还有限制和排斥作用，显然不利于这一行业发展。①

5. 人才培养

印度政府多年来一直重视对教育的投入，并开放私人资本和外资从事电脑软硬件的专业教育，形成多种投资渠道，以满足软件产业发展的多层次人才需求；其教育内容也注重实用性，训练的内容都是实际工作需要的，印度已形成完备的职业教育体系和良好的人才培养模式。爱尔兰的教育方式也很独特，软件专业学生第三学年都要在生产第一线实习，第四学年的大部分时间要进行独立设计，大学毕业生大多具有很强的实际工作经验和项目领导能力。

在谈到中国人力资源条件时，大多侧重数量而忽视质量。其实目前在我国真正能满足承接国际服务外包业务需求的专业人才相当短缺，人才结构不合理，既缺乏具有项目管理能力、高级技术能力的高端人才，也缺乏兼具操作能力与外语能力的"灰领"人才。近十几年来，计算机专业一直很热，虽然全国几乎所有大中专院校都设立了计算机专业，然而由于高等教育存在课程更新慢、偏于理论、实践不足等问题，导致学生在学校所学的知识及形成的专业能力与用人单位的实际需要形成较大的差距。麦肯锡 2003 年中国人力资源供给情况的研究报告显示，中国每年的软件及相关专业毕业生中只有不到 10% 能够满足 IT 服务外包的基本技能要求。

（三）长三角承接国际服务外包的对策建议

1. 实施适当的税收优惠政策

承接国际服务外包有竞争性质，印度等先行国家早已实行大力度的税收优惠政策，国内其他地区为了发展服务外包，不久也可能做出一定的地方税收优惠安排。因此，建议长三角地区在争取国家税收优

---

① 卢锋：《我国承接国际服务外包问题研究》，载《经济研究》2007 年第 9 期，第 58 页。

惠政策的同时，适当实施地方税收减免政策。在中央税收政策既定、不影响中央财政税收的前提下，长三角地方政府可以制定地方上的优惠政策，比如营业税减免，即对符合条件的服务外包企业免征营业税，只征企业和个人所得税，同时减免政府部门收取的公司注册、运营环节的各项费用等，使企业在盈利前尽量降低成本支出，以鼓励服务外包企业集聚长三角发展服务外包。

2. 加强服务外包领域知识产权保护

制定长三角服务外包领域知识产权发展的政策，研究承接国际服务外包业务流程涉及的新的知识产权关系，总结国内外业内实践经验，改进和完善知识产权立法，降低承接国际服务外包的交易成本。加强政府在服务外包相关知识产权保护方面的公共服务，建立知识产权预警援助机制，设立专门机构负责服务外包业知识产权的日常管理和保护工作，依法严惩知识产权侵权行为和违法行为。大力宣传知识产权法律知识，提高服务外包企业知识产权的保护意识，鼓励企业在境内外对软件产品及相关信息服务技术申请各种类型的知识产权保护，指导软件服务外包企业建立完善的知识产权管理与保密制度，为承接国际服务外包创造更好的知识产权环境。

3. 建立长三角区域性软件和服务公司协会（RASSCOM）

既然全国性的、类似印度 NASSCOM 的机构在短期内成立和发挥实际作用比较困难，追求次优不失为一个好的选择。在政府有关部门牵头下，由上海、南京和杭州服务外包基地城市的骨干服务外包企业为主导，仿照印度 NASSCOM 的组织形式，建立一个长三角区域性软件和服务公司协会。RASSCOM 的活动要围绕加快长三角服务外包和软件业发展这个目标展开，组织企业参加国际重大活动，帮助外包企业开拓国际市场；搜集外包信息、行业资料，开展市场发展趋势研究，并向外包企业免费提供详细可靠的研究成果等。目前，服务外包企业所需的这些资料大多从咨询公司获得，且费用较高，这就增加了外包企业的生产成本。例如，外包企业要从赛迪咨询获得一份 70 页的《2006—2007 年世界服务外包产业发展研究年度报告》，就需为此支付 1.4 万元。RASSCOM 要与当地政府部门建立密切的协作关系，

在政府制定政策时能与其磋商，并能够反映服务外包企业的诉求。

4. 完善服务业外商投资政策，全面提高服务业吸收外资水平

借鉴国外利用外资发展服务外包和长三角利用外资发展制造业的成功经验，进一步研究制定有利于长三角服务外包业吸收外资的政策措施。要完善服务业利用外资的法律法规，建立规范的服务业投资准入制度，积极稳妥地扩大服务业市场准入，鼓励国外大型跨国公司来我国设立国际服务外包提供中心或服务基地；尽快出台服务外包业吸收外资的行业导向政策，将从事高端的 IT 系统方案、软件开发等 ITO 外包和 BPO 外包的外资列入优先鼓励的范围，给予一定的优惠政策；加大开放和引资的力度，组织专门的投资促进活动，针对跨国公司反映的问题全面优化服务外包业的投资环境。

5. 支持多渠道、强调实训的人才培养模式

如何缩小服务外包人才供给与需求之间的差距，突破人才短缺的瓶颈，建立切实可行的人才培养体系是当前中国服务外包产业面临的重要挑战。借鉴国外的经验，要重视大中专院校教育，鼓励社会办学，支持外包企业参与，形成多渠道、多层次的人才培养模式。对于高等教育，要面向欧美日企业需求，有针对性地改进课程设置，力争培养出国际化的、复合型的具有高级技术能力和项目管理能力的人才。对于社会培训机构，要加强有市场需求的、订单式人才培养[①]，通过引进真实的软件实训项目，模拟真实的软件企业环境和操作规则，强化动手能力和实际业务流程训练，提高人员培训的质量。对此，长三角其他地区可以借鉴上海浦东新区张江创新学院这个实训基地的经验：在短短三周里，成立不到半年的张江创新学院分别与IBM、赛灵思以及 Intel 签约，张江创新学院将每年为三家公司分别培养至少 1000 名相关人才。

---

① 订单式人才培养模式：即学校与企业签订人才培养协议，共同制定人才培养计划，共同组织教学，学生毕业后直接到企业就业的人才培养模式；非订单式人才培养模式：即正常的社会化培训，招生对象不限，学生就业通过和企业的双向选择来实现，这类培训服务比较普遍，基本所有的培训机构都有此项服务。

参考文献

1. Arndt, Sven W., "Globalization and the Open Economy", *North American Journal of Economics and Finance*, 1997, 8 (1), pp. 71 – 79.

2. Arndt, Sven W. and Henryk Kierzkowski, *Fragmentation: New Production Patterns in the World Economy*, Oxford University Press, 2001.

3. Cheng, L. and Henryk Kierzkowski, *Globalization of Trade and Production in South-East Asia*, Kluwer Academic Press, New York, 2001.

4. Deardorff, Alan V., "Fragmentation across Cones", Arndt, Sven W. and Henryk Kierzkowski, *Fragmentation: New Production Patterns in the World Economy*. Oxford University Press, 2001.

5. Dixit, Avinash and Joseph, Stiglitz., "Monopolistic Competition and Optimum Product Diversity", *American Economic Review*, 1997, 67 (3), pp. 297 – 308.

6. Feenstra, Robert C., "Integration of Trade and Disintegration of Production in the Global Economy", *Journal of Economic Perspective*, 1998, 12 (4), pp. 31 – 50.

7. Kalyan K. Sanyal and Ronald W. Jones, "The Theory of Trade in Middle Products", *American Economic Review*, 1982, 72 (1), pp. 16 – 31.

8. 化德亚、董有德:《跨国公司产品内分工与我国的产业升级》,载《国际经贸探索》2007 年第 8 期。

9. 课题组:《国际服务外包发展趋势与中国服务外包业的竞争力》,载《国际贸易》2007 年第 8 期。

10. 林民盾、杜曙光:《产业融合:横向产业研究》,载《中国工业经济》2006 年第 2 期。

11. 刘重:《我国企业承接国际服务外包的问题与对策》,载《国际经济合作》2006 年第 4 期。

12. 刘绍坚:《中国承接国际软件外包的现状、模式及发展对策研究》,载《国际贸易》2007 年第 6 期。

13. 刘志彪:《服务业外包与中国新经济力量的战略崛起》,载

《南京大学学报》2007 年第 4 期。

14. 刘志彪、吴福象：《贸易一体化与生产非一体化——基于经济全球化两个重要假说的实证研究》，载《中国社会科学》2006 年第 2 期。

15. 卢锋：《我国承接国际服务外包问题研究》，载《经济研究》2007 年第 9 期。

16. 卢锋：《服务外包经济学分析：产品内分工视角——兼论我国承接国际服务外包问题》，北京大学中国经济研究中心《中文讨论稿》NO．C200701，2007 年 7 月 10 日。

17. 吕智、王习农：《服务外包主要承接国比较与借鉴》，载《中国外资》2007 年第 8 期。

18. 谭力文、田毕飞：《美日欧跨国公司离岸服务外包模式的比较研究及启示》，载《中国软科学》2006 年第 5 期。

19. 唐宜红、陈非凡：《承接离岸服务外包的国别环境分析——以印度、墨西哥和东欧为例》，载《国际经济合作》2007 年第 4 期。

20. 王伟军：《中日软件服务外包新动向与中国的政策选择》，载《世界经济研究》2007 年第 6 期。

21. 王晓红：《全球服务业离岸外包的发展趋势与中国的政策选择》，载《宏观经济研究》2007 年第 6 期。

22. 吴杰：《国际服务外包的发展趋势及对策》，载《国际经济合作》2007 年第 5 期。

23. 徐兴锋：《印度、爱尔兰软件产业扶持政策及其对我国的启示》，载《国际贸易》2007 年第 5 期。

24. 郑鸿飞、任荣朋：《离岸服务外包及中国对策》，载《上海管理科学》2005 年第 2 期。

25. 周文彬：《服务外包在中东欧国家的发展及对中国的启示》，载《俄罗斯中亚东欧市场》2006 年第 9 期。

（执笔：张如庆、杨继军、张二震）

第十一章 长三角对外开放新阶段与对外直接投资

中国的对外直接投资历史可以追溯到解放初期的对外援助，但他不是以经济利益为目的，更多的是为获取政治利益，所以只能把他看成"准对外投资"。改革开放后，从北京友谊商业服务公司于1979年11月与日本东京丸一株式会社合资开办境外第一家企业开始，经过20多年的发展，中国的对外直接投资从无到有取得了长足发展。尤其是在2001年，我国政府把实施"走出去"战略正式写入《国民经济和社会发展第十个五年计划纲要》，至此中国企业对外直接投资步伐进一步加快。

一、我国对外直接投资现状分析

（一）总体发展情况

如图11-1所示，1990年中国对外（非金融类）直接投资额仅为9.1亿美元；而到2006年，中国对外（非金融类）直接投资额为176.3亿美元。短短的17年，对外直接投资额增长18.4倍。截至2006年年底，中国5000多家境内投资主体设立对外直接投资企业近

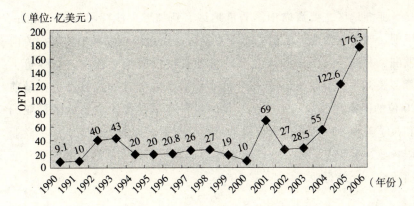

（单位：亿美元）

图 11 - 1 1990—2006 年中国对外直接投资流量情况

资料来源：1990—2001 年中国对外直接投资数据摘自联合国贸发会议《世界投资报告》，2002—2006 年数据来源于中国商务部统计数据。

万家，共分布在全球 172 个国家（地区），对外直接投资累计净额（存量）906.3 亿美元。其中：股本投资 372.4 亿美元，占 41.1%；利润再投资 336.8 亿美元，占 37.2%；其他投资 197.1 亿美元，占 21.7%。2006 年年末境外企业就业人数达 63 万人，其中雇佣外方人员 26.8 万人，境内投资主体通过境外企业实现的进出口额 925 亿美元。根据联合国贸发会议发布的《2006 年世界投资报告》，2005 年全球外国直接投资（流出）流量为 7787 亿美元，存量为 106719 亿美元，以此测算，2006 年中国对外直接投资流量位于全球国家（地区）排名的第 13 位。

（二）我国对外直接投资流向

从流量上看，如表 11 - 1 所示，2004—2006 年，采矿业投资增长迅速；2004 年，采矿业投资约 18 亿美元；2006 年，中国对外直接投资流向采矿业 85.4 亿美元，占当年对外直接投资流量的 40.4%。另外，租赁和商业服务业投资增长也较快，2004 年，该行业投资约 7.5 亿美元；而 2006 年，该行业投资已经达到 45.2 亿美元。在投资地域分布上，2006 年，九成非金融类对外直接投资分布在拉丁美洲和亚洲。而对拉丁美洲的投资则主要流向开曼群岛、英属维尔京群

岛。亚洲地区主要流向中国香港地区、新加坡、沙特阿拉伯、蒙古、
伊朗、印度尼西亚、老挝、哈萨克斯坦、越南等国家和地区。而流向
欧洲、非洲、北美洲和大洋洲的对外直接投资相对较少。从存量上
看，表 11 - 2 为截至 2006 年年底中国非金融类对外直接投资存量前
20 位的国家和地区。基本上，我国投资存量存在的主要地区是亚洲
和拉丁美洲。而对外投资存量的行业分布情况如图 11 - 2 所示：商业
服务业、采矿业、金融业、批发零售业居于前列；其次是制造业和交
通运输、仓储行业。

表 11 - 1　2004—2006 年中国非金融类对外直接投资流量行业分布情况表

（单位：万美元）

行业	2004 年	2005 年	2006 年
农、林、牧、渔业	28866	10536	18054
采矿业	180021	167522	853931
制造业	75555	228040	90661
电力、煤气及水的生产和供应业	7849	766	11874
建筑业	4795	8186	3323
交通运输、仓储和邮政业	82866	57679	137639
信息运输、计算机服务和软件业	3050	1479	4802
批发和零售业	79969	226012	111391
住宿和餐饮业	203	758	251
房地产业	851	11563	38376
租赁和商业服务业	74931	494159	452166
科学研究、技术服务和地质勘探业	1806	12942	28161
水利、环境和公共设施管理业	120	13	825
居民服务和其他服务业	8814	6279	11151
教育	—	—	228
卫生、社会保障和社会福利业	1	0	18
文化、体育和娱乐业	98	12	76
公共管理和社会组织	5	173	—
合计	549799	1226117	1763397

资料来源：商务部《2006 年度中国对外直接投资统计公报》。

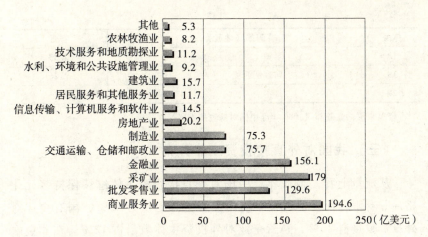

图 11 – 2　2006 年年末中国对外直接投资存量行业分布情况

资料来源：商务部《2006 年度中国对外直接投资统计公报》。

表 11 – 2　2006 年年末中国非金融类对外直接

投资存量前 20 位的国家（地区）　　　（单位：亿美元）

序号	国家（地区）	存量
1	中国香港	422.70
2	开曼群岛	142.09
3	英属维尔京群岛	47.50
4	美国	12.38
5	韩国	9.49
6	俄罗斯联邦	9.30
7	澳大利亚	7.94
8	中国澳门	6.12
9	苏丹	4.97
10	德国	4.72
11	新加坡	4.68
12	蒙古	3.15
13	哈萨克斯坦	2.76
14	沙特阿拉伯	2.73
15	赞比亚	2.68
16	越南	2.54
17	阿尔及利亚	2.47

序号	国家（地区）	存量
18	泰国	2.33
19	印度尼西亚	2.26
20	日本	2.24

资料来源：商务部《2006年度中国对外直接投资统计公报》。

（三）我国对外直接投资主体分布

从流量上看，2006年，中国对外直接投资主体继续保持多元化格局。有限责任公司占整个境内投资主体比重为33%，国有企业对外投资数量占26%，私营企业对外投资主体数量占12%。在非金融类对外直接投资主体中，中央企业及单位仅占11%，各省市区的投资主体占了89%。浙江、广东、山东、福建、江苏、上海、黑龙江六省一市的境内主体数量占境内投资主体总数的六成；浙江省的境内投资主体数量最多，占境内主体总数的22%；七成的私营企业投资主体来自浙江、福建两省。从存量上看，对外投资存量中，国有企业占81%，私营企业占1%；非金融类对外直接投资存量中，中央企业占82%，地方企业占18%。

（四）对外直接投资来源的地区结构分布

从流量上看，2006年，广东省对外直接投资62997万美元，位居第一位，其后为上海、黑龙江、浙江、山东、江苏、辽宁、福建、北京、河北等省市。我国对外直接投资的来源地区主要集中在长三角、珠三角和环渤海湾地区①。从投资存量上看，表11-3列出了截至2006年年末对外直接投资存量排名前10位的省市。广东省位居首位，其次为上海、山东、北京、浙江等省市。我们可以发现，对外直接投资存量居前的地区也主要集中在长三角、珠三角和环渤海湾地区。

---

① 长三角地区包括上海市、浙江省、江苏省；珠三角地区包括广东省；环渤海湾地区包括北京市、天津市、辽宁省、山东省、河北省。

表 11 – 3　2006 年年末对外直接投资存量前 10 位的省区

（单位：亿美元）

序号	省市区名称	存量
1	广东省	41.73
2	上海市	26.13
3	山东省	11.03
4	北京市	9.19
5	浙江省	7.03
6	黑龙江省	6.02
7	江苏省	5.89
8	福建省	5.24
9	河北省	3.28
10	辽宁省	2.80

资料来源：商务部《2006 年度中国对外直接投资统计公报》。

二、长三角地区发展对外直接投资的必要性

长三角地区是中国最具活力的地区，其所包括的两省一市在全国经济发展中具有举足轻重的地位。从国际经验看，一个国家要实现经济发展，必须要对外开放，融入国际分工。自 2001 年 12 月 11 日中国正式加入 WTO 后，中国的国内市场竞争日益国际化，国内企业在我国政府"走出去"战略的推动下，对外直接投资意愿逐步增强。

（一）适应贸易投资一体化背景下要素分工发展的需要

古典经济学家亚当·斯密指出，劳动分工"是人性中某种倾向的必然结果，虽然是十分缓慢的和逐渐的结果，这是一种互通有无、彼此交易的倾向"。[①] 人类社会经历了从古典的产业间分工模式、产

———————

① 亚当·斯密：《国富论》，中文版，陕西人民出版社 2001 年版，第 17 页。

业内分工模式向贸易投资一体化背景下的要素分工①模式转变。在这种分工模式下，各国对于资本流动的管制逐步放松，而劳动力资源、自然资源等要素的国际流动仍然受到限制，跨国公司利用自由流动的资本不断追逐符合产品工序生产所需的劳动力等不易流动的资源。长三角地区的企业应当顺应当代要素分工的趋势，根据产品特征，有效利用国内和国际两种资源，在世界范围内追寻符合企业生产所需的生产要素，以提高企业的国际竞争力。目前，长三角地区外向型企业更多的是处于跨国公司的网络生产链条中，它们主要为跨国公司代工，即从事较为简单的 OEM 制造。伴随着这些企业的"干中学"经验的积累，技术水平不断提高，脱离简单 OEM 制造是必然的选择。在企业已经具备一定技术优势的情况下，应当积极通过对外直接投资寻找适合企业发展的要素资源。

（二）缓解贸易摩擦的需要

在中国对外贸易高速发展的同时，我国遭受的国际贸易摩擦数量日益增多、程度日益加深，不仅发达国家与我国的贸易摩擦增多，而且发展中国家对我国的贸易摩擦也在增多。目前，我国遭受的国际贸易摩擦连续 12 年位居全球首位，全球每 7 起贸易摩擦中就有一起是针对我国的。而长三角地区是我国重要的出口基地，聚集着纺织品、服装、鞋帽、箱包、家具及小家电等一些出口比重大、易受贸易摩擦影响的行业。面对贸易摩擦，一般情况下，都是通过双边谈判、双边对话和协商进行缓解。其实，也可以通过对外直接投资来缓解，长三角地区要特别重视通过加快对外直接投资以缓解目前的贸易摩擦问题。有些国家往往生产要素和劳动力价格也很便宜，国际社会对其出口产品既不限制又有低关税优惠，因此，长三角企业可以在这些国家设立生产加工点并进行产品原产地登记注册，把产品一部分生产留在

---

① 当代国际分工呈现出一个引人瞩目的特征，就是某一产品生产过程的不同工序和区段，被拆散分布到不同国家进行，形成以工序、区段、环节为对象的分工体系。张二震等（2005）将这种现象称之为要素分工，而卢锋（2004）将其称为产品内分工。不同的表述还有模块化生产、零散化生产、垂直专业化生产、外包等。

国内，把半制成品出口到这些国家进行再加工与组装，然后再把最终产品出口到第三国，就可以绕开对我国设置的贸易壁垒。比如江苏红豆集团就在柬埔寨王国建立了一个该公司控股的园区。红豆集团的经济特区位于西哈努克市墨德朗乡，首期面积 5.68 平方公里，工业区将以纺织服装、机械、轻工等为主要发展产业，成为集进出口贸易、保税仓库、物流运输为一体的工商贸综合经济区。该经济区制定了"三步走"的建设步骤——到 2008 年年底，完成首期 1 平方公里园区的开发建设；到 2011 年，完成二期 5 平方公里园区开发建设；到 2015 年，实现三期 10 平方公里园区开发建设，超过 100 家入园企业、50000 名园内从业人员的规模。① 事实上，红豆集团忙着海外建设工业园区的背后因素来自欧盟对于中国即将要取消的普惠制，在取消普惠制后，来自中国的纺织品和服装的关税税率将由 9% 提高到12% 以上。

（三）东道国技术回流的需要

OFDI 对于母国的技术进步效应是国际经济学研究的一个较新论题，也应当是我国企业"走出去"各种效用中最值得关注的效应之一。在有关 OFDI 的投资母国研究中，OFDI 对于其贸易、就业、贸易壁垒替代等效应的关注较多，而对于母国的技术溢出效应关注较少。长三角地区的企业要实现产业升级、技术进步，OFDI 实现东道国技术回流的作用应当受到关注。赵伟等（2006）对我国外向 FDI 对我国技术进步的影响进行了理论研究和实证分析，提出技术进步效应是我国企业"走出去"各种效应中最值得关注的效应之一，认为存在 4 个机制使得 FDI 对母国技术进步产生积极效应，即"研发费用分摊机制"、"研发成果反馈机制"、"逆向技术转移机制"和"外围研发剥离机制"。通过实证分析发现，我国对外直接投资名义增长10%，则能促进全要素生产率增长 0.9%。

---

① 叶文添：《红豆移民样本》，载《中国经营报》2007 年 8 月 20 日 A5 版。

（四）培养长三角地区大型跨国公司的需要

当前的经济全球化趋势，实质是以发达国家为主导、以跨国公司为主要动力的全球经济结构大调整。随着国际化大生产的发展，跨国公司在世界经济全球化中所起的作用越来越大，主宰着全球经济，其自身规模的发展速度也越来越快。全球竞争的形式已经从国家之间的竞争转变为跨国公司之间的竞争。一个国家拥有跨国公司特别是大型跨国公司的数量和规模，已经成为衡量这个国家国际经济实力和国际竞争力的重要标志。因此，对于长三角来说，要想真正地融入国际分工并提高自己的收益，就急需培育一批具有国际竞争力的大型跨国公司。一个企业不出国门，肯定不能成为有国际竞争力的大型跨国公司。而成为有实力的公司的最有效的途径就是积极参与国际竞争，在竞争中不断提高国际竞争力。也就是说，通过对外直接投资，长三角地区的企业积极走出国门，在参与国际竞争的过程中，积累国际经验，不断缩小与世界大型跨国公司的差距，在竞争中不断壮大成长。

（五）长三角地区外资的大量流入为该地区企业"走出去"提供了压力和动力

长三角地区外资的大量流入必然对该地区企业产生竞争效应，这种竞争效应体现在两个方面：首先是市场竞争，外资企业凭借其技术和规模优势与长三角地区的同行业厂商相比往往显示出竞争优势，必然侵占该地区企业的部分市场份额；其次是要素竞争，外资企业的大量进入必然增加对劳动力、土地和基础资源要素的需求，对长三角地区的企业形成竞争。这种竞争效应将迫使长三角的企业加快"走出去"的步伐，以扩大在全球市场上的销量，提升技术水平，降低成本。

三、长三角、珠三角、环渤海地区
对外直接投资的比较分析

长三角、珠三角、环渤海地区是我国经济发展最为迅速的地区，

其 GDP、外贸、FDI 均位于全国前列。2006 年，长三角地区 GDP 总量为 47564 亿元人民币，占全国比重的 22.7%；珠三角地区 GDP 总量为 21847 亿元人民币，占全国比重的 10.4%；环渤海地区 GDP 总量为 54925 亿元人民币，占全国比重的 26.2%。同年，长三角地区外贸进出口总额为 6506.4 亿美元，占全国比重的 37%；珠三角地区外贸进出口总额为 5272.2 亿美元，占全国比重的 29.9%；环渤海地区外贸进出口总额为 3594.6 亿美元，占全国比重的 20.4%。2006 年长三角地区实际利用外资 334.14 亿美元，占全国比重的 33.7%；珠三角地区实际利用外资 145.1 亿美元，占全国比重的 14.6%；环渤海地区的实际利用外资 266.8 亿美元，占全国比重的 26.9%。

　　在 GDP、外贸、FDI 保持全国前列的长三角、珠三角和环渤海地区，其对外直接投资（OFDI）也在全国保持领先地位，不管是对外直接投资存量还是对外直接投资流量而言。但与 GDP、外贸、FDI 相比，OFDI 来源地的多元化趋势却非常明显。从对外直接投资流量上看，三大地区的对外投资流量占全国的比重从 2003 年的 21.5% 下降到 2006 年的 10.06%（见表 11－4）。这说明，OFDI 的地理集中程度在下降，在总量不太大的情况下，各省市的 OFDI 分布相对比较平均。这与 GDP、外贸、FDI 等相对集中的情况形成对比。从投资存量上看，这三大地区的比重有所上升，2003 年占全国的比重为 9.82%，2006 年占全国的比重为 14.48%。

表 11－4　长三角、珠三角、环渤海地区对外直接投资流量与存量对比

	长三角	珠三角	环渤海地区
2003 年 OFDI 流量（万美元）	11379	9555	40438
占当年全国比重（%）	3.99	3.35	14.16
2004 年 OFDI 流量（万美元）	33522	13893	30443
占当年全国比重（%）	6.10	2.53	5.54
2005 年 OFDI 流量（万美元）	93325	20708	40654
占当年全国比重（%）	7.61	1.69	3.32
2006 年 OFDI 流量（万美元）	78794	62997	35667

续表

	长三角	珠三角	环渤海地区
占当年全国比重（%）	4.47	3.57	2.02
2003 年 OFDI 存量（万美元）	105666	141410	79011
占当年全国比重（%）	3.18	4.26	2.38
2004 年 OFDI 存量（万美元）	191957	224885	145883
占当年全国比重（%）	4.29	5.02	3.26
2005 年 OFDI 存量（万美元）	263887	318040	201066
占当年全国比重（%）	4.61	5.56	3.51
2006 年 OFDI 存量（万美元）	390412	417318	278763
占当年全国比重（%）	5.20	5.56	3.72

资料来源：2003—2006 年各期《中国对外直接投资公报》整理计算而得。

通过三大区域之间的对比，我们发现，长三角地区的对外直接投资存量和流量呈增加的趋势，除 2006 年投资流量所占比重有所下降外，其他年份都是增加的，而且存量一直保持增加的趋势。而珠三角地区对外投资流量一直呈增加趋势，特别是 2006 年比 2005 年增加约 2 倍，对外直接投资存量占全国比重维持在 5% 以上。环渤海地区的对外直接投资在 2003 年出现一个高峰，其后年度出现巨幅下降；2006 年流量仅占全国流量的 2.02%，而对外直接投资存量仅维持在 3% 的水平上。

（一）理论分析与模型假定

中国是一个发展中国家，对外直接投资虽然起步不久，但发展非常迅速。中国企业的对外直接投资动机，可能除了文献综述部分的动机外，可能还有自己的中国特色。国内相关学者对此也进行了一些较为深入的研究，并得出了一些富有启发意义的结论和政策含义。项本武（2006）对我国对外直接投资的贸易效应进行了实证研究，结果表明，中国对外直接投资是出口创造型的，中国对东道国的 FDI 流量每增加 1 个百分点，则中国向该东道国的出口增加 0.01 个百分点；中国对东道国的 FDI 存量每增加 1 个百分点，则中国向该东道国的出口增加 0.176 个百分点。而中国对外直接投资是进口替代型的，中国

对东道国的 FDI 流量每增加 1 个百分点，则中国从该东道国的进口减少 0.05 个百分点；中国对东道国的 FDI 存量每增加 1 个百分点，则中国从该东道国的进口减少 0.355 个百分点。赵春明等（2005）指出，我国对外直接投资对经济增长的贡献更多的是通过获取海外市场和资源，通过向外转移国内剩余生产能力，从而促进本国技术进步、产业结构升级、对外贸易发展来实现的，更多地体现为对经济增长的长期影响。对于我国企业对外投资的动因，章海源、王海燕等（2006）进行了问卷调查，结果表明，我国企业积极开展海外直接投资的主要动因有以下几个方面：拓展海外市场，扩大市场份额，获取高新技术，增强企业竞争力以及企业战略发展的需求。关于我国企业对外直接投资的优势，问卷结果显示，成本优势、商品质量优势和我国政府的政策支持和更优越的营销策略是我国企业对外直接投资的主要优势。同时问卷结果也显示，我国企业对外投资的问题在于以下几个方面：规模劣势，市场秩序不规范，人才缺乏，投资环境风险，政府支持政策不到位和汇率风险。张汉亚（2006）也对我国企业对外直接投资存在的问题进行了概括，包括缺乏对投资目的地的深入了解，对投资方向缺乏认真的分析，不注意舆论和宣传工作，急于求成，合作渠道狭窄，对困难估计不足和缺少专业人才等。

上述实证研究表明，我国对外投资的目标可能并不是单一的，而是多元化的，我们需要鉴别目前中国企业对外直接投资的主要动机。考虑到长三角、珠三角和环渤海地区在中国的经济地位，我们选择这三个地区共 9 个省市的对外直接投资数据进行实证分析。

在中国全方位开放的大背景下，由于市场巨大，人力资源非常丰富，全球 FDI 大量涌入我国，与国内企业争夺市场份额。面对日趋激烈的竞争环境，中国的企业必须走出国门，到全球投资，参与全球市场份额的争夺。所以，我们假定，随着进入我国的实际 FDI 增加，国内企业出于"策略型"竞争的目的，将增加对外直接投资。在计量模型中将考虑 FDI 的滞后 1 期。因为，根据理论的假定，国内企业只有感受到实质威胁时，才会实施 OFDI，但这个过程中存在 FDI 形成实际生产能力和国内企业做出 OFDI 决策并付诸实施的时滞。

假定 1：中国的 OFDI 的发展是"策略型"动机的结果。中国的改革开放吸引了大量 FDI，这些 FDI 形成的生产能力对国内企业产生巨大压力，尤其是对于吸引外商直接投资最多的 9 省市。出于策略型投资的考虑，这些地区的 OFDI 会随着流入这些地区的实际 FDI 的增加而增加。

根据邓宁的研究，一国经济发展与其对外直接投资存在正相关的关系，即伴随着一国经济的成长，对外直接投资额将随之增加。自 1978 年改革开放以来，中国的经济迅猛发展，2006 年，我国 GDP 总量为 206417 亿元人民币，以 1：7.5 的汇率折算为 27522 亿美元，人均 GDP 超过 2000 美元。尤其是我国的长三角、珠三角、环渤海地区的人均 GDP 更高。据统计，2006 年北京的人均 GDP 突破 6000 美元，上海突破 7000 美元，天津突破 5000 美元，浙江突破 4000 美元，江苏和广东接近 4000 美元，辽宁和山东在 3000 美元左右。按照邓宁的理论，我国刚刚进入对外直接投资的第三阶段，而长三角、环渤海和珠三角地区的大部分省份已经进入第四阶段。我们有理由相信，这些省市的对外直接投资是非常活跃的。

假定 2：根据邓宁对于经济发展阶段与 OFDI 关系的研究，中国特别是长三角、珠三角和环渤海地区的高速发展，为这些地区企业的对外直接投资提供了经济保障。即经济发展为这些地区储备了大量资金，从而促进这些地区 OFDI 的发展。

许多对外直接投资理论都提及垄断优势是对外直接投资的必要条件。对于发展中国家而言，即便是到发达国家进行投资，也可能存在威尔斯的小规模技术优势或拉奥的技术地方化优势，这些发展中国家企业所具备的垄断优势仍然可以使其在发达国家站稳脚跟。当然，这些垄断优势来自于发展中国家本身技术存量和技术水平的不断增加。如何衡量垄断优势是一个难题，我们需要找到替代变量来解决它。本模型选择两个替代变量：专利申请和发明申请。专利包括发明专利、实用新型和外观设计。以一部专利法同时保护三种不同的客体，是我国专利法的特点之一。在许多国家，实用新型与外观设计虽然也受到知识产权法律的保护，但不是在专利法的保护范围内。在我国，"发

明"是指对产品、方法或者其改进所提出的新技术方案；"实用新型"是指对产品的形状、构造或其结合所提出的适于实用的新技术方案；"外观设计"是指对产品的形状、图案或其结合以及产品的色彩与形状、图案或其结合所提出的适于工业上应用的新设计。[①] 由其定义可以发现，实用新型的技术含量较发明专利为低，而外观设计的技术含量又较实用新型为低。所以，考虑企业是否拥有垄断优势或垄断优势有多强，发明专利拥有量是一个较好的指标。而考虑到威尔斯的小规模技术优势或者拉奥的技术地方化优势，则实用新型专利和外观设计专利恰好就是这些优势的具体反映。另外，之所以选择申请量而不是授权量，主要是考虑到专利申请特别是发明专利，从申请到授权一般会经历一到两年的时间。而专利申请可以真实反映一国企业的"瞬时"竞争力。

假定3：利用专利申请和发明申请数量代表企业的垄断优势，当该地区企业的专利申请或发明申请增加，则表示其企业所有权垄断优势提高，从而导致该地区企业对外投资额的增加。

中国自改革开放以来，对外经济联系日益紧密，进出口贸易额迅速增加，2006年，我国进出口总额达到17607亿美元，位居世界第三位。其中出口9691亿美元，进口7916亿美元，当年实现贸易顺差1775亿美元。截至2007年7月，我国外汇储备达到13326亿美元。高额的外贸顺差造成了我国和主要贸易国之间的贸易摩擦。美国、欧盟等主要贸易伙伴国对中国频繁实施反倾销、反规避、反补贴、特殊保障条款，对中国企业的出口贸易产生重大影响，而长三角、珠三角和环渤海地区更是遭受贸易壁垒的重灾区。一些企业在这些贸易壁垒的重负下，不得不寻求其他的出路。而利用对外直接投资实现产业转移，通过他国海关出口，可以降低贸易壁垒的负面影响。模型中我们选择了两个指标：出口额和进出口贸易总额。出口额越大，越容易对进口国进口竞争企业造成冲击，它们会向政府施压，要求对出口国的企业实施贸易壁垒。而出口国的进出口贸易额越大，即在世界贸易中

---

① 郑成思：《知识产权论（修订本）》，法律出版社2001年版，第152页。

的比重上升，很可能引起进口国政府的警觉，从而设置相关贸易壁垒。①

假定 4：出口越多，越有可能造成进口国与出口国的贸易摩擦。出于规避进口国贸易壁垒的目的，出口或进出口贸易总额越大，企业更有可能对外直接投资。

（二）数据及模型设定

1. 数据来源、正态检验及统计性描述

我们利用 2003—2006 年长三角、珠三角和环渤海地区共 9 省市的面板数据进行实证分析。对外直接投资变量用 *ofdi* 表示，数据来源于各年度《中国对外直接投资统计公报》；专利申请变量用 *patent* 表示，专利发明申请变量用 *invent* 表示，数据来源于各年度《中国统计年鉴》；国民生产总值变量用 *gdp* 表示，数据来源于各年度《中国统计年鉴》；出口变量用 *export* 表示，进口变量用 *import* 表示，上述两个变量的数据均来源于各年度《中国统计年鉴》；外商直接投资的滞后 1 期变量用 *fdi_* 1 表示，该变量的数据来源于各年度《中国对外经济贸易统计年鉴》。

在 *t* 检验、方差分析、线性回归、相关性系数等检验中，都假设数据服从正态分布，因此需要对数据进行正态性检验。我们可以采用 Shapiro-Wilk 方法检验数据是否是正态分布。该方法是 S. S. Shapiro 和 M. B. Wlik 共同提出顺序统计量 *W* 来检验分布的正态性，对研究的对象总体，先提出假设认为总体服从正态分布，再将样本量为 *n* 的样本按大小顺序排列编序，然后由确定的显著性水平 α，以及根据样本量为 *n* 时的系数所对应的系数，根据特定公式计算出检验统计量 *W*。根据临界值表，满足条件则接受假设，认为总体服从正态分布；否则拒绝假设，认为总体不服从正态分布。表 11-5 就是利用 Shapiro-Wilk 方法检验的结果。结果显示，所有的样本均拒绝样本符合

---

① 应当说，用贸易差额这个指标更好一些，但是它不符合正态分布的假定，而且无法将其对数化。

正态分布的假定。因此，我们不能直接运用这些变量进行计量分析和检验。可以采取的一个办法是将这些变量全部取对数，再检验这些取对数的变量是否符合正态分布的假定。如表 11 - 5 所示：取对数后的变量均不能拒绝符合正态分布的假定。上述各对数变量的描述性统计如表 11 - 6 所示：

表 11 - 5　各变量样本的正态分布检验

变量	统计量	Prob	是否正态	变量	Z 统计量	Prob	是否正态
ofdi	4.952	0.0000	否	lnofdi	1.085	0.1390	是
patent	3.431	0.0003	否	lnpatent	0.9759	0.6064	是
invent	2.971	0.0015	否	lninvent	-0.120	0.5476	是
gdp	1.341	0.0900	否	lngdp	0.151	0.4398	是
export	5.432	0.0000	否	lnexport	-1.56	0.9406	是
trade	4.36	0.0000	否	lntrade	-2.260	0.9881	是
fdi_1	2.183	0.0145	否	lnfdi_1	0.527	0.2990	是

表 11 - 6　各变量的描述性统计

		Mean	Std. Dev.	Min	Max
lnofdi	overall	8.8314	1.3232	4.7005	11.1077
	between		1.0361	7.3129	10.0778
	within		0.8772	6.1806	10.5325
lnpatent	overall	9.9473	0.7148	8.6346	11.4174
	between		0.6881	8.7306	11.0352
	within		0.2795	9.4604	10.5237
lninvent	overall	8.5008	0.7380	6.8865	9.9689
	between		0.6850	7.0763	9.2902
	within		0.3400	7.9327	9.1795
lngdp	overall	9.1595	0.5985	7.8029	10.1646
	between		0.5810	8.0942	9.8456
	within		0.2226	8.7714	9.5362
lnexport	overall	15.3366	1.0622	13.2925	17.8950
	between		1.0394	13.7521	16.8799
	within		0.3747	14.6223	16.5328
lntrade	overall	15.975	1.047	13.7077	17.9831
	between		1.0476	14.1367	17.4759
	within		0.3047	15.4434	16.7728

		Mean	Std. Dev.	Min	Max
	overall		0.8173	11.1556	14.2731
lnfdi_1	between	12.9697	0.8069	11.5150	14.0566
	within		0.2696	12.4636	13.6148

2. 模型设定

根据本章的理论假定，模型设定如下：

$$\ln ofdi = f(\ln patent, \ln gdp, \ln export, \ln fdi\_1) \quad (11.1)$$

$$\ln ofdi = f(\ln patent, \ln gdp, \ln trade, \ln fdi\_1) \quad (11.2)$$

$$\ln ofdi = f(\ln invent, \ln gdp, \ln export, \ln fdi\_1) \quad (11.3)$$

$$\ln ofdi = f(\ln invent, \ln gdp, \ln trade, \ln fdi\_1) \quad (11.4)$$

本章利用四个方程分别考虑专利申请、发明申请、GDP、出口额、进出口总额以及外商直接投资额对于长三角、珠三角和环渤海地区的对外直接投资的影响。各变量的预期符号如表11-7所示。

表11-7　变量预期符号

变量	预期符号	变量	预期符号
ln$patent$	+	ln$export$	+
ln$invent$	+	ln$trade$	+
lngdp	+	lnfdi_1	+

（三）实证分析与结果讨论

在研究企业对外直接投资问题时，使用面板数据模型估计可以控制无法直接观测到的如获取自然资源动机等变量对OFDI的影响。显然，简单的使用横截面回归往往会造成结果的不可靠。在本章中假设获取自然资源的动机在各省市之间不随时间变化或变动很小，这样我们使用面板数据模型可以解决遗漏重要变量的问题，并得到较为可靠的估计结果。与传统的截面数据或时间序列数据分析方法相比，面板数据能够同时反映研究对象在时间和截面单元两个方向上的变化规律。而且，在本模型中，面板数据可以解决单一横截面或时间序列样本量太少的缺陷。面板数据模型综合利用样本信息，使研究更加深

入，同时可以减少多重共线性带来的影响。

面板数据模型中常用的方法是固定效应法（FE）和随机效应法（RE）。先考虑如下非观测差异性（Unobserved Heterogeneity）模型：

$$y_{it} = \beta x_{it} + \alpha_i + u_{it} \tag{11.5}$$

式（11.5）中 i 代表横截面个体，其取值范围从 1 至 n；t 代表时间维度，其取值范围从 1 至 T。α_i 为非观测效应，它概括了影响着 y_{it} 的全部观测不到的、在时间上恒定的因素。在应用研究中，也常常把 α_i 当成一种固定效应。u_{it} 常被称为特异性误差（Idiosyncratic Error），它代表着随时间变化且影响着 y_{it} 的那些非观测因素。对于固定效应模型而言，我们需要作如下假定：（1）我们有一个横截面（维数）中的随机样本；（2）对于每个 t，在给定所有时期的解释变量和非观测效应的条件下，特异性误差的期望值为零。即：$E(u_{it}/X_i, \alpha_i) = 0$；（3）每个解释变量在时间上有所变化，并且诸解释变量之间无完全的线性关系；（4）$Var\ (U_{it}/X_i,\ a_i) = Var\ (u_{it}) = \sigma_u^2$，$t = 1$，2，…，$T$，且 σ_u^2 是正态同分布的；（5）对所有的 $t \neq s$，特异误差是不相关的，即 $Cov(u_{it},\ u_{is}/X_i,\ \alpha_i) = 0$。上面五个条件就可以使得固定效应模型的估计量是最优线性无偏估计量，而且其 t 和 F 统计量都是可靠的。与固定效应有所不同的是，随机效用模型中除了上述假定外，还需要作如下假设：（1）在给定的全部解释变量的条件下，α_i 的数学期望值是零，即 $E\ (\alpha_i/X_i) = 0$；（2）在给定的所有解释变量的条件下，α_i 的方差是个常数，即 $Var\ (a_i/X_i)\ = \sigma_a^2$。

面板数据模型究竟是采用固定效应模型还是随机效应模型？根据上面的假定，固定效用模型不需要作个体效应与其他解释变量不相关的假设，而在随机效应模型中，这个假设是必须的。这样看来，似乎我们选择固定效用模型更为合适，因为它没有这么强的假定。但是，固定效应模型往往会耗费很大的自由度。所以，我们必须在固定效应模型和随机效应模型中进行权衡。其中 Hausman 检验经常被用来判定究竟使用哪个模型。其基本思想就是检验固定效用与其他解释变量是否相关。Hausman 检验构造一个统计量，原假设是固定效用与其他解释变量不相关，若拒绝原假设，则固定效用模型是合理的；若不能

拒绝原假设，则随机效用模型是合理的。

利用 STATA 软件计算上面 4 个模型，每个模型都进行了固定效用估计和随机效用估计，并在表 11 - 8 最后一行给出 Hausman 检验的结果。Hausman 检验的结果显示，4 个模型均不能拒绝固定效用与解释变量不相关的假设，故本章采用随机效用模型的结果来解释。随机效应模型的实证研究结果显示：

表 11 - 8　面板数据实证研究结果

变量	模型 1		模型 2		模型 3		模型 4	
	FE	RE	FE	RE	FE	RE	FE	RE
截距项	- 10. 7165 (- 1. 39)	- 0. 4975 (- 0. 96)	- 12. 9063 (- 1. 53)	- 5. 8563 (- 1. 58)	- 6. 4685 (- 0. 77)	- 6. 9964 (- 2. 56***)	- 8. 5966 (- 0. 96)	- 7. 1278 (- 2. 62***)
lnpatent	0. 659 (0. 58)	1. 6369 (3. 06***)	0. 6966 (0. 62)	1. 3628 (2. 28**)				
lninvent					1. 1709 (1. 15)	1. 3373 (4. 60***)	1. 1898 (1. 18)	1. 3015 (3. 69***)
lngdp	1. 7825 (1. 06)	0. 2335 (0. 47)	1. 5251 (0. 90)	0. 3958 (0. 76)	0. 7972 (0. 44)	1. 0113 (2. 63***)	0. 5568 (0. 30)	1. 016 (2. 72***)
lnexport	0. 2009 (0. 41)	0. 0923 (0. 26)			0. 2177 (0. 46)	- 0. 0051 (- 0. 02)		
lntrade			0. 4807 (0. 73)	0. 3811 (0. 98)			0. 4945 (0. 78)	0. 0605 (0. 17)
lnfdi_ 1	- 0. 4947 (0. 62)	- 0. 4975 (- 0. 96)	- 0. 5275 (- 0. 67)	- 0. 6617 (- 1. 29)	- 0. 4082 (- 0. 52)	- 0. 3642 (- 0. 86)	- 0. 4384 (- 0. 56)	- 0. 4146 (- 1. 01)
调整 R^2	0. 3587	0. 5617	0. 4614	0. 5737	0. 6305	0. 6435	0. 5968	0. 6432
F 值	3. 15		3. 29		3. 52		3. 68	
Wald 值		27. 29		28. 32		47. 48		49. 34
Hausman 检验	2. 25 0. 6893		1. 68 0. 7949		1. 11 0. 8927		1. 82 0. 7696	

注：括号内数值均为统计量值；*代表在10%水平上是显著的，**代表在5%水平上是显著的，***代表在1%水平上是显著的。

1. 无论是专利还是纯粹的发明专利申请，都对长三角、珠三角和环渤海地区的对外直接投资产生显著的正影响

模型 1、模型 2 显示，专利申请每增加 1 个百分点，可以促进三大经济区的对外直接投资平均约增加 1.5 个百分点。模型 3、模型 4

显示，发明专利申请每增加 1 个百分点，可以促进三大经济区对外直接投资平均增加约 1.3 个百分点。这些结果都表明，技术进步会产生企业垄断所有权优势，进而促进企业对外直接投资。也就是说，"垄断优势论"至少能够部分解释中国最发达地区的对外直接投资行为。在近 30 年的改革开放过程中，中国的企业通过模仿、学习和自主创新，技术不断积累，一些企业的国际竞争力得到极大增强。仅 2006年，三大经济区的专利申请就达 335585 项，占全国比重的 58.5%，其中发明专利申请 84437 项，占全国比重的 40.1%，这些都反映出三大经济区内企业的技术实力不断提高。本章的实证结果表明，专利申请和发明申请对于三大经济区的对外直接投资的贡献存在细微的差别，即专利申请对 OFDI 的贡献超过发明申请约 0.2 个百分点。这个数据表明，中国企业对外直接投资可能存在威尔斯的小规模技术优势或者拉奥的技术地方化优势。因为在中国，专利保护的客体除了发明之外，还包括实用新型和外观设计。前已述及，"实用新型"是指对产品的形状、构造或其结合所提出的适于实用的新技术方案，而这个定义正好符合威尔斯的小规模技术优势和拉奥的技术地方化优势。综上所述，发达国家的垄断优势论和发展中国家威尔斯的小规模技术优势和拉奥的技术地方化优势对解释中国三大经济区对外直接投资行为是互补的。

2. 4 个模型中，三大经济区域地区生产总值的增长均能促进其对外直接投资的发展

模型 3 和模型 4 通过显著性检验，模型的回归结果表明：GDP 每增加 1 个百分点可以促进其对外直接投资增加约 1 个百分点，这符合邓宁的关于经济发展阶段与对外直接投资关系的理论。之所以经济增长会促进对外直接投资，可能有两个原因：其一，长三角、珠三角和环渤海地区在改革开放以来，经济迅速成长，企业效率和生产经营效率不断提高，同时也积累了大量的资金，这些资金也需要在逐渐开放的国际资本市场中追逐更高的利润。其二，一般而言，经济增长的同时也伴随着技术的进步，三大经济区域的企业相对国内其他地区的企业而言，其技术水平要高，技术基础要雄厚得多。通过对外直接投

资，企业凭借其不断积累的技术优势在国际市场上站稳脚跟，能够扩大市场，并可能获取高于国内的利润。

3. 模型结果显示，出口贸易额与进出口贸易额对三大经济区域的对外直接投资的影响系数，统计检验并不显著

尽管在 4 个随机效应模型中，有 3 个系数为正值，我们并不能在统计上下结论说出口贸易额与进出口贸易额的增加会促进对外直接投资的发展。在本章中，出口贸易额与进出口贸易额是作为贸易摩擦的替代变量出现的，那么这个实证结果就表明，在我国三大经济区域，通过对外直接投资规避贸易摩擦风险的动机并不强烈。由于我国对外贸易的飞速发展，占世界贸易的比重不断上升，加上我国劳动密集型产品量大且集中，使得我国成为被世界其他国家设置贸易壁垒最多的目标国之一。根据世界贸易组织的统计资料显示，对华反倾销指控约占总量的 18%，另外对华反规避、反补贴、特殊保障措施、知识产权调查等贸易救济层出不穷。进出口贸易占全国多数比重的长三角、珠三角和环渤海地区，其由进口国设置贸易壁垒而导致的损失是巨大的。根据 Mundell（1957）的贸易壁垒和 OFDI 替代关系的观点，对外直接投资可以有效避免与进口国的贸易摩擦。之所以统计上不显著，可能有两个方面的原因：其一，由于容易产生贸易摩擦的产品多为技术含量较低的劳动密集型产品，这些产品的优势主要体现在中国劳动力成本的低廉。而对外直接投资一般需要企业具有所有权优势，而这些正是我国劳动密集型产品出口行业所比较欠缺的，虽然可以转移到劳动力更为低廉的国家从事生产，但这些欠发达国家可能因为政治不稳定或制度不连续等因素导致区位优势无法发挥。其二，国家相关的鼓励对外投资的政策或措施不到位。企业从事对外直接投资，需要国家提供支撑体系给企业保驾护航。特别是一些企业竞争优势相对较弱的劳动密集型出口行业，支撑体系显得尤为重要。到目前为止，我国还没有关于制造业资本输出优惠政策以及关于境外经济贸易合作区建设的系统规定，而这些优惠政策对于这些劳动密集型产业转移到国外规避贸易壁垒是非常必要的。

4. 吸引外商直接投资对三大区域的对外直接投资的影响系数，

统计检验也不显著

所有的模型中，fdi_1 的系数均没有通过统计显著性检验。模型实证结果显示"策略型"投资的动机并不存在。《中国统计年鉴》资料显示，2005 年我国共吸引外商直接投资 603.2 亿美元，而三大区域是吸引外商直接投资的主要地区。我国 FDI 来源地主要有两大板块：中国香港地区、英属维尔京群岛和开曼群岛等优良避税地属于第一板块；另一板块为美国、日本、澳大利亚和欧洲地区。前一块板块里面，来自香港地区的外资达到 179.5 亿美元，来自英属维尔京群岛的外资达到 90.2 亿美元，来自开曼群岛的外资达到 19.5 亿美元，这三地的总和占我国当年吸引外资的比重达到 48%。这些地区的 FDI 很可能是内资回流利用优惠政策的。而来自第二板块发达国家的 FDI 共 182.4 亿美元，占当年吸引外商直接投资总量的 30%。而这个板块的 FDI 多数投资到我国不具备竞争优势的高技术密集型部门，而这些部门如果不是中国没有生产能力的，就是发展比较滞后的，相关企业的竞争力非常低，这些企业的国内市场即便受到威胁，也没有能力对外实施"策略型"对外直接投资。据此，虽然每年我国吸引外商直接投资额巨大，但其不会对我国三大经济区域企业的对外直接投资产生大的影响。

综合上面的分析结果，可以得出如下结论：长三角、珠三角和环渤海地区的对外直接投资行为主要由三大经济区域企业的所有权（技术）优势和经济发展推动所致。而规避贸易壁垒和策略型投资的动机并不明显。但是在本模型中，由于数据的限制以及替代变量选择的困难，有些可能存在的对外直接投资动机被忽略掉了。例如，获取特定自然资源的动机、东道国技术回流的动机、避税或利用中国对外资的超国民待遇等优惠措施动机等。实际上，三大地区对外直接投资中有一部分对外直接投资流向采矿业，这些地区的企业中包括对外投资活动较为活跃的中石化、中海油、首钢、宝钢等大型国有企业，这些企业获取特定自然资源的动机非常明显，我们利用表 11-1 的数据即可观测到。而研究三大经济区域企业对外直接投资中是否存在东道国技术回流的动机具有重大意义，但由于无法找到有效的替代变量，本模型无法检验这种动机是否存在，但我们可以通过如京东方收购韩

国现代的 LCO 部门、联想收购 IBM 的 PC 业务以及 TCL 收购汤姆逊等案例中看出端倪。而是否存在避税或利用中国对外资的优惠政策的动机虽然在模型中我们无法验证，但是，我们可以通过表 11－2 发现，我国对外直接投资存量最为集中的国家和地区为：中国香港地区、拉丁美洲的开曼群岛、英属维尔京群岛。这些国家和地区均是较好的避税地，公司的所得税相对较低。结合中国 FDI 的数据进行考虑，我们有理由做出如下推测：国内资本以对外直接投资或外逃的方式进入这些地区，然后反过来这些资金又以 FDI 的方式回流到国内以享受我国对外资的优惠待遇。

四、发展长三角对外直接投资的政策建议

相比 20 世纪 80 年代日本企业"走出去"，中国企业对外直接投资门槛更高，所遭遇的对手已是强手如林。现在，全球 6.5 万家跨国公司的贸易已占世界贸易的 60% 以上，其对外投资占全球直接投资的 90%，控制了全球知识产权的 70%。尽管中国尤其是长三角等经济较为发达地区的对外直接投资发展非常迅猛，但中国企业"走出去"并非一帆风顺，对外直接投资受挫的例子俯拾即是。三九集团1993 年投资马来西亚建立药品加工厂，由于不了解该国药品生产、销售要经伊斯兰组织许可，最终导致投资失败。江苏小天鹅电器公司、开源机床集团都有过选择合作伙伴不当而影响投资成功和效率的教训。长虹更是因为合作伙伴美国 APEX 公司涉嫌欺骗而背上巨亏的包袱，花了近 40 亿元人民币天价的高昂学费才算明白："走出去"，前途充满诱惑亦布满陷阱。又如 2001 年浙江华立集团收购了飞利浦位于美国的 CDMA 项目，国人视之为民企走出去的一个标志。但是收购之后，华立 CDMA 却一直悄无声息。一些国有大型企业对外直接投资中所获得的教训也远比经验多。2002 年中石油收购俄罗斯基母尔石油公司，被俄政府和商界合谋排挤，迫使中石油出局。2004年年初，中石化中标沙特油气项目，美国以伊朗核武器问题为借口直接出面建议中石化退出竞争。2004 年 11 月，加拿大诺兰达矿业公司

发言人柯丘表示，在长达 7 周的排他性谈判中，中方五矿集团因未能提出令诺兰达董事会可以接受的并购提案，鉴于当时高涨的金属价格及公司前三季度向好的经营状况，诺兰达不再延长与五矿的独家谈判权期限。考虑到这些失败案例的教训，结合模型的实证结果，对于长三角地区发展对外直接投资提出如下政策建议：

（一）采取措施鼓励长三角地区企业进行研发、技术改造和升级，增强长三角地区企业的所有权竞争优势

实证研究表明，技术的进步促进了长三角地区企业的对外直接投资，而且建立在技术进步基础上的对外直接投资是可持续的。而要保持可持续发展的势头，首先应采取财政补贴措施鼓励企业、科研机构和个人的知识产权申请工作，尤其是域外申请。专利申请、商标注册必须交纳一定的审查费用给专利局与商标局，这也是一笔不小的开支，对于域外申请的单位和个人来说，过高的域外申请费用无疑是一种壁垒。发达国家已经开始采用提高申请费的方法来构筑一种新型的"知识产权壁垒"（类似于非关税壁垒），2002 年美国专利局公布了有关专利收费的立法草案，大幅度提高专利收费标准（上涨了50%）。专利收费标准的提高，明显提高了发展中国家申请美国专利的门槛，是新型贸易保护主义的体现。针对目前出现的新状况，我们可以通过补贴专利申请人的办法，降低专利申请人的资金负担。其次，应着手税收制度的创新。美国的新经济实现了长达 10 年的低通货膨胀、低失业率、高增长率并存的好局面。事后，学者发现其知识产权保护、创新与转化为美国经济长期增长立下了汗马功劳。在美国克林顿政府执政期间，大力实施减税计划，尤其在高知识产权密度的行业。政府为了鼓励创新性技术企业的成长，不断延长"科研抵税法[①]"的实施期限。在我国，企业的技术开发费可以获取一定的税收

---

① 为加速美国科技产业的发展，政府出台制定了一项旨在降低技术型企业税收，促使企业加大研究开发的法规。其具体做法是：对小企业技术投资减半征税、采用有利于技术更新的加速折旧法等措施来减少企业应缴税收。据统计，仅"科研抵税法"一项一年就相当于政府对技术研究投入增加 24 亿美元。

减免①，但《税法》规定享受税收减免的条件是企业的性质必须是国有、集体工业企业及国有、集体企业控股并从事工业生产经营的股份制企业、联营企业；企业发生的技术开发费比上年实际增长 10%（含 10%）以上；企业必须为盈利企业；必须经过有权审批的税务机关审批批准。这项规定把机制灵活的民营企业排除在外，不能不说是一个很大的遗憾。

（二）不遗余力地推进长三角地区对外投资主体的多元化

在目前"走出去"的中国企业中，国企占了 80%。经济学家林毅夫"一针见血"地指出，国企海外投资，缺乏经验、好大喜功、缺乏人才、官僚作风、激励机制不健全以及资本外逃等，是投资失败的通病。这些通病的具体表现就是对海外环境不了解，缺乏考察，盲目建项目、盲目投资；不从企业实际情况出发，总想与当地最成功的企业竞争，不能扬长避短；缺乏适应当地市场的实际人才；经营管理不能完全市场化，仍然处于半政府状态；分配不公，监督机制不完善，以及恶意转移国家资产等。而长三角地区企业的对外直接投资主体中，已经呈现出多元化的趋势。除国有企业外，乡镇企业和民营企业也成为对外直接投资的主力军。比如，浙江万向集团以跨国并购的方式分别收购欧洲 AS 公司、美国舍勒公司、美国 LT 公司、美国 UAI 公司，通过这种方式，浙江万向集团建立起海外生产基地和研发中心。另外，正泰集团、珠光集团等民营企业均在海外进行直接投资。这些乡镇企业和民营企业海外投资取得了较为明显的效果，而且这些企业与国有企业比较起来，在实施对外直接投资行为时更容易被市场经济国家所接受，一般不会引发东道国政府的担心。

---

① 例如，企业当年的税前利润为 100 万元，税率为 33%，则企业当年应纳税额为 33 万元。企业当年的科研开发投入为 10 万元，则企业的纳税额为（100 − 10）× 33% = 29.7 万元，实现税收抵减 3.3 万元。

（三）积极推进长三角地区企业以并购形式对外直接投资

西方国家大型企业的跳跃性发展几乎都是依靠并购来实现的。目前，跨国并购日益成为国际直接投资的最主要形式。越来越多的发展中国家尤其是新兴工业化国家的跨国并购发展也非常迅速，他们积极鼓励本国企业通过并购外国企业，实行全球化战略。通过跨国并购可以快速获取战略性资源、互补性技术并绕过贸易壁垒。要积极推进长三角地区企业的跨国并购，首先必须改进政府的审批制度。我国对于并购达到一定规模的项目，要经过各部门会签才能得到批准，耗时长，关卡多，往往使企业错过并购的最佳时机。其次，应减少金融信贷体系对企业跨国并购的约束和障碍。企业跨国并购需要大量的资金，必须依靠发达的金融信贷体系融资。目前，即便是在经济比较发达的长三角地区，其投资银行在这方面的经验也是非常欠缺的。

（四）关注东道国的利益，保持与中国的利益平衡

随着我国企业进入非洲开展生产经营活动，经济合作规模不断扩大、深入，西方舆论提出了所谓的"新殖民主义"担忧，这种别有用心的说法甚至遭到非洲国家的批评。英国诺丁汉大学中国研究所郑永年教授认为，中国应该也必须避免以往西方殖民主义走过的道路。中国的"走出去"还处于早期阶段，主要集中在贸易投资方面。中国在拉丁美洲和非洲没有像往日西方那样的地缘政治利益，中国也没有像今天的西方国家那样把政治人权等条件附加在投资和经济援助之上。尽管中国和发展中国家的经贸投资为促进当地经济发展提供动力，但并不是所有的当地人都能得到利益。正如全球化和外资大量流入中国在促进中国经济发展的同时也恶化了中国的收入分配，中国也必须考虑到"走出去"对当地社会财富分配的影响。如果中国的"走出去"造成大量的财富积聚在少数人手里，那么当地社会的不稳定因素就会增加，中国本身的利益从长远来看也必然受损。另外，还要考虑中国在发展中国家的企业社会责任问题，这一点在现阶段尤其

显得重要。中国在非洲等地面临的很多问题多与企业缺乏社会责任有直接的关系，例如，工作环境不好和劳工权利得不到保障等。在中国，在计划经济被市场经济取代以后，企业的社会责任一直是个大问题。直到最近几年，中国有关方面才开始重视企业的社会责任。

（五）建立、健全透明的对外直接投资支撑体系

企业"走出去"需要多方面的支撑，包括信息平台、财政、金融、保险等方面的支持，财务制度和外汇管理制度的配合等，但是这些政策的制定权分散于不同的政府职能部门，甚至某一个具体方面都可能存在多头管理的现象。支撑体系应该是系统的，也就是要求各方面的促进政策要有统一性，要相互配套，而不是各种政策的简单汇总。支撑体系应该是简单的，也就是要求一方面政策本身要简单明了，另一方面就是使企业"走出去"的手续简单化。支撑体系应该是透明的，也就是要加大宣传，使相关企业明确知道，充分发挥政策的促进作用。目前，首当其冲应当做好两件事：其一，尽快实现内外资待遇的实质等同。尽管商务部已经将内外资税率等同起来，但各地为了追求更高的 FDI 数量，仍然存在大量有关外资的优惠政策措施。而这些措施很可能是导致内资以 OFDI 形式流出，而后以 FDI 形式再进入我国的"假外资"现象频繁出现的重要原因。其二，协调各部委尽快出台规范详细的推进境外经济贸易区建设的相关措施。境外经济贸易区的建立可以有效降低企业海外投资的政治和制度风险，这对我国劳动密集型产业海外转移至关重要。同时，园区内可以实现内外部规模经济，降低企业的运营成本。

参考文献

1. Bhagwati, J. N., "Quid Pro Quo Foreign Investment and Welfare: A Political-economy-theoretic Model", *Journal of Development Economic*, 1987, 27, pp. 127 – 138.

2. Buckley, P. T. and Casson, M., *The Future of the International Enterprise*, London: Macmillan, 1976.

3. Campa, J., Donnenfeld and Weber, S., "Market Structure and Foreign Direct Investment", *Review of International Economics*, 1998, 6, pp. 361 – 380.

4. Cantwell, J. and Tolentino, Paz Estrelia E., "Technological Accumulation and Third World Multinationals Discussion Paper", *International Investment and Business Studies*, 1990, 139, University of Reading.

5. Dunning, J. H., *International Production and the Multinational Enterprise*, George Allen and Unwin, 1981.

6. Ellingsen, T. and Warneryd, K., *Foreign Direct Investment and the Politic Economy of Protection*, 1999, 40, pp. 357 – 379.

7. Graham, E. M., "Market Structure and the Multinational Enterprise: A Game-theoretic Approach", *Journal of International Business Studies*, 1998, 2, pp. 67 – 83.

8. Hymer, S. H., *The International Operations of National Firms: A Study of Direct Foreign Investment*, Cambridge: MIT Press, 1967.

9. Knickerbocker, F. T., *Oligopolistic Reaction and Multinational Enterprise*, Bosten: Division of Research HBS, 1973.

10. Lall, S., *The New Multinationals: The Spread of Third World Enterprises*, New York: John Wiley & Sons, 1983.

11. Mundell, R. A., "International Trade and Factor Mobility", *American Economic Review*, 1957, 26, pp. 175 – 192.

12. Smith, A., "Strategic Investment, Multinational Corporations and Trade Policy", *European Economic Review*, 1987, 31, pp. 89 – 96.

13. Vernon, R., "International Investment and International Trade in the Product Cycle", *The Quarterly Journal of Economics*, 1966, 80, pp. 190 – 207.

14. Wells, L. T., *Third World Multinationals*, Cambridge, Massachusetts: MIT Press, 1983.

15. 代中强:《分工与贸易利益:理论演进与中国经验》,载《当代财经》2007 年第 9 期。

16. 胡麦秀：《贸易保护壁垒与对外直接投资关系的最新研究进展》，载《宁夏社会科学》2006年第1期。

17. 马亚明、张岩贵：《策略竞争与发展中国家的对外直接投资》，载《南开经济研究》2000年第4期。

18. 齐晓华：《对外直接投资理论及其在国内的研究》，载《经济经纬》2004年第1期。

19. 伍德里奇：《计量经济学导论：现代观点》，中国人民大学出版社2003年版。

20. 冼国明、杨锐：《技术积累、竞争策略与发展中国家对外直接投资》，载《经济研究》1998年第11期。

21. 项本武：《对外直接投资的贸易效应研究——基于中国经验的实证分析》，载《中南财经政法大学学报》2006年第3期。

22. 郁晓耕、魏浩：《发展中国家对外直接投资理论综述》，载《经济经纬》2006年第5期。

23. 张二震、方勇：《要素分工与中国开放战略的选择》，载《南开学报（哲学社会科学版)》2005年第6期。

24. 章海源、王海燕等：《我国对外直接投资战略选择——对外直接投资公司调查问卷分析报告》，载《国际贸易》2006年第7期。

25. 张汉亚：《中国企业境外投资的现状、问题与对策》，载《宏观经济研究》2006年第7期。

26. 张为付、武齐：《我国企业对外直接投资的理论分析与实证检验》，载《国际贸易问题》2007年第5期。

27. 赵春明、宋志刚、郭虹：《我国对外直接投资的成效评价与发展对策》，载《国际经济合作》2005年第11期。

28. 赵伟、古广东、何元庆：《外向FDI与中国技术进步：机理分析与尝试性实证》，载《管理世界》2006年第7期。

29. 赵伟：《中国企业"走出去"——政府政策取向与典型案例分析》，经济科学出版社2004年版。

30. 郑永年：《中国走出去应有新模式》，载新加坡《联合早报》2007年2月27日。

31. 钟根元、骆建文、周斌：《完全信息动态博弈下绕过反倾销的对外直接投资》，载《中国管理科学》2005 年第 10 期。

（执笔：代中强）

第十二章 长三角、珠三角、环渤海开放模式的比较

同世界各国开放的情况相似，中国的对外开放也呈现出鲜明的板块化特征。珠三角、长三角和环渤海区域在中国对外开放战略实施中的作用举足轻重。珠三角在三大经济板块中开放最早。长三角是我国经济实力最强、产业规模最大的三角洲，是中国最大的经济核心区和最大的城镇连绵带，也是世界各大河三角洲人口数量最多、密度最高和城镇数量最多的地区。环渤海地区具有能源充足、劳动力低廉、未来国家政策及资金倾斜等优势而最被看好，有"台商明日的希望之都"、"下一个'长三角'"之誉。2004—2006 年，大连、天津、青岛三市台资企业已猛增至 5000 家。①

对外开放以来，三大经济区对外开放发展迅速，并呈现出多样的开放模式和特点，比较三大区域开放模式，探索区域开放的路径、模式的异同，有利于总结近 30 年对外开放的普遍经验，促进开放战略的调整，推动开放型经济的发展。

---

① 王志乐：《2006 跨国公司中国报告》，中国经济出版社 2007 年版，第 61 页。

一、长三角、珠三角、环渤海开放路径的比较

由于地域、经济环境和发展条件的不同，长三角、珠三角和环渤海对外开放的路径显示出明显的差异性。

（一）三大经济区要素禀赋比较

1. 区位条件

长三角位于长江下游，地势开阔平坦，内有黄金水道和发达的陆路交通，地理区位十分优越。首位城市上海位于长江入海口，有深厚的国际化背景，拥有苏南和浙东北两个富庶腹地内的众多工商业和历史名城拱卫。因此，相比较而言，长三角的区位条件优于纽约、东京和伦敦等大都市圈，更具成长潜力。这也正是戈特曼早在 20 世纪 50 年代就把长三角列为世界六大都市带之一的主要原因。①

珠三角毗邻港澳，有着独特的区位优势，其最初的国际化借助港澳地区的力量则是在所必然。同时珠三角地区拥有广州港、深圳港、珠海港等优良港址，交通、运输条件优越。

表 12 –1　三大经济区基本情况

	长三角	珠三角	环渤海
地理位置及所含城市	位于大陆海岸中部，长江入海口。区域内共有 1 个直辖市：上海，3 个副省级城市：南京、杭州、宁波，11 个地级市：江苏省的苏州、无锡、常州、镇江、扬州、南通、泰州和浙江省的湖州、嘉兴、绍兴、舟山。共计 15 个城市	毗邻港澳。靠近东南亚，包括广州、深圳、珠海、佛山、中山、江门、东莞、惠州市区、惠阳县、惠东县、博罗县、肇庆市区、高要市、四会市 14 个市县	主要位于环渤海地区，狭义上包括北京、天津、唐山等地

---

① 张颢瀚、张超：《长三角大都市圈的空间结构研究》，中国经济信息网 2007 年 7 月 27 日。

续表

	长三角	珠三角	环渤海
面积（平方公里）	99679	41698	41585
总人口（万）	7534	2262	3133

资料来源：陈立杰：《长三角、珠三角和京津唐三大经济圈发展比较》，载《河北经济研究》2004 年第 4 期。[①]

环渤海经济圈东对日本、朝鲜半岛，北临蒙古、俄罗斯，是北方内陆地区以及三北地区与沿海地区的接合部，又是通向亚太的出海口，地理位置十分重要。同时区内海陆空交通发达；铁路纵横交错，四通八达；在我国众多公路干道中，有四纵二横通过环渤海地区。所谓四纵二横，从纵向上看，同江至三亚公路经过环渤海地区的沈阳、大连、烟台、青岛等市，京福（州）公路通过天津、济南等市，北京至珠海公路经过石家庄等市，二连浩特至河口公路经过太原等市；从横向上看，丹东至拉萨公路通过沈阳、北京、呼和浩特等市，青岛至银川公路通过济南、石家庄、太原等市。同时，连接环渤海地区与东北的进出关通道京沈公路、连接环渤海地区与华东地区的重要通道京沪公路，已建成汽车专用公路。覆盖了圈内大多数城市；航空运输网发展迅速，通往世界各地。

2. 资源条件

长三角和珠三角都是自然资源缺乏的地区。广东人均拥有常规能源储量不足 30 吨标准煤，不到全国人均储量的 1/20，全省 100% 的煤炭、约 80% 的油品、20% 的电力需要从外省调入或依靠进口。

相对而言，环渤海经济圈自然资源丰富且分布相对集中，易于开发利用。矿产资源种类多，储量大。除华北、胜利、大港、中原四大油田外，渤海湾还蕴藏着丰富的石油和天然气资源。[②] 但从生态环境

---

① 2005 年 8 月，台州市被长三角第 4 次城市经济协调会接纳为第 16 个成员，所以其后长三角有 16 个城市。

② 2007 年 5 月 3 日，中国石油天然气集团公司宣布，在渤海湾滩海地区发现储量规模达 10 亿吨的大油田——冀东南堡油田。这是 40 多年来我国石油勘探又一个激动人心的发现。引自新浪财经网：《石油行业：冀东南堡油田渤海湾里黑珍珠》，2007 年 5 月 9 日。

看，相对于南方的长三角和珠三角地区，环渤海经济圈的自然生态条件相对较差，水资源短缺，生态环境比较脆弱。

3. 人才条件

对于教育和人才培养的环境和条件，三大经济区集中了目前中国最优秀的高等学校，以及科学研究和技术开发的基地，是人才能够不断学习和发展的理想天地。对于三个不同区域，拥有理想的教育条件固然是重要的，但真正关键的是如何吸引人才并加以充分利用。在改革开放初期，作为中国改革开放的窗口和实验场，深圳和广州适于创业，生活待遇较好，吸引了大批人才，对珠三角地区的发展做出巨大贡献。长三角地区和环渤海地区，则拥有像最大的城市上海、首都北京等超大城市，发展优势日益显现。

值得注意的是，在改革开放后，长三角人力资本存量迅速增加，尤其在 20 世纪 90 年代后，无论是教育方面还是医疗卫生方面人力资本存量都显著好于全国水平，这毫无疑问会对长三角经济增长起到无法忽视的推动作用。巫强（2006）的研究表明，与全国相比，长三角在 1979—2004 年期间经济增长的人力资本推动特征显著，人力资本的贡献要超过增加要素投入的贡献。

4. 产业条件

长三角地区具有完备的工业体系，重、轻工业协调发展。重工业比较突出的是：钢铁工业、石化工业、船舶工业及制造业等；而轻纺工业、家电产业更是全国闻名。珠三角地区的产业主要是由国外转移过来的，无论是 20 世纪 80 年代从"亚洲四小龙"转移过来的纺织、服装、家用电器等传统产业，还是 90 年代从台湾转移过来的 IT 产业，经过多年之后，已逐渐形成了分工细致、配套完善的产业集群，珠三角地区的产业升级已经进入良性的轨道。从目前珠三角地区的产业竞争力看，以顺德为代表的家电制造业集群，以广州、深圳、东莞、惠州组成的"电子信息业走廊"在国内乃至国际市场上均有较强的竞争力。

从产业结构看，长三角与珠三角有明显的趋同迹象。2005 年长三角和珠三角的第一、第二、第三产业结构分别为 4∶55∶41 和

3：51：46。这种产业构成与全国相比有较明显的特点：一是第一产业均比全国水平低 10 个百分点左右；二是第二、第三产业比重不同程度地高于全国水平。但两个三角洲相比较，又具有明显的特点：一是制造业成为双三角经济发展的主动力。双三角第二产业比重分别为 55% 和 51%，不仅远远高于全国平均 47% 的水平，也是世界各国中的最高水平。在双三角所辖的 30 个市中，第二产业比重超过 60% 的就有 6 个，低于 50% 的只有 4 个。其中苏州市的第二产业比重甚至高达 66.6%。二是吸引外商直接投资占全国的 59.3%、进出口贸易额占全国 64.2% 的双三角地区，是我国成为世界加工厂的主战场。三是第三产业发展空间很大。双三角的第三产业比重比 2004 年世界平均水平低 20 多个百分点，比低收入国家的 51.5% 也低近 10 个百分点。①

环渤海地区长期受惠于计划经济，在历史上就有雄厚的工业基础，特别是重工业基础。2005 年，重工业增加值占整个工业增加值的比重，辽宁高达 70.1%，河北为 78.79%，山东为 65.11%。改革开放后，随着产业结构调整，京津冀地区已经形成了能源、化工、冶金、建材、机械、汽车、纺织、食品八大支柱产业，同时以优势的教育、科技资源带动了高科技产业发展，新兴的电子信息、生物制药、新材料等高新技术等已成为这一地区的主导产业。2004 年，京津冀地区的三次产业比重为 8.5：47.3：44.2，产业结构已由传统的"一、二、三"转变为"二、三、一"。②

环渤海地区经济总量较小，区域整体经济发展实力不强，与长三角和珠三角相比，地区发展滞后的状况很明显，总体上处于工业化初中级阶段。环渤海区域经济发展的一个最大特点是产业分散，区域内部发展差距很大，并且缺乏一定的互补优势，对外开放的集聚功能未能得到充分发挥。

---

① 《2006 年长江和珠江三角洲经济发展比较研究》，中国统计信息网，2006 年 10 月 26 日。

② 章昌裕：《环渤海区域经济发展的优势和桎梏》，人民网，2006 年 12 月 28 日。

5. 市场条件

从市场条件看，珠三角的市场制度竞争力最高。早在 1994 年广东省就确立了珠三角经济区。无疑，这里是中国市场化及国际化程度最高的大都市经济圈。但是，长三角市场条件也在快速提高。樊纲（2005）主持的"长三角与珠三角经济发展与体制改革的比较研究"主要是从政府与市场的关系、非国有经济的发展、产品市场的发育、要素市场的发育、市场中介组织和法律制度环境 5 个方面来量化考察区域的市场化程度的。研究表明，珠三角是目前中国市场化程度最高的区域，但长三角正在快速赶上。近年来，珠三角和长三角政策方面的优惠已不很明显，多年来建立起来的市场经济的制度优势逐渐超越了政策的作用。

同长三角和珠三角相比，环渤海经济圈受传统计划经济体制和行政区划影响深，行政壁垒强大，加之产业同构化严重，使得区域市场化水平相对较低，区域经济一体化的进程明显滞后，没有形成适合于区域特点的发展模式。

（二）三大经济区开放路径比较

1. 从开放的动力源泉看，长三角倾向于投资拉动型，珠三角倾向于出口拉动型，环渤海倾向于内需拉动型①

近年来，长三角地区由于拥有良好的基础设施、发达的科技教育和日趋完善的政策环境，成为国内外投资者关注的"热土"，特别是跨国资本正大举向长三角地区转移。作为长三角经济中心的上海市日益发展成为大公司、大银行的总部和研发中心的所在地，并朝着国际经济、金融、贸易和航运四大中心迈进。

珠三角倾向于出口拉动型。改革开放以来，珠三角地区凭借其毗邻港澳、靠近东南亚的区位优势，以"三来一补"、"大进大出"的加工贸易起步，并大量吸引境外投资，迅速成为中国经济国际化或外

---

① 陈立杰：《长三角、珠三角和京津唐三大经济圈发展比较》，《河北经济研究》2004 年第 4 期，第 26 页。

向化程度最高的地区。

环渤海倾向于内需拉动型。依托其广阔的腹地和区内市场以及便捷的交通枢纽条件，环渤海地区已发展成为我国规模较大、较为发达和成熟的现代物流中心和消费市场之一。虽然外向化程度不如珠三角和长三角，但随着近年来外商投资逐步"北上"，尤其是日韩及欧美等跨国公司纷纷在京设立研发机构，该地区对外开放呈现加快势头。

2. 从开放的顺序看，内外开放时序不同，但开放模式日益同化

大体上说，珠三角的经济开放路径与中国总体的经济开放路径一致，属于先国际化后区际化的路径。20世纪末，珠三角企业主要依靠国际市场及海外投资，涉足内地市场不多。长三角的区域经济开放路径与中国总体路径不同，属于先区际化后国际化的路径。在20世纪90年代中后期，长三角绝大多数企业主要依靠国内市场及国内投资。

两大三角洲经济开放的顺序差异，可以归结于两个因素：一是中央政府的开放政策因素。在1992年前，中央政府对外开放的所有优惠政策，几乎全给了珠三角地区。长三角的迅速发展得益于20世纪90年代上海浦东开放开发之后。上海浦东得以开放开发也和珠三角一样是政策的作用。中央政府对上海浦东新区、苏州工业园区等一大批城市赋予一定的优惠政策，使得这些地区的发展拥有良好的政策环境。良好的政策和得天独厚的综合优势是长三角腾飞的发动机。另一个是制度转型模式因素。随着体制改革的展开，市场力量发挥作用及能力与日俱增。一般认为，珠三角转型模式偏向于开放促改革，外资企业具有开辟中国内部市场的主观意愿，但在进入条件方面却受到限制，尤其是早期实施的要求外资企业自求外汇平衡、限制其产品内销等做法，限制了珠三角地区企业的国内市场。相比较而言，长三角地区进入国内市场不受限制，因此发展区际贸易条件比珠三角模式优越。

两大三角洲地区开放格局的变化，发生在20世纪90年代后期。长三角外资、外贸同时出现迅猛增加趋向，珠三角企业尤其是外商投资企业开始大举进军内地市场。同时，对外开放度不高的环渤海地区

也在近几年积极承接国际产业转移，吸引外资和贸易量迅速增加。两大三角洲区域经济开放格局呈现换位式变化和环渤海对外开放的加速，表明不同区域开放模式日益同化，事实上反映出的是中国开放的日益深化。

3. 从开放重心看，从"引进来"到"走出去"步伐不一

"引进来"是以跨国公司为主导，服务于跨国公司战略的一种整合模式。从国际化的主体力量来看，则是外商投资整合中国企业和资源而形成的一种被动式的国际化过程。这也是中国改革开放 20 多年中参与全球化的主要形式。比较典型的就是珠三角和长三角地区的国际化模式。而"走出去"国际化战略，更多体现在本土企业层面上。在"走出去"的国际化过程中，企业的主动性往往至关重要。浙商的国际化模式是一种外向型国际化模式，从浙江民营企业国际化经营的发展历程看，最初始的方式是开展出口贸易，之后在出口市场设立营销网点、研发中心、组建境外市场等。但由于产品尚缺乏国际知名度，也缺乏国际市场运作经验，在"走出去"的过程中容易在国际市场上受挫。因此，需要通过"引进来"的方式来逐步提升企业的国际竞争力，在"走出去"时也着力寻求国际化合作。因此，单纯的"引进来"战略或"走出去"战略都是不可取的。"引进来"是一种被动的国际化，只是国际化发展初始阶段的战略；而"走出去"则是一种主动的国际化，是国际化发展高级阶段的战略。

珠三角和长三角地区对外开放的经验表明，"引进来"是"走出去"的基础，是"走出去"的手段，"走出去"则是"引进来"的目的。由于国际市场竞争环境非常复杂，没有成功的"引进来"战略来带动本土企业在产品质量、技术、品牌以及资源整合能力的提高，是很难实现"走出去"国际化战略的。从开放的重心看，这两个地区正在实现从"引进来"到"走出去"的转变，分别涌现了一大批"走出去"的产业和企业。比较而言，环渤海地区由于开放程度和产业实力不足，还基本处于"引进来"阶段，实现从"引进来"到"走出去"还需要相当长的时间。

（三）三大经济区开放路径的经验

1. 循序开放，以开放促发展

世界经济史上，工业化进程的加深是与经济开放同步进行的，开放被称为启动经济增长的引擎。20世纪90年代中国对外开放的重心已由80年代的广东向上海转移，以上海为龙头的长三角开始迅速崛起，苏南地区的国际化正是在这种全球化背景下而形成的。由于有着毗邻上海的优势，苏南地区抓住了国际产业资本加速向长三角地区转移的机遇，积极引进欧美国家及台湾地区的IT产业资本，发展出口加工业。从目前苏南地区的经济国际化特征来看，大规模的外资引进以及大进大出、"两头在外"的外资出口加工模式并没有随着经济国际化程度的提高而改变。近几年，苏州的加工贸易出口额占出口总额比重接近深圳，而且还有不断提高的趋势。在东北亚合作中，中国参与的主要地区就是环渤海。韩国把中国作为它的第二内需市场，日本已是我国第一大贸易伙伴国，环渤海在吸纳日本、韩国经济结构调整、产业转移中有更多机会和优势。

2. 对外开放要兼顾对内开放

开放存在两个层次，一是对国内的开放，二是对国外的开放。对于一个大国来说，对内开放意义远远胜过小国。一国参与国际经济交易的目的，在于从国际分工中获得比较利益的好处，而大国内部经济之间，本身就孕育着巨大的比较利益，各个区域可以区际分工代替部分国际分工。

在20世纪90年代中后期，政府的开放战略带有明显的片面性色彩：强调国际贸易甚于区际贸易，强调利用外资甚于利用内资。只是到了世纪转折前后，上述基调才有所改观。随着刺激内需政策以及加入WTO兑现开放市场承诺等系列历史背景的展开，中国才显现出对内开放的重视。因此，中国区域经济（以三大经济区为典型）开放的路径模式，带有强烈的先对外开放后对内开放的特征。转型初期强调对外开放的区域经济开放战略，是由中国特定的经济转型与发展条件促成的，因为强调对外开放甚于对内开放的战略，恰恰是在市场经

济不成熟的条件下促成全国性市场的最佳途径。而适时推进对内开放是开放的扩大和深化，可以使市场真正内外一体化，必然促进经济更好更快地发展。

3. 区域内部可能并存不同开放模式

不仅三大经济区开放的路径不尽相同，而且经济区内部也有鲜明的开放路径差异。比如，长三角就并存内生型与外生型两种不同的经济发展模式。

苏南和浙江虽然同在长三角，但走的却是两种截然不同的发展模式。20世纪90年代以来，苏南经济高度依赖外资的外生型经济特征明显；而浙江的大量出口商品是由众多本土小企业生产出来的，因此具有内生型经济的特征。外生型和内生型的经济模式在进一步发展的道路上都可能会碰到一些障碍。外生型经济可能碰到的问题是高度依赖外资所带来的前景的不确定性，因此在引进外资的同时必须要大力发展本地的配套产业，进而培育本土企业。而像浙江这种内生型特征较浓的经济实体则可能会碰到企业规模小、产业层次相对较低等问题，这些问题在早期固然可以通过"簇群经济"的产业组织形式来加以克服，但最终还是要与有实力的跨国公司开展合资合作，以提高产业档次，提高企业管理水平，并加快与国际接轨的步伐。①

从现实看，苏南和浙江都意识到地区开放模式的不足，苏南日益重视本土配套企业发展，而浙江也加快了吸引跨国公司投资的步伐。

4. 三大经济区开放中的竞争与合作

区域经济之间，多数情形是竞争大于融合，这在沿海三大经济区的表现尤其明显。竞争的基础主要源于如下现实：（1）从珠三角到长三角再到环渤海地区，三大工业化地带间产业结构日益雷同；（2）三大工业化地带的工业化进程与经济发展层次、制造业技术水平等相近；（3）地方政府区域经济发展战略、开放重心转换以及多数政策相似。正是这些基础，导致这三大地区之间的激烈竞争。竞争在三个

---

① 陈立杰：《长三角、珠三角和京津唐三大经济圈发展比较》，载《河北经济研究》2004年第4期，第25—29页。

领域尤其激烈：第一是市场。三大地区的同类企业同时在国外市场竞相压价。第二是外资。三大地区为争取更多的外商投资而竞相推出优惠政策。第三个是政策。三大地区都竞相争取中央政府的特殊政策。

20世纪90年代以来，在开放型经济发展中，长三角开始有实力与珠三角进行正面竞争，尽管竞争激烈，但由于前者更多地倾向于内销市场，后者更多侧重于外销市场，因此事实上可以大致形成一个错位发展、相互补充的良性竞争格局。三角区域内的错位发展可以很好地整合一个地区的优势。在长三角、上海与江苏及浙江形成了服务与制造分工协作的格局；同样地，珠三角也可以珠江为界形成了制造业的大体分工：珠江东岸以发展电子信息业为主，西岸以发展机械类的家用电器为主，区域内部产业集聚、集群特征明显。因此，在竞争中也可以有分工合作。

二、长三角、珠三角、环渤海开放绩效评估

（一）三大经济区对外贸易比较

1. 进出口贸易额比较

长期以来，珠三角的对外贸易在三大经济区中遥遥领先。对外贸易占全国比重一直在1/3以上，但近年来长三角对外贸易发展以较高速度超过珠三角。2005年，长三角对外贸易总额比上年增长25.2%，珠三角对外贸易总额同期增长20.17%，长三角比珠三角快5个百分点。2004年长三角比珠三角快18.8个百分点。到2005年，长三角对外贸易总额占全国的比重从2001年的27.09%上升到35.33%，而珠三角由33.04%下降到28.88%。长三角在我国对外贸易的发展中具有越来越重要的地位。[①]

在经济外向度方面，从进出口总额、出口额等指标看，长三角和

---

① 《2006年长江和珠江三角洲经济发展比较研究》，中国统计信息网，2006年10月26日。

　　珠三角是我国外向型经济最发达的地区，环渤海的现实发展程度则相差较远。但近年来环渤海地区的对外贸易快速发展，进出口额从2001年的1281.25亿美元增长到2005年的3230.25亿美元，增长率逐渐高于同期全国平均增长率。2005年，环渤海地区进出口增长率高出全国平均增长率近4个百分点，同时，环渤海地区进出口额占全国的比重也一直保持在20%以上。①

　　随着长三角地区进出口的高速增长，该地区的外贸依存度大幅提高。2005年，长三角地区的外贸依存度达到了102.6%，远远高出62.6%的全国水平，比2000年上升了42.8个百分点。这表明长三角地区的开放型经济发展迅速，国际化程度进程加快，对外贸易已经成为拉动长三角地区经济增长最重要的因素之一。比较而言，珠三角经济增长更加依赖出口，外贸依存度和出口依存度超过全国平均水平两倍多，外贸依存度多年保持在170%的全国最高水平。造成经济发展受制于国际贸易市场环境并面临着更多的贸易壁垒和摩擦，受人民币汇率制度改革的影响相对较大。

表 12-2　2001—2005 年双三角地区对外贸易总额比较

	2001 年		2004 年		2005 年	
	贸易额（亿美元）	比上年增长（%）	贸易额（亿美元）	比上年增长（%）	贸易额（亿美元）	比上年增长（%）
长三角	1381	11.73	4012	44.85	5024	25.21
进口	641	13.45	1929	42.15	2265	17.42
出口	740	11.92	2083	47.42	2759	32.45
珠三角	1684	11.67	3418	26.04	4107	20.17
进口	776	9.92	1596	26.47	1836	15.04
出口	908	7.20	1822	25.65	2271	24.58
全国	5097	7.46	11545	35.66	14219	23.16
进口	2435	8.17	5612	35.95	6599	17.61
出口	2661	6.78	5933	35.39	7619	28.43

---

　　①　桑百川：《推动环渤海地区对外开放》，载《特区经济》2007年第1期，第53—56页。

表 12 - 3　2001—2005 年双三角地区对外贸易总额占全国的比重比较

	2001 年		2004 年		2005 年	
	占全国的比重（%）	年增长百分点	占全国的比重（%）	年增长百分点	占全国的比重（%）	年增长百分点
长三角	27.09	1.03	34.75	6.17	35.33	0.58
进口	26.32	1.23	34.37	1.11	34.32	-0.05
出口	28.22	1.29	35.11	2.87	36.21	1.10
珠三角	33.04	1.25	29.60	-4.51	28.88	-0.72
进口	31.87	0.51	28.44	-2.13	27.82	-0.62
出口	34.12	0.14	30.71	-2.39	29.79	-0.92

资料来源：《2006 年长三角和珠三角经济发展比较研究》，中国统计信息网，2006 年 10 月 26 日。

2. 出口商品结构比较

在总量扩张的基础上，长三角地区的出口结构有所改善。首先，从出口商品结构来看，2004 年，长三角地区工业制成品出口额占地区出口总额的比重达到了 96.8%，超出全国这一比值 3.6 个百分点，远远高于约 75% 的世界平均水平。2005 年，长三角机电产品出口额达到了 1745.6 亿美元，占全国当年机电产品出口总额的 40.8%。高技术产品出口额达到了 948.0 亿美元，占全国高技术产品出口总额的比重为 43.4%。

从贸易方式结构来看，随着外资大量进入长三角地区的制造业，该地区特别是江苏和上海的加工贸易发展迅速。2005 年，长三角地区加工贸易进出口额达到了 1501.4 亿美元，占全国加工贸易进出口总额的比重为 36.0%。作为外商投资企业出口的主要方式，加工贸易的发展是外资大规模进入长三角制造业领域的必然结果。一方面，加工贸易带动了长三角加工工业的全面发展，扩大了该地区制成品的国际市场份额，拓宽了当地参与国际分工的渠道和方式，并创造了大量就业机会，为地方经济发展做出了不可忽视的贡献；另一方面，尽管加工贸易的发展有效地促进了长三角地区出口总量的扩张，但总体来看，现阶段长三角地区加工贸易很多项目的技术含量还有待进一步提高。

从外贸主体结构来看，外商投资企业在长三角地区中的地位不断提高。2000年，上海、江苏、浙江外商投资企业出口额占当地出口额的比重分别为56.3%、56.1%和27.1%（同年全国平均水平为47.9%）。2005年，这三个省市外商投资企业的出口比值分别上升到了67.9%、76.7%和35.5%（全国平均水平为58.3%）。可以看出，外商投资企业已成为长三角地区出口的主力军，外商投资集中的江苏、上海远远高出全国平均水平，而浙江低于全国水平。2005年，外商投资企业高技术产品出口占全部高技术产品出口的比重高达91.5%，比全国平均水平高出3.5个百分点，为长三角地区出口结构升级发挥了积极作用。

（二）三大经济区引资效率比较①

相当多的研究文献认为，跨国公司的直接投资对东道国经济增长起着一种有利的促进作用。对东道国来说，特别是对作为发展中国家的东道国来说，他们之所以愿意吸引跨国公司到本国来投资，一个重要的目的就是想通过跨国公司直接投资带来的市场竞争效应、人员的流动效应、生产的示范效应以及与跨国公司产业链前向与后向的联系提高本地企业的产出效率，从而提升本国的工业及技术水平，促进本国的工业化进程。当然，发展中国家利用外资的经验也说明，跨国公司直接投资对东道国当地经济增长的促进作用还取决于东道国当地的初始条件，比如制度、经济结构等因素的影响。

中国从1978年开始吸引外商直接投资，截至2006年12月底，中国共批准外资企业594427家，累计实际利用外资已达6919亿美元，跨国公司在华投资企业已达508941户（商务部，2005）。从1993年开始，中国成为继美国之后的世界第二大跨国公司直接投资目的地，这一地位连续保持了5年。1998年后，受东南亚金融危机的影响，中国外资流入开始放缓，并于1999年首次出现了负增长。

---

① 谢建国：《中国东部沿海跨国公司投资效率比较研究》，载《国际经贸探索》2006年第6期。

2001 年加入世界贸易组织后，中国逐步放宽了外商投资行业的限制，外商投资也随之迅猛增加，并于 2002 年重新成为世界第二大引资国。中国占全球外商直接投资的份额，也由 1979 年的 0.3% 上升到 2003 年的 9.6%。随着中国经济的稳定持续增长，外资流入中国的势头仍将延续下去（江小涓，2002）。跨国公司直接投资与对外贸易一起，成为促进中国经济增长的两大引擎。

国内对跨国公司直接投资的研究，一般集中在以下三个方面：一是影响跨国公司直接投资因素的研究，比如鲁明泓（1997）、葛顺奇（2003）、李永军（2003）等人的研究；二是对跨国公司直接投资的经济影响研究，比如郭克莎（2000）、李海舰（2003）、谢建国（2003）等人的研究；三是对跨国公司投资战略行为的研究，比如冼国明（2002）、李维安（2003）等的研究。这些研究从不同的角度和层面诠释了跨国公司对华直接投资的内部特征与外部影响，但是，这些研究无一涉及对跨国公司本身投资效率的评价。利用一个前沿生产函数模型，Wu（2000）研究了跨国公司对华投资的技术效率，Wu 认为，跨国公司对华投资的技术效率呈现一种逐步提高态势，而且，各省市的技术效率差异在逐年缩小。Wu 研究的一个缺陷在于，尽管 Wu 构建的是一个生产函数模型，但估算时却采用了成本函数的估算方式，从而有可能影响文章的结果。而且，Wu 的研究只涉及 1983—1995 年期间跨国公司对华投资，而中国的外商直接投资直到 20 世纪 90 年代中期以后才开始大幅度增长，其中，1979—1993 年的累计外商直接投资额为 618.7 亿美元，只占 1979—2004 年累计外商直接投资额的 12.6%，而 1995 年以后的外商直接投资额却占了 87.4%。因此，有必要对 1995 年以后的跨国公司对华投资的技术效率做一个全新的评估。

利用 Wu 的方法，本章重新对 1995—2004 年中国东部沿海北京、天津、河北、辽宁、上海、江苏、浙江、福建、山东、广东 10 省市的跨国公司对华直接投资的技术效率进行了评估，并分析了地区间跨国公司投资技术效率差异的原因。跨国公司对华投资呈现一种不均匀分布特征，东部沿海 10 个省市集中了跨国公司对华投资 85% 左右的

份额，同时，这些省市涵盖了中国最大的三个经济区：长三角经济区、珠三角经济区以及环渤海经济区，研究跨国公司在这些区域的投资效率与投资行为无疑具有代表意义。

1. 直接投资技术效率的度量①

在新增长理论的分析框架内，跨国公司直接投资被看成与劳动、国内资本一样，是一种重要的投入要素，因此，直接投资的经济效率就可以在生产函数框架内进行分析。有关投入要素的生产技术效率问题，目前已经建立起了各种不同的分析方法。Farerall（1957）提出的参数随机前沿分析，与传统的生产函数分析方法不同的是，参数随机前沿分析允许生产在处于最佳生产前沿的下方进行。也就是说，生产存在非效率性。技术非效率指数度量了实际产出边界与理论最大产出边界的距离。对于投入距离函数来说，技术非效率则度量了实际投入与理论最小投入的距离。

考虑一个 Shephard 投入距离函数，定义如下：

$$D(Y,X) = \max\{\theta : X/\theta \in L(Y)\} \tag{12.1}$$

其中，$L(Y)$ 为投入组合，有：$L(Y) = \{X : X \text{ 能够生产 } Y\}$，其中，$X$ 为投入向量，Y 为产出向量，对所有的投入要素 X 来说，距离函数 $D(Y, X)$ 为一正向、非减的凸函数，满足 $\dfrac{\partial D}{\partial X} \geq 0$，$D(Y,$

$X) \mid_{x \geq 0} \geq 0$。对产出 Y 来说，$D(Y, X)$ 为一个非增函数，即 $\dfrac{\partial D}{\partial Y} \leq$

0，其经济含义为在投入不变的情况下，产出越高，实际产出越接近理论产出，即距离函数越小。

考虑一个柯布—道格拉斯生产函数，则距离函数就可以定义为：

$$D(Y,X) = f(X,Y)e^v \tag{12.2}$$

其中，$f(X, Y)$ 为确定性前沿边界，v 为随机扰动项，v 服从均值为 0，方差为 σ_v^2 的独立正态分布假设，即有：$v \sim iid. \ N(0,$

---

① 对投资技术效率度量更详细的论述，可以参考 Wu（2000），Färe 和 Grosskopf（1990，1996）的文献。

σ_v^2）。为保证有效产出集是有效投入集的一阶齐次映射，要求距离函数为投入的一阶齐次函数，有：$D(Y, \kappa X) = \kappa D(Y, X)$，如果选择 $\kappa = 1/X_0$，则有：$D(Y, X/X_0) = D(Y, X)/X_0$，取对数，有：

$$\ln(D(Y,X)/X_0) = \ln D(Y, X/X_0) = \ln f(Y, X/X_0) + v$$

即：$-\ln X_0 = \ln f(Y, X/X_0) + v - \ln D(Y, X)$ （12.3）

令 $u = \ln D(Y, X)$，就可以得到参数前沿投入函数：

$$-\ln X_0 = \ln f(Y, X/X_0) + v - u \qquad (12.4)$$

其中 u 为一非负值，假定 u 服从均值为 0、方差为 σ_u^2 截尾的半正态分布，它度量了实际产出（投入）与理论最大产出（最小投入）的差异，在参数前沿模型中，它代表了技术非效率效应。

前沿生产函数模型与技术非效率模型的参数可以用极大似然法来估计，在确定了生产函数与技术非效率模型的参数值之后，技术效率指数（Technical Efficiency）就可以表示为：

$$TE_{it} = E[\exp(-U_{it}) \mid (V_{it} - U_{it})] \qquad (12.5)$$

由技术效率指数的定义可以看出，技术效率指数为距离函数的倒数。

2. 实证分析及结果

（1）投资技术效率分析方程

考虑一个包括有劳动、资本与外商直接投资 3 种投入要素的柯布—道格拉斯生产函数，投入距离函数形式为：

$$\ln D = \alpha_0 + \alpha_l \ln L + \beta_k \ln K + \eta \ln FDI + \gamma \ln GDP + v \qquad (12.6)$$

其中 GDP 表示总的国内产出，由一阶齐次生产函数假定，有：$\alpha_l + \beta_k + \eta = 1$，代入到投入距离函数，变形，得：

$$\ln D - \ln FDI = \alpha_0 + \alpha_l \ln(L/FDI) + \beta_k \ln(K/FDI) + \gamma \ln GDP + v$$

$$(12.7)$$

当生产位于前沿生产边界时，距离函数 D 等于 1；当生产处于前沿生产边界下方时，距离函数 D 大于 1，令 $u = \ln D$，移项，可以得到前沿生产函数：

$$-\ln FDI = \alpha_0 + \alpha_l \ln(L/FDI) + \beta_k \ln(K/FDI) + \gamma \ln GDP + v - u$$

$$(12.8)$$

通过估算（12.8）式，我们就可以得到跨国公司直接投资的技术非效率效应 u，利用技术效率指数 TE 的定义，我们就可以得到跨国公司直接投资的技术效率指数。

（2）数据来源及说明

数据样本为东部沿海北京、天津、河北、辽宁、上海、江苏、浙江、福建、山东、广东 10 个省市 1995—2004 年面板数据。分析所用的所有数据来自《中国统计年鉴》1995—2004 年有关各期。进入模型分析的有关数据如下：

国民生产总值 Y：以 1995 年不变价格水平衡量的实际国民生产总值，以名义国民生产总值除以以 1995 年不变价格水平衡量的 GDP 平减指数获得。

劳动投入 L：由于没有各省区劳动投入时间的统计资料，因此，劳动投入采用各省区三次产业总的劳动从业人员代替。

资本存量 K：资本存量的度量是一个复杂的过程，由于中国的统计资料未能提供有关资本存量的统计，近年来，许多学者（张军，2004；郭庆旺、贾俊雪，2005）根据不同的方法测算了中国的资本存量，但都未能得到一个满意的结果。这里采用的资本存量的测算公式为：

$$K_t = I_t/P_t + (1 - \delta)K_{t-1} \tag{12.9}$$

其中，K_t 为 t 年的实际资本存量，K_{t-1} 为 $t-1$ 年的实际资本存量，P_t 为 t 年的固定资产价格指数（以 1995 年为基年），I_t 为 t 年的名义投资，以 t 年的固定资本形成总额代替，δ 为资本折旧率。在估算资本存量时，资本折旧率设为 5%。在对初期的资本存量进行测算时，使用的测算公式为：

$$K_1 = \int_{-\infty}^{1} I_t dt = \frac{I_0 e^{\theta}}{\theta} \tag{12.10}$$

其中，$I_t = I_0 e^{\theta t}$，θ 与 I_0 通过使用 1995—2004 年名义投资进行线性回归估算出来。[1]

---

① 估算的结果为：$\ln I_t = 9.567979 + 0.115366t$。即 $\theta = 0.115366$，$\ln I_0 = 9.567979$，可以算得初期（1995 年）的全国的资本存量为 $K_1 = 139138$ 亿元。

跨国公司年末投资总额 FDI：以各省区跨国公司年末注册资本总额代替，把以美元计价的跨国公司年末注册资本总额乘以当年人民币汇率均价换算成以人民币计价的跨国公司年末投资总额 FDI。

模型分析时，以上所有变量均为原始数据的对数值。

（3）回归结果及分析

利用 Frontier 4.1 对公式（12.8）所构造的参数随机前沿生产函数进行最大似然估计，结果见表 12 - 4。

表 12 - 4　前沿函数极大似然估计结果

	系数	t 统计量
α_0	0.287	3.986
$\ln$（L/FDI）	0.656	1.976
$\ln$（K/FDI）	0.784	2.363
$\ln$（GDP）	-1.056	-6.046
σ^2	0.007	5.333
γ	0.891	1.782
对数似然率	191.5	

回归结果的各项系数值均通过了 5% 显著性检验。其中，γ 为变差系数，随机前沿模型的变差系数 γ 定义为：$\gamma = \dfrac{\sigma_u^2}{\sigma_u^2 + \sigma_v^2}$，当 γ 趋向于 1 时，说明产出的偏差主要由技术非效率效应 U_{it} 决定；而当 γ 趋向于 0 时，则说明产出的偏差主要由随机误差项 V_{it} 决定。如果 σ^2 在统计意义上不显著异于 0，则说明生产函数模型不存在技术非效率效应，那么选取普通最小二乘法（OLS）估算生产函数是合适的，前沿生产函数无效。但是，如果生产函数模型中存在技术非效率效应，那么 OLS 回归是有偏和不一致的，而前沿生产函数有效。模型回归的结果表明，在东部沿海 10 省市的外商直接投资前沿生产函数中，存在明显的技术非效率效应。

利用表 12 - 5，可以计算出东部沿海 10 省市 1995—2004 年外商直接投资技术效率的变动情况。

表 12 - 5　东部沿海 10 省市 1995—2004 年跨国公司直接投资技术效率的变动

	1995 年	1996 年	1997 年	1998 年	1999 年	2000 年	2001 年	2002 年	2003 年	2004 年	平均效率
北京	0.921	0.918	0.913	0.909	0.905	0.900	0.895	0.890	0.884	0.879	0.901
天津	0.888	0.883	0.877	0.871	0.865	0.858	0.851	0.844	0.837	0.829	0.860
河北	0.879	0.873	0.866	0.860	0.853	0.846	0.839	0.831	0.823	0.815	0.848
辽宁	0.940	0.937	0.934	0.931	0.927	0.924	0.920	0.916	0.912	0.907	0.925
上海	0.994	0.994	0.994	0.993	0.993	0.993	0.992	0.992	0.991	0.991	0.993
江苏	0.899	0.894	0.888	0.883	0.877	0.871	0.865	0.858	0.851	0.844	0.873
浙江	0.905	0.901	0.896	0.891	0.885	0.880	0.874	0.867	0.861	0.854	0.881
福建	0.841	0.834	0.826	0.818	0.809	0.800	0.791	0.781	0.771	0.760	0.803
山东	0.904	0.899	0.894	0.889	0.883	0.877	0.871	0.865	0.859	0.852	0.879
广东	0.851	0.844	0.836	0.828	0.820	0.812	0.803	0.794	0.784	0.774	0.814
平均效率	0.902	0.897	0.892	0.887	0.882	0.876	0.870	0.864	0.857	0.851	0.878

表 12 - 5 结果显示：

①1995—2004 年，中国东部沿海外商直接投资技术效率有逐步下降的趋势，平均效率指数从 1995 年的 0.902 下降到 2004 年的 0.851，下降了 0.05 个点。由于效率指数度量的是实际产出与理论最大产出的距离，因此，这一结果也显示，在 1995—2004 年间，中国东部沿海外商直接投资距离有效的生产边界还存在 10%—15% 的差距，而且这个差距还在逐年扩大。外商直接投资技术效率的变动，与中国全要素生产率的变动方向基本相同，胡鞍钢（2003）、涂正革（2005）等人对中国工业企业全要素生产率变动进行了估算，结果发现，中国工业企业的全要素生产率从 20 世纪 90 年代中期开始有逐年下降趋势。外商直接投资技术效率的下降可能有两个原因：一是中国外商直接投资企业技术水平的地区差异日益扩大，从而降低了各个地区相对前沿的技术效率平均水平；二是近几年投资的高速增长，资本过度深化，导致投资的边际报酬递减，使得投资技术效率系统性下降。据胡鞍钢等人（2004）估算，1995 年以后，中国的资本存量高速增长，年均增长率比 1978—1995 年的平均增长率高出 2.5 个百分点，过高的投资增长率使得中国的人均资本量迅速上升，由于资本存

量的上升并没有伴随人力资本及劳动力素质相应的提升，从而导致了投资技术效率的下降。

②上海仍然是中国外商直接投资技术效率最高的地区，而广东的外商直接投资技术效率则处于一个较低的位置。由表 12 - 5 可以看到，在 1995—2004 年间，上海外商直接投资的平均效率指数为 0.993，基本处于前沿生产边界之上。这个结果与 Wu（2000）的研究结果完全相同。比较 Wu（2000）的研究结果，可以认为，在实行对外开放政策以来，上海一直保持着相对较高的生产效率。与上海相比，作为最早实施对外开放政策的广东省的外商直接投资技术效率 1995 年以来却处于一个较低的水平，平均效率指数为 0.814，在东部沿海 10 省市中，仅仅高于福建的 0.803，处于第 9 位。

③长三角地区的江苏与浙江的外商直接投资有较高投资技术效率，其中，浙江的投资技术效率略高于江苏的投资技术效率，但这种差异并不显著。1995—2004 年，江苏外商直接投资的平均效率技术指数为 0.873，浙江为 0.881。浙江与江苏是两个具有完全不同经济结构的省份，浙江经济以民营企业及家族企业为主体，其特点为内向、民营，而江苏则是以外向、外资为主体，外资经济占有重要的地位，两省的经济结构完全不同，但外资投资的技术效率却表现出同一性，说明两省的制度与文化等外部环境具有高度的一致性。

④京津地区保持了较高的投资技术效率，其中辽宁的外商直接投资技术效率指数仅次于上海，位列第二，为 0.925，显示了该地区较好的投资潜力与势头。

计算长三角、珠三角以及环渤海三大经济区外商直接投资技术效率的算术平均值，可以得到如下结果（见表 12 - 6）：

表 12 - 6　长三角、珠三角以及环渤海外商直接投资技术效率比较

	1995 年	1996 年	1997 年	1998 年	1999 年	2000 年	2001 年	2002 年	2003 年	2004 年	平均效率
长三角	0.933	0.929	0.926	0.922	0.918	0.914	0.910	0.906	0.901	0.897	0.916
珠三角	0.851	0.844	0.836	0.828	0.820	0.812	0.803	0.794	0.784	0.774	0.814
环渤海	0.906	0.902	0.897	0.892	0.887	0.881	0.875	0.869	0.863	0.856	0.883

表 12 - 6 结果显示：在 1995—2004 年间，长三角外商直接投资技术效率最高，其平均效率指数为 0.916；其次为环渤海地区，为 0.883；而珠三角最低，为 0.814。这个结果表明，经过 20 世纪 80 年代与 90 年代初期的高速发展后，长三角与环渤海地区已经开始取代珠三角地区成为中国外资最有投资潜力的地区，而珠三角在改革开放初期建立起来的投资优势有丧失的危险。而且，珠三角与长三角跨国公司投资技术效率的差距仍在扩大，1995 年，珠三角与长三角投资技术效率差为 7.2 个百分点；2004 年，这一差异上升到 12.3 个百分点。图 12 - 1 显示了这种趋势。

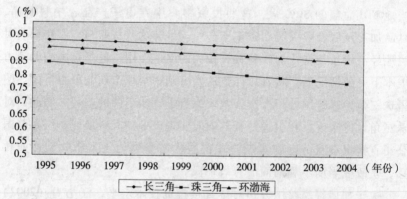

图 12 - 1　长三角、珠三角以及环渤海外商直接投资技术效率的变动趋势

3. 关于中国跨国公司投资技术效率的进一步探讨

跨国公司投资技术效率的变动，反映了不同地区跨国公司直接投资潜力与投资地位的变动。研究结果表明，在 20 世纪 90 年代中期以后，长三角继续保持了较高的投资技术效率，而珠三角在改革开放以来建立的投资技术效率优势有逐渐丧失的危险。

理论上分析，投资技术效率的变动，首先取决于投资外部环境的影响。张为付（2002）比较了苏浙沪三省市与广东省的经济水平、科技实力、劳动力素质以及金融实力等投资环境指标，认为苏浙在这些指标方面均强于珠三角地区。较高的人力资源素质以及较好的制度环境使得苏浙沪三省市相对于广东省具有更强的产业竞争力，而广东在 20 世纪 90 年代以后，在资金、技术、人才与制度环境等方面缺少

必要的更新，从而导致了外商直接投资技术效率低下，影响了地区的经济发展。其次，跨国公司本身的投资结构与产业导向也是影响投资技术效率的重要原因之一。长三角地区外国投资额占其 FDI 总额的 60% 左右，这些投资主要集中于电子及通信设备、机械、交通运输等资本、技术密集型行业。这些跨国公司实力雄厚，投资规模大，注重长期发展，不但投资生产，也投资研发、培训等环节。这些研发与培训与长三角丰富的人力资源相结合，使得长三角地区在引进外资的同时积累了相关的技术和知识，实现了技术的升级与产业的更新，提高了当地的投资效率。而在珠三角地区，来自港澳台地区的投资占到了当地 FDI 总额的 80% 强，这些投资多集中在电子产品、塑料制品、食品加工及服装业等劳动密集型产业。尽管这些行业与产业在短期对当地经济增长与就业的改善具有较大的促进作用，但是在国内劳动力成本上升的情况下，将直接导致这些劳动密集型产业竞争力下降，使得珠三角地区跨国公司投资技术效率有进一步下降的趋势。因此，对珠三角地区来说，在引进外资的同时实现产业的升级换代，引导跨国公司直接投资从劳动密集型产业向技术密集型与资本密集型产业转移，是改变当前不利局面的有效手段。

关于如何提高跨国公司对华直接投资技术水平，江小涓（2002）提出了竞争换市场的观点。江小涓认为，以前的"技术换市场"对提高中国国内企业的技术创新与技术进步极为有限，往往是国内市场被跨国公司所占有，而国内合资企业却没有得到跨国公司的先进技术。"技术换市场"政策之所以没有达到预期目标，是由于缺少一种有效约束机制保证跨国公司对华投资的技术水平。要提高直接投资对中国产品竞争力的促进作用，只有提高跨国公司对华投资的技术水平，而要提高跨国公司对华投资的技术水平，必须通过竞争来实现，即通过外资企业与外资企业的竞争、外资企业与内资企业的竞争促使跨国公司先进技术向中国的转移。一般来说，市场竞争的加剧，确实可以迫使跨国公司使用先进的技术、工艺，加大技术的投入，以保持在市场竞争中的优势，因此，激烈的生产竞争可以促进跨国公司的前沿技术进步。但是，我们也要看到，前沿生产边界的上升并不一定意

味着整个地区与行业的技术效率水平的提升，跨国公司直接投资对当地企业技术效率的提升还取决于一定的条件。其中，跨国公司与当地企业的关联度是非常重要的条件。如果跨国公司在东道国的投资只是一种"孤岛经济"，与当地企业没有多少联系，则当地企业很难从跨国公司学到真正有用的生产技术与管理经验，跨国公司对东道国技术效率水平的促进作用将极为有限。因此，提高跨国公司对当地企业的技术溢出效应是提高当地企业技术效率水平的一条重要途径。从中国的实际来看，跨国公司直接投资较低的技术外溢效应是解释技术效率低效与不足的重要原因。

三、长三角、珠三角、环渤海开放战略的调整

（一）开放战略调整的迫切性

实践证明，我国的对外开放战略在三大开放区域取得了显著成绩。迅速扩展的贸易带来了三大开放区域的快速发展，多种形式的外资极大地提高了企业的技术水平和综合素质，也提供了更多的就业机会。先进技术和先进管理经验的引进，进口竞争的压力，极大地提高了这些地区的生产效率和产品的竞争能力。加强国际交往，充分利用国际市场，为企业提供了更多的发展机会和发展空间。但是，随着开放型经济的深入发展，一些问题、矛盾日益凸显，迫切需要开放战略作相应调整。

1. 低端出口频遇贸易摩擦

就国家整体而言，以廉价劳动力参与国际分工只是中国开放型经济的启动模式。从国际上讲，沿海地区高速发展的制造业及其出口已经对世界市场形成了巨大压力，中国的对外贸易摩擦事件的数量也逐步上升。而长三角已经成为国外对华反倾销的重灾区。当2004年长三角对外贸易首次超越珠三角时，这一区域也不可避免地成为贸易摩擦的重灾区。资料显示，仅在2004年，浙江省内遭到反倾销诉讼的产品就不下10种，像颇受关注的美国对中国轴承业的反倾销调查涉

案金额就高达 2 亿美元；而作为纺织品出口重地的长三角，在后配额时代仍然时刻担心欧美的特保调查和反倾销大棒袭来，低端产品成本低、科技含量低、抗风险能力差，很容易被发达国家设置的新的贸易壁垒政策制约。

长三角、珠三角贸易模式是典型的加工贸易，加工贸易出口产品的价格普遍低于同类一般贸易出口产品的价格，致使加工贸易实际上已经成为我国遭受贸易摩擦和人民币升值压力的主要原因。以珠三角为例，珠三角作为我国加工贸易最发达的地区，2005 年加工贸易出口额约为 1500 亿美元，超过全国加工贸易出口总额的 1/3，而且电子信息产品所占比重过高。因此，调整加工贸易产品结构的内在需求和外部压力较国内其他地区更强烈一些。由于大多数电子信息产品加工贸易企业仅处于产业价值链低端的加工制造环节，没有进入高附加值的设计研发和营销服务环节，虽然物质产出巨大，但是经济效益低下，电子信息产品加工贸易产能过度扩张导致贸易条件恶化。要想改变这种状态、逐步化解贸易摩擦，就必须解决我国出口产品特别是加工贸易出口产品的"巨量低价"问题。

外资企业对我国贸易摩擦的频发有重要影响。三大经济区的半数以上出口企业为外资企业。2007 年上半年，我国加工贸易中，外商投资企业的数量及进出口总额均占 84%。虽然加工贸易产品原产地来自中国，但实际贸易出口中的大额利润控制在外商手里。随着外商大规模进驻中国，猛然增加中国贸易出口份额，导致了中国目前也面临加工贸易海外摩擦。由于外资加工贸易企业出口计算在中国出口额内，由此导致的中国贸易顺差虚高。

2. 环境问题在三大经济区日益凸显

近年来，能源危机与环境污染对三大经济区经济发展的制约作用日益显现，已成为阻碍地区可持续发展所面临的两大难题。随着环渤海地区经济快速增长、人口不断增加，导致排污总量有所增加，环境更加脆弱。比如，环渤海地区多为传统资源依托型工业，如原盐、原油、"两碱"（纯碱和烧碱）、钢铁、玻璃等，他们的发展一方面受资源约束强；另一方面由于产品生产工艺落后，渤海遭到空前的污染，

变成了"纳污池"和"垃圾场"。环渤海湾水污染已经成为顽疾。这一地区传统的重化矿冶工业与水资源短缺和环境保护的矛盾日渐突出。

靠发展"三来一补"产业实现工业化起飞的珠三角，劳动密集、污染严重的电镀、印染、制鞋等行业占了相当大的比重，加之粗放型的经济增长方式使污染治理积重难返，带来了严重的环境资源问题，并且已经成为珠三角可持续发展的重要制约因素。电子信息产品加工贸易产能过度扩张，引发了严重的环境问题：珠三角大量生产电脑整机及配件、手机整机及配件、印刷电路板和电池等电子信息产品，已使绝大部分近岸海域处于铅轻度以上污染状态，部分近岸海域处于镍、镉轻度以上污染状态，珠江东莞—番禺段处于铅严重污染和镍中度污染状态。

在经济持续、快速发展的同时，长三角地区的环境承载能力已变得十分脆弱。严重的水污染、大气污染和耕地污染等，使长三角已成为我国新的生态环境脆弱带，并已出现一些环境问题，其中水污染问题最为突出。目前，京杭运河长三角地区段、太湖、长江下游段、钱塘江段等水资源都受到不同程度的污染。2007年6月太湖无锡区域发生了严重的"蓝藻事件"。无锡市政府在"蓝藻事件"发生后的总结是，无锡走的是一条传统的工业化道路。无锡长期沿袭着"两头在外"和承接国内外制造业转移的发展模式，生产过程中引进能源和原材料，生产和出口相当多的是耗能高污染高的产品，在产生利润的同时也产生了污染，在承接产业转移的同时也承接了污染。①

从三大经济区目前的经济发展趋势看，如果不改变生产方式并调整产业结构，对环境问题不采取有力措施，污染将会进一步恶化，并将直接拖累区域经济的整体发展。

3. 资源与劳动力供给瓶颈制约出口发展

从土地供给看，珠三角土地面积只有4.17万平方公里，目前可

---

① 黄小伟：《无锡：一个城市与污染的战争》，载《南方周末》2007年8月2日。

供开发的土地相当有限，可谓寸土寸金，大部分城市正面临无地可用的局面。深圳、东莞、佛山等市，已基本没有土地可供大规模开发。如果按照近4年来广东能源消费的增长趋势来估算，到2020年，广东能源需求量将高达5.5亿吨标准煤。① 资源供应的紧张和资源价格的持续攀升，不仅挤占了广东企业的利润，而且给珠三角后续经济发展带来十分不利的影响。

与珠三角相比，长三角的处境似乎要好得多，不仅经济腹地比珠三角要广，产业结构上比珠三角的"水平"要高；在环境容量、土地资源上，也不像珠三角那样极度局促。然而，这是否意味着长三角就能避免珠三角的困境呢？答案是否定的。如果现有的发展模式不变，长三角所拥有的更大的市场空间，只是延缓了长三角的矛盾和危机。长三角土地刚性约束带来的困境已经显现，苏南地区产业资本纷纷向土地相对较丰裕的苏北地区转移，这只是在一定程度上缓解了土地不足的压力。

从劳动力供给看，劳动力短缺问题日益明显。2004年以来，珠三角、长三角先后出现所谓"民工荒"现象。这一现象引起了广泛的关注，这些年来，这一现象没有得到根本改观。以"民工荒"为特征的劳动力短缺问题已经成为阻碍两大经济区开放型经济发展的阻力。而这一问题正在向全国蔓延。澳大利亚国立大学教授 Ross Garnaut 在2007年推出的研究报告中指出，中国经济正开始出现劳动力短缺问题，那种看似源源不断的劳动力供应实际上已经接近枯竭。他说，对中国17个省份的3000多个村庄的调查显示，农村富余劳动力供应已经增长到极点，74%的受访村庄已经完全没有可以去城里打工的富余劳动力。② 中国社科院的研究报告也证实了这一点。研究人员在该机构发表的2007年《人口与劳动力》绿皮书中表示：劳动力短缺最初出现在沿海地区，现在，这一现象已经蔓延到一些内陆省份。

① 《2007区域蓝皮书：珠三角土地最稀缺 城镇居民收入广东增速最低》，载《南方都市报》2007年3月12日。
② 陶冶编译：《澳大利亚专家：中国经济增长的两个软肋浮现》，中国经济网，2007年7月30日。

"民工荒"说明,靠低廉的劳动力支撑的加工贸易,是不可持续的,必须下大工夫,由生产环节向两端延伸,最重要的是增强自主研发能力。

由于土地、能源等生产要素的日益紧缺,劳动力成本的上升以及环境压力的提高,两大经济区面临调整产业结构的紧迫压力。而北部环渤海区域劳动力价格和要素成本相对较低的优势正好凸显。无疑,要素成本的提高和资源能源的约束,是一些投资者选择北上的两个直接驱动力。从表 12-7 企业计划新增招工比例表就可以看出这一趋势。环渤海地区虽然能源相对其他两个区域较为丰富,但也面临着能耗水平过高的制约因素,在三大区域内能耗水平位居首位。①

表 12-7 企业计划新增招工比例

（单位:%）

	2003 年	2004 年	2006 年	2007 年
环渤海	3.5	11.3	17.7	23.4
长三角	5.0	7.8	14.4	9.6
珠三角	5.2	9.9	11.3	9.8
总计	4.8	10.1	14.6	12.9

资料来源:劳动和社会保障部 2003 年、2004 年、2006 年、2007 年的"企业春季招工需求调查"。

从新经济增长理论的角度来看,要实现经济增长方式的转变,走新型工业化道路,就是要充分发挥我国的人力资本优势及其对经济增长的促进作用,变单纯的投资拉动型经济增长为人力资本、科技创新推动型的经济增长。人力资源特别是高级技术工人的缺乏已经演变成阻碍地区发展的巨大隐患,"管理人才好找、技工人员难觅"的问题普遍存在。因此,三大开放经济区必须要改变传统发展道路,实现从"民工经济"向"知识经济"的跨越。

---

① 《2007 区域蓝皮书:珠三角土地最稀缺 城镇居民收入广东增速最低》,载《南方都市报》2007 年 3 月 12 日。

（二）开放战略调整的新契机

1. 国际产业转移的新趋势

二战以后，大规模的国际化出现在制造业领域，以产业的梯度转移为表现形式。从 20 世纪 50—80 年代，随着欧美发达国家的科学技术发展和劳动力成本的提高，在实现产业结构升级的同时，把一些传统产业向发展中国家转移，从 20 世纪五六十年代的轻工产业到 70 年代的重化工业。亚洲四小龙等国家和地区抓住机遇，在承接这些传统产业的同时，依据国际经济发展趋势不断进行产业的更新换代，发展高技术和外向型经济，积极参与国际竞争。到了 20 世纪 80 年代，亚洲四小龙等新兴工业化国家和地区在实现产业升级的同时，也开始将传统轻工业向中国大陆、越南、印度等亚洲发展中国家转移。作为改革开放窗口、毗邻香港澳门地区的广东珠三角自然成为最先接纳这些产业的地区，通过大力引进外资和外国先进技术装备，依靠"三来一补"发展外向型经济，逐渐形成了纺织、电子、玩具、钟表等传统产业集群。而到了 20 世纪 90 年代，随着经济全球化的发展，国际分工由国家之间的生产分工转向全球范围内按照生产要素状况进行分工，即发达国家向发展中国家不再是进行整体产业的转移，而是把产品价值链中低附加值的生产部分向外转移。

这使得发达国家不再局限于将劳动密集型产业向发展中国家转移，IT 等高技术产品的生产也开始向发展中国家转移。外包已成为全球产业分工的潮流，Feentra（1998）称之为"全球化经济中的生产非一体化"，目前已经成为我国企业参与国际产业分工的主要方式。同时，国际服务外包是世界服务业现代化、全球化发展的重要趋势。进入 21 世纪，制造业全球化加速扩张到服务业全球化，全球经济向服务经济转型趋势进一步加快。

在此背景下，大力承接国际服务外包是我国服务业全面实施开放带动战略的必然路径。承接国际服务离岸外包，是推进产业链升级、提高国际分工地位的战略选择。抓住国际资本向服务业和高技术产业转移的历史契机，积极吸引优质高效的跨国公司，形成跨国公司在我

国的先进服务业基地、先进制造业基地、研发中心和地区总部的一体化，有助于我国进入全球产业链的高端，在利润创造、效率提高和创新方面赶上世界水平。承接国际服务离岸外包，有助于构建资源消耗少、附加价值高、吸纳就业多的产业结构体系，增大服务业占 GDP 的比重；有利于企业在国际化和规模发展的基础上培育创新能力，推进产业升级，增强我国企业知识产权安全保障体系。

2. 三大经济区开放的新机遇

长三角发展"引擎"主要来自上海举办世博会及国际性大都市建设。举办 2010 年世博会既是上海提升城市功能、向更高层次开放发展的加速器，同时它又是一个辐射源，长三角经济圈其他城市都可能从中受益。

珠三角发展"引擎"主要来自港澳与内地建立更紧密经贸关系的安排。一方面，会由于部分产品以零关税进入内地而有助于刺激港澳制造业在一定程度上的复苏；另一方面随着关税壁垒的提前消除，毗邻港澳的区位和文化优势使得广东与港澳经济融合的步伐加快。香港在珠三角地区的龙头地位得以真正确立，从而必将带动珠三角地区向高层次迈进，也有助于增强珠三角企业的竞争力。

对于环渤海而言，国家振兴老工业基地，必将为同处于环渤海经济圈的老工业城市提供难得的历史机遇。在国家"十一五"规划中，天津滨海新区被纳入国家总体发展战略布局，成为环渤海经济圈发展的一个重要"支点"。与珠三角、长三角相比，环渤海地区缺乏对外开放的窗口和平台，无论在开放的规模、水平和经济总量上，都有明显差距。天津滨海新区的开放开发，将带动环渤海地区乃至整个北方地区的对外开放。"20 世纪 80 年代看深圳、90 年代看浦东，21 世纪看滨海新区。"天津滨海新区有望成为带动区域经济发展的强大引擎，外资进入这一地区的步伐明显加快。空中客车 A320 中国总装厂落户天津，说明我国 20 多年承接国际低端劳动密集型产业转移的局面开始改变，我国制造业开始迈入向高端发展的阶段。2005 年《财富》全球论坛从上海、香港移师北京，也说明外商已把更多关注的目光投向以环渤海为代表的我国北方地区。北京 2008 年奥运会因素

对该区域成长催化，环渤海开放型经济的未来令人期待。同时，受益于地理位置相近，韩资在环渤海地区已经初具规模。中韩自由贸易区取得进展后，韩国与我国环渤海经济圈的经济交流必将更趋活跃。

（三）开放战略调整的方向

1. 加工贸易提升与调整战略

加工贸易是许多发展中国家和地区对外开放的起点，马来西亚、新加坡、泰国、韩国、墨西哥等新兴工业化国家的崛起，都是从发展加工贸易起步的。台湾地区的信息产业和半导体产业也是由加工贸易起家，逐步形成世界上重要的生产基地。加工贸易也是中国走向世界市场的路径，加工贸易不仅创造了就业，还带动了国内相关产业的成长。但是出口导向型战略应当以出口拉动国内产业结构提升，即实现结构进步意义上的发展战略，而不是出口规模扩大本身。因此，必须改变数量扩张型的出口增长方式，不能一味地追求高新技术产品和机电产品在加工贸易出口中所占比重的简单提升，而不论这些产品是否具有自主知识产权。高新技术产品在工业制成品出口中所占比重的上升，并不必然意味着出口结构的优化。

由于中国具有近30年积累的开放优势，今后相当长的时期内，加工贸易仍可能是我国的主要外贸模式。批判加工贸易比例过高是没有实质意义的，关键在于加工贸易必须提升和调整。要引导加工贸易向高端发展，政府应出台政策鼓励企业加大技术投入，提高加工贸易产品技术含量，鼓励企业由单纯加工向设计、研发、品牌、服务等内容延伸，实现加工贸易产业和产品结构升级；促使企业增强配套能力，延长加工贸易的产业链，改变加工贸易"一进一出、单一工序"型发展模式，支持龙头企业和配套协作型企业发展，增强企业间关联度。

2. 外资引进战略调整

调整引资政策，引导高科技产业和产业链的高端环节进入。科技含量、产业拉动、与本土企业的配套、洁净生产等，是评估外资质量的重要指标，应在这些方面设置较高的门槛。

　　形成一定的自主开发能力是一个国家工业实力的真正体现，因此，在今后的外资引进工作中，在继续强化跨国公司对华技术转移、实行对高新技术产业投资优惠倾斜政策的同时，一定要注意国内相应产业链及配套网络的建设，为在中国投资的跨国公司提供范围广泛的上下游关联产品及服务，加快跨国公司技术的本地转化，在促进国内产业结构升级的同时，提高技术效率水平。

　　在鼓励外商投资的同时，还应特别鼓励并重视发展外商在华设立独立的研发机构，鼓励以加工贸易方式同跨国公司进行研究和生产领域的合作。当前，三大经济区都在一定程度上集聚了跨国公司的研发中心（基地），今后要进一步鼓励跨国公司设立研发机构。上海等特大型城市要降低房地产成本和其他商务运作成本。另外，三大开放区可以考虑选择条件适合的地点，按照跨国公司研发机构的特点设立研发园区，形成具有世界水平的研发集群。同时，要提高研发机构研发活动的档次，鼓励外资研发机构从事水平更高的创新性研发活动，从目前以针对中国市场的适应性、专门性研发活动为主，变为更多地从事供母公司在全球市场应用的创新性研发活动，还要下大力气谋求跨国公司研发机构的溢出效应。

　　优化引资环境，不仅包括交通、电力、通信等硬件基础设施的进一步完善，更应包括市场竞争秩序、政策、法律法规等软件环境的改善。更为重要的是，要加强生产性服务业的发展和完善，例如建立高效的物流业，降低生产运行的交易费用。而后者对当今跨国公司的全球投资决策起决定性作用。要通过完善知识产权保护法等政策法规、提高政策透明度、加大执法力度、规范市场竞争秩序、提高生产性服务水平，使以跨国公司为载体的先进制造技术和制造环节能"引进来、留得住"。

　　3. 积极承接国际服务外包

　　2007 年政府工作报告中明确提出了"大力承接国际服务外包，加快提高服务业发展水平"的要求。这是基于我国正面临新一轮国际服务产业转移作出的战略选择，也是沿海开放区域实现跨越发展的新机遇。从 2006 年开始，商务部、信息产业部和科技部先后联合公

布了两批共 11 个城市为服务外包示范基地城市。11 个城市除西安、成都以外，其余都在三大沿海开放区域之内，其中大连以地理上靠近目前中国 BPO 主要离岸市场——日韩，并且有大量日韩语人才为优势；而北京、上海以人才集聚、基础设施优良、内需市场大等特点也排在前列。

虽然我国承接国际服务外包取得初步成绩，然而与一些国家经验比较，或者与我国制造业参与国际分工水平比较，总体上来看，我们在这一领域目前仍处于相对落后局面，如果不能尽快转变，有可能面临在正在兴起的服务全球化浪潮中被边缘化的危险。从规模来看，2005 年我国计算机信息服务出口加上流程外包约为 20 亿美元，只有加工贸易盈余的 1%，不到印度的 1/10，也落后于爱尔兰、菲律宾等国。从承接外包内容构成来看，主要集中在和制造业强项相联系的软件和 IT 服务外包方面，在潜力更大的商务流程外包方面只有少数比较成功的案例。从市场结构来看，主要从日本接单，在欧美等全球主流服务外包市场虽有个别成功案例，然而尚未全面进入和打开局面。企业平均规模较小，相对竞争力较低。①

加快承接服务外包促进服务业发展与升级需要新的思路。现阶段中国服务业发展滞后于中国经济发展。我们应当借鉴国际上的成功经验，以承接国际服务离岸外包为切入点和重要突破口，积极参与服务业全球化进程，稳步扩大基础性服务业和现代服务业的开放力度，完善服务业双向投资贸易政策，特别是全面提高服务业吸收外资水平，带动整个服务业快速发展。

当前，我国三大开放区域基本具备了承接国际服务外包的条件。加快承接服务离岸外包需要在特殊功能区域开发开放上进行大胆探索和创新。可考虑在三大开放区内选择综合型多功能自贸区模式，创造与国际服务业接轨的体制、制度环境，打造若干面向全球的服务中心，全面提高承接国际服务业外包和转移的能力。

① 卢锋：《国际服务外包政策急需调整》，北京大学中国经济研究中心网站，2007 年 5 月 16 日。

4. 实行开放性的自主创新战略

珠三角和长三角两个地区的进一步发展，必须依靠本地区产业结构的升级，逐步实现由劳动密集型产业结构向高新技术产业结构的过渡，从而在更高水平上形成促进全国经济发展的新的经济增长中心。而环渤海地区要想真正成为"希望之都"，也必须要重视自主创新。因此，建设"创新型"区域，要加快从"三角制造"向"三角创造"转变。

本土企业的自主创新能力的提高，是开放战略绩效的重要标志。在开放经济条件下，自主创新战略也应该是开放性的，即既要内部积累，也要外部引进。首先要加强自我积累。企业创新能力是一个渐进的积累过程，不可能一蹴而就。本土企业应该立足技术水平的实际情况制定创新战略。在原始创新条件尚不具备的情况下，注重技术的引进、消化、吸收和再创新。其次要通过改善本土企业的知识基础、管理体制等方法，积极利用与外商投资企业合作的机会，努力提高对跨国公司技术外溢的吸收能力。最后要充分利用全球性的资源，鼓励本土企业积极招募发达国家相关产业的高级技术人员，为我所用，提升自身的制造能力和设计能力。在很多情况下，跨国公司对自己核心技术的保护非常严格，本土企业很难通过技术贸易获得完整的先进技术。因此，本土企业可以通过引进外国高级技术人才的途径突破跨国公司的技术壁垒。

5. 适时推进"走出去"战略

要切实提高对外开放的水平，真正成为世界经济与贸易强国，必须拥有一批总部基于国内的跨国公司。实行"走出去"战略，是一条发展自己、壮大自己的重要途径，也是缓解世界经济结构失衡和全球资源配置扭曲的客观要求。"走出去"的主要目的和方式不是大量资本和劳动力的输出，因为中国还没有强大到可以大规模资本输出的程度。发达国家主张的世界经济一体化主要是指资本自由流动和市场一体化，而他们的劳动力市场实际上是严格封闭的。中国企业"走出去"应该逐步建立起自己的销售和服务网络，更好地开发国际市场，在互利互惠的基础上共同开发战略资源。这样，尽量实现在较短

时间内具备我国所短缺的技术研发能力、海外销售渠道、国外战略资源等，以优化产品出口结构、突破知识产权壁垒，提高中国企业在国际产业分工中的竞争力。

最近几年来，沿海开放地区（主要是长三角、珠三角地区）优势产业企业纷纷迈出"走出去"的步伐。实践证明，在这一进程中，一些企业逐步成长为颇具实力的跨国公司，而更多的企业寻找到了更广阔的生存空间。以浙江越美集团为例，该企业是诸暨一家规模纺织企业，2007 年上半年在很多同行为人民币汇率上升、出口退税下调苦恼之际，做出了重大战略决策：投资 5000 万美元在尼日利亚建立纺织工业园，进行纺织品的生产、加工、包装和贸易。这样既可以更好地利用我们在技术、设备、人才等方面的比较优势，又可以有效规避国际贸易壁垒。① 随着高成本时代的到来，企业开始走上对外产业转移、"腾笼换鸟"的发展道路。当前，三大经济区的不少企业已经具备了"走出去"的条件，地方政府可以通过各种政策措施鼓励企业加快"走出去"的步伐。

6. 节约资源，保护劳工权益，控制环境污染

近几年来，三大区域工业化加速，重化工外资与内资投入不断增加，工业重型化趋势显著。从产业发展规律看，重化工阶段是不可逾越的，但不应追求重化工产能的最大化。工业重型化对地区 GDP 增长贡献大，但煤电油等能源产品供求关系日趋紧张，环境污染加重。长三角地区正处于重化工加快发展的阶段，资源、环境与生态的压力明显加大。应实施工业适度重型化战略，建立人与自然和谐相处的关系。对于那些高污染、高能耗的外资企业，即使身处开发区、高新区，也不能给予优惠政策，甚至在适当的条件下对该类型的企业征收污染税和能源税，迫使该类企业转移出去。

三大区域作为我国经济发展的先发地区，其经济增长模式转变不应只满足于少消耗、较少污染的目标，应将经济增长基础从消耗资源转移到对智力资源的开发利用上，让创新成为三角区域经济社会发展

---

① 《浙江产业资本兴起"出国热"》，载《长三角观察》2007 年第 14 期。

的主要手段和标志。

应将保护投资者权益与保护劳工权益结合起来。长三角地区的第二、第三产业的就业者一半以上是"农民工"。[①] 从实行最低工资制度到城乡户籍居民就业"同工同酬",从劳动保护到社会保障,从子女受教育到居住条件,都应采取有效措施保护"农民工"的基本权益,善待"农民工"。

参考文献

1. Lall, "Introduction: Transactional Corporations and Economic Development", "Transnational Corporations and Economic Development". (ed.) S. Lall and J. H. Dunning, "*United Nations Library on Transactional Corporations*", 1993, Vol. 3, pp. 1 – 30.

2. Färe, R. and Grosskopf, S., "A Distance Function Approach to Price Efficiency", *Journal of Public Economics*, 1990, 43, pp. 123 – 126.

3. Färe, R. and Grosskopf, S., *Intertemporal Production Frontiers: With Dynamic DEA*, Kluwer Academic Publishers, Boston, 1996.

4. Färe, R. and Primont, D., *Multi-output Production and Duality: Theory and Applications*, Kluwer Academic Publishers, Boston, 1995.

5. Farrell, M. J., "The Measurement of Productive Efficiency", *Journal of the Royal Statistical Society*, 1957, Series A, General 120, pp. 253 – 282.

6. Lovell, C. A., Knox, Richardson, S., Travers, P. and Wood, L., "Resources and Functions: A New View of Inequality in Australia". In: Eichhorn, W. (Ed.), *Models and Measurement of Welfare and Inequality*, Springer-Verlag, Berlin, 1991.

7. Wu Yanrui, "Measuring the Performance of Foreign Direct Investment: A Case Study of China", *Economics Letters*, 2000, 66, pp. 143 – 150.

---

① 宋林飞:《长三角发展面临的十大理论与实践问题》,长三角联合网,2007年3月16日。

8. 陈立杰：《长三角、珠三角和京津唐三大经济圈发展比较》，载《河北经济研究》2004 年第 4 期。

9. 陈耀：《中国三大城市经济圈及其发展前景》，载《企业经济》2003 年第 19 期。

10. 王志乐：《2006 跨国公司中国报告》，中国经济出版社 2007 年版。

11. 桑百川：《推动环渤海地区对外开放》，载《特区经济》2007 年第 1 期。

12. 张幼文：《开放经济发展目标的动态演进》，载《国际经济评论》2006 年第 1 期。

13. 杨丹辉：《长三角地区制造业的国际化及存在的主要问题》，载《经济研究参考》2006 年（67C—6）。

14. 赵伟：《中国区域经济开放：多层次多视点的考察》，载《社会科学战线》2006 年第 6 期。

15. 谢健：《区域经济国际化：珠三角模式、苏南模式、温州模式的比较》，载《经济理论与经济管理》2006 年第 10 期。

16. 葛顺奇、郑小洁：《中国 31 个省市利用外资业绩与潜力比较研究》，载《世界经济》2004 年第 1 期。

17. 郭克莎：《外国直接投资对我国产业结构的影响研究》，载《管理世界》2000 年第 2 期。

18. 郭庆旺、贾俊雪：《中国全要素生产率的估算：1979—2004 年》，载《经济研究》2005 年第 6 期。

19. 江小涓：《中国外资经济对增长、结构升级和竞争力的贡献》，载《中国社会科学》2002 年第 6 期。

20. 李海舰：《跨国公司进入及其中国制造业的影响》，载《中国工业经济》2003 年第 5 期。

21. 李永军：《中国外商直接投资行业分布的决定因素》，载《世界经济》2003 年第 7 期。

22. 鲁明泓：《外国直接投资区域分布与中国投资环境评估》，载《经济研究》1997 年第 12 期。

23. 胡鞍钢、郑京海：《中国全要素生产率为何下降》，载《中国经济时报》2004 年 3 月 26 日。

24. 涂正革、肖耿：《中国的工业生产力革命》，载《经济研究》2005 年第 3 期。

25. 谢建国：《外商直接投资与中国的出口竞争力：一个中国的经验研究》，载《世界经济研究》2003 年第 7 期。

26. 张军、吴桂英、张吉朋：《中国省际资本存量估算：1952—2000》，载《经济研究》2004 年第 3 期。

27. 张为付、吴进红：《对长三角、珠三角、京津地区综合竞争力的比较研究》，载《浙江社会科学》2002 年第 6 期。

（执笔：谢建国、任志成）

后　记

　　本书是教育部人文社会科学重点研究基地重大项目"贸易投资一体化与长江三角洲开放型经济发展战略的调整"（课题负责人：张二震；项目批准号：05JJD790012）的研究成果。

　　改革开放以来，长三角开放型经济发展取得了巨大成就，经济发展水平处于全国领先地位。长三角地区充分利用区位优势、完善的基础设施和廉价优质的劳动力优势，不断扩大对外开放，引进国外先进生产要素，初步建成了国际性的先进制造业基地。在全球化趋势不断深入发展，贸易投资一体化不断融合的背景下，如何抓住新的发展机遇，不断提升区域对外开放的层次和水平，推动经济结构的升级和转型，从而在全国经济发展中发挥更大的带动作用，是长三角所必须面对的重大课题。本书系统总结了长三角对外开放的成就和经验，在深入分析当代国际分工贸易新特点的基础上，提出了长三角开放型经济发展战略调整的对策思路。长三角的开放型经济发展战略调整总的思路是：以科学发展观为指导，更加深入、全面融入国际分工体系，实现从引进外资和鼓励出口的外向型经济，向"引进来"和"走出去"相结合的双向开放的经济国际化战略转变；从接受国际制造业转移，建立"世界工厂"，向世界先进制造业和现代服务业并举转变；从技术引进向充分利用国际科技资源增强自主创新能力转变。继续扩大开

放领域，优化开放结构，提高开放质量，完善内外联动、互利共赢、安全高效的开放型体系，全面提升区域经济竞争力。

课题研究历时三年。其间，作为阶段性研究成果，课题组成员在《经济研究》、《经济学季刊》、《世界经济》、《世界经济研究》、《世界经济与政治论坛》、《南京大学学报》、《南开学报》、《南京社会科学》、《国际贸易》、《国际贸易问题》、《学海》、《上海经济研究》等学术期刊发表了20多篇学术论文，出版了由张国华、张二震主编的《开放条件下的昆山自主创新之路》（人民出版社2007年版）。教育部人文社会科学重点研究基地重大课题立项资助，对于我们课题组能够在高层次学术刊物和出版社发表有一定学术水平和现实意义的成果，起了重要推动作用。

课题组的主要成员有：南京大学国际经济贸易系副主任、教授、博士生导师于津平博士，南京大学国际经济贸易系副教授马野青博士、谢建国博士、方勇博士、安礼伟博士，南京财经大学国际经贸学院副院长、副教授张为付博士，北京师范大学经济管理学院讲师魏浩博士，南京大学国际经济贸易系博士生徐毅、任志成、代中强、梁俊伟、张如庆、杨继军同学。

在课题研究过程中，我们根据理论和实践发展的新情况对研究计划和子课题作了适当调整，以期提高研究质量和水平。研究课题分为12个子课题，各章末注明的该章执笔人，即为子课题负责人。张二震和马野青负责课题研究的总体设计，撰写了总论，并负责全书的统稿修改工作。全书由张二震修改定稿。

南京大学长江三角洲经济与社会发展研究中心为本课题的研究提供了良好的研究条件，无锡、苏州、上海特别是昆山市有关理论和实践部门为课题组提供了调研的便利和帮助，特此致谢。

尽管我们做了不少努力，但由于水平的限制，课题研究还存在很多不完善的地方，欢迎学术界和相关部门的同志批评指正。

张二震

2008年1月12日于南京大学

附　录

《贸易投资一体化与长江三角洲开放型经济发展战略的调整》课题阶段性成果一览（按发表时间顺序）：

1. 魏浩、张二震：《发展中国家与中国的贸易摩擦及其影响分析》，载《世界经济研究》2005 年第 10 期。

2. 张二震、方勇：《长三角一体化与苏南竞争力》，载《江海学刊》2005 年第 5 期。

3. 张二震、方勇：《要素分工与中国开放战略的选择》，载《南开学报》2005 年第 6 期。

4. 魏浩、马野青：《中国出口商品的地区分析》，载《世界经济》2006 年第 5 期。

5. 魏浩、申广祝：《江苏对外贸易高速发展中存在的问题与对策》，载《国际贸易》2006 年第 8 期。

6. 魏浩等：《对江苏外贸结构的实证研究》，载《国际贸易问题》2006 年第 9 期。

7. 张二震、安礼伟：《长三角地区跨国公司发展态势研究》，载《南京师大学报》2006 年第 5 期。

8. 谢建国：《外商直接投资对中国的技术溢出》，载《经济学》（季刊）2006 年第 5 期。

9. 张二震、蒋佩晔：《国际贸易、技术创新与人力资源的再配置》，载《商业经济与管理》2006 年第 10 期。

10. 方勇、张二震：《长三角跨国公司主导型产业集聚研究》，载《世界经济研究》2006 年第 10 期。

11. 张二震：《全球化与中国发展道路的理论思考》，载《南京大学学报》2007 年第 1 期。

12. 安礼伟：《外资推动型经济发展与本土企业成长》，载《上海经济研究》2007 年第 2 期。

13. 于津平：《汇率变化如何影响外商投资》，载《世界经济》2007 年第 4 期。

14. 安礼伟、张二震：《跨国公司进入与本土竞争力提升》，载《世界经济与政治论坛》2007 年第 2 期。

15. 吴丹丹、谢建国：《FDI 对产业集群作用的实证研究》，载《世界经济研究》2007 年第 6 期。

16. 谢建国：《市场竞争、东道国引资政策与跨国公司的技术转移》，载《经济研究》2007 年第 6 期。

17. 马野青、张二震：《开放条件下发展中国家自主创新问题探讨》，载《学海》2007 年第 4 期。

18. 马野青、顾啸凌：《利用外资与南京开放型经济发展模式转变研究》，载《南京社会科学》2007 年第 7 期。

19. 任志成、张二震：《开放对发展中国家工资差距的影响：一个文献综述》，载《世界经济研究》2007 年第 9 期。

20. 张二震、梁俊伟：《开放经济视角下的地区差异与经济增长》，载《江苏行政学院学报》2007 年第 6 期。

21. 徐毅、张二震：《外包与生产率：基于工业行业数据的经验研究》，载《经济研究》2008 年第 1 期。